中等职业教育汽车专业技能人才培养规划教材

ZHONGDENG ZHIYE JIAOYU QICHE ZHUANYE JINENG RENCAI PEIYANG GUIHUA JIAOCAI

汽车检测设备与使用

■ 齐峰　主编

人民邮电出版社

北京

图书在版编目（CIP）数据

汽车检测设备与使用 / 齐峰主编. -- 北京 : 人民邮电出版社，2011.12（2017.8 重印）
中等职业教育汽车专业技能人才培养规划教材
ISBN 978-7-115-26307-0

Ⅰ. ①汽… Ⅱ. ①齐… Ⅲ. ①汽车－检测－车辆维修设备－中等专业学校－教材 Ⅳ. ①U472.9

中国版本图书馆CIP数据核字(2011)第195152号

内 容 提 要

本书共 5 个模块，主要内容包括汽车发动机检测设备，汽车底盘检测设备，汽车电气、电控系统检测设备，汽车灯光、噪声、排气污染物检测设备以及空调系统检测设备。其中着重介绍了检测设备的结构、工作原理和使用方法等内容。本书按照学习目标、基础知识、课题实施、作业测评、课题小结等项目组织内容，以够用、实用为原则编写基础知识，通过技能训练强化操作技能的掌握。

本书可作为中等职业学校汽车运用与维修等相关专业的教材，并可作为汽车维修行业相关工作人员的参考书；也可供爱好汽车驾驶与维修人员和私家车驾驶员学习参考。

中等职业教育汽车专业技能人才培养规划教材

汽车检测设备与使用

◆ 主　　编　齐　峰
　责任编辑　刘盛平
◆ 人民邮电出版社出版发行　　北京市丰台区成寿寺路 11 号
　邮编　100164　　电子邮件　315@ptpress.com.cn
　网址　http://www.ptpress.com.cn
　大厂聚鑫印刷有限责任公司印刷
◆ 开本：787×1092　1/16
　印张：15.5　　2011 年 12 月第 1 版
　字数：391 千字　　2017 年 8 月河北第 3 次印刷

ISBN 978-7-115-26307-0

定价：29.00 元

读者服务热线：(010) 81055256　印装质量热线：(010) 81055316
反盗版热线：(010) 81055315
广告经营许可证：京东工商广登字 20170147 号

汽车技术状况的检测诊断是由检查、测试、分析、判断等一系列活动完成的，其基本方法主要分为两种，一种是传统的人工经验法，另一种是仪器设备检测法。

人工经验法是检测诊断人员凭借丰富的实践经验和一定的理论知识，在汽车不解体或局部解体情况下，借助简单工具，用眼看、耳听、手摸、鼻子闻等手段，边检查、边试验、边分析，进而对汽车技术状况作出判断的一种方法。这种方法具有不需要专用检测设备、成本低、见效快等优点。但由于是人工进行检测诊断，存在不能进行定量分析、准确性差和需要检测诊断人员具有较高的技术水平等缺点。

仪器设备检测法可在不解体情况下，用仪器设备检测汽车、总成和机构的诊断参数，为分析、判断汽车技术状况提供定量依据。仪器设备诊断法的优点是检测速度快、准确性高、能定量分析。缺点是投资大，操作人员需要培训等。仪器设备检测是汽车诊断与检测技术的发展方向。因此现代汽车检测诊断技术中，检测设备成为检测对象和检测人员对话的桥梁，系统地了解和学习汽车检测设备的相关知识是当前广大汽车检测维修人员以及汽修专业师生的迫切要求，基于此，我们编写了本书。

本书编者在总结多年教学经验的基础上，介绍了汽车常用检测设备的结构、使用方法、维护与维修等。本书具有较强的针对性和连贯性，突出了新设备、新技术的应用，可作为中等职业学校汽车运用与维修专业教材，也可作为汽车检测技术人员的参考书。

本书由福州交通职业中专学校齐峰主编。本书在编写过程中得到了相关单位的领导、技术人员的大力支持，并参阅了相关的文献资料及汽车界同仁的一些著作，在此对相关作者一并表示感谢。

由于作者水平有限，书中错漏之处，恳请读者批评指正。

编者

2011 年 7 月

目录 CONTENTS

模块一 汽车发动机检测设备

知识目标

◎ 了解发动机功率的检测种类
◎ 理解气缸压缩压力的检测方法
◎ 理解曲轴箱漏气量的检测方法
◎ 理解气缸漏气量的检测方法
◎ 理解气缸漏气率的检测方法
◎ 理解发动机进气管真空度的检测方法
◎ 理解气缸内部的观测方法
◎ 了解探针式汽车异响探测器的作用
◎ 理解无线汽车异响探测仪的使用方法
◎ 了解汽车专用红外测温仪进行汽车故障诊断的特点
◎ 理解非接触红外测温仪在汽车故障诊断时的应用方法
◎ 了解无负荷测功原理
◎ 了解车用油耗计的组成、类型、原理及安装方法

能力目标

◎ 会进行车辆的无负荷测功
◎ 会用气缸压力表检测气缸压缩压力
◎ 会检测曲轴箱的窜气量
◎ 会用曲轴箱漏气量测量装置测量曲轴箱的窜气量
◎ 会检测气缸的漏气量
◎ 会检测气缸的漏气率
◎ 会检测进气管的真空度
◎ 会观测气缸内的机械
◎ 会使用无线汽车异响探测仪
◎ 会使用非接触红外测温仪对汽车各部件进行测温
◎ 会进行汽车燃料消耗量的道路试验和台架试验

课题一 发动机无负荷测功仪

【基础知识】

一、发动机功率的检测种类

发动机功率是曲轴对外输出的净功率，通过该指标的评价，可以定量地获得发动机的动力性，更可以定性地确定发动机的技术状况。检测发动机功率的方法，可以分为稳态测功和动态测功两种。

稳态测功是指发动机在节气门开度一定、转速一定和其他参数都保持不变的稳定状态下，在测功器上测定发动机功率的一种方法。比如，发动机额定功率的测定是在节气门全开的情况下，由测功器向发动机的曲轴施加额定负荷，使其在额定转速下稳定运转，并测出其对应的转矩。常见的测功器有水力测功器、电力测功器和电涡流测功器三种。

当发动机在怠速或空载某一转速下，突然全开节气门，使发动机克服自身惯性和内部各种运转阻力而加速运转时，其加速性能的好坏能直接反映出发动机功率的大小。这种方法叫动态测功，即发动机在节气门开度和转速等参数均处于变动的状态下，测定发动机功率的一种方法。由于动态测功时无须对发动机施加外部载荷，所以又称为无负荷测功或无外载测功。

二、无负荷测功原理

当发动机在怠速或某一空载低转速运转时，突然加速使节气门全开，此时发动机产生的动力，除克服惯性和内部各种运转阻力力矩外，将使曲轴加速运转。即发动机以自身运动机件为载荷加速运转。如果被测发动机的有效功率越大，则曲轴的瞬时角加速度也越大，加速时间越短。所以，只要测得角加速度或加速时间，就可以获得发动机功率，无负荷测功原理可通过测定角加速度或加速时间两种方法来测量平均功率。

测瞬时加速度是通过测量加速过程中某一转速的加速度从而获得瞬时功率。仪器由传感器、脉冲整形装置、时间信号发生器、加速度计算器和控制装置、转换分析器、转换开关、功率指示表、转速表和电源等组成，其方框图如图 1-1 所示。

测加速时间是通过测量加速过程中某一转速范围内的加速时间，从而获得平均功率的一种方法。该仪器由断电器触点、转速信号传感器、脉冲整形装置、起始转速 n_1 触发器、终止转速 n_2 触发器、各时间信号发生器、计算与控制装置和显示装置等组成，其方框图如图 1-2 所示。图 1-3 所示为便携式无负荷测功仪的面板。它可以测出发动机加速过程中起始转速 n_1 至终止转速 n_2 转速范围内的加速时间——平均功率。无负荷测功仪的显示等级显示有良好、合格、不合格 3 个等级。

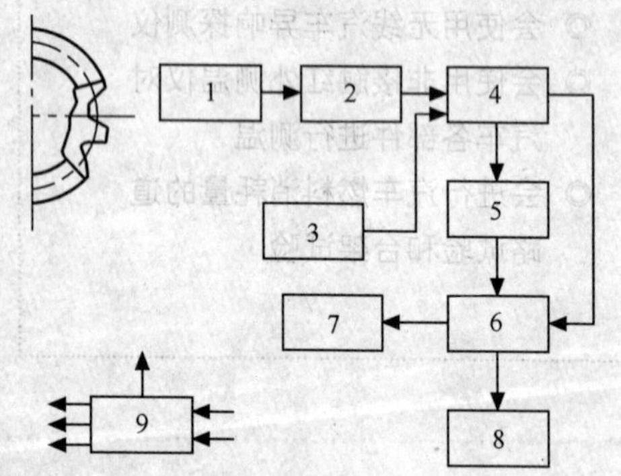

图 1-1 测瞬时加速度方案的框图

1—传感器；2—脉冲整形装置；3—时间信号发生器；
4—加速度计算器和控制装置；5—转换分析器；
6—转换开关；7—功率指示表；8—转速表；
9—电源

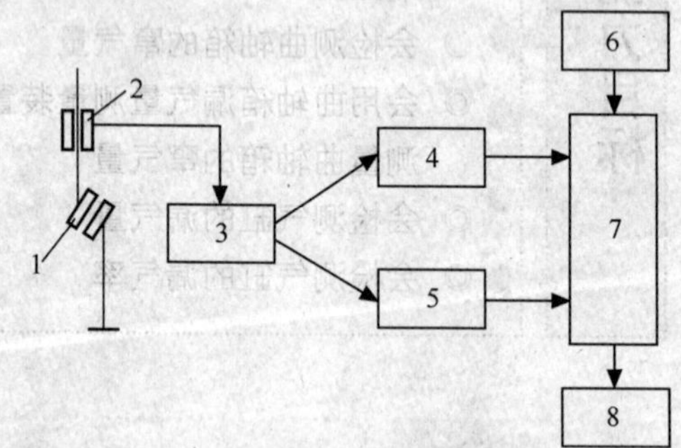

图 1-2 测加速时间方案的框图

1—断电器触点；2—转速信号传感器；3—脉冲整形装置；
4—起始转速 n_1 触发器；5—终止转速 n_2 触发器；
6—各时间信号发生器；7—计算与控制装置；
8—显示装置

国家标准规定：在用车发动机功率不得低于原标定功率的 75%，大修后发动机最大功率不得低于原来设计标定值的 90%。

无负荷测功仪可以测出发动机整机功率，再测出某单缸断火情况的发动机功率，两功率之差即为断火缸的功率，即无负荷测功仪可以检测某气缸的单缸功率。技术状况良好的发动机，各缸功率应是一致的，称为动力平衡。工作正常的发动机，在某一转速稳定运转时，发动机的指示功率与发动机运动机件摩擦所消耗的功率是平衡的。此时，若通过断火停止某一缸的工作，则会打破原来的平衡，使发动机的转速下降，并达到另一新的平衡转速。

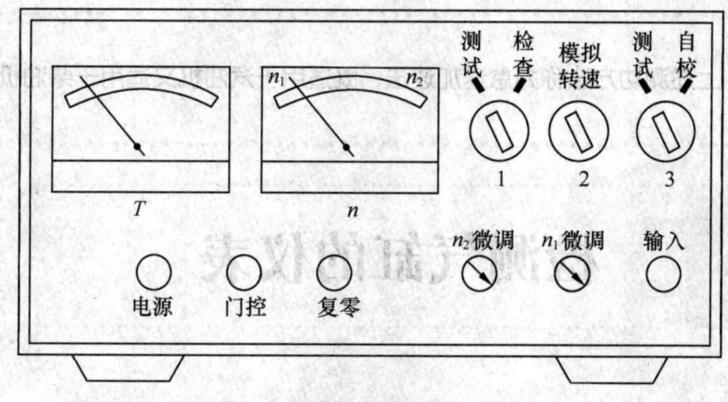

图 1-3 便携式无负荷测功仪面板

【课题实施】

操作 无负荷测功仪的使用

步骤一 仪器准备

未接通电源前，如指示装置为指针式的，应检查指针是否在机械零点上，否则应进行调整。带有数码管的仪器，数码管的亮度应正常，且数码均应在零位。

测加速时间——平均加速功率的仪器，要调整好起始转速 n_1 和终止转速 n_2。微机控制的仪器，可通过数字键键入转速 n_1、n_2 的设定值。

需要置入转动惯量的仪器，要把被测发动机的转动惯量置入无负荷测功仪内。

（1）接通电源，电源指示灯亮，预热仪器至规定时间。

（2）按仪器使用说明书给定的方法，对仪器进行检查、调试和校正，待完全符合使用要求后才能投入使用。

步骤二 发动机准备

预热发动机至正常工作温度（80℃～90℃）。调整发动机使其在规定的转速范围内稳定运转。

步骤三 仪器与发动机联机

仪器和发动机准备好后，把仪器的传感器（包括夹持器）按要求连接在发动机规定部位。

步骤四 测功

（1）按下“复零”键，使指示装置复零。

（2）按下其他必要的键位，如机型选择键、缸数选择键和“测试”键等。需要输入操作码的仪器，则应按要求输入规定的操作码。

（3）发动机在怠速下稳定运转，在驾驶室内急速把加速踏板踩到底，发动机转速猛然上升。当发动机转速超过终止转速 n_2 时，立即松开加速踏板，切忌长时间高速空转。

（4）记下或打印出测量结果，按下“复零”键，使指示装置复零。

（5）重复上述操作 3 次，检测结果取算术平均值。

步骤五 查对功率

仅能显示加速时间的无负荷测功仪，测得加速时间后应到仪器制造厂推荐的曲线图或表格中查出对应的功率值，以便与标准功率值对照，并进行分析。

提示

上述测功方法称为怠速加速法，既适用于汽油机又适用于柴油机。

课题二 检测气缸的仪表

【基础知识】

气缸密封性是表征气缸组技术状况的重要参数。气缸密封性的诊断参数主要有气缸压缩压力、曲轴箱漏气量、气缸漏气量、气缸漏气率及进气管真空度等。就车检测气缸密封性时，只要检测出上述诊断参数的一项或两项，就可以说明问题。

一、气缸压缩压力的检测

检测活塞到达压缩终了上止点时气缸压缩压力（简称“气缸压力”，下同）的大小，可以表明气缸的密封性。检测气缸压力所使用的检测设备有以下几种。

1．用气缸压力表检测

气缸压力表是一种气体专用压力表，其外形如图 1-4 所示。它一般由压力表头、导管、单向阀和接头等组成。气缸压力表的接头有两种形式。一种为螺纹管接头，可以拧紧在火花塞或喷油器螺纹孔内；另一种为锥形或阶梯形的橡胶接头，可以压紧在火花塞或喷油器孔上。接头通过导管与压力表头连通。导管也有两种，一种为软导管，另一种为金属硬导管。软导管适用于螺纹管接头与压力表头的连接，硬导管适用于橡胶接头与表头的连接。气缸压力表还装有能通大气的单向阀。当单向阀处于关闭位置时，可保持压力表指针位置便于读数。当单向阀处于打开位置时，可使压力表指针回零。

2．用气缸压力检测仪检测

气缸压力检测仪主要有压力传感器式气缸压力检测仪、起动电流式气缸压力检测仪、电感放电式气缸压力检测仪等形式，用于检测各缸气缸压力。

压力传感器式气缸压力检测仪是利用压力传感器拾取气缸内的压力信号，即可测得气缸压力。用该种方法检测气缸压力时，须拆下被测缸的火花塞，旋上仪器配置的传感器，用起动机带动曲轴旋转 3～5s 即可。

起动电流式气缸压力检测仪是通过测量起动过程中起动电流的变化而去评价各缸气缸压力的方法。从而比较出各缸气缸压力是否均衡。起动电流变化波形上的峰值与各气缸压力的最大值有关。如果把起动电流各峰值与各气缸压力最大值对应起来，在起动电流波形上，凡是峰值高的气缸压力也高，峰值低的气缸压力也低，找准一个缸号，即可按点火顺序找出其他各缸的对应关系。

电感放电式气缸压力检测仪是通过检测汽油发动机点火次极电压来确定气缸压力的方法。工作中，次极电压击穿火花塞间隙，并维持火花塞放电。次极电压与气缸压力之间具有近乎线性的对应关系。因此，各缸次极电压可作为检测各个气缸压力的信号，信号经变换处理后即可显示气缸压力。

使用以上气缸压力测试仪检测气缸压力时，发动机不应着火工作。汽油机可拔下二次高压总线搭铁或按测试仪要求处理，柴油机可旋下喷油器高压油管接头断油，即可达到目的。

二、曲轴箱漏气量的检测

随着气缸、活塞、活塞环配合副的磨损，活塞压缩时，从燃烧室窜入曲轴箱的气体量增加。一般新发动机曲轴箱漏气量约为 15～20L/min，磨损后的发动机则高达 80～130L/min。所以，发动机工作时单位时间内窜入曲轴箱的气体量，可以衡量气缸活塞配合副的密封性。

曲轴箱漏气量的检测，可采用专用气体流量测量装置进行。图 1-5 所示采用的一种玻璃气体流量计，可用于曲轴箱漏气量的检测。它主要由 U 形管压力计、流量孔板、刻度板和通往曲轴箱的胶管等组成。使用该仪器前先堵住机油尺口、曲轴箱通风进出口，即将曲轴箱密封，再由胶管从加机油口处将窜入曲轴箱的气体导出并送入气体流量计。当图 1-5 中气体沿箭头移动时，由于流量孔板的两边存在着压力差，使压力水柱移动，直至气体压力与水柱落差平衡为止。压力计通常以流量进行刻度，因而由压力计水柱高度可以确定窜入曲轴箱的气体量。

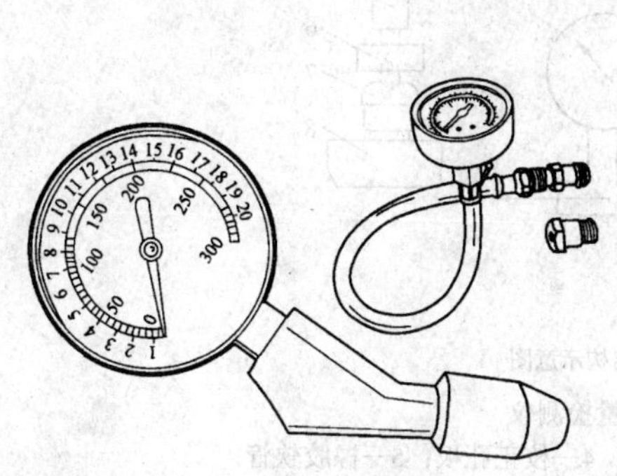

图 1-4　气缸压力表外形

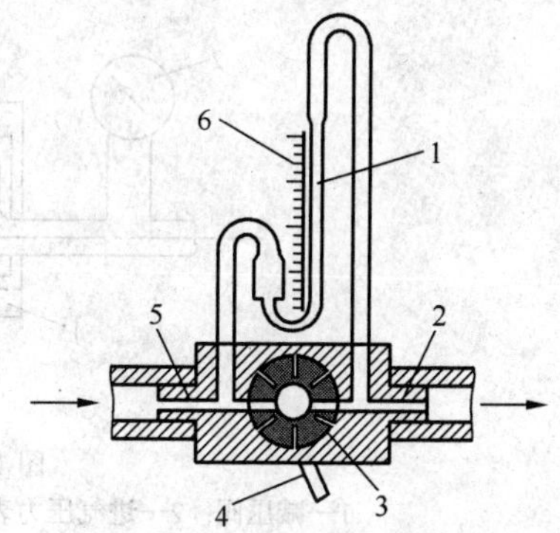

图 1-5　气体流量计简图

1—压力计；2—通大气的管；3—流量孔板；4—流量孔板手柄；5—通曲轴箱的胶管气体；6—刻度板

曲轴箱漏气量测量装置及连接方法如图 1-6 所示。该漏气量测量装置由平衡管（内径 3mm）、U 形压力计（水）、放气阀、油水分离器、通气管（内径不小于 20mm）、温度计、流量计、流量调节阀、稳压筒、真空表、真空泵、大气温度计和大气压力计等组成。

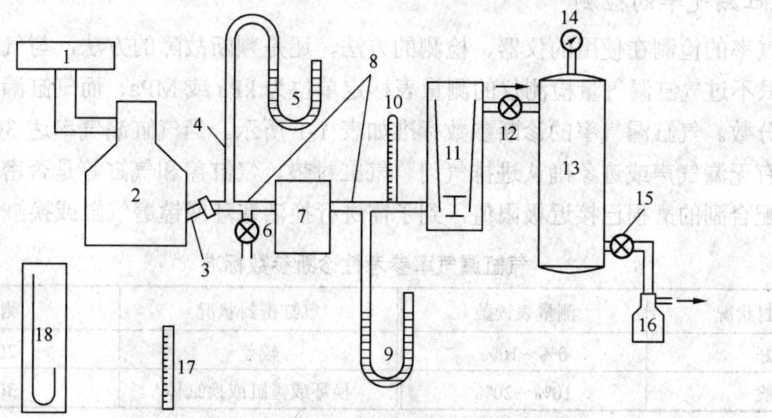

图 1-6　曲轴箱漏气量测量装置

1—空气滤清器；2—被测发动机；3—选定的曲轴箱入口；4—平衡管（内径 3mm）；5、9—U 形压力计（水）；6—放气阀；7—油水分离器；8—通气管（内径不小于 20mm）；10—温度计；11—流量计；12、15—流量调节阀；13—稳压筒；14—真空表；16—真空泵；17—大气温度计；18—大气压力计

三、气缸漏气量的检测

气缸漏气量的检测采用气缸漏气量检测仪进行。检测的基本原理是利用充入气缸的压缩空气，用压力表检测活塞处于压缩终了上止点时气缸内压力的变化情况，来表征整个气缸组的密封性。漏气量检测仪主要由减压阀、进气压力表、测量表、校正孔板、橡胶软管、快换管接头和充气嘴等组成，如图 1-7 所示。此外，还得配备外部气源、指示活塞位置的指针和活塞定位盘。

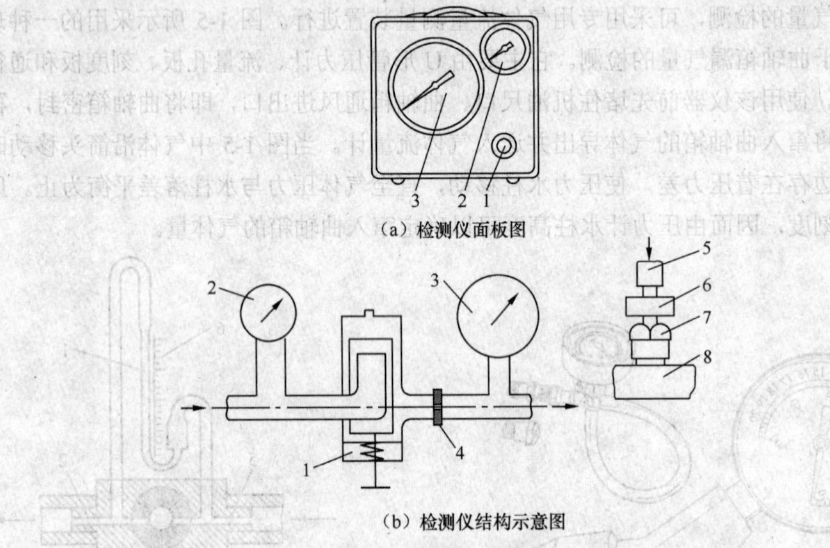

(a) 检测仪面板图

(b) 检测仪结构示意图

图 1-7 气缸漏气量检测仪

1—减压阀；2—进气压力表；3—测量表；4—校正孔板；5—橡胶软管；6—快换管接头；7—充气嘴；8—气缸盖

外部气源的压力应相当于气缸压缩压力，一般应为 600～900kPa。压缩空气按箭头方向进入气缸漏气量检测仪，其压力由进气压力表显示。随后，它经由减压阀、校正孔板、橡胶软管、快换管接头、充气嘴进入处于压缩终了上止点的气缸。气缸内的压力变化情况由测量表显示。该压力变化情况表明了气缸组的密封状况。目前，我国还没有制定出统一的气缸漏气量标准。

四、气缸漏气率的检测

气缸漏气率的检测在使用的仪器、检测的方法、还是判断故障的方法，与气缸漏气量的检测是一致的，只不过气缸漏气量检测仪的测量表标定单位为 kPa 或 MPa，而气缸漏气率测量表的标定单位为百分数。气缸漏气率的诊断参数标准如表 1-1 所示。当气缸漏气率达 30%～40%时，可从各泄漏处有无漏气声或迹象确认进排气门、气缸衬垫、气缸盖和气缸等是否密封，如不密封说明气缸活塞配合副的磨损已接近极限值，到了需进行换活塞环或镗磨气缸或换缸体的程度。

表 1-1 气缸漏气率参考性诊断参数标准

气缸密封状况	测量表读数	气缸密封状况	测量表读数
良好	0%～10%	较差	20%～30%
一般	10%～20%	换环或镗缸或换缸体	30%～40%

五、发动机进气管真空度的检测

发动机进气管的真空度是随其自身密封性和气缸密封性的变化而变化的。所以，在确认进气管自身密封性良好的情况下，利用真空表检测进气管的真空度值或利用示波器观测真空度波形的变化，可用来分析、判断气缸的密封性，并能诊断故障。

真空表由表头和软管组成。真空表表头的量程为 0～101.325kPa（旧式表头量程：公制为 0～760mmHg，英制为 0～30inHg）。软管的一头固定在表头上，另一头连接在节气门后方的进气管专用接头上。

检测进气管真空度是一项综合性很强的检测项目。若进气管真空度符合要求，不仅表明气缸密封性符合要求，而且也表明点火正时、配气正时和空燃比等也都符合要求。虽然真空表能检测的项目很多，而且检测时无需拆卸火花塞，是一种比较实际和快速的检测方法。但是，进气管真空度的检测也有不足之处，它不能指出故障的确切部位。比如，利用真空表能测出气门有故障，但不能明确是哪一个气门有故障。所以，只有结合气缸压力检测或结合气缸漏气量（率）检测，才能加以确认。

六、气缸内部的观测

在对汽车各总成、机构内部进行不解体检测诊断时，很难了解内部的具体情况。如发动机的燃烧室，在不打开气缸盖情况下，如不使用工业内窥镜，就不会确知活塞顶部、进排气门、气缸壁和燃烧室壁的技术状况。各种类型的纤维内窥镜，虽然结构不尽相同，但基本结构相似，一般都是由目镜、操作部、镜身、头端部、导光光缆及其光源插头等组成的。适用汽车维修业的国产工业纤维内窥镜其外形如图 1-8 所示。

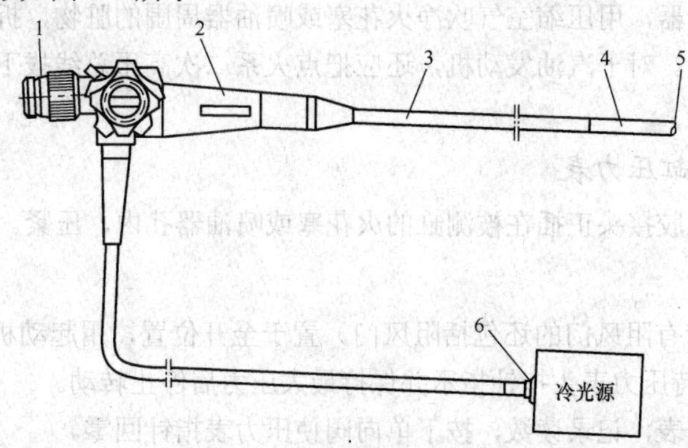

图 1-8 工业纤维内窥镜外形图

1—目镜；2—操作部；3—主软管；4—小弯曲部；5—头端部；6—导光光缆的光源插头

图 1-8 中，目镜位于操作部上方，用于检测人员观察图像，可以安装转接器将图像转到显示器上显示，也可以安装照相机或摄像机用于照相或摄像。操作部位于目镜的下方，包括调焦装置、转角控制钮和转角控制锁紧钮等。调焦装置在目镜的下方，可调节目镜与导光束之间的距离使图像清晰。转角控制钮用于对弯曲部上下左右活动方向的调节，转角控制锁紧钮用于对头端部的固定。镜身为一易弯曲的软管道，由钢丝管与蛇形钢管制成，具有保护作用。其外部套有聚胺酯塑料管。聚胺酯塑料管具有密封作用，可防止油、水的进入和腐蚀。外套管表面光滑，并每 5mm 划一刻线，以表明纤维内窥镜插入深度。镜身的前部为弯曲部，能实现上下左右的弯曲，实现无盲区观察。镜身内装有导像束、导光束和控制转角的钢丝等装置。头端部是纤维内窥镜镜身前头的端部，为硬性部分。头端部有物镜和导光窗等装置。纤维内窥镜的前端部一般设有 1～2 个导光窗，照明光线由此射出，以便物镜能观察到物像。导光窗由导光束末端面和密封玻璃组成。导光光缆一端在操作部与纤维内窥镜体连接，另一端与冷光源连接，是纤维内窥镜和冷光源之间的连接部分。导光光缆内有导光束和控制自动曝光的电线等。导光光缆的光源插头中还有供摄像曝光等装置的插头。

光源（冷光源）是纤维内窥镜的照明光源。冷光源，即将体外光源采用红外线过滤措施而进入体内的光。冷光源近于自然光，有采用简单、低能量的卤素灯光源，还可以采用复杂、高电流强度的氙短弧灯。采用的冷光源应强度大、照度高，保证观景象清晰、真实。

纤维内窥镜的主体是纤维光束。纤维光束由许多传光细光学纤维构成。光学纤维有两种类型，玻璃光学纤维和塑料光学纤维（主要是丙烯树脂）。光在光学纤维内传导必须遵循每根光学纤维传导的像素不发生折射而泄漏，应在纤维中由一端传至另一端。只有这样才能保证光在传导中无损失，能传递高清晰度、高精度无失真的图像。当光学纤维弯曲时，反射角相应地变化，光的传递就随纤维的弯曲而弯曲。这样，就能看到从任何方向传来的物像。

内窥镜可插入被检总成或机构的孔中，如发动机燃烧室的火花塞孔或喷油器孔，发动机曲轴箱的加机油孔或机油尺孔，变速器、分动器、驱动桥和转向器等总成的加油孔，观察总成或机构内部的技术状况。

【课题实施】

操作一 用气缸压力表检测气缸压缩压力

步骤一 车辆准备

（1）起动发动机，运转至正常工作温度。

（2）拆下空气滤清器，用压缩空气吹净火花塞或喷油器周围的脏物，拆下全部火花塞或喷油器，并按气缸顺序放置。对于汽油发动机，还应把点火系二次高压总线拔下并可靠搭铁，以防止电击或着火。

步骤二 安装气缸压力表

把气缸压力表的橡胶接头正插在被测缸的火花塞或喷油器孔内，压紧。

步骤三 检测

（1）将节气门（带有阻风门的还包括阻风门）置于全开位置，用起动机转动曲轴 3～5s（不少于 4 个压缩行程），待压力表头指针指示并保持最大压力后停止转动。

（2）取下气缸压力表，记录读数，按下单向阀使压力表指针回零。

（3）按上述方法依次测量各缸，每缸测量不少于 2 次，每缸测量结果取算术平均值。就车检测柴油机气缸压力时，应使用螺纹接头的压力表。

提示

对于在用汽车发动机，发动机气缸压力应不小于原设计规定的 85%；每缸压力与各缸平均压力的差，汽油机不超过原设计规定的 8%，柴油机不超过原设计规定的 10%。大修竣工发动机的气缸压力，每缸压力与各缸平均压力的差，汽油机不超过原设计规定的 8%，柴油机不超过原设计规定的 10%。

如测得的气缸压力高于原设计值，并不一定表明气缸密封性好，这种情况有可能是燃烧室内积炭过多、气缸衬垫过薄或缸体与缸盖结合平面经多次修理加工过度造成。如测得的气缸压力低于原设计值，说明气缸密封性降低，可向该缸火花塞或喷油器孔内注入少量机油，然后用气缸压力表再测气缸压力，进行深入诊断并记录。

如向气缸注入少量机油后，所测得的结果比第一次高，接近标准压力，表明是气缸、活塞环、活塞磨损过大或活塞环对口、卡死、断裂及缸壁拉伤等原因造成了气缸不密封。

如向气缸注入少量机油后，所测出的结果与第一次相似，即仍比标准压力低。则表明进排气门或气缸衬垫不密封。

若两次测量结果均表明某相邻两缸压力都相当低，则说明两缸相邻处的气缸衬垫烧损窜气。

步骤四　验证

在测量完气缸压力后，针对压力低的气缸，可拆下空气滤清器，打开散热器盖、加机油口盖和节气门，用一条长胶管，一头接在压缩空气气源（600kPa 以上）上，另一头通过锥型橡皮头插在火花塞或喷油器孔内。摇转发动机曲轴，使被测气缸活塞处于压缩终了上止点位置。然后将变速器挂入低速挡，拉紧驻车制动器，打开压缩空气开关，辨听发动机漏气声。如果在进气管口处听到漏气声，说明进气门关闭不严密；如果在排气消声器口处听到漏气声，说明排气门关闭不严密；如果在散热器加水口处看到有气泡冒出，说明气缸衬垫不密封造成气缸与水套连通；如果在加机油口处听到漏气声，说明气缸活塞配合副磨损严重。

操作二　检测曲轴箱的窜气量

步骤　用玻璃气体流量计检测曲轴箱的窜气量

（1）堵住机油尺口、曲轴箱通风进口。

（2）再用胶管将玻璃气体流量计（如图 1-5 所示，该种仪器可测量 1～130L/min 范围内的曲轴箱漏气量）进口与曲轴箱的气体导出口连接。

（3）起动发动机。

（4）窜入曲轴箱的气体进入玻璃气体流量计，当气体沿图 1-5 的箭头移动时，由于流量孔板的两边存在着压力差，使压力水柱移动，直至气体压力与水柱落差平衡为止。

（5）从玻璃气体流量计刻度板上确定窜入曲轴箱的气体量。

（6）确定窜气量是否合格。

操作三　曲轴箱漏气量测量装置测量曲轴箱的窜气量

步骤一　检测

（1）运行发动机至正常工作温度。

（2）封死曲轴箱入口。

（3）按图 1-7（b）所示连接漏气量测量装置，并将曲轴箱入口处的压力调整至环境大气压力。

（4）将汽车停放在底盘测功试验台上。

（5）当直接挡车速为 50 km/h，进气管真空度达到 55kPa 时，按表 1-2 工况测量，达不到 55 kPa 时按表 1-3 工况测量。曲轴箱漏气量从流量计上读取。

表 1–2　曲轴箱漏气测量工况

测 量 顺 序	进气管真空度/kPa	直接挡车速/（km・h^{-1}）
1	—	怠速
2	55±1	50±2
3	35±1	50±2
4	10±1	50±2

表 1–3　曲轴箱漏气量测量工况

测 量 顺 序	进气管真空度/kPa	直接挡车速/（km・h^{-1}）
1	—	怠速
2	按 50 km/h 平坦路面等速行驶时的进气管真空度	50±2
3	按测量顺序 2 的真空度×（35/55）	50±2
4	节气门全开	50±2

（6）读取流量计的压力和温度，根据实测时的压力和温度将实测流量换算成标定的压力和温度状态下的流量。

步骤二 计算

采用下式将流量计标定流量修正到标准大气状态的流量。

$$Q_p = Q_a \frac{P_a}{T_a} \times \frac{T_p}{P_p}$$

式中，P_a——流量计标定压力，kPa；

T_a——流量计标定温度，K；

Q_a——流量计标定后流量，m^3/h；

P_p——标准状态的大气压力，100kPa；

T_p——标准状态的大气温度，298K；

Q_p——标准状态的流量，m^3/h。

操作四 气缸漏气量的检测

步骤一 车辆准备

（1）将发动机预热到正常工作温度，然后用压缩空气吹净火花塞孔处的灰尘。

（2）拧下所有火花塞，将充气嘴安装在所测气缸的火花塞孔上。

步骤二 连接

将仪器接上气源。在仪器出气口完全密封的情况下，通过调节减压阀，使测量表指针指在400kPa位置上。

步骤三 检测

（1）摇转曲轴，使所测气缸活塞处于压缩终了上止点位置。

（2）变速器挂低速挡（自动变速器挂P挡），拉紧驻车制动器手柄。

（3）在充气嘴上接上快换管接头，向气缸充气，测量表中指针稳定后的读数，便反映了该缸的密封性。

（4）在充气的同时，辨听进气管口、排气消声器口、加机油口、散热器加水口和火花塞孔等处，是否有漏气声，以便找出故障部位。

（5）摇转曲轴，使下一所测气缸活塞处于压缩终了的上止点位置，按以上方法检测下一缸漏气情况，直至将所有气缸检测完。

（6）为使数据可靠，各缸应重复测量一次，每缸测量值取算术平均值。

步骤四 检测完毕

仪器使用完毕后，减压阀应退回到原来位置。

操作五 气缸漏气率的检测

步骤一 检测

（1）接通外部气源，在仪器出气口密封的情况下，调节减压阀，使测量表指针指示为“0%”，表示气缸不漏气；打开仪器出气口，测量表指针回落到最低点，标定为“100%”，表示气缸内的压缩空气百分之百漏掉。在测量表为“0%”～“100%”时，把原气缸漏气量检测仪表盘的气压数换算成漏气的百分数，便能指示漏气率。

（2）检测各缸整个压缩过程中不同阶段中的漏气率和漏气部位。摇转曲轴，先使所测气缸活塞处于压缩的开始点位置。

（3）摇转曲轴从压缩行程开始，一直进行到压缩行程终了上止点位置。

（4）为使数据可靠，各缸应重复测量一次，每缸测量值取算术平均值。

步骤二　判断

根据所测数据判断气缸漏气率。

操作六　进气管真空度的检测

步骤一　车辆准备

发动机应预热到正常工作温度。

步骤二　安装

把真空表软管连接在节气门后方的进气管专用接头上。

步骤三　检测

（1）发动机怠速运转。

（2）根据所在地海拔高度修正真空度标准值。考虑到进气管真空度有随海拔高度增加而降低的现象（一般海拔每增加1000m，真空度将减少10kPa左右）。

（3）读取真空表上的读数。

（4）对指针位置和动作进行分析、判断。

检测中真空表指针的位置和动作，如图1-9所示。图1-9中，白针表示指针稳定，黑针表示指针漂移；表盘刻度单位为英制，1 kPa=0.296 inHg 或 l inHg≈3.378 kPa。

① 在相当于海平面高度的条件下，发动机怠速运转（500～600r/min，下同）时，真空表指针稳定地指在57～7l kPa（17～21 inHg）范围内，表示气缸密封性正常，如图1-9（a）所示。

② 当迅速开启并立即关闭节气门时，真空表指针随之摆动在 6.8～84 kPa（2～25 inHg），则进一步表明气缸组技术状况良好。

③ 怠速时，真空表指针在50.6～67.6 kPa（15～20inHg）摆动，表示气门黏滞或点火系有问题，如图1-9（b）所示。

④ 怠速时，若真空表指针低于正常值，如图1-9（c）所示，主要是活塞环、进气管或节气门体衬垫漏气造成的，也可能与点火过迟或配气过迟有关。此种情况下，若突然开启并关闭节气门，指针会回落到0，但回跳不到84 kPa（25 inHg）。

⑤ 怠速时，真空表指针在40.5～60.8 kPa（12～18 inHg）缓慢摆动，表示怠速调整不良，如图1-9（d）所示。

⑥ 怠速时，真空表指针在33.8～74.3 kPa（10～22 inHg）缓慢摆动，且随发动机转速升高加剧摆动，表示气门弹簧弹力不足、气门导管磨损或气缸衬垫泄漏，如图1-9（e）所示。

⑦ 怠速时，真空表指针有规律地跌落，如图1-9（f）所示，表示某气门烧毁。每当烧毁气门工作时，指针就跌落。

⑧ 怠速时，真空表指针逐渐跌落到0，如图1-9（g）所示，表示排气消音器或排气系统堵塞。

⑨ 怠速时，真空表指针快速地在 27 ~ 67.6 kPa（8 ~ 20inHg）摆动，发动机升速时指针反而稳定，表示进气门杆与其导管磨损松动，如图 1-9（h）所示。

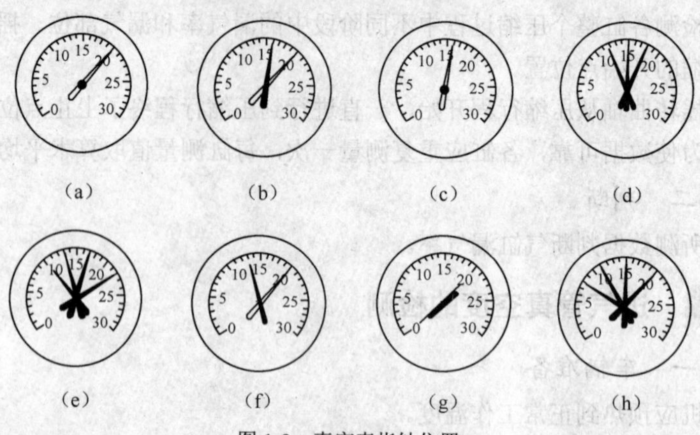

图 1-9 真空表指针位置

操作七 气缸内机械的观测

步骤一 准备工作

将导光光缆光源插头牢固地插入光源的输出插座。在确认光源、电源开关处于“关”的位置后，将光源电源线连接到已正确接地的交流电源上。打开光源的电源，并确认光源亮度的可调性。

步骤二 检查内窥镜及附件

（1）目视检查插入主软管表面有无破损或其他缺陷。目视检查弯曲部外表面有无缺陷，慢慢调节转角调节钮，确认弯曲部弯曲正常，并能达到最大弯曲度。

（2）检查转角调节钮。检查上/下转角调节钮是否能自由动作，无太大阻尼。当释放此钮时，弯曲部应能回到中间位置。检查左/右转角调节钮，拿住操作部，将插入软管放在平坦的台面上。如图 1-10 所示，操作左/右转角调节钮，使弯曲部向右弯曲。确认当对头端部稍加拉力时，弯曲部能大致上变得平直。将内窥镜翻转过来，使弯曲部向左弯曲，重复以上试验。

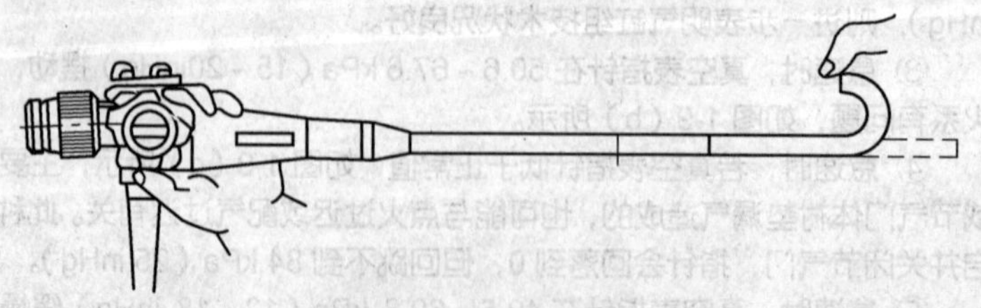

图 1-10 弯曲部试验图

（3）检查转角调节锁紧钮。检查上/下转角调节锁紧钮，该钮朝上为松，朝下为紧，并有一定的阻尼感。检查左/右转角调节锁紧钮。检查完或每次使用完后，应放置在“松”的位置，以保证使用寿命。

（4）检查光学系统。转动调焦装置的视度环，直至视场网纹图案清楚地聚焦。检查离物镜 15mm 的物像能否清楚地看到。目镜筒上的彩色编码标志用于快速调定视度的参考标志。

（5）检查导光软管有无裂纹、扭曲、压扁等损伤。

（6）在内窥镜目镜上安装电视系统。打开电视系统，调整图像的清晰度和色彩，直到满意为止。

步骤三　观测

用左手握持内窥镜操作部，拇指操作上/下转角调节钮，右手握持插入软管。调节视度环，直至视场网纹图案清楚地聚焦。调节光源的亮度，以获得最合适的照度。用左手操作上/下转角调节钮和锁紧钮，用右手操作左/右转角调节钮和锁紧钮。调定后，用锁紧钮锁定内窥镜弯曲部转角。从火花塞孔处插入气缸内，观察燃烧室内部技术状况。必要时可进行照相、摄像或转接电视显示器显示。

提示　可观察活塞顶是否有积炭、烧蚀、开裂等情况，气缸壁是否有拉缸、开裂和严重磨损等情况，进排气门是否有积炭、结胶、烧损和工作面麻点等情况，燃烧室壁是否有积炭和开裂等情况。

步骤四　退出内窥镜

确认锁紧钮处于放松位置，确认内窥镜大致处于平直状态（转角调节钮置于中间位置）。慢慢从总成或机构的孔中退出。

课题三　汽车异响探测器

【基础知识】

一、探针式汽车异响探测器

汽车异响探测器适用于噪声，使用其可轻易地查探汽车早期隐患，便于对汽车及早进行维修，从而保证各设备的正常运转，避免由于设备损坏而造成巨大经济损失。

汽车异响探测器采用 IC 电路及晶体管组装，具有体积小、重量轻、操作方便等特点。汽车异响探测器有高灵敏探头，能迅速测出柴油机/汽油机气缸发出的机械杂声并准确地找出故障的部位。能对各种发动机、电动机等发出的异常噪声和杂声进行鉴别从而避免事故发生。可以查探出任何机械发出杂声的部位，无论是气门震颤挺杆震响、松动的活塞、齿轮和泵的各类震响、继电器的螺线管操作的声响都可以清晰地查探出来，还可以检测监听管道中液体流动与阻塞的状态，也可对各种轴承运转状态作快速判别。还适用于对汽车底盘、船舶运行状况进行监听。

图 1-11 所示的探针式汽车异响探测器频率响应为 100Hz～10kHz，输入阻抗大于 15MΩ，允许在 100dB 的环境噪声中工作，工作环境温度为 10℃～55℃。

二、无线汽车异响探测仪

无线汽车异响探测仪如图 1-12 所示，由无线接收器、无线发射器、耳机和传感器探头组成。对燃油喷射系统、底盘系统、引擎盖下部、轴承、齿轮及悬挂系统、自动变速箱系统的异响，能快速找出噪声源及其位置。

无线汽车异响探测仪六通道的无线信号接收器与六个不同的发射器配合使用（每套产品标准配置四个发射器），发光二极管指示出当前工作通道以及异响信号的强度，可以很容易地通过发亮的按钮判断当前的工作通道，可通过旋转开关调整音量的大小，还可通过内置扬声器或连接耳机接收声音异响。

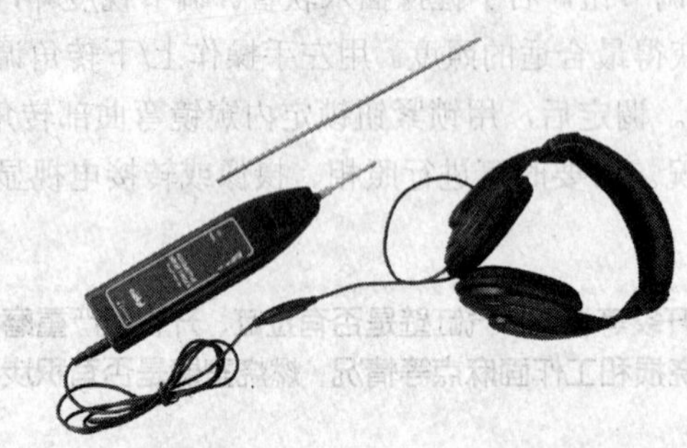

图 1-11 探针式汽车异响探测器

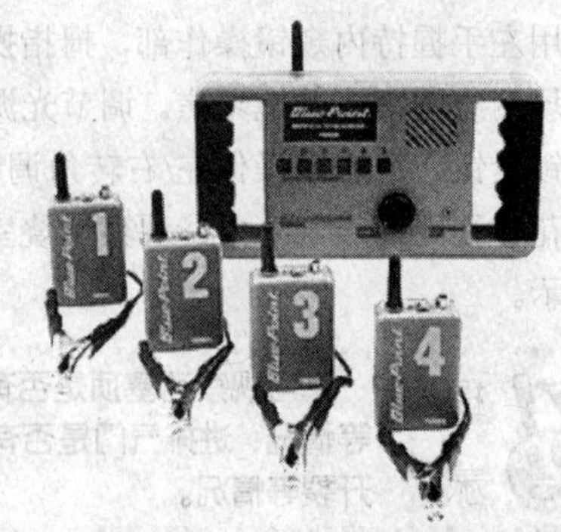

图 1-12 无线汽车异响探测仪

【课题实施】

操作 无线汽车异响探测仪的使用

步骤一 汽车齿轮、轴承及悬挂系统的探测

（1）将四个传感器探头钳夹分别夹在变速器输出轴外壳、悬挂系统的下转向节、下臂胶套边缘、差速器外壳上，将传感器探头钳夹连接到无线发射器上。发射器吸附在就近的钢件上，并用扎带将发射器扎牢在金属杆件上，防止车辆行驶时掉落。

（2）两人操作，一人驾驶车辆，另一人戴上耳机，在副驾驶座进行探测。

（3）切换按钮，对比四个通道的信号强弱，对不同的工作通道进行探测。

提示

把发射器放在齿轮、轴承及悬挂系统下探测异响故障。

快速找到底盘下及悬挂系统的异响源。例如，吱吱声，爆裂音，卡嗒卡嗒声，嘎吱声，沉闷的金属声，咆哮声和滴答声，可以对多处异响情况进行测试。

步骤二 汽车燃油喷射系统的探测

（1）将车辆停放好，拉紧手刹。

（2）将四个传感器探头钳夹分别夹在四个喷油器上。并将传感器探头钳夹连接到无线发射器上。

（3）起动发动机。

（4）辨听喷油器的声音。

（5）切换按钮，对比四个通道的信号强弱，对不同的工作通道进行辨听。

提示

可对燃油喷射系统的异响进行诊断。

步骤三 交流发电机、水泵、空调压缩机和张紧轮滑轮的探测

（1）将车辆停放好，拉紧手刹。

（2）将四个传感器探头钳夹分别夹在交流发电机壳体、水泵外壳、空调压缩机壳体和张紧轮滑轮壳体边上。并将传感器探头钳夹连接到无线发射器上。

提示 传感器探头钳夹连接到无线发射器上的导线应放置清楚，防止起动发动机后被旋转件缠绕。

（3）起动发动机。

（4）辨听耳机中的声音。

（5）切换按钮，对比四个通道的信号强弱，对不同的工作通道进行辨听。

课题四　汽车红外测温仪

【基础知识】

一、非接触红外测温仪在汽车故障诊断时的应用

汽车在运行过程中如果发生故障或有潜在的故障存在，必然引起汽车零部件表面的温度变化或温度突变。因此在汽车不解体的故障诊断中，通过测试汽车零部件的温度变化和突变，可以迅速找到汽车零部件表面温度变化和温度突变的地方，从而找到汽车发生故障的部位。因此诊断汽车故障，红外测温仪是一个非常理想和便携的数字诊断工具。汽车专用红外测温仪如图 1-13 所示。

非接触红外测温仪在汽车故障诊断时的应用主要表现在以下几个方面。

（1）迅速检查发动机某一缸不点火或工作不良。

（2）检查发动机独立点火系统的点火线圈工作不良。

（3）检查冷却系统故障，准确判断汽车散热器和节温器是否阻塞以及水温传感器好坏。

（4）检查废气控制系统，准确检查三元催化转换器，诊断检查排气管故障。

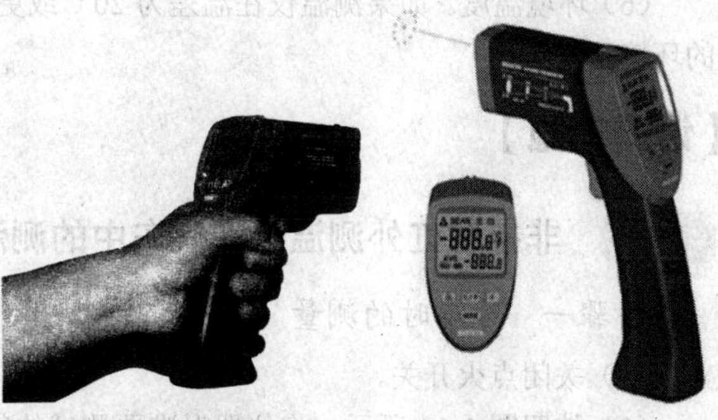

图 1-13　汽车专用红外测温仪

（5）检查空调和暖风系统的性能和故障。

（6）测量检查轮胎和制动鼓的温度突变，检查轴承、起动机、刹车盘和制动鼓的温度突变。

（7）检查加热座椅，后挡风玻璃除霜装置。

二、汽车专用红外测温仪进行汽车故障诊断的特点

1．便捷

非接触红外测温仪采用先进的红外技术，快速、准确、方便地测量物体的表面温度。不需要直接接触被测物体的表面，就能快速测试物体表面温度，并可以连续测试物体表面每一点的温度。在用热偶温度计读取一个渗漏连接点的时间内，用红外测温仪几乎可以读取所有连接点的温度。迅速找到汽车表面温度突变的地方。另外红外测温仪坚实、轻巧，可随身携带。

2．精确

红外测温仪的精度通常都在 1℃以内。这在做预防性维护和检测表面温度连续变化时特别重要，如在监测发动机冷却系统时，无需拆卸，红外测温仪通过 12 个激光点成环状锁定目标，准确测试到难以接触到物体的表面温度的变化，通过扫描所有汽车容易产生温度变化的地方，如刹车鼓、刹车片、轴承、排气管、进气管等寻找热点。用红外测温仪，测温范围宽、分辨率高，可快速探测操作温度的微小变化，在其萌芽之时就可将问题解决。

3．安全

安全是使用红外测温仪最重要的益处。不同于接触式测温仪的是，红外测温仪能够安全、可靠地测量热的、危险的或难以接触、难以接近的或不可到达的目标表面温度，可以在仪器允许的范围内迅速读取目标温度，每秒可测若干个读数。非接触温度测量还可在不安全的或接触测温较困难的区域进行，防止在接触测温时造成烫伤。红外测温仪具有激光瞄准，便于识别目标区域。

三、使用红外测温仪时的注意事项

（1）只测量表面温度，红外测温仪不能测量内部温度。

（2）不能透过玻璃进行测温，玻璃有很特殊的反射和透过特性，运时的红外温度读数不精确。

（3）红外测温仪最好不用于光亮的或抛光的金属表面的测温。

（4）定位热点。要发现热点，仪器瞄准目标，然后在目标上做上下扫描运动，直至确定热点。

（5）环境条件。蒸气、尘土、烟雾等因阻挡仪器的光学系统而影响精确测温。

（6）环境温度。如果测温仪在温差为 20℃或更高的情况下使用，仪器将在 20min 内调节到新的环境温度。

【课题实施】

操作 非接触红外测温仪在汽车中的测温

步骤一 冷车时的测量

（1）关闭点火开关。

（2）按照图 1-14 所示，将仪器对准要测试的物体，按触发器，在仪器的 LCD 上读出温度数据，并保证安排好距离和光斑尺寸之比和视场，进行测温。

（3）检测散热器的温度。观察散热器的进出水口和散热器芯管走向。在冷却风扇不运转情况下，分别测量芯管两端的温度，进行温度对比。

（4）检测后挡风玻璃除霜装置，检测加热座椅，测试空调出风口温度，检测轮胎温度。

（5）打开发动机舱盖，检测电子接头，检测水温传感器。

步骤二 热车时的测量

（1）起动发动机，预热，到发动机正常工作温度。

（2）开空调，打开后挡风玻璃除霜装置。

（3）将仪器对准要测试的物体，按触发器在仪器的 LCD 上读出温度数据，并保证安排好距离和光斑尺寸之比和视场，进行测温。

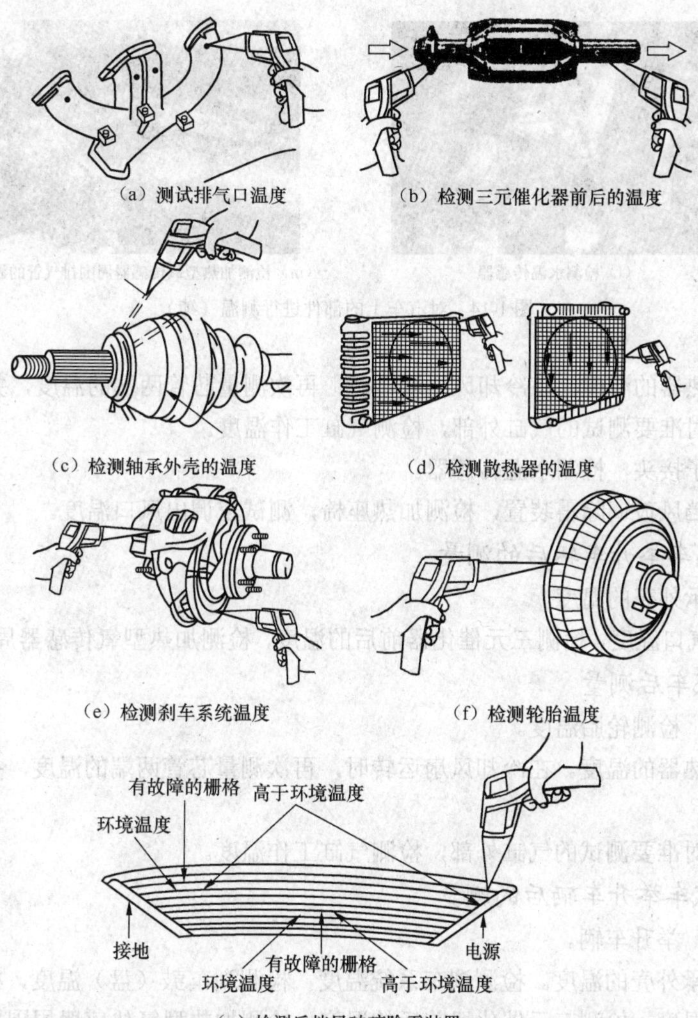

（a）测试排气口温度　（b）检测三元催化器前后的温度

（c）检测轴承外壳的温度　（d）检测散热器的温度

（e）检测刹车系统温度　（f）检测轮胎温度

（g）检测后挡风玻璃除霜装置

（h）测试空调出风口温度

（i）检测气缸工作温度

（j）检测电子接头

（k）检测加热座椅

图 1-14　对汽车上的部件进行测温

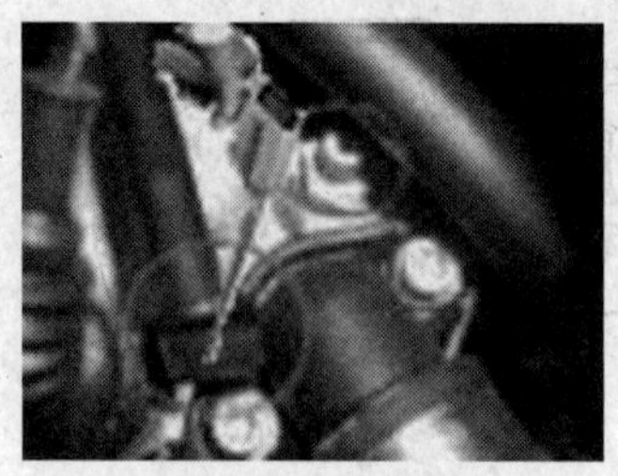

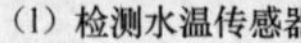

（l）检测水温传感器

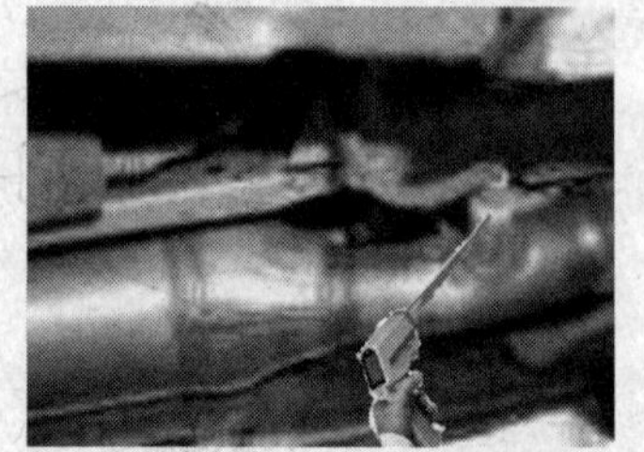

（m）检测加热型氧传感器周围排气管的温度

图 1-14　对汽车上的部件进行测温（续）

（4）检测散热器的温度。在冷却风扇运转时，再次测量芯管两端的温度，并进行温度对比。

（5）将仪器对准要测试的气缸外部，检测气缸工作温度。

（6）检测电子接头，检测水温传感器。

（7）检测后挡风玻璃除霜装置，检测加热座椅，测试空调出风口温度。

步骤三　热车举升车辆后的测量

（1）检测轴承外壳的温度。

（2）测试排气口温度，检测三元催化器前后的温度，检测加热型氧传感器周围排气管的温度。

步骤四　试车后测量

（1）试车后，检测轮胎温度。

（2）检测散热器的温度。在冷却风扇运转时，再次测量芯管两端的温度，并进行温度对比。检测水温传感器。

（3）将仪器对准要测试的气缸外部，检测气缸工作温度。

步骤五　试车举升车辆后的测量

（1）试车后，举升车辆。

（2）检测轴承外壳的温度。检测刹车系统温度，检测刹车鼓（盘）温度，检测轴承外壳的温度，测试排气口温度，检测三元催化器前后的温度，检测加热型氧传感器周围排气管的温度。

分别记录冷车、热车、试车时各部件测量的温度，进行分析对比。

课题五　汽车燃料消耗量检测设备

世界各国为解决能源安全，开展了大量的基础研究工作，目前各国采用的主要对策有实施有效的汽车燃料经济性标准法规，实施汽车燃料消耗量限值标准，实施汽车燃料消耗量申报和公布制度，实施汽车燃料消耗量标识制度，为减少汽车燃料消耗量实施相应的辅助措施。

【基础知识】

一、汽车燃料经济性检测概述

汽车燃料经济性用汽车燃料消耗量进行评价。汽车燃料消耗量除与燃料供给系统的技术状况有直接关系外，还与曲柄连杆机构、配气机构、点火系统、润滑系统、冷却系统、传动系统、行驶系统、转向系统和制动系统等有关。用油耗计测量使用中汽车的燃料消耗量，不仅可以诊断燃料供给系统的技术状况，而且可以诊断发动机及整车的技术状况。

油耗计是测量汽车燃料消耗量的仪器。可以采用测定其容积、质量、流量、流速和压力等方法测量汽车燃料消耗量，其中容积法和质量法较为常用。

汽车燃料消耗量试验方法分台架试验法和道路试验法两种。发动机台架试验时采用容积法和质量法，主要是测定发动机消耗一定容积燃料或消耗一定质量燃料所经过的时间，然后由燃料消耗量和经过时间计算单位时间的燃料消耗量。汽车道路试验或整车在底盘测功试验台上测量燃料消耗量时，则是测定汽车通过一定路程时消耗的燃料量和时间，然后由燃料量、路程和时间，计算试验车速下汽车单位里程燃料消耗量（L/km）、百公里燃料消耗量（L/100km），百吨公里燃料消耗量（L/100t · km）或每升燃料行驶的里程（km/L）。

采用车用油耗计就车测定燃料消耗量时，车用油耗计固定安装在机动车辆上，试验内容主要有模拟城市工况循环燃料消耗量试验，90km/h 等速行驶燃料消耗量试验和 120km/h 等速行驶燃料消耗量试验。

二、车用油耗计的组成、类型及原理

车用油耗计的类型有多种，常见的有容积式和质量式。容积式车用油耗计按传感器结构不同，可分为膜片式、量管式和活塞式三种。

1．膜片式车用油耗计

如图 1-15 所示，膜片式车用油耗计由传感器和电磁计数器两部分组成，适用于汽、柴油发动机。油室的排油量是一个定值，当油室内膜片变形使其容积由最大变到最小时，造成的容积差就是油室的排油量。传感器通过检测油室内膜片的变形，发出与流经的燃油体积成正比的脉冲信号，并将脉冲信号输送到电磁计数器记录排油次数内，经放大器放大后，驱动计数器进行记录，然后由数码管显示燃料消耗。

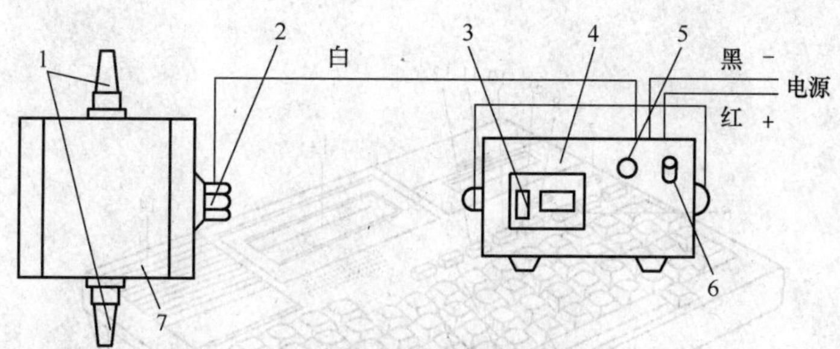

图 1-15 膜片式车用油耗计

1—进出油口；2—磁敏开关；3、4—计数器；5—电源指示灯；6—电源开关；7—传感器

2．单活塞式车用油耗计

单活塞式车用油耗计的传感器是通过活塞在液压缸内的移动来排出固定容积的燃油，通过统计移动的次数，计数器记录排油次数，实现对流经的燃油消耗量进行测量的目的。

3．四活塞式车用油耗计

四活塞式车用油耗计（见图 1-16）的传感器由流量测量机构和信号转换机构组成。

流量测量机构主要由缸盖、缸体、活塞及连杆、曲轴和进出油道组成。当燃油在泵油压力作用下经进油道进入腔体并通过上壳体内的油道来到活塞顶部时，迫使活塞、连杆推动曲轴转动，并将对面活塞顶部的燃油通过上壳体内的出油道排出。当完成一次进、排油时，曲轴旋转一周。

信号转换机构由主动磁铁、从动磁铁、密封罩、从动轴、发光二极管、光栅、光敏管、线路板、插座等组成。从图 1-16 中可以看出，主动磁铁装在曲轴上，从动磁铁装在转轴上，转轴通过轴承支承在下壳体内，转轴的下端固装有光栅板。在光栅板的上、下方装有发光二极管和光敏管。当曲轴转动时，由于一对永久磁铁的吸引作用，转轴及其上的光栅板也随之转动，通过发光二极管和光敏管的光电作用，能把曲轴的转动变成光电脉冲信号。每个光电脉冲信号代表一定容积的燃油量，通过专用电缆线把脉冲信号送入计量显示仪表，经过计算、处理后，即可显示出流经的燃油量。

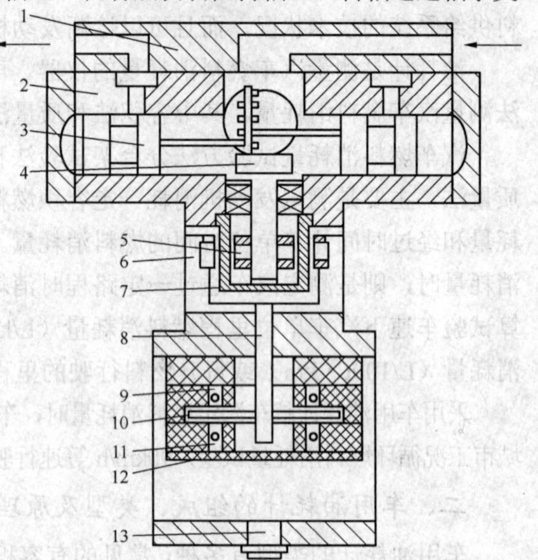

图 1-16 四活塞式流量传感器结构图

1—缸盖；2—缸体；3—活塞及连杆；4—曲轴；5—主动磁铁；6—从动磁铁；7—密封罩；8—从动轴；9—发光二极管；10—光栅板；11—光敏管；12—线路板；13—插座

如图 1-17 所示，四活塞式车用油耗计的计量显示仪表为微机控制的仪表，能测定各种类型发动机油耗的累计流量、瞬时流量、道路行驶流量和累计时间等参数，并具有定时间、定容积、定质量等功能，能对数据进行运算、处理、存储、显示和打印。

三、车用油耗计的安装方法

应根据发动机类型将油耗计传感器串接在燃料系统供油管路上，如果是化油器式汽油机，应串接在汽油泵与化油器之间；如果是柴油机，应串接在柴油滤清器与喷油泵之间。从高压回油管和低压回油管流回的燃油应接在油耗计传感器与喷油泵之间，以免重复计量；如果是电控燃油喷射发动机，串接在燃油滤清器与燃油分配管之间，从燃油压力调节器经回油管流回燃油箱的燃油应改接在油耗计传感器与燃油分配管之间，避免重复计量。

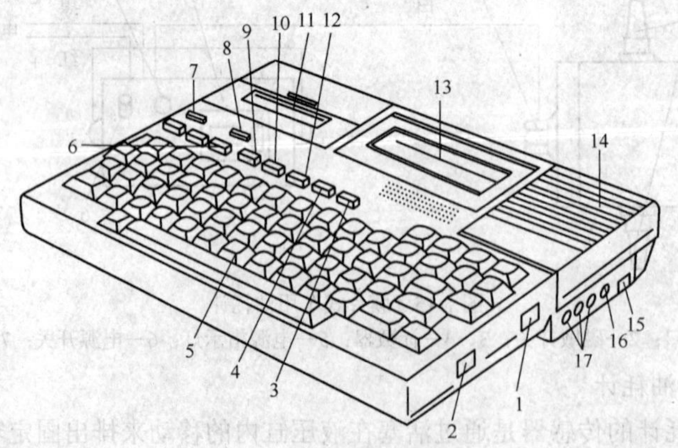

图 1-17 SLI-3 型流量计外形图

1—屏幕图像对比度调节钮；2—电源开关；3—运行/功能键；4—打印键；5—键盘；6—复位键；7—打印机开关；8—手工供纸按钮；9—开始键；10—停止键；11—打印机；12—连存键；13—LED 显示器；14—微型磁带机；15—复零键；16—条形码接口；17—音频接口

四、车用油耗计的使用注意事项

（1）串接好的传感器应放置稳固或吊挂牢固。

（2）传感器的进出油管最好为透明塑料管，以便观察燃油中有无气体。供油管路中有气体会导致测量误差。当发现管路不断产生气泡时，应仔细检查并消除不密封部位。汽油蒸气会形成气阻。

（3）测量开始前应将供油管路中的气体排净。测量中若发现油耗计传感器出油管有气泡，应宣布数据作废，重新测量。

（4）为了稳妥，最好是在油耗计传感器进口处串接气体分离器，保证测量精度。气体分离器如图1-18所示。当混有气体的燃油进入气体分离器浮子室时，气体会迫使浮子室内的油平面下降，使针阀打开，气体排入大气，从出油管进入传感器的燃油便没有气体了，使测量精度提高。

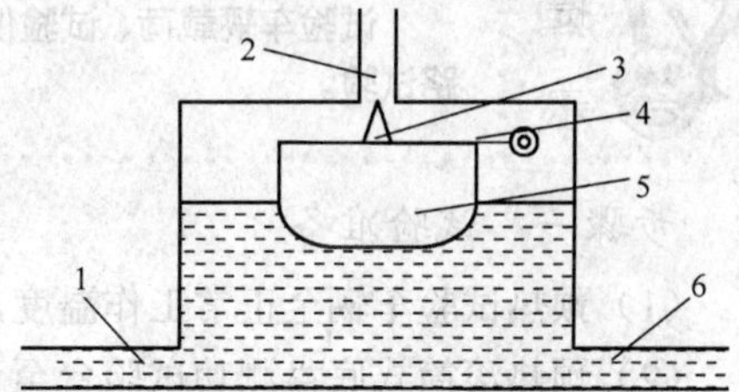

图1-18　气体分离器简图

1—进油管；2—排气管；3—针阀；4—浮子室；5—浮子；6—出油管

（5）为了保证燃油的清洁性，防止活塞卡阻，减少活塞式油耗计传感器的磨损，可在油耗计传感器入口处安装纸质燃油滤清器，被测燃油在密闭容器内应经24h以上沉淀。

（6）油耗计的电源线必须夹紧在蓄电池极桩上，不要随意就近接在电路某部位上，以免供电电压发生较大变化，影响油耗计正常工作。

（7）油耗计使用一段时间后，由于油耗计传感器技术状况变化，测量精度下降，因此需要定期重新标定油耗计系数。标定时按仪器使用说明书介绍的方法进行。通常的作法是先测定油耗计传感器的实际输油量，再与计量显示仪表的指示量相比较，求出新的标定系数，则仪器的指示误差通过确定新的标定系数而得到校正。

【课题实施】

操作一　汽车燃料消耗量的道路试验

除有特殊规定外，轿车为规定乘员数的一半（取整数）；城市客车为总质量的65%；其他车辆为满载，乘员质量及其装载要求按国家标准的规定。清洁试验车辆，关闭车窗和驾驶室通风口，只允许开动为驱动车辆所必须的设备。调整由恒温器控制的空气流处于正常状态。按规定对试验车辆进行磨合，其他试验条件按国家标准的规定。

步骤一　仔细阅读车用油耗计的使用说明书。

由于不同的车用油耗计使用方法有所不同，阅读说明书很重要。

步骤二　试验

（1）将油耗计传感器串接在燃料系统供油管路上，并进行检查是否有泄漏。

（2）接通油耗计的电源，开机或按下“自校”键后仪器自动进入自检状态，同时对油耗计进行检查，并判断仪器是否有故障，显示的参数是否正确和能否正常工作等。若仪器连续出现某种错误状态则需停机修理。

（3）开动车辆，按下“起动”键，仪器将自检数据清零，进入正常测量状态。

按国家标准规定的试验方法，在道路条件下进行直接挡全油门加速燃料消耗量试验、等速燃料消耗量试验、多工况燃料消耗量试验、限定条件下的平均使用燃料消耗量试验。通过按键，仪器可显示累计路程、累计油耗量、瞬时油耗量、累计时间、试验车速和燃油温度等参数。

（4）测量结束后，从汽车上拆下油耗计，将传感器内的油液排净，并注入经过加热蒸发过水分的润滑油妥善保管。

（5）按下“打印”键，可打印出测量结果。

操作二 汽车燃料消耗量的台架试验

提示 试验车辆载荷、试验仪器、试验的一般规定、试验车辆磨合和其他试验条件等同于道路试验。

步骤一 试验准备

（1）预热试验车辆至正常工作温度，检查轮胎气压，应符合汽车制造厂的规定。

（2）预热滚筒式底盘测功试验台至正常工作温度，正确安装油耗计和气体分离器，排除干净供油系统气体。

步骤二 等速燃料消耗量检测

（1）汽车开上滚筒式底盘测功试验台，落下举升器，逐挡加速至常用挡位（直接挡或超速挡），同时给滚筒加载，使车辆模拟满载等速行驶，直至达到规定试验车速。

（2）待车速稳定后，测量不低于500m行程的燃料消耗量。连续测量2次，取等速燃料消耗量的算术平均值。

（3）计算等速百公里燃料消耗量。

思考与练习

一、选择题

1．电感放电式气缸压力检测仪是通过检测汽油发动机点火______来确定气缸压力的方法。

A．初极电压　　B．次极电压　　C．低压　　D．高压

2．检测气缸压力时，须拆下被测缸的火花塞，旋上仪器配置的传感器，用起动机带动曲轴旋转______s即可。

A．30　　B．20　　C．15　　D．5

3．使用起动电流式气缸压力检测仪，通过测量______而去评价各缸气缸压力的方法。

A．起动过程中起动电压的变化　　B．起动过程中起动电流的变化

C．起动过程中充电电流的变化　　D．起动过程中充电电压的变化

4．新发动机曲轴箱漏气量约为______L/min，磨损后的发动机则高达______L/min。所以，发动机工作时单位时间内窜入曲轴箱的气体量，可以衡量气缸活塞配合副的密封性。

A．15～20　　B．20～30　　C．50～80　　D．80～130

5．漏气量检测仪外部气源的压力一般应为______kPa。

A．100～200　　B．200～400　　C．400～600　　D．600～900

6．气缸漏气率的检测在使用仪器、检测方法、判断故障方法上，与气缸漏气量的检测是一致的，只不过气缸漏气量检测仪的测量表标定单位为______或______，而气缸漏气率测量表的标定单位为______。

A．kPa　　B．百分数　　C．MPa　　D．百分比

二、填空题

1．检测发动机功率的方法，可以分为________和________两种。

2．常见的测功器有________、________和________三种。

3．无负荷测功原理可通过________或________两种方法来测量平均功率。

4．测瞬时加速度测量仪器由________、________、________、________和________、________、________、________、________和________等组成。

5．测加速时间仪器由________、________、________、________、________、________和________等组成。

6．无负荷测功仪的显示等级显示有________、________、________3 个等级。

7．国家标准规定：在用车发动机功率不得低于原标定功率的________，大修后发动机最大功率不得低于原来设计标定值的________。

8．气缸密封性不但直接严重影响发动机的________、________和________，还决定了发动机的使用寿命。

9．气缸压力表一般由________、________、________和________等组成。

10．气缸压力表的接头有________、________两种形式。

11．发动机起动时的阻力矩，主要由________的摩擦力矩和________的反力矩两部分组成的。

12．如果把起动电流各峰值与各缸气缸压力最大值对应起来，在起动电流波形上，凡是峰值高的气缸压力也________，峰值低的气缸压力也________。

13．玻璃气体流量计，可用于曲轴箱漏气量的检测。它主要由________、________、________、________、________和________等组成。

14．气缸漏气可从各泄漏处有无漏气声或迹象确认________、________、________和________等是否密封。

15．真空表由________和________组成。真空表表头的量程为________kPa。

16．漏气量检测仪主要由________、________、________、________、________和________等组成，还得配备外部气源、指示活塞位置的指针和活塞定位盘。

17．无线汽车异响探测仪由________、________、________和________组成。

18．非接触红外测温仪可以迅速找到汽车零部件表面________和________的地方。

19．油耗计是测量汽车燃料消耗量的仪器。可以采用测定其________、________、________、________和________等方法测量汽车燃料消耗量。

20．汽车燃料消耗量试验方法分________和________两种。

21．就车测定燃料消耗量主要有________、________和________三种方法。

22．车用油耗计一般由________和________组成，二者分开制造，采用电缆连接。

23．四活塞式车用油耗计的传感器由________和________组成。

三、简答题

1．什么是稳态测功？

2．什么是动态测功？

3．无负荷测功仪测功有什么优缺点？

4．简述测加速时间的方法。

5．气缸密封性与哪些零件的技术状况有关？

6．哪一类型的气缸压力检测仪可用于评价各缸气缸压力？

7．压力传感器式气缸压力检测仪检测原理。

8．气缸漏气量检测的基本原理是什么？

9．非接触红外测温仪在汽车故障诊断时，应用在哪些部位？

10．汽车专用红外测温仪进行汽车故障诊断的特点有哪些？

11．世界各国为解决能源安全，采用的主要对策有哪些？

12．描述膜片式车用油耗计的工作原理。

13．描述单活塞式车用油耗计的工作原理。

14．描述四活塞式车用油耗计的工作原理。

四、综述题

1．为什么要对汽车发动机进行功率测试？

2．无负荷功率测试是利用什么原理？

3．如何进行单缸功率的检测？

4．通过单缸断火能说明发动机的什么问题？单缸断火后转速下降的标准是什么？

5．为什么要对气缸进行密封性检测？

6．分别描述气缸压力表、气缸压力检测仪、气体流量计、曲轴箱漏气量测量装置、气缸漏气量检测仪、气缸漏气率检测仪、进气管真空表、工业内窥镜等仪器仪表的结构。在使用这些仪器仪表时，要注意哪些事项？在使用这些仪器仪表对气缸进行密封性的检测、观察时，分别利用了什么原理？

7．用工业内窥镜进行气缸内机械的观测，有什么优点？

8．用工业内窥镜还可以对发动机进行哪些部位的观测？

9．汽车异响探测器能找出汽车中哪些部位的异响。

五、操作题

1．汽车发动机功率测试的方法有哪些？步骤是如何进行的？

2．如何用气缸压力表检测气缸压缩压力？

3．如何用气缸压力检测仪检测气缸压缩压力？

4．如何用玻璃气体流量计检测曲轴箱的窜气量？

5．如何用曲轴箱漏气量测量装置测量曲轴箱的窜气量？

6．如何对气缸进行漏气量的检测？

7．如何对气缸进行漏气率的检测？

8．如何对进气管真空度进行检测？

9．如何用真空表检测真空度？

10．使用无线汽车异响探测仪检测汽车齿轮、轴承及悬挂系统；检测燃油喷射系统喷油器；探测交流发电机、水泵、空调压缩机和张紧轮滑轮。

11．用非接触红外测温仪测量散热器的温度；后挡风玻璃除装置；气缸外部；水温传感器；空调出风口温度。

12．用车用油耗计通过道路试验测量汽车燃料消耗量。

13．用车用油耗计通过台架试验测量汽车燃料消耗量。

14．各种燃料供油管路、车用油耗计的安装方法有什么不同？

模块二 汽车底盘检测设备

知识目标

◎ 了解底盘测功试验台的功能与类型
◎ 理解底盘测功试验台的组成与工作原理
◎ 了解转向盘自由转动量和转向力的概念
◎ 了解汽车转向盘转向力—转向角检测仪作用
◎ 了解游动角度检测仪的作用
◎ 掌握悬架装置的检测方法
◎ 了解谐振式汽车悬架装置检测台的基本结构
◎ 了解车轮不平衡概念
◎ 理解车轮不平衡检测原理
◎ 了解车轮平衡检测的注意事项
◎ 理解车轮的受力情况
◎ 了解对转向系统的要求
◎ 了解车轮定位的必要性
◎ 了解四轮定位内容及车轮定位专用术语
◎ 理解四轮定位仪的组成、检测原理和方法要领
◎ 了解在车轮定位测量中常遇到的问题
◎ 理解 V3D 系统的测量原理
◎ 理解 3D 四轮定位仪与传统定位仪的不同
◎ 理解汽车轴（轮）重量检测设备的作用
◎ 理解制动检验台的种类、结构和工作原理
◎ 了解汽车制动踏板力计的国家标准规定
◎ 了解踏板力计的构造和组成
◎ 了解汽车侧滑检验台的种类和型号
◎ 掌握车速表形成误差的原因和车速表的检测方法

能力目标

◎ 会使用底盘测功机检测车辆
◎ 会使用简易转向盘自由转动量检测仪
◎ 会使用转向参数测试仪
◎ 会使用指针式游动角度仪器
◎ 会使用数字式游动角度检测仪
◎ 会使用谐振式汽车悬架装置检测台
◎ 会检测车轮动平衡
◎ 会设置定位仪的转角盘类型及车型资料编辑
◎ 会使用四轮定位仪检测车辆
◎ 会操作 V3D（三维成像）四轮定位仪
◎ 会使用汽车轴重仪
◎ 会操作滚筒式制动检验台检验制动
◎ 会用平板制动检验台检验制动
◎ 会使用便携式制动性能测试仪
◎ 会用踏板力计检测汽车制动踏板力和驻车制动操纵力
◎ 会操作汽车侧滑试验台
◎ 会使用车速表试验台

课题一 底盘测功试验台

测功装置包括非接触式测功装置和接触式测功装置，非接触式测功装置是指采用作用力与反作用力和力矩平衡原理测量转矩和转速的装置，如水力测功机、电磁测功机等。接触式测功装置是指采用驱动轮与被检测功机的滚动机构相接触的方法以及根据力矩平衡原理测量转矩、转速和功率的装置，如汽车底盘测功机等。

测功装置主要用于直接测量动力装置（如汽车底盘发动机、内燃机、电动机和水轮机等）的输出转矩和转速以及工作机（如油泵、水泵和空气压缩机等）的输入转矩和转速，然后通过计算得出有效功率。

【基础知识】

底盘测功试验台又称底盘测功机，是用于测量汽车驱动轮输出功率等汽车性能试验的装置。

一、底盘测功试验台的功能与类型

底盘测功机的滚筒相当于连续移动的路面，被测车辆的车轮在其上面滚动，可在室内模拟道路行驶工况来进行汽车动力性的检测，具有车速表、里程表、滑行性能、加速性能、底盘输出功率和扭矩等主要测试功能，此外，它还有油耗检测或排气污染物检测的加载功能以及能诊断汽车在负载条件下出现的故障等。配备反拖装置的测功机，应能检测汽车动力传动系统的损耗功率。由于汽车底盘测功机在试验时能通过控制试验条件，减小试验对周围环境的影响，同时通过功率吸收加载装置来模拟道路行驶阻力、控制行驶状态来进行符合实际的复杂循环试验，因而得到比较好的试验效果。

底盘测功机按滚筒不同可分为单滚筒底盘测功机（见图 2-1）和双滚筒底盘测功机（见图 2-2），按测功器形式不同可分为水力式、电力式和电涡流式，按功率吸收装置的冷却方式分为水冷式、风冷式、油冷式，按承载质量分为小型（承载质量≤3t）、中型（3t≤承载质量≤6t）、大型（6t≤承载质量≤10t）、特大型（承载质量>10t）。

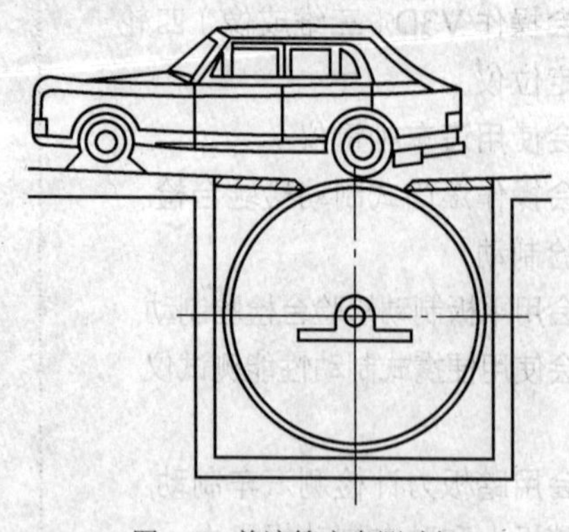

图 2-1 单滚筒底盘测功机

图 2-2 双滚筒底盘测功机

底盘测功机的型号主要以额定吸收功率（kW）、允许承载质量（t）的阿拉伯数字和冷却方式等主参数代号来表示。冷却方式用字母表示：S—水冷；F—风冷；Y—油冷。如 A35—W150/10FR—XX，

A35 为分类代码，W150/10FR 为特性、参数、冷却方式、改进顺序代码，XX 为生产企业名称代码，表示电涡流式汽车底盘测功机，额定吸收功率 150kW，允许承载质量 10t，风冷，第二次改进设计。

二、底盘测功试验台的组成与工作原理

底盘测功机的主要组成应包括滚筒机构、功率吸收装置、惯量模拟装置、举升及滚筒制动装置、控制与测量系统、标定装置及安全装置，必要时可配备反拖装置。

滚筒机构是用于模拟路面的装置，功率吸收装置用来吸收并测量汽车驱动车轮上的功率和牵引力，惯性模拟装置用于检测汽车的滑行性能。举升及滚筒制动装置包括引导驾驶员按照提示进行操作的引导系统、升降汽车的举升装置和锁止或放松滚筒的锁定系统。控制与测量系统包括采集车速信号的传感器、采集驱动力信号的传感器、测功机控制系统。安全装置包括防止汽车车轮在旋转过程中，在侧向力的作用下驶出滚筒的左右挡轮、系留装置；防止车辆高速行驶时，由于滚筒的卡死飞出滚筒的车偃；防止车辆在运行过程中发动机和车轮过热的发动机与车轮冷却风机。

底盘测功机工作时，主要通过作用在被测对象上的驱动力矩来测量的。通过对其转矩值测量和转速值测量，并经计算得到功率，其转矩值的测量采用力矩平衡原理，其转速值的测量一般采用频率计数法。

汽车在道路上行驶时，其外部阻力主要有车轮的滚动阻力、车轮轴承摩擦阻力和空气阻力等。但汽车在试验台上测试时，外部阻力不存在，只能用调节试验台上测功器的负载加以模拟外部阻力，使汽车的受力情况同在道路上行驶一样。为了取得精确的测量结果，各种底盘测功机的说明书中都会给出该型底盘测功机在测试过程中本身随转速变化机械摩擦所消耗的功率，对风冷式测功机还需给出冷却风扇随转速变化所消耗的功率。另外，由于底盘测功机的结构不同，对汽车在滚筒上模拟道路行驶时的滚动阻力也不同，说明书中还会给出不同尺寸的车轮在不同转速下的滚动阻力系数值。

三、对底盘测功试验台的技术要求

1．基本要求

（1）测功机应按规定程序批准的设计图样和技术文件组织生产并符合标准要求。

（2）所用原材料，外购、外协件应符合相应标准要求，并附有合格证或有关证明其质量的认证性文件。

（3）测功机应能在 0℃～40℃的环境温度、相对湿度≤85%、工作额定电压±10%、工作环境周围的污染、振动、电磁干扰应对测试结果无影响的环境条件下正常工作。

2．外观质量

（1）测功机外表面应平整、光洁，不得有明显的磕伤、划痕；涂层表面均匀，金属基底必须经过除油、除锈处理。

（2）所有螺栓、螺母均应经过表面处理，重要螺栓的连接应符合设计文件规定的力矩要求。

（3）焊接件的焊缝应平整、均匀，不得有焊穿、裂纹、脱焊、漏焊等缺陷，并清除焊渣。

（4）各种开关、按钮、旋钮、仪表都应有明显和清晰的文字或符号标示，且操作灵活可靠。

（5）各种仪表显示应清晰，没有影响读数的缺陷。

3．装配质量

（1）滚筒机构、功率吸收装置，惯量模拟装置之间的联轴器同轴度应小于ϕ0.5mm。

（2）测功机应标明系统的内部摩擦损失功率（包括轴承摩擦损失和系统驱动摩擦损失等）。

4．主要系统技术要求

（1）滚筒机构采用双滚筒，滚筒直径为200～530mm，建议采用370mm。滚筒表面粗糙度应使轮胎在上面不打滑且其产生的牵引力与干燥道路路面的作用力相一致；滚筒表面粗糙度不应引起轮胎花纹表面的不正常磨损。双滚筒应保证适用车辆的安置角大于26°。前后滚筒轴线平行度不大于0.8mm/m。滚筒表面径向跳动不太于0.4mm。滚筒机构装配完成后，各滚筒高度差不大于1mm。每个滚筒的动平衡精度等级不低于G6.3。滚筒在额定工况下能平稳连续运转，无异常现象。滚筒总的转动惯量应给出具体数值。

（2）惯量模拟装置。惯量模拟装置应满足所测试汽车的惯性质量。并根据需要分级，每一级的转动惯量应给出具体数值并标明其序号。每一级惯量模拟装置应进行动平衡，其动平衡精度等级不低于G4.0级。每一组惯量模拟装置应具备离合功能，以便于分级选配。

（3）举升及滚筒制动装置。举升装置的举升能力应大于或等于底盘测功机所规定的额定承载质量。举升器应工作平稳，左、右举升装置的工作应同步。气路或油路无渗漏现象。举升装置应有安全保护功能，以防止被检汽车在测试过程中举升器突然升起。当滚筒转速大于5km/h时，举升装置无论手控或自动均不应升起。举升器在举升状态保持10h后，举升器下降不得超过10mm。滚筒制动装置应能使被检汽车进出时，滚筒不发生转动。

（4）功率吸收装置。功率吸收装置如采用风冷式电涡流测功器，应标明冷却风扇的功率损耗。电涡流测功器的技术要求应符合国家标准中的有关规定。

（5）安全装置。测功机所配备的安全装置应独立于执行系统。测功机应配备将汽车固定在滚筒上的装置，如钢丝绳、铁链等。

（6）标定装置。测功机应配备标定装置。标定装置的安装应符合国家标准中的有关规定。标定装置应分别标明测力杠杆力臂长度值和滚筒中心至测功机测力传感器的力臂长度值。

（7）测量系统。测功机应配备测力装置和测速装置。测量系统的示值误差应符合表2-1的规定。

表2-1　　测量系统的示值误差规定

要求			扭矩（驱动力）	功率	车速	距离	时间
零值误差			±1d	±1d	±1d	±1d	
测量误差	升程	20%（F·S）	±2%	±2.5%	±1%（F·S）	±1%	±0.2s
		20%（F·S）	±3%	±3.5%			
	回程	20%（F·S）	±2%	±2.5%			
		20%（F·S）	±3%	±3.5%			

注：d为分度值。

（8）控制系统。控制系统应具有自动控制和手动控制两种方式。控制系统应具有恒速控制、恒扭矩控制和恒电流控制三种控制方式。控制系统应具有道路行驶阻力模拟、自检、标定等运行模式。

控制系统应采用计算机进行测控。应具有专供数据通信用的接口。控制系统的稳态可用度应不小于0.95。应有良好的绝缘性能，绝缘电阻不得小于1MΩ。必须有可靠的接地装置和明显的接地标志。接地电阻阻值不得大于0.1Ω。电气元件、部件、插接件装配牢靠，布线合理、整齐、焊点光滑、无虚焊、错焊。指示灯、按钮和导线的颜色应符合国家标准中的规定。导线线径选择合理，其载流容量应保证运转安全。应根据负荷的大小装有熔断器或断路器，电机控制应有过载断相保护装置。

控制系统的恒速控制误差为 ± 0.2km/h，恒扭矩控制误差为 ± 1%（F • S），恒电流控制误差为 0.5%。

控制系统的采样应满足下述要求。

① 恒速控制在 ± 0.2km/h 内，恒扭矩控制在 ± 1%（F • S）内；恒电流控制在 0.5%内。

② 保持稳定调节 10s 后方可采样。

③ 采样次数不少于 5 次。

④ 控制系统测试值的重复性误差不大于 ± 3%。

（9）反拖装置。具有反拖装置的测功机，其反拖装置应符合下列要求。

① 反拖装置的扭矩测量误差为 ± 2%。

② 反拖装置的速度测量误差为 ± 1%（F • S）。

【课题实施】

底盘测功机的使用

提示　底盘测功机必须由专人负责管理，定期进行检查、使用与维护。开机前必须按使用说明书的要求，按规定程序进行操作，除了进行多工况油耗试验、加速、滑行试验等惯性模拟系统外，不允许任意使用。使用过程中，如遇突然停电时，引车驾驶员应即刻松油门并挂入空挡。试验时，引车员必须严格按引导系统提示操作。

步骤一　检测前车辆的准备

（1）清洗干净车辆外部。

（2）清除轮胎花纹中的夹石。

（3）按照标准检查轮胎气压。

（4）检查发动机机油油面。

（5）起动发动机后，检查发动机机油压力，应符合要求。

（6）发动机冷却系统的工作应正常。

（7）如果是自动变速器的车辆，变速器中的液力变扭器的液面应在规定的范围内。

（8）检测前应对汽车发动机和底盘经过二级维护，使供油系统和点火系统处于最佳工作状态。

（9）运行走热全车。

步骤二　底盘测功机的准备

（1）将被测试汽车驶上底盘测功机滚筒。

（2）对于水冷测功机，应检查冷却水量，并在检测前将冷却水阀打开。

（3）接通电源，升起举升器托板，根据被检车的功率，选择测试功率的挡位。

（4）用两个三角铁抵住停在地面上的车轮的前方，防止汽车在检测中由于误操作而冲出。

（5）将一台冷却风扇置于被检汽车前方约 0.5m 处，对发动机吹风以防止发动机过热。

步骤三　测试

（1）汽车以 5km/h 的速度运行，观察有无异常。看水表指示灯是否点亮。

（2）根据试验项目，对车辆进行测试。

（3）记录测试数据，并与标准进行对比。

课题二 汽车转向盘转向力—转向角检测仪

【基础知识】

一、转向盘自由转动量和转向力

转向盘自由转动量是指汽车转向轮保持直线行驶位置静止时，轻轻左右晃动转向盘所测得的游动角度。转向盘的转向力是指在一定行驶条件下，作用在转向盘外缘的圆周力。这两个检测参数主要用来诊断转向轴和转向系统中各零件的配合状况。该配合状况直接影响到汽车操纵稳定性和行车安全性。

在交通部下发的对综合性能检测站统一要求的检测报告单中，要求对汽车转向性能中的转向轮最大转角、转向力、转向盘自由转动量进行检测。按照国家标准的规定，转向盘自由转动量即机动车转向盘的最大自由转动量从中间位置向左或向右的转角应符合制定，最大设计车速大于或等于 100km/h 的机动车为 10°，最大设计车速小于 100km/h 的机动车（三轮农用运输车除外）为 15°。转向力应符合标准，机动车在平坦、硬实、干燥和清洁的水泥或沥青道路上行驶，以 10km/h 的速度在 5s 之内沿螺旋线从直线行驶过渡到直径为 24m 的圆周行驶，施加于转向盘外缘的最大切向力不得大于 245N。

二、汽车转向盘转向力—转向角检测仪

汽车转向盘转向力—转向角检测仪（力角仪）是用于测量汽车转向盘操纵力及转动角度的仪器。转向力通过测力机构经传感器转换为电信号进行测量；转向角通过角位移传感器转换成电信号进行测量，也可通过指针和角度盘的方法进行测量。

在 JJG 007—2005 中对力角仪计量性能的要求应符合在测量转向力时，零点漂移不大于 2d，鉴别力阈不大于 2d，示值误差为 ± 2%（F·S），重复性误差不大于 2%（F·S）。在测量转向角时，示值误差为 ± 2°。

要求仪器应有清晰的铭牌和标志，显示仪表为数字式时，显示应清晰，不能有影响读数的缺陷，示值保持时间不少于 8s。显示仪表为指针式时，表盘刻度应清晰，指针运转应平稳，无松动、卡滞和弯曲现象。机械和电气装置应完整无损，工作可靠。

简易转向盘自由转动量检测仪主要由刻度盘和指针两部分组成。刻度盘和指针分别固定在转向盘轴管和转向盘边缘上。固定方式有机械式和磁力式两种，机械式如图 2-3 所示。磁力式使用磁力座固定指针或刻度盘，结构更为简单，使用更为方便。

国产 ZC-2A 型转向参数测试仪如图 2-4 所示，用于汽车、拖拉机、工程机械及其他轮式车辆的转向性能实验。可测量转向盘的自由转角、原地转向力、转向盘转矩和其他静态、动态的参数，并且具有数据掉电保存、数据打印和串口通信功能。

该机采用 51 系列单片机采集数据，LED 显示，电池供电，传感器与二次仪表一体化、结构合理，性能可靠，使用方便。其量程为：转向盘力矩为 0～100N·m，转向盘转角为 ± 1280°。测量精度，转

向盘力矩为±2%（F·S），转向盘转角为±3°。其电源电压为DC 7.0V，使用环境温度为0℃~40℃。

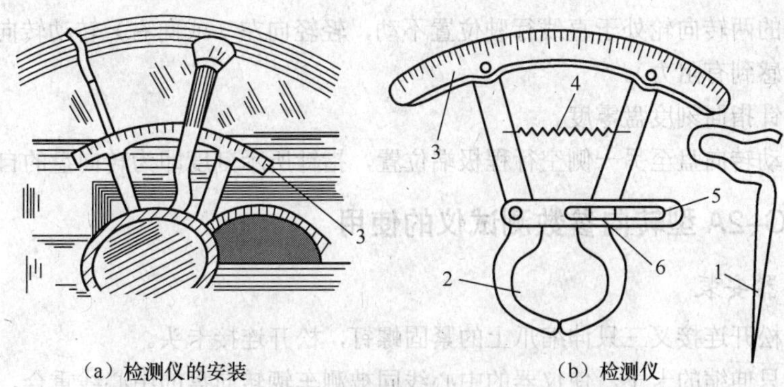

（a）检测仪的安装　　（b）检测仪

图2-3　简易转向盘自由转动量检测仪

1—指针；2—夹臂；3—刻度盘；4—弹簧；5—连接板；6—固定螺钉

如图2-4所示，ZC-2A转向参数测试仪由操作盘、主机、连接叉和定位器四部分组成。操作盘由螺钉固定在底盘上，底盘经力矩传感器同连接叉相连，连接叉上有三只可伸缩的活动卡头，测试时与被测车辆的转向盘相连。主机固定在底盘中央，主机里装有力矩传感器、转角定位器和控制板，转角定位器由连接钩、橡皮筋、吸盘三部分组成。

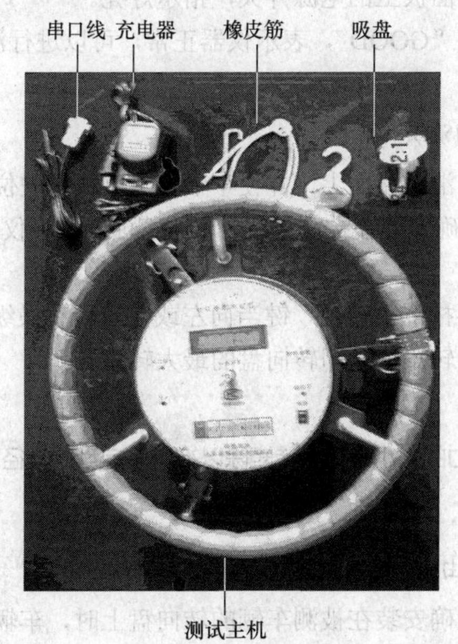

图2-4　ZC-2A转向参数测试仪

【课题实施】

操作一　简易转向盘自由转动量检测仪的使用

步骤一　安装

将刻度盘和指针分别固定在转向盘轴管和转向盘边缘上。

步骤二 测量

（1）使汽车的两转向轮处于直线行驶位置不动，轻轻向左（或向右）转动转向盘至空行程一侧的极端位置（感到有阻力）。

（2）调整指针指向刻度盘零度。

（3）轻轻转动转向盘至另一侧空行程极端位置，指针所示刻度即为转向盘的自由转动量。

操作二 ZC-2A型转向参数测试仪的使用

步骤一 仪器安装

（1）安装时松开连接叉三只伸缩爪上的紧固螺钉，松开连接卡头。

（2）调整三只伸缩的卡子，使仪器的中心线同被测车辆转向盘的中心线重合。

（3）旋紧伸缩爪上的紧固螺钉，反复转动仪器的操纵盘，确认仪器连接无松动现象和两中心线已重合。

（4）将连接钩固定在转角调零电位器上，吸盘可吸在车门玻璃上，连接钩和吸盘中间用橡皮筋连接，至此仪器安装完毕。

步骤二 起动

（1）接通电源，打开仪器面板上的电源开关，指示灯亮。

（2）按复位键显示器显示“GOOD”，表示仪器正常，可以进行测定。如果显示“CH-10”表示仪器电量不足，需要充电。

步骤三 原地转向力的测定

（1）被测车辆必须停在光滑的路面上，并使车辆处于直线行驶位置。

（2）将转向参数测试仪正确安装在被测车辆的转向盘上，按下仪器电源开关，显示“GOOD”，这时仪器处于各种待测状态。

（3）按下“复位”键，再按下“转矩”键当向左或向右转动操纵盘时，显示器显示的转矩会不断增大，并记录极限位置的转矩值，即转向盘的最大转矩。

提示

原地转向力的大小是最大转矩除以被测转向盘的半径。

步骤四 转向盘的自由转角的测定

（1）将转向参数测试仪正确安装在被测车辆的转向盘上时，车辆必须处于静止状态。

（2）打开电源开关，按下“复位”键，再按下“转角”键。

（3）向左或向右转动操纵盘，仪器不断地检测转角和转矩。

提示

当仪器检测的转矩值增大到“3N·m”时，仪器自动显示此时的转角值，即转向盘的自由转角。

步骤五 综合测定

（1）打开仪器电源开关，按下“复位”键，再按下“综测”键，显示器显示00050。

（2）被测车辆按规定车速沿双纽线行驶，仪器对被测车辆沿双纽线行驶过程中的转向盘的转角和转矩实时采集。

（3）此时若按下“转矩”键显示此时的转矩值，按下“转角”键显示此时的转角值，在显示转矩值时按下“转角”键显示转角，在显示转角值时按下“转矩”键又显示转矩，并存储这一过程中测试的左转向最大力矩，右转向最大力矩，左转向最大转角和右转向最大转角。

（4）在测试过程中，若按下“复位”键，即结束这一过程。

步骤六　数据连网

（1）将仪器面板上的串口输出与计算机连接，把数据传输到计算机进行处理。

（2）数据采集完后，按“复位”键，再按“通信”键即可把数据传到计算机，此时显示器显示 CO-CG。

（3）如果开机按“复位”键，再按“通信”键，即可把上次采集的数据传输到计算机。

课题三　传动系统游动角度检测仪

【基础知识】

在汽车起步或突然加速时，传动系统发出“铿”的一声；当汽车缓慢行驶时，传动系统发出“呱啦、呱啦”的响声；汽车静止，变速器挂在挡位上，抬起离合器踏板，松开驻车制动器，在车下用手左右转动传动轴，感到旋转方向的晃动量很大。

以上的现象是因为传动系统存在游动角度。传动系统游动角度是离合器、变速器、万向传动装置、驱动桥的游动角度之和，因此也称为传动系统总游动角度。传动系统游动角度，随着汽车行驶里程的增加将逐渐增大。因此，检测传动系统游动角度能表征整个传动系的调整和磨损状况。

检测传动系统游动角度应在热车熄火的情况下进行。可用经验检查法、仪器检测法两种方法进行。仪器检测法所用的仪器有指针式游动角度检测仪和数字式游动角度检测仪两种。如图 2-5（a）所示，指针式游动角度检测仪由指针、刻度盘、测量扳手等组成。测量扳手一端带有 U 形卡嘴，以便卡在十字万向节上。为了适应多种车型，卡嘴上带有可更换的钳口。如图 2-5（b）所示，测量扳手另一端有指针和刻度盘，可指示转动扳手的转矩值。数字式游动角度检测仪由倾角传感器和测量仪两部分组成，二者以电缆相连，检测范围为 0°～30°，电源为直流 12V。倾角传感器的作用是将传感器外壳随传动轴游动的倾斜角转换为相应频率的电振荡。传感器外壳是一个长方形的壳体，其上部开有 V 形缺口，并配有带卡扣的尼龙带，因而可方便地固定在传动轴上。传感器外壳内的装置如图 2-6 所示。图中弧形线圈固定在外壳中的夹板上，弧形磁棒通过摆杆和心轴支承在两轴承上，可绕心轴摆动。在重力作用下，摆杆与重力方向始终保持某一夹角α。当传感器外壳倾斜角度不同时，弧形线圈内弧形磁棒的长度亦随之不同，产生的电感量亦不同，因而也就改变了电路的振荡频率。为使传感器可动部分摆动后能迅速处于平衡状态，传感器外壳内装有变压器油。测量仪是一台专用的数字式频率计，测量的倾角可由萤光数码管显示出来。使用时，将游动范围内两个极端位置的倾角读出，其差值即为游动角度。

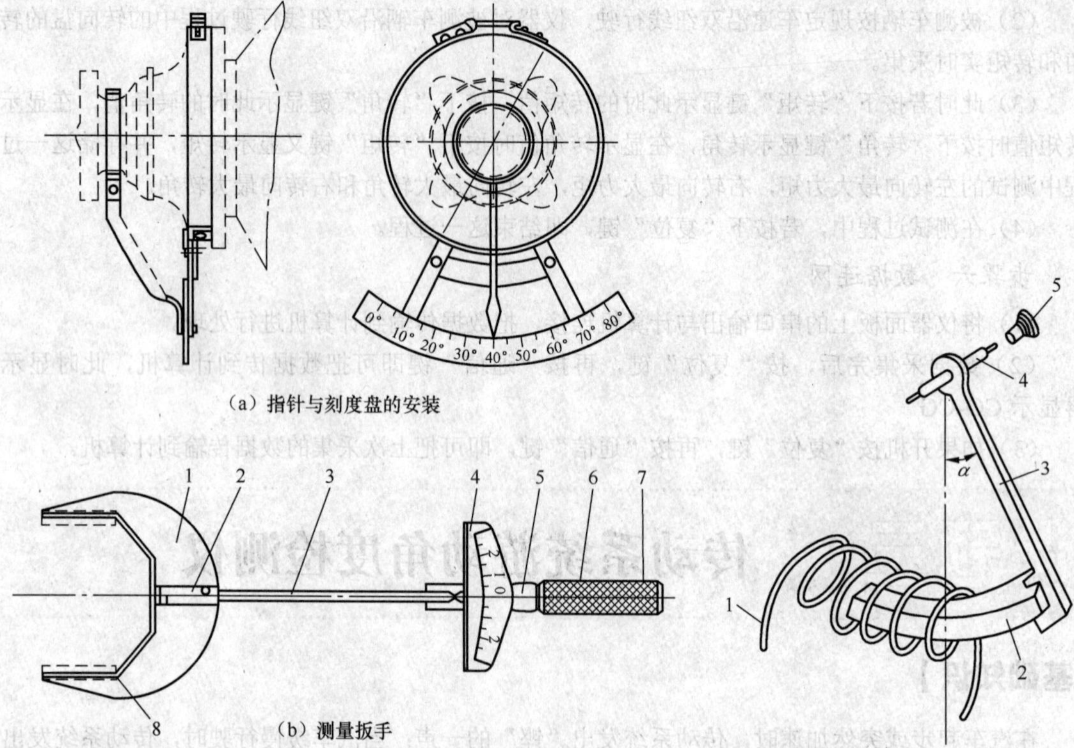

图 2-5　指针式游动角度检测仪

1—卡嘴；2—指针座；3—指针；4—刻度盘；5—手柄；6—手柄套筒；7—定位销；8—可换钳口

图 2-6　倾角传感器结构示意图

1—弧形线圈；2—磁棒；3—摆杆；4—心轴；5—轴承

对于多桥驱动的汽车，当需要检测每一段的游动角度时，倾角传感器应分别固定在变速器与分动器之间的传动轴、前桥传动轴、中桥传动轴和后桥传动轴上。

在数字式游动角度检测仪上读取数值时应注意，其显示的角度值在 0°～30° 内有效。出现大于 30° 的情况，可将固定在传动轴上的传感器适当转过一定角度。若其中一极限位置为 0°，另一极限位置超过 30°，说明该段游动角度已大于 30°，超出了仪器的测量范围。

在检测过程中，可参照各种车型的维修资料中的离合器、变速器极限游动角度、万向传动装置极限游动角度、驱动桥极限游动角度、传动系统极限游动角度作为标准。

【课题实施】

操作一　指针式游动角度仪检测法

步骤一　检测驱动桥的游动角度

（1）变速器挂空挡位置。

（2）驻车制动器松开，驱动车轮制动。

（3）将测量扳手卡在驱动桥主动轴万向节的从动叉上，即可测得驱动桥的游动角度。

步骤二　检测万向传动装置的游动角度

（1）变速器挂空挡位置。

（2）驻车制动器松开，驱动车轮制动。

（3）将测量扳手卡在变速器后端万向节的主动叉上，用不小于30N·m的转矩转动，使之从一个极端位置转动到另一个极端位置，刻度盘上指针转过的角度即为所测游动角度值。

步骤三 检测离合器和变速器的游动角度

（1）放松车轮制动，离合器处于接合状态，必要时支起驱动桥。

（2）将测量扳手卡在变速器后端万向节的主动叉上，依次挂入各挡即可获得不同挡位下从离合器到变速器的游动角度。

对上述三段游动角度求和，即可获得传动系统游动角度。

操作二 数字式游动角度检测仪检测法

步骤一 安装

（1）将测量仪接好电源，用电缆把测量仪和倾角传感器连接好。

（2）按仪器使用说明书的要求对仪器进行自校，再将转换开关扳到“测量”位置。

（3）将倾角传感器固定在传动轴上。

步骤二 检测万向传动装置的游动角度

（1）把传动轴置于驱动桥游动范围的中间位置或将驱动桥支起，拉紧驻车制动器。

（2）左、右旋转传动轴至极端位置，测量仪便直接显示出固定在传动轴上的倾角传感器的倾斜角度。

（3）将两个极端位置的倾斜角度记下，其差值即为万向传动装置的游动角度。

此角度不包括传动轴与驱动桥之间的万向节的游动角度。

步骤三 检测离合器与变速器各挡的游动角度

（1）放松驻车制动器，变速器挂入选定挡位，离合器处于接合状态，传动轴置于驱动桥游动范围中间位置或将驱动桥支起。

（2）左、右旋转传动轴至极端位置，测量仪便显示出倾角传感器的倾斜角度。

（3）求出两极端位置倾斜角度的差值，便可得到一游动角度值。

（4）按同样方法，分别挂入各挡位，便可测得离合器与变速器各挡位下的游动角度。

步骤四 检测驱动桥的游动角度

（1）变速器置空挡位置，松开驻车制动器，踩下制动踏板将驱动轮制动。

（2）左、右旋转传动轴至极端位置，即可测得驱动桥的游动角度。

该角度包括传动轴与驱动桥之间万向节的游动角度。

课题四 汽车悬架装置检测设备

【基础知识】

悬架装置主要由弹性元件、导向装置和减振器三部分组成。其功能是传力、缓和并迅速衰减车身与车桥之间因路面不平引起的冲击和振动，保证汽车具有良好的行驶平顺性、操纵稳定性、舒适性和行驶安全性。因此，悬架装置的技术状况和工作性能，对汽车整体性能有重要影响。

汽车悬架装置最易发生故障的部件是减振器，减振器工作性能的好坏直接影响着汽车行驶的平顺性、操纵稳定性和舒适性。当悬架装置减振器工作不正常时，汽车行驶中出现跳跃，车轮轮胎着地力减少，转向盘发飘，弯道行驶时车身晃动加剧，制动时易发生跑偏或侧滑，轮胎磨损异常，乘坐舒适性降低，有关机件磨损速度加快等现象。所以，悬架装置工作性能的检测是十分重要的。

一、悬架装置的检测方法

汽车悬架装置工作性能的检测方法有经验法、按压车体法和试验台检测法三种类型。经验法是通过人工外观检视的方法，主要从外部检查悬架装置的弹簧是否有裂纹，弹簧和导向装置的连接螺栓是否松动，减振器是否有漏油、缺油和损坏等现象。按压车体法，既可以人工按压车体，也可以用试验台的动力按压车体。如图 2-7 所示，采用试验台动力按压车体使车体上下运动，观察悬架装置减振器和各部件的工作情况，凭经验判断是否需要更换或修理减振器和其他部件。

上面两种方法主要是靠检查人员的经验，存在主观人为因素大、可靠性差、只能定性分析、不能定量分析等问题。目前采用能快速检测、诊断悬架装置工作性能的汽车悬架装置检测台，可分为跌落式（见图 2-8）和谐振式（见图 2-9）两种类型。谐振式悬架装置检测台又可分为测力式和测位移式两种。

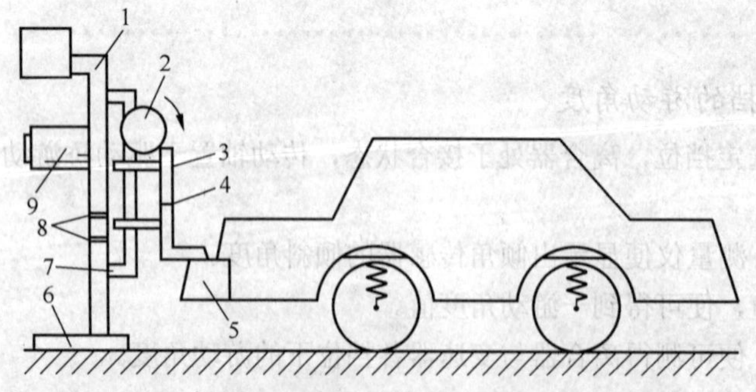

图 2-7 机械按压车体法试验台

1—支架；2—凸轮；3—推杆；4、8—光脉冲测量装置；5—汽车保险杠；6—水平导轨；7—垂直导轨；9—电动机

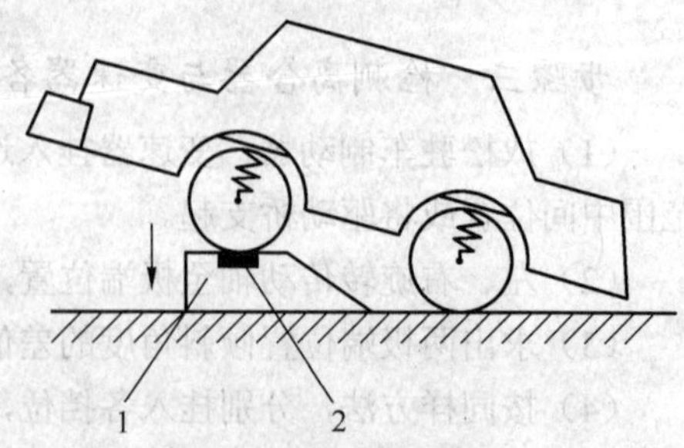

图 2-8 跌落式悬架检测台

1—垫块；2—测量装置

跌落式悬架装置检测台通过将升起到一定高度的汽车突然松开落下所产生的自由振动，测量车体振幅或者用压力传感器测量车轮对台面的冲击压力，评价汽车悬架装置的工作性能。

二、谐振式汽车悬架装置检测台的基本结构

谐振式汽车悬架装置检测台是通过机械激振使汽车悬架系统产生谐振的方法来制定汽车悬架

装置性能的检测装置。在开机数秒后断开电源，检测谐振后振动衰减过程中力或位移的振动曲线，求出频率和衰减特性，便可判断悬架装置减振器的工作性能。

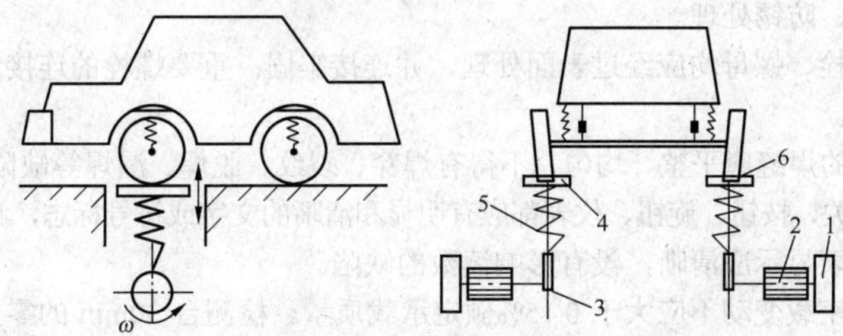

图 2-9 谐振式悬架检测台

1—蓄能飞轮；2—电动机；3—D 轮；4—台面；5—激振弹簧；6—测量装置

图 2-10 所示为测位移式的悬架装置检测仪的组成示意图，由电控箱、左测试台、右测试台、泵站和开关等组成。电控箱由控制电路和保护电路组成。控制电路用于控制油泵电动机和电磁阀继电器的动作，保护电路用于保护油泵电动机过载和防止电路漏电。开关由测试台移动方向控制按键和照明两部分组成。移动方向控制按键用于控制电控箱中各继电器的动作，照明部分能方便检查员对检查部位进行观察。泵站由油泵、电动机、电磁阀、油压表、滤油器和溢流阀等组成。电动机带动油泵工作，电磁阀在继电器作用下控制高压油液流向相应的油缸。而油缸则产生推动左、右测试台测试板的动力。测试台可分为前后双向移动式，前后左右四向移动式，前后左右再加前左后右（对角线）、前右后左（对角线）八向移动式三种类型。

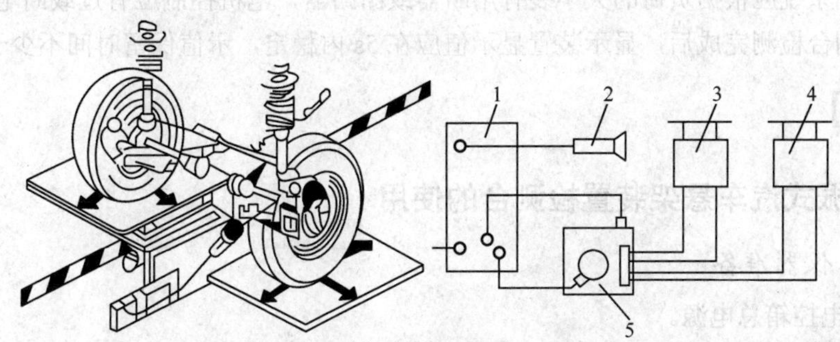

图 2-10 悬架装置和转向系统间隙检测仪组成示意图

1—电控箱；2—开关；3—左测试台；4—右测试台；5—泵站

在控制开关作用下，控制电动机动作，带动油泵产生高压油液。电磁阀控制高压油液流向对应的油缸，另一油缸处于卸荷状态。在油缸动力作用下，测试台测试板按导向杆给定的方向移动。换向后，另一油缸产生动力，前一油缸处于卸荷状态，实现前、后双向对悬架装置与转向系间隙的检测。

三、对谐振式汽车悬架装置检测台的要求

谐振式汽车悬架装置检测台应符合以下要求。

（1）应按规定程序批准的设计图样和技术文件组织生产并符合标准要求。

（2）所用原材料、元件应有合格证或有关证明其质量的认证性文件。

（3）检测台在 0℃～40℃的环境温度，不大于 85%的相对湿度的环境条件下应能正常工

作，工作环境周围的污染、振动、电磁干扰对测试结果无影响。

（4）检测台外表面应平整、光洁、不得有明显的磕伤、划痕；涂层表面膜均匀，金属基底必须经过除油、防锈处理。

（5）所有螺栓、螺母均应经过表面处理，并连接牢固；重要螺栓的连接应符合设计文件规定的力矩要求。

（6）焊接件的焊缝应平整、均匀，不得有焊穿、裂纹、脱焊、漏焊等缺陷，并清除焊渣。

（7）各种开关、按钮、旋钮、仪表都应有明显和清晰的文字或符号标志，且操作灵活可靠。

（8）各种仪表显示应清晰，没有影响读数的缺陷。

（9）检测台空载变动不应大于 0.15%额定承载质量。检测台 30min 的零点漂移不应超过 0.15%额定承载质量。承载质量≥150kg 的检测台吸收率重复性小于 2%，吸收率偏置误差小于 2%，承载质量示值误差在±5%之间，左、右合承载质量示值差小于 2%。

（10）鉴别力不大于 1.5d。（1000 个分度值），起始激振频率大于 15Hz。

（11）检测台在 120%额定承载质量状态下，静压 2h 后进行测试，应符合标准各项要求，检测台的稳态可用度不小于 0.95。

（12）控制系统应有良好的绝缘性能，在动力电路导线和保护接地电路间施加 500V（DC）时测得的绝缘电阻不应小于 1MΩ，检侧台应有可靠的接地装置和明显的接地标志，接地电阻值不得大于 0.1Ω。

（13）电气元件、附件、插接件装配牢靠，布线合理、整齐、焊点光滑、无虚焊、错焊。指示灯、按钮和导线的颜色应符合国家标准的规定。

（14）控制系统应根据负荷的大小装有熔断器或断路器，电机控制应有过载断电保护装置。

（15）检侧台检测完成后，显示装置显示值应在 5s 内稳定，示值保留时间不少于 8s。

【课题实施】

操作 谐振式汽车悬架装置检测台的使用

步骤一 仪器准备

（1）接通电控箱总电源。

（2）将工作开关按下，工作灯应亮，电控箱上绿色指示灯应亮，电动机应带动油泵工作。否则，应检查并排除故障。

（3）按下开关上左、右测试板向前或向后移动的键，系统升压。当测试板移动到一侧极限位置时，检查油压表的压力是否正常。否则应调节溢流阀，使油压达到要求。

（4）检查测试板表面是否沾有泥、砂、油污等。若有，应清除。

步骤二 车辆准备

（1）根据检测台额定承载质量和承载台面对称中心线间距选择试验车，将试验车沿与检测台横轴线相垂直的方向驶上承载台面。

（2）解除驻车制动，使变速器处于空挡。

（3）检查轮胎气压，应符合汽车制造厂的规定。

（4）清除干净轮胎上的砂、石、泥、土。

步骤三　检测

（1）两人配合，驾驶室里的人用力踩住制动踏板，并握紧转向盘。车下另一人按动测试板“前后方向移动”键，以一定频率反复作前、后方向移动。

（2）按动测试板“左右方向移动”键，以一定频率反复作左、右方向移动。

（3）按动测试板“前左、后右（对角线）方向移动”键或“前右、后左（对角线）方向移动”键，以一定频率反复作前左、后右（对角线）方向移动或作前右、后左（对角线）方向移动。

（4）作上述移动方向的测试时，车下另一人注意观察并对车辆进行检查，做好记录，势必要进行调整或修理。

（5）驾驶室里的人放松转向盘和制动踏板，将前轴移离测试板后轴移上测试板，在测试板上用同样方法检测后轴悬架装置。

（6）检测完毕，关闭开关和电控箱总电源。

课题五　车轮平衡

当汽车高速行驶，其性能得到了充分发挥的同时，也暴露出低速行驶工况下的一些机构、装置的隐患。在众多的弊病当中，车轮不平衡是最突出的危害。因为不平衡的车轮不仅加剧其本身的磨损，还必然影响悬挂系统、转向系统、传动系统，同时也是整车振动的原因之一。

【基础知识】

一、车轮不平衡概述

1. 车轮静不平衡

举起汽车，使车轮离开地面，调整好轮毂轴承松紧度，转动车轮，使其自然转动。在停转时车轮离地最近处做一标记，然后重复上述试验。如果每次试验标记都停在离地最近处，则车轮存在静不平衡。反之，如果车轮经几次转动自然停转后所做标记的位置各不一样，或强制停转消除外力后车轮也不再转动，则车轮是静平衡的。

静平衡的车轮，其重心与旋转中心重合；静不平衡的车轮，其重心与旋转中心不重合，在旋转时产生离心力，如图 2-11 所示。旋转车轮的离心力计算公式为：

$$F=mr\omega^2。$$

式中，m——不平衡点质量；

ω——车轮旋转角速度，$\omega=2\pi n$；

n——车轮转速；

r——不平衡点离车轮旋转中心的距离。

从式中可以看出，车轮转速越高，不平衡点质量越大，不平衡点离车轮旋转中心的距离越远，则离心力越大。

离心力 F 可分解为水平分力 F_x 和垂直分力 F_y，在车轮转动一周中，垂直分力 F_y 有两次落在通过车轮中心的垂线上，一次在 a 点，一次在 b 点，方向相反，均达到最大值，使车轮上下跳动，由于陀螺效应引起前轮摆动。水平分力 F_x 有两次落在通过车轮中心的水平线上，一次在 c 点，一

次在 d 点，方向相反，均达到最大值，使车轮前后窜动，并形成主销来回摆动的力矩，造成前轮摆振。当左、右前轮的不平衡质量相互处于 180°位置时，前轮摆振最严重。

2．车轮动不平衡

静平衡的车轮，有可能是动不平衡的。如图 2-12（a）所示，车轮是静平衡的，车轮的质量分布虽然在径向是对称的，但相对车轮纵向中心面却有可能不对称。在该车轮旋转轴线的径向相反位置上，各有一作用半径相同、质量也相同的不平衡点 m_1 与 m_2。这样的车轮，其不平衡点的离心力合力为零，而离心力的合力矩不为零，行驶转动时产生方向反复变动的力偶 M，使车轮处于动不平衡状态。动不平衡的前轮绕主销摆振。如图 2-12（b）所示，如果车轮同一平面上配置相同质量、相反方向的 m_1 与 m_1'、m_2 与 m_2'，则车轮处于动平衡状态。因此转动时平衡的车轮肯定是静平衡的。

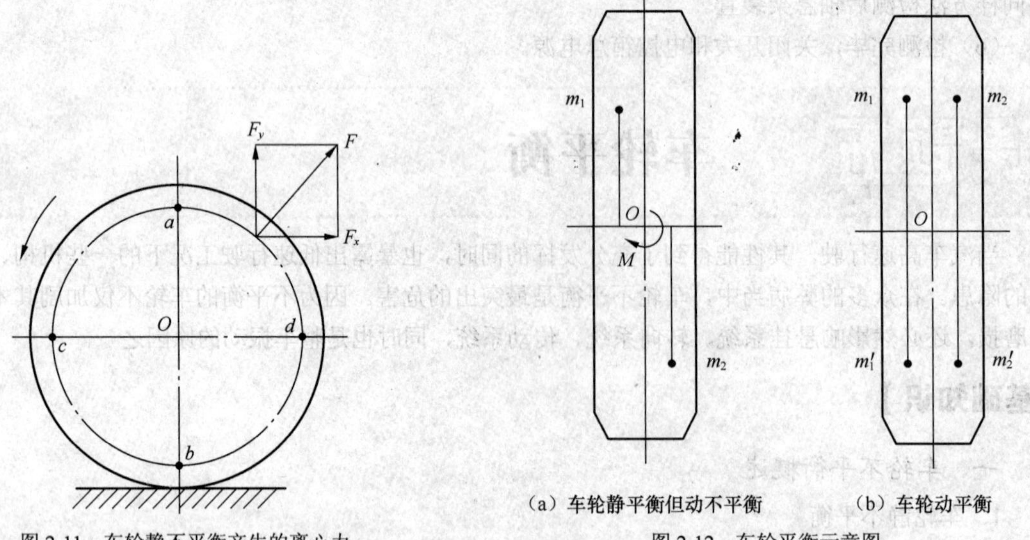

（a）车轮静平衡但动不平衡　（b）车轮动平衡

图 2-11　车轮静不平衡产生的离心力　　图 2-12　车轮平衡示意图

3．引起车轮不平衡的主要原因

（1）前轮定位不当（如前束和主销倾角不合适），不仅影响汽车的操纵性和行驶稳定性，而且会造成轮胎胎冠的不均匀磨损，磨损的胎冠又使车轮形成新的不平衡。所以当车辆出现轮胎不平衡，也可能是车轮定位角失准的信号。

（2）轮胎和轮辋以及挡圈等因先天几何形状失准或密度不均匀而形成的重心偏离。

（3）轮毂和轮辋定位误差使安装中心与旋转中心不重合。

（4）维修过程的拆装破坏了原有的整体综合重心。

（5）轮辋直径过小，运动中轮胎相对于轮辋在圆周方向滑移，从而发生波状不均匀磨损。

（6）因车轮碰撞变形，从而引起质心位移。

（7）轮胎在使用中造成胎冠厚度不均匀，且定位时精度不高使重心发生改变。

（8）高速行驶中制动抱死而引起的纵向和横向滑移，造成轮胎局部的不均匀磨损。

二、车轮不平衡检测原理

1．静不平衡

（1）离车式。不平衡的车轮，在自由转动状态下，其不平衡点只有处于最下面的位置才能保持静止状态，而配重平衡后则可停于任一位置。利用这一基本原理，即可测得车轮的静不平衡量和相位。

（2）就车式。图 2-13 所示为车式车轮平衡机检测静不平衡的原理图。离地的车轮如果不平衡，转动时产生的上下振动通过转向节或悬架传给检测装置的传感磁头、可调支杆和底座内的传感器。传感器产生的电信号控制频闪灯闪光，即可指示车轮不平衡点位置，指示装置可指示不平衡度（量）。从图 2-13 中可以看出，当传感磁头传递向下的力时频闪灯就发亮，所照射到的车轮最下部的点即为不平衡点。当不平衡点的质量越大时，传感器的受力也越大，电量变换也越大，指示装置指示的数值也越大。

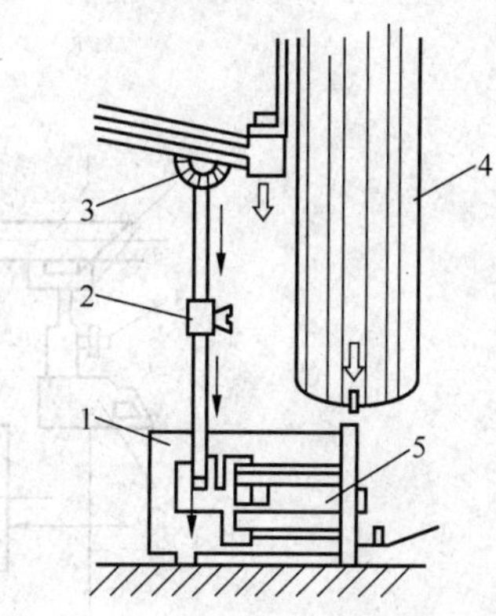

图 2-13　就车式车轮平衡机静不平衡检测

1—底座；2—可调支杆；3—传感器磁头；4—车轮；5—传感器

2．动不平衡

（1）离车式。车轮不平衡所产生的离心力是以力的形式作用在支承装置上的，只要测出支承装置上所受的力或因此而产生的振动，就可得到车轮的不平衡量。用电测式车轮平衡机可检测这种不平衡量。电测式车轮平衡机检测原理如图 2-14 所示。图 2-14 中 m_1、m_2，为车轮不平衡质量，F_1、F_2 为对应的离心力，N_L、N_R 为左右支承测得的动反力。测量点在支承处，不平衡的校正面在轮辋边缘，它们存在动平衡关系。不平衡点质量产生的离心力仅与支承处的动反力及尺寸 *a*、*b*、*c* 有关。支承处的动反力或因此而引起的振动，可通过相应传感器变成电信号后测出，各位置尺寸中 *c* 是常数，*a*、*b* 可通过测量后输入运算电路的方法得出。因此，可根据动反力进行运算，确定出车轮两个校正面上的离心力，再根据离心力确定出两个校正面上的平衡量。离车式车轮动平衡机如图 2-15 所示。

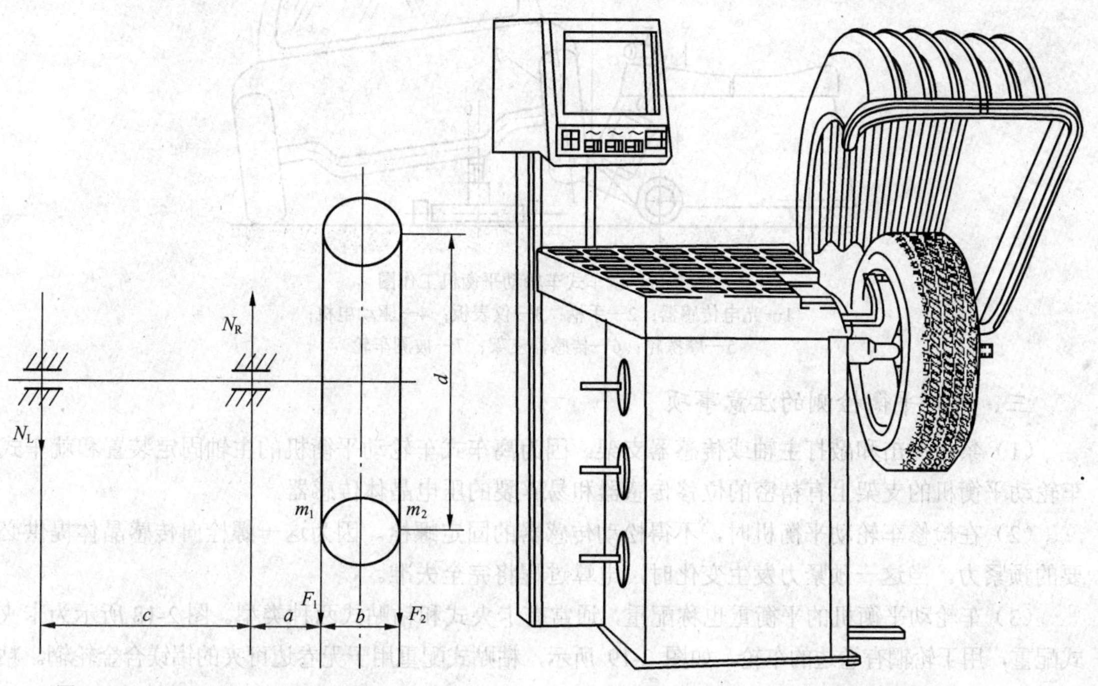

图 2-14　电测式车轮平衡机检测原理

a—轮辋边缘与右支承的距离；*b*—轮辋宽度；*c*—左右支承的距离；*d*—轮辋直径

图 2-15　离车式车轮动平衡机

（2）就车式。就车式检测原理与静不平衡检测原理相同，只不过传感磁头固定在制动底板上，检测的是横向振动。横向振动通过传感磁头、可调支杆传至底座内的传感器，通过传感器后变成的电信号控制频闪灯闪光，以指示车轮不平衡点位置，并输入到指示装置指示车轮不平衡度（量）。就车式车轮动平衡机如图 2-16 所示，工作示意图如图 2-17 所示。

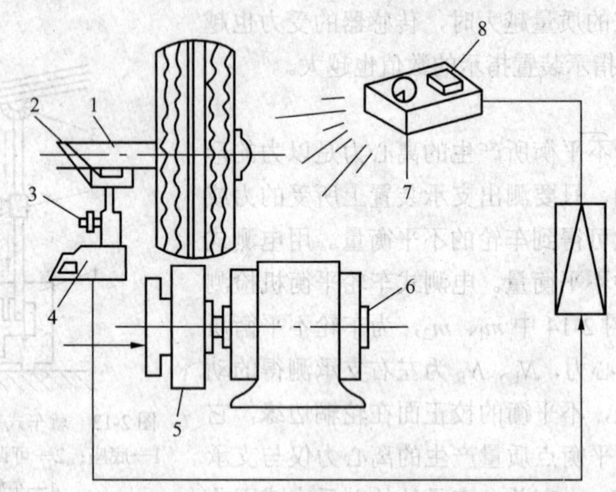

图 2-16 就车式车轮动平衡机示意图

1—转向节；2—传感磁头；3—可调支杆；4—底盘；5—转轮；6—电动机；7—频闪灯；8—不平衡度表

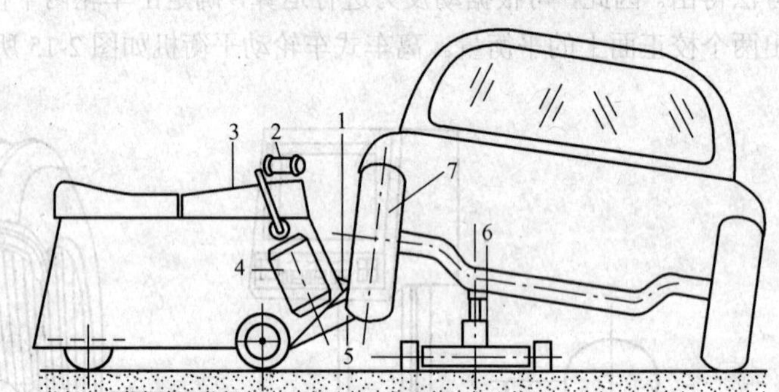

图 2-17 就车式车轮动平衡机工作图

1—光电传感器；2—手柄；3—仪表板；4—驱动电机；5—摩擦轮；6—传感器支架；7—被测车轮

三、车轮平衡检测的注意事项

（1）禁止冲击和敲打主轴或传感器支架。因为离车式车轮动平衡机的主轴固定装置和就车式车轮动平衡机的支架上有精密的位移传感器和易碎裂的压电晶体传感器。

（2）在检修车轮动平衡机时，不得松动传感器的固定螺栓。因为这一螺栓向传感晶体提供必要的预紧力。当这一预紧力发生变化时，电算过程将完全失准。

（3）车轮动平衡机的平衡重也称配重，通常有卡夹式和粘贴式两种类型。图 2-18 所示为卡夹式配重，用于轮辋有卷边的车轮。如图 2-19 所示，粘贴式配重用于无卷边可夹的铝镁合金轮辋。粘贴式配重的外弯面有不干胶，粘贴于轮辋内表面。

标准的平衡重有两个系列。一种系列以盎司为基础单位，分为 9 挡，其中，最小为 0.5oz（14.2g），最大为 6oz（170.1g）；另一种以克（g）为基础单位，分 14 挡，其中最小为 5g，最大为 80g。

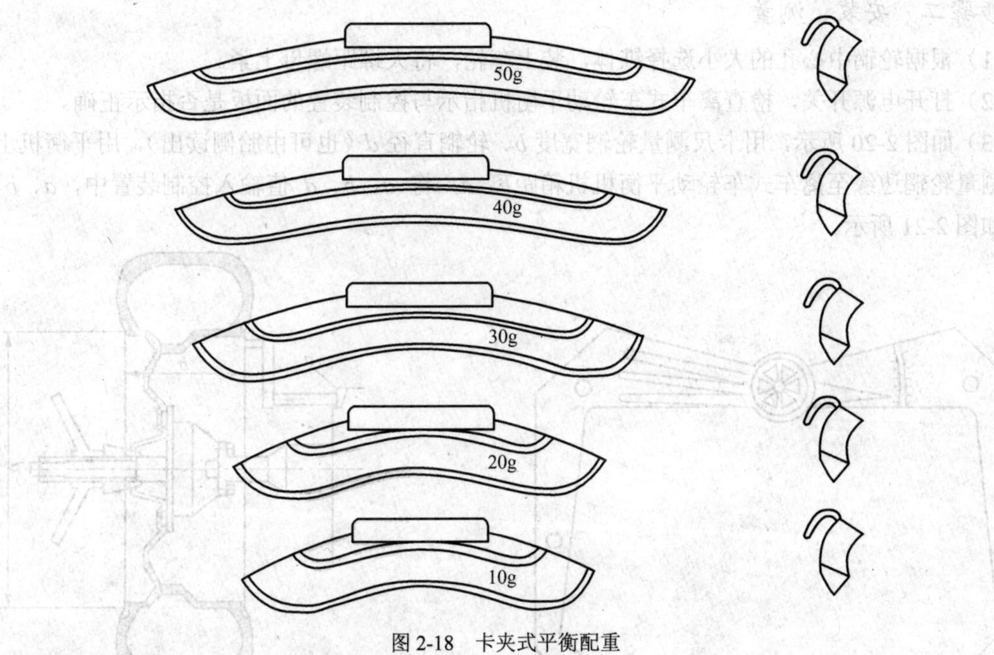

图 2-18 卡夹式平衡配重

（4）对因交通事故而严重变形的轮辋或胎面大面积剥离的车轮是不能上机进行平衡检测的。因为车轮动平衡机的机械系统和电算电路是针对正常使用条件下平衡失准或轻微受损但仍能使用的车轮而设计的。另一方面不平衡量过大的车轮旋转时的离心力可能损伤车轮动平衡机的传感系统，再者过大的不平衡力可能超出电算范围致使仪器自动拒绝工作。

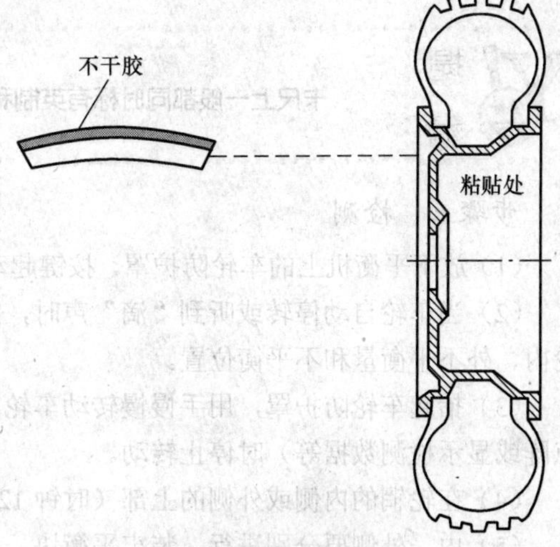

图 2-19 粘贴式平衡配重

（5）当不平衡量超过最大配重时，可用两个以上配重并列使用。但因多个配重占用较大的扇面会使其有效质量低于实际质量。

（6）对行驶的汽车车轮而言，使用离车式车轮动平衡机平衡车轮后，最好能再用就车式车轮动平衡机进行校对。一般情况下，离车式车轮动平衡机与就车式车轮动平衡机都是分别使用的。但如果用离车式车轮动平衡机平衡后的车轮再装在车上行驶时，有时仍会出现不平衡现象。

【课题实施】

操作一 离车式车轮动平衡的检测

步骤一 准备

（1）清除车轮上的泥土、石子和旧的平衡块。

（2）将轮胎气压充至规定值。

步骤二 安装、测量

（1）根据轮辋中心孔的大小选择锥体，装上车轮，将大螺距螺母上紧。

（2）打开电源开关，检查离车式车轮动平衡机指示与控制装置的面板是否指示正确。

（3）如图 2-20 所示，用卡尺测量轮辋宽度 b、轮辋直径 d（也可由胎侧读出），用平衡机上的标尺测量轮辋边缘至离车式车轮动平衡机机箱距离 a，将 a、b、d 值输入控制装置中，a、b、d 尺寸如图 2-21 所示。

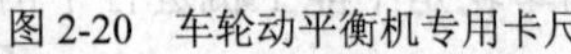

图 2-20 车轮动平衡机专用卡尺

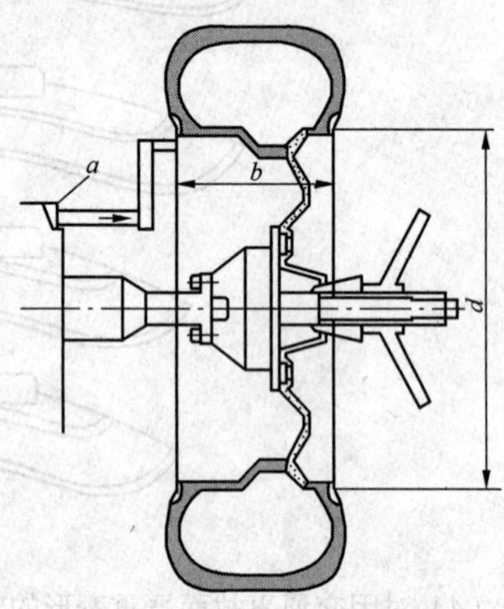

图 2-21 车轮在平衡机上的安装

提示

卡尺上一般都同时标有英制和公制刻度。

步骤三 检测

（1）放下平衡机上的车轮防护罩，按键起动，车轮旋转，平衡测试开始，微机自动采集数据。

（2）当车轮自动停转或听到“滴”声时，按下停止键并操纵制动装置使车轮停转后，读取车轮内、外不平衡量和不平衡位置。

（3）抬起车轮防护罩，用手慢慢转动车轮。当指示装置发出指示（音响、指示灯亮、制动、点阵或显示检测数据等）时停止转动。

（4）在轮辋的内侧或外侧的上部（时钟 12 点位置）加装指示装置显示的该侧平衡块质量。

（5）内、外侧要分别进行，装牢平衡块。

提示

安装平衡块后有可能产生新的不平衡，重新进行平衡试验，直至不平衡量小于 5g，指示装置显示“00”或“OK”时才达到要求。

当不平衡量相差 10g 左右时，可沿轮辋边缘左右移动平衡块至一定角度，将可达到要求。

（6）测试结束，关闭电源开关。

操作二 就车式车轮动平衡的检测

步骤一 准备工作

（1）用举升器举起车辆，四个车轮离地间隙要尽量相等。

（2）清除车轮上的泥土、石子和旧的平衡块。

（3）将轮胎气压充至规定值。

（4）检查轮毂轴承是否松旷，必要时调整至规定松紧度。

（5）用白粉笔在轮胎外侧面任意位置上做上记号。

步骤二　从动前轮静平衡

（1）用三角垫木塞紧同轴对面车轮和后轴车轮，将就车式车轮动平衡机的测量装置推至所要测车轮一端的前轴下，将传感磁头吸附在悬架下或转向节下，调节可调支杆高度并锁紧。

（2）将就车式车轮动平衡机推至车轮侧面或前面。

视车轮平衡机形式不同而异。

（3）检查频闪灯工作是否正常，检查转轮的旋转方向能否使车轮的转动与前进行驶时方向一致。

（4）让车轮动平衡机转轮与轮胎接触，起动驱动电机带动车轮旋转至规定转速。

（5）观察频闪灯照射下的轮胎标记位置，并从指示装置上读取不平衡量数值。

（6）操纵平衡机上的制动装置，使车轮停止转动。

（7）用手转动车轮，使其上的标记仍处在上述观察位置上，此时轮辋的最上部（时钟 12 点位置）即为加装平衡块的位置。

（8）按显示的不平衡量选择平衡块，卡装到轮辋边缘上。

（9）驱动车轮进行复查，指示装置用二挡显示。若车轮平衡度不符合要求，应调整平衡块的质量和位置，如图 2-22 所示，直至符合平衡要求。

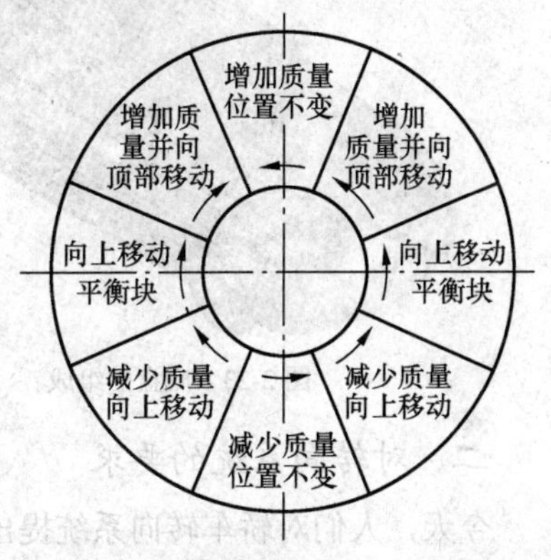

图 2-22　复查时平衡块的质量和位置的调整方法

步骤三　从动前轮动平衡

（1）将传感磁头吸附在干净的制动底板边缘平整的地方。

（2）操纵就车式车轮动平衡机驱动车轮旋转至规定转速，观察轮胎标记位置，读取不平衡量数值。

（3）停转车轮找平衡块加装位置，与静平衡相同，加装平衡块并复查。

步骤四　驱动轮平衡

（1）同轴对面车轮处于自由转动状态。

（2）起动发动机驱动车轮，加速至 50～70km/h 的某一转速下稳定运转。

（3）方法与从动轮动、静平衡测试相同。

（4）测试结束后，用汽车制动器使车轮停转。

课题六　汽车四轮定位仪

由于汽车工业和交通运输业的发展，汽车数量的增加和品质的提高，特别是高速公路和快速路的扩延和实际行驶车速的提高，正确的车轮定位已不仅仅是为了单纯的减少轮胎的不正常磨损，更重要的是保证安全行驶。因此作为检测和校正车轮定位的关键设备——四轮定位仪，也就自然成为汽车生产厂家和维修厂及专修店的重要检测设备之一。

【基础知识】

一、车轮的受力情况

通常情况下，新款车型吸引人的地方首先是发动机、较低空气阻力的流线型车身等。其次还会关注对安全性、舒适性和驾乘感觉、对行驶有决定性影响的车轮底盘。如图 2-23 所示，底盘包括车轮悬架、车轮、弹簧、减振器、前桥和后桥、转向系统和制动器。在某些车辆上，底盘还包括一个“副车架”，即一种支撑底盘总成的辅助车架。这个辅助车架通过厚橡胶支座（缓冲块）与车身相连，该部件可以阻止车轮滚动噪声传入车内。

底盘是车辆与道路之间的连接纽带。作用在车轮上的力如图 2-24 所示，F_v 为车轮支承力，F_u 为驱动力，F_s 为侧向力，F_{re} 为合力，K 为最大合力。动力和驱动力矩都通过底盘传递到路面上。汽车转弯行驶时同样必须通过底盘吸收所有侧向力。

图 2-23 底盘的组成

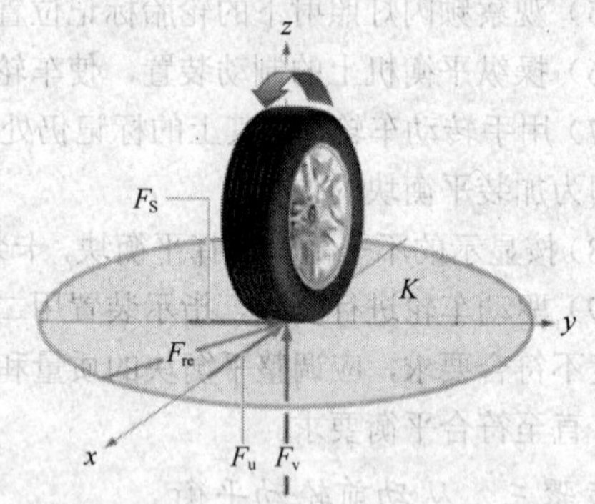

图 2-24 作用在车轮上的力

二、对转向系统的要求

今天，人们对轿车转向系统提出了多方面的要求。仅仅促进车辆向所要求的方向发展已无法满足时代的要求。转向过程必须考虑到功能、舒适性和安全性方面的要求。车辆应能对很小的转向移动作出精确且目标准确的反应，不需要通过转向盘进一步进行校正。

但是，此时不允许车辆反应过于迅速。迅速转动转向盘时车辆不得突然转向。转向移动量较小时，例如，快速直线行驶时，车轮上的转向力不得提升过快。其目的是提高舒适性。舒适性还包括转向盘转动圈数较少，以便停车入位时不费力。为了在车速较高时也能可靠操控车辆，转向系统必须与道路接触良好。驾驶员应该还能“感知”路面情况。此外，坑洼或沟槽等不平路面不应造成转向盘脱手或车辆偏转。动平衡较差的车轮不应导致转向盘振动较大。

转向系统必须具有传输相关路面信息和过滤干扰因素的功能。每次转向操纵之后，转向盘都应平稳地返回到中间位置。

三、车轮定位的必要性

车轮定位对维持驾驶安全、转向稳定以及轮胎正常磨损是极为重要的，车辆定位角度不正确，在紧急制动时就可能发生跑偏、侧滑，导致严重事故。在正常运行时可能使轮胎寿命缩短，而转向拉杆等部件的失调或失效往往会导致丧失转向控制，其结果不堪设想。

底盘特性通过车轮定位实现。车轮定位表示车轮相对车身和路面的几何位置。这个位置由各种不同的几何参数确定。部分参数可以在四轮定位过程中直接确定。其他参数通过转向移动时的运动学关系得出。

四轮定位是通过四轮定位仪对车辆进行精确测量后，维修人员根据原厂设计标准与实际测量结果进行对比后，对车辆的相关部位进行调整或对相关零部件进行更换、修复和整形，使车辆的技术指标达到原厂要求，以此保证汽车行驶的安全性、舒适性、稳定性和经济性。所以，车轮定位是为确保正确的直线行驶性能；为确保转弯行驶时轮胎有良好的附着性能；为了减少轮胎的磨损。

由于各种车型的设计不同，各种零件的磨损及工况也不完全相同，所以在调整时，应首先对车辆的结构进行初步了解、检查，然后做出正确的判断，并确定调整方案。目前，四轮定位是底盘检测的一项重要内容。

四、四轮定位内容及车轮定位专用术语

汽车四轮定位过程包括问询诊断、车辆路试、检查更换、四轮定位以及调整试车等主要内容。四轮定位内容包括前轮定位和后轮定位。四轮定位的检测项目包括轮距、轴距、左右轮轴距差、车轮前束值/角及前张角、车轮外倾、主销后倾角、主销内倾角、后轮前束值/角及前张角、后轮外倾角、推力角、转向 20° 时的前张角等。前轮定位包括主销后倾角、主销内倾角、前轮外倾角和前轮前束四个内容；后轮定位包括车轮外倾角和后轮前束。车桥的几何参数及其对整个底盘系统产生的运动学作用效果。这些测量参数通常互为前提、互相影响。对特定车辆的所有参数进行校准时，必须查阅相关额定值和该车辆相关信息。

1．轴距

如图 2-25 所示，轴距是指车辆同一侧两个车轮支撑点之间的距离，即轴距是指前桥车轮中心至后桥车轮中心的距离。悬架运动时该距离会发生变化。对多轴车辆来说各轴距从前向后依次给出。轴距较大时意味着有效空间较大、行驶舒适性更好且俯仰运动的趋势更小。相反，短轴距更容易转急弯。

图 2-25　轴距（同一侧两个车轮中心点之间的距离）

2．轮距

如图 2-26 所示，轮距是指一个车桥上两个车轮支撑点之间的距离，即轮距是指同一车桥上一个车轮中心至另一个车轮中心的距离。在悬架运动时该距离会发生变化。轮距对车辆转弯性能有非常大的影响。轮距较大时车辆可以在较高车速下转弯。在采用横摆臂或斜摆臂的独立悬架中，弹簧伸长或压缩时轮距会发生变化。因此造成滚动阻力提高和轮胎磨损加剧。轮距变化过大时会导致车辆的直线行驶性能变差。

3．车轮前束

一个车桥的总前束是指一个车桥上车轮前后距离之间的长度差。如图 2-27 所示，总前束 $(c+d)=a-b$。

图 2-26 轮距/车轮中心点之间的距离

图 2-27 总前束

在轮辋边缘的车轮中心高度处测量前束值。进行电子四轮定位时，测量车轮中心平面与车辆纵向中心平面之间的角度（后桥定位）以及与几何行驶轴之间的角度（前桥定位）。计算出以“度”为单位的角度值。测量信息保持不变。

前束（正“+”）表示相关车桥两车轮的前部距离小于后部距离。

后束（负“−”）则表示相关车桥两侧轮辋边缘之间的后部距离小于前部距离。

前束为 0 表示某一车桥两车轮的车轮中心平面相互平行。

车轮前来的作用有下面几点。

① 消除由于外倾角所产生的轮胎侧滑。

② 弥补轮胎偏离直线前进的运动趋势。

③ 为防止某些外倾角为零的车辆在行驶过程中，来自不同方向的作用力施加在悬架上，使车轮趋向于后束，也需要较小的正前束。

通过动态轮胎接触面内的张力，前束或后束可确保车轮的直线行驶状态。通过消除车轮悬架与转向传动部件内的间隙可避免出现车轮颤动趋势。设计具体车辆时选择哪种前束值基本上取决于传动装置类型。力求在车辆行驶过程中使前束值接近于 0。因此，可以通过规定前束值对某种驱动装置类型的典型特性做出正确反应。后轮驱动车辆的两个前车轮都有外倾趋势。可通过前束克服这种趋势。前轮驱动车辆的车轮内倾趋势可通过后束克服。

前束故障可影响以下几个方面。

① 前束值过大时，轮胎外侧磨损严重，胎纹磨损形式为羽毛状。用手从内向外触摸，有刺手的感觉。直线行驶性能较差。

② 前束值过小时，轮胎内侧磨损严重，胎纹磨损形式仍然为羽毛状。用手从外向内触摸，有刺手的感觉。直线行驶性能较差。

4．单独前束

前桥的单独前束表示某一车轮与几何行驶轴之间的角度。后桥的单独前束表示某一车轮与车辆纵向中心平面之间的角度。

如果车辆后桥上的两个单独前束值不同，则需进行如下工作。

为了确保直线行驶，必须使前车轮转至前桥总前束的角等分线与后桥总前束的角等分线（几何行驶轴）相互平行的位置处。因此，车辆处于非同辙行驶状态。车辆后桥的单个前束值不同时，行驶过程中会自动调节转向角。转向盘随即处于倾斜状态。

单独前束故障可影响以下几个方面。

① 负前束（后束）过大，内部轮胎磨损，车辆会跑偏，直线行驶性能较差。

② 正前束（前束）过大，外部轮胎磨损，车辆会跑偏，直线行驶性能较差。

③ 车辆后桥的单个前束值不同时，行驶过程中会自动调节转向角。转向盘随即处于倾斜状态。

5．转向时负前束

如图 2-28 所示，指转向时，内侧车轮与外侧车轮之间的角度差。最大转向角度增加时，转向齿轮因这个角度而改变。转向时的负前束表示当向左、右转向时，转向梯形臂的几何关系是否正确。如果转向时的负前束正确，则左右方向的最大转角相同，测量是在内侧车轮转过 20°时进行的，测量过程包括前束测量。

6．车轮外倾

车轮外倾是指车轮中心平面与垂直线（车轮支撑点处，相对路面垂直）之间的角度。外倾角是指车轮中心平面与一条垂直于路面的轴线（车轮支撑点内）之间的角度。如图 2-29 所示，如果车轮上部相对车轮中心平面向外倾斜，则外倾角为正（+）；如果车轮向内倾，则为负（–）。

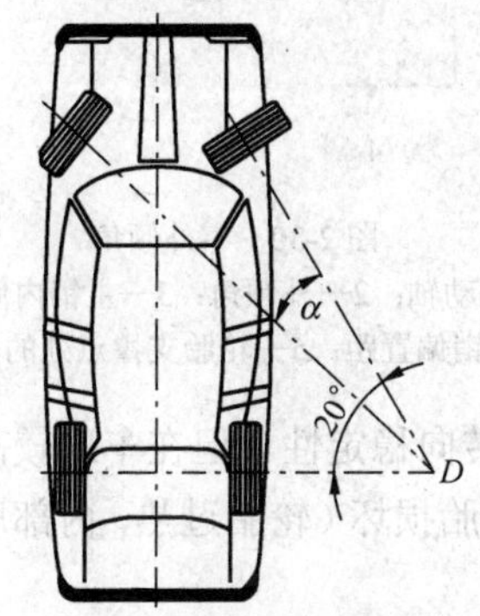

图 2-28 转向时负前束

α—转向时的外倾角；D—转动轴

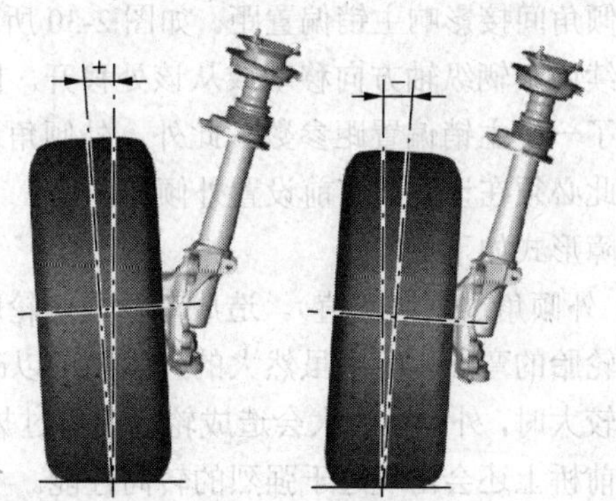

图 2-29 车轮外倾/正（+）/负（–）

前轮外倾角在定位仪第一次打正转向盘时测得，车轮外倾以度数为单位测量。

车轮保持一定外倾角旋转时就像一个在圆形轨道上翻转的锥体。如果通过车轮悬架防止车轮外倾，就会产生一个朝向车辆中心平面的侧向力（负外倾角）。因此，车轮处于负外倾角运行状态时比正外倾角时传输的侧向力更大。此外，车轮在转向节上转动，减弱外侧车轮轴承的负荷，并弥补行驶过程中的车轮轴承间隙。

（1）正外倾角。旧款车辆的前桥上通常会出现正外倾角。从设计角度来看这很有必要，因为所用的圆锥滚子轴承无法承受其他负荷。转向时，通过主销后倾角和主销内倾角可使弯道外侧的前桥车轮处于负外倾角范围。由此可获得所需的转弯稳定性。转弯行驶时，转向桥的外侧车轮上不能出现正外倾角。

正外倾角的作用如下。

① 减小作用在转向节上的负载。

② 防止车轮滑脱。

③ 防止由于载荷而产生不需要的负外倾角。

④ 减小转向操纵力。

⑤ 在车辆重载时，胎面与地面完全接触，减小轮胎磨损。

（2）负外倾角。转向节轴承通过使用双排球轴承部件，在车轮处于直线行驶状态时，也能使前桥调节为负外倾角。

后桥车轮无法通过转向移动达到负外倾角范围。为了改善转弯行驶时的转向稳定性必须预先设置负外倾角。

负外倾角的作用如下。

由于现在生产的汽车悬架和车桥比较坚固，而且路面平坦，所以采用正外倾角的车辆越来越少。负外倾角可用来改善行驶时的平顺性和转弯时的稳定性，同时还提高了车身的横向稳定性。

（3）零外倾角。车轮采用正外倾或者负外倾都会造成车轮内侧和外侧的半径不一致，导致轮胎内外磨损不均匀，所以采用零外倾角的主要原因是防止轮胎的内外侧磨损不均匀。

外倾角与其他参数的相互作用如下。

外倾角间接影响主销偏置距。如图 2-30 所示，车轮支撑点继续向车辆纵轴方向移动或从该处移开。因此，外倾角改变了一个主销偏置距参数。此外，外倾角还会影响前束，因此必须在设置前束前设置外倾角。

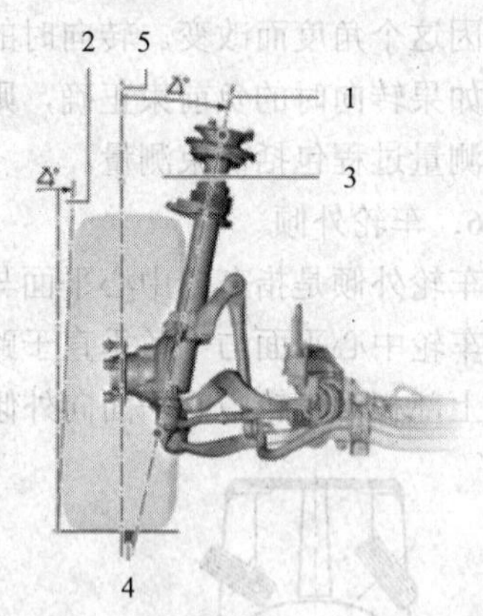

图 2-30 零外倾角

1—摆动轴；2—外倾角；3—主销内倾角；4—主销偏置距；5—轮胎支撑点处的垂直线

故障形式如下。

① 外倾角过大（负值）。造成车轮内侧轮胎磨损增大并加剧轮胎的弯曲程度。虽然大的外倾角可以改善转弯行驶时的转向稳定性。但在车速较高且车桥负荷较大时，外倾角过大会造成轮胎凸肩过热。这可能会造成轮胎损坏（轮胎过热，内部磨损）。此外，前桥上还会出现过于强烈的转向性能。

② 外倾角过小（正值）。转向稳定性变差，外部轮胎磨损增大。

提示

外倾角以度为单位，后轮外倾角在正前打直位置时测量。前轮外倾角按生产厂商的说明测量(在两前束值相等或者每个单独前束为零时测量)。

7．主销内倾

如图 2-31 所示，主销内倾是指回转轴线相对垂直线（车轮支撑点处，相对路面垂直，向车辆转向轴方向看）处于倾斜位置。该角可以在车轮转向时，产生一个使车轮和转向盘回到正直位置的力矩。外倾角和内倾角决定了轮胎与地面接触点的位置。内倾角可以减小车轮的力作用在悬架上所通过的杆的长度。这样就易于转向，且地面的起伏不规则时，不会强烈地影响转向。转动转向盘时主销内倾使车辆升高，这样就会产生车轮回正力。主销内倾角直接影响主销偏置距。主销内倾角是在第一次对中后，向左右打 20° 转角时测得，以度为单位。主销内倾角直接影响主销偏置距。

对于车桥来说，弹簧和车轮压缩、伸长时，主销内倾角与外倾角共同构成的总角度保持不同。如图 2-32 所示，因此，作为根源性参数的主销内倾角会对干扰力的传输情况产生影响，通过主销内倾和主销后倾可在转向移动时抬起车身。从而由于增大车轮负荷而产生车轮复力，减小转向盘回跳和汽车跑偏现象。使转向变得轻便灵活，使摩擦半径减小，减小轮胎转动时所需的力矩，使转向操纵力减小、轻便。特别是当汽车行驶过程中车轮遇到障碍物时，车轮将转向作用力矩较大的一侧，这样会造成方向回跳和跑偏现象。另外，主销内倾角和后倾角一样具有改善车辆直线行驶稳定性的作用。主销内倾角在前束为零或中心位置个别前束相等时进行修正。

图 2-31 主销内倾/回转轴线向车辆中心方向倾斜

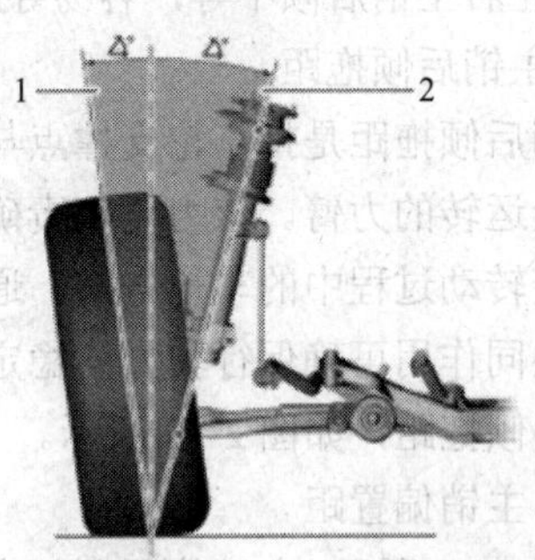

图 2-32 主销内倾角与外倾角共同构成的总角度
1—外倾角；2—主销内倾角

故障形式如下。

① 主销内倾角过大，转向力和附着力较大。

② 主销内倾角过小，转向回位性能较差，容易出现轮胎误差（侧偏力、角度影响），可能导致车辆跑偏。

③ 左右主销内倾角不等，容易导致车辆跑偏。

8．主销后倾

主销后倾是指车辆纵轴方向回转轴线相对于垂直于路面的一条垂直轴线处于倾斜位置。主销后倾角是指回转轴线与一条垂直于路面的垂直轴线之间的夹角。该角度保证了主销后倾的转向稳定效果，保证车轮向前的驱动。同主销内倾角一样，还可产生恢复力促使车轮回到正前位置。车速越高，车轮的方向稳定性越好，即能提高汽车直线行驶的稳定性。例如，当车轮向左转向时，由于主销后倾角的作用使左侧转向节向下压，由于转向节与车轮离地距离不变，实际上左侧车身略向上提升。在车身自重的作用下，迫使转向节向上提升，回到原来的向前方行驶的位置。这样使车轮回位能力加强，并能提高车辆直线行驶的稳定性。由于倾斜的回转轴线会使车轮偏离行驶方向，因此该角度还起到降低车轮异常摆动趋势的作用，可使汽车在行驶中偶遇外力作用发生方向偏离时，产生车轮回正力矩，自动恢复到原来的中间位置。

主销后倾为正值（+）时，车轮支撑点在回转轴线延长线与路面的交点之后（拉动车轮），从而产生转向稳定效果。主销后倾为负值（–）时，车轮支撑点在回转轴线延长线与路面的交点之前（推动车轮）。设计底盘时并不希望产生上述情况，因为这样可能会破坏稳定性。车辆转向时，主销后倾和主销内倾会使车身抬高。主销后倾角在弯道外侧车轮上产生一个负外倾角。这样会因车轮负荷产生车轮复位力。同主销内倾测量方式一样，可通过施加 20° 转向角间接测量主销后倾。

后倾角的角度不会影响轮胎磨损，如果车辆转向盘是传统的手动转向盘，小的后倾角甚至是零后倾角或负后倾角，可使转向轻便。对于配备动力转向装置的车辆，则通常设立较大的正后倾角，使驾驶员操纵车辆转向时较有感觉，并增加车辆直行的稳定性。

故障形式如下。

① 正主销后倾（+）过大，转向力和附着力较大。

② 负主销后倾（–）过大，转向回位性能较差，容易出现轮胎误差（侧偏力、角度影响），可能导致车辆跑偏、车轮异常摆动、容易受到侧风影响。

③ 左右主销后倾不等，容易导致车辆跑偏。

9．主销后倾拖距

主销后倾拖距是指车轮支撑点与回转轴线延长线和路面交点之间的距离。它是动态轮胎接触面内车轮运转的力臂。该力臂负责确保提供相对较高的作用力，从而改变车轮的行驶方向。这样不易改变转动过程中的车轮方向。通过使回转轴线的位置更加向后倾斜，主销后倾拖距和主销后倾角的共同作用可确保行驶方向稳定性和转向舒适性。这样可在保持主销后倾角不变的情况下减小主销后倾拖距，如图 2-33 所示。

10．主销偏置距

如图 2-34 所示，主销偏置距相当于车轮中心平面与路面的切线至回转轴线延长线和路面交点的距离。

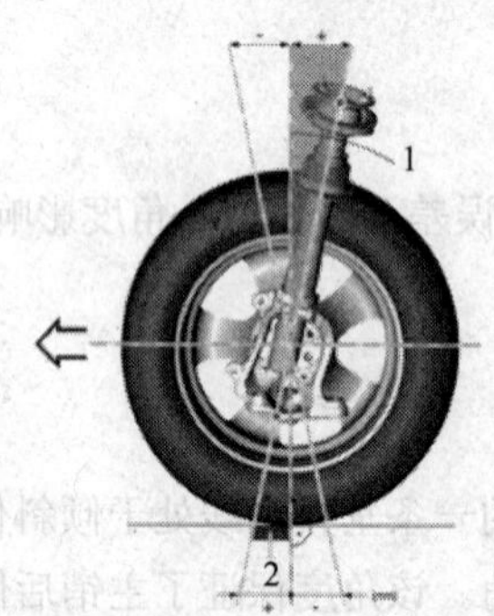

图 2-33 主销后倾角和主销后倾拖距

1—主销后倾角；2—主销后倾拖距

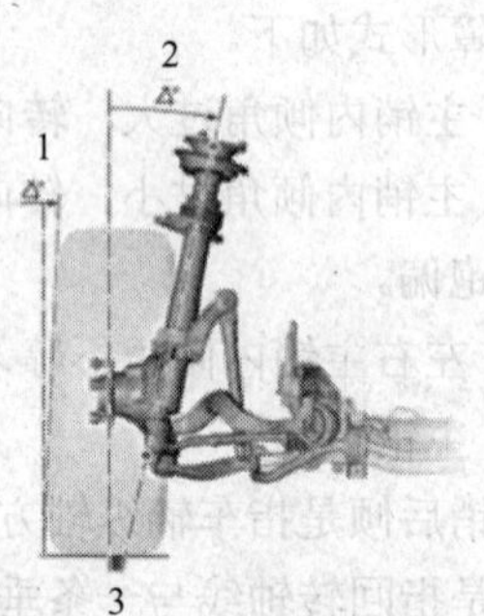

图 2-34 主销偏置距

1—车轮外倾角；2—主销内倾角；3—主销偏置距

如果这段距离由车轮支撑点指向车辆中心平面，则称为正（+）主销偏置距；如果车轮支撑点指向外侧时称为负（−）主销偏置距；如果摆动轴延长线与路面的交点恰好与车轮支撑点重合，则主销偏置距为 0。即主销偏置距取决于以下因素。

① 摆动轴延长线与路面相交的位置。

② 该交点与车轮支撑点间的距离。

主销偏置距是一个力臂，通过扭矩影响转向情况。因制动作用、不同路面摩擦系数或障碍（车轮压缩或伸长）产生的作用力而施加到车轮上。由此产生所需效果，即在转弯行驶时产生复位力。这样可以辅助驾驶员对车辆进行回复转向操作。但在直线行驶时该作用会产生干扰效果，因为干扰力可能会传输到转向系统并通过转向盘传输至驾驶员处。

通过外倾角、主销内倾角和轮辋的车轮偏置距影响主销偏置距。正主销偏置距（+）产生稳定的直线行驶特性，但在制动效果不均匀时需要驾驶员进行反向转向。负主销偏置距（−）在制动效果不均匀时自动进行反向转向，因此驾驶员只需让车辆保持该转向状态。主销偏置距为 0 时，向一侧施加制动力，以及出现轮胎故障时，可防止向转向系统传输干扰力。处于停车状态时转向力较大。

制动力对主销偏置距的影响有以下几种。

正（+）主销偏置距，如果车辆某一侧制动性能很强（由于路面状况或制动效果不等），车辆就会向制动力较强的一侧跑偏。因为作为杠杆力臂，主销偏置距的旋转点位于车轮内侧。主销偏置距为正值时，施加在车轮上的作用力将车轮向外推。传送最大制动力的车轮向外摆动程度较大。由此会使车辆向制动力较强的一侧转动。

负（−）主销偏置距，使用车轮偏置距较大的轮辋时，可能会使主销偏置距移向动态轮胎接触面外侧部分。而在动力强劲的大型轿车上较难实现这一点，因为与车辆匹配的制动器内没有足够空间。因此，BMW 研制了双铰接弹簧支柱桥，使用该装置几乎可以任意设置主销偏置距。

主销偏置距为负值时，车轮在制动时向内摆动。制动力较大的车轮继续向内摆动，从而进行自动反向转向。车辆由制动力较大的一侧进行反向转动，并几乎一直保持其行驶反向。可变主销偏置距会利用积极因素并消除消极因素。使用双铰接弹簧支柱桥后便实现了这种操作方式。

11．回转轴/转向轴

如图 2-35 所示，回转轴是待转向车轮围绕其转动的有效轴线。实际上该轴线不必与某一车桥部件（例如，弹簧减振支柱）的中心轴线一致。它取决于车轮悬架上下回转点的连接线。受结构形式所限，上回转点位于弹簧减振支柱支撑座的中心。如图 2-36 所示，下回转点位于横摆臂的外侧球销中。转向角变化时，车轮悬架的运动学特性会使这个轴线移动。

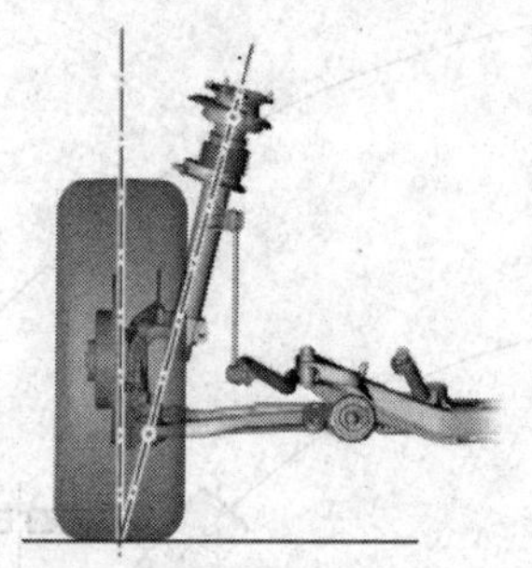

图 2-35　回转轴/转向轴

图 2-36　双铰接弹簧减振支柱车桥确定的下回转点

在这方面表明了双铰接弹簧减振支柱车桥的特点。有效下回转点是下摆臂有效延长线的交叉点。这个点不是静止不动的，而是取决于相应的转向角度。

12．转向梯形

只有轮胎接触面在路面上滚动（附着摩擦）且不滑移（滑动摩擦）时，才能确保轮胎与路面间具有最佳附着力。橡胶胎面在路面上滑移时无法传递动力。即使只是有效轮胎接触面的个别区域因干扰力（例如，侧向力/制动力）而滑移，也会影响这种动力传递能力。

转弯行驶时，一个车桥上的车轮所走过的距离不同。如果两个车轮的转向角度相同，那么两个车轮都无法在自然路面上滚动。每个车轮都受另一个车轮的影响，同时通过所产生的侧向力迫使车轮离开自然路面。车轮在路面上摩擦，会导致轮胎磨损加剧，并影响行驶安全性。为确保车轮在不滑动的状态下滚动，弯道内侧车轮的转向角度必须比弯道外侧车轮的角度大。

如图 2-37 所示，前桥、转向拉杆臂和转向横拉杆共同构成转向梯形。这种几何形状可以产生轮距差角，就是说可以使弯道内侧和弯道外侧车轮的转向角度不同。

13．正前打直位置

如图 2-38 所示，两前轮开始测量前的参照位置，此时以车辆的对称轴线为基准，前轮具有相同的个别前束值。后轮前束也从此点测量。

14．轮距差角

轮距差角是指弯道内侧车轮相对弯道外侧车轮的角度差（$\delta=\beta-\alpha$）。设计转向节转向系统时，使车轮相互之间的角度随转向角的增大而改变。轮距差角说明了向左和向右转向时各自的转向梯形工作方式。如图 2-39 所示，利用转向梯形可以使所有车轮围绕共同的弯道中心点滚动。

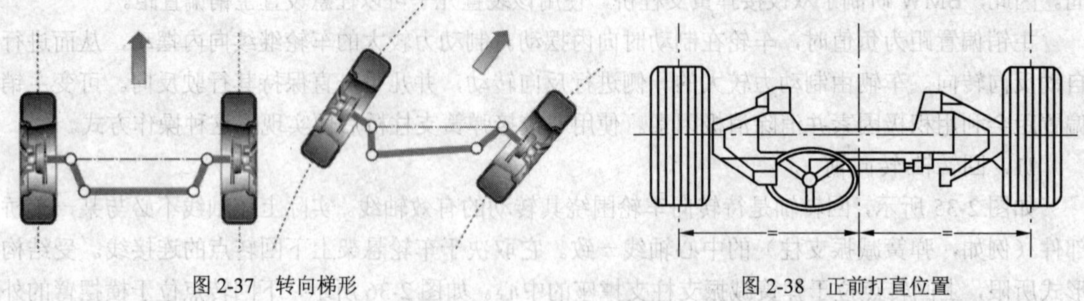

图 2-37 转向梯形　　图 2-38 正前打直位置

已正确设置轮距差角时，在考虑到允许角度公差的情况下，向左和向右转向时的轮距差角相等。前桥、转向臂和转向横拉杆共同构成转向梯形。转向行驶时，转向梯形可使弯道内侧和弯道外侧车轮具有不同的转向角。直线行驶时，转向横拉杆与前桥中线平行。此中线的位置不能改变。驶过弯道时，必须通过转向节使转向系统转向。转向节与转向臂之间形成的角度无法改变。采用这种梯形设计的结果是，推动一个转向臂后，会使转向横拉杆离开与前桥中线平行的位置。因此使另一个转向臂围绕前桥上的摆动点进行转向。由此产生的转向臂转向角角度差（轮距差角）随转向角的增大而增大。轮距差角在弯道内侧车轮转动 20° 时进行测量。在测量过程中考虑到了前束。

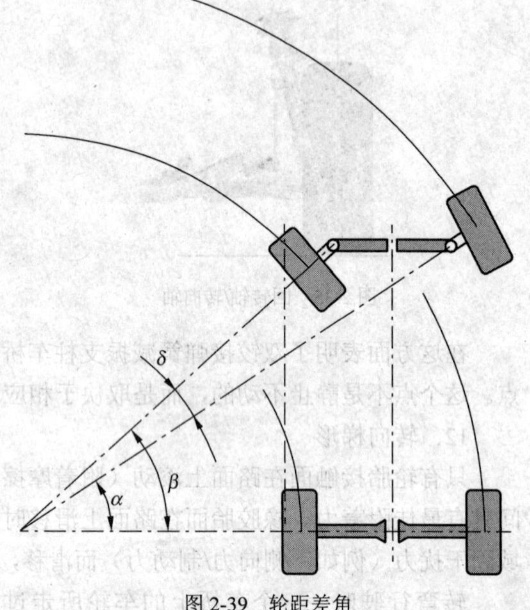

图 2-39 轮距差角

故障形式如下。

① 动态轮胎接触面内的附着力损耗。

② 转弯行驶时的轮胎噪声较大。

③ 轮胎磨损加剧。

④ 转向行驶时，车辆离开轨道。

⑤ 转向角较大时转向盘回位性能较差。

15．最大转向角

如图 2-40 所示，最大转向角是指将转向盘向左和向右转至限位位置时，弯道内侧车轮和弯道外侧车轮的车轮中心平面与车辆纵轴中心平面之间形成的角度。最大转向角影响车辆的转弯直径。如果车辆装有循环球式转向系统，需要检查转向杆是否处于中间位置，否则转向梯形会出现偏斜，可通过轮距差角是否相同进行判断，对测量最大转向角和转向盘位置都有帮助。最大转向角经常作为一项在转向负前束时检查转向梯形臂的依据。

16．轮胎接触面

如图 2-41 所示，轮胎接触面是车轮位于路面上时所覆盖的面积。

如图 2-42 所示，动态轮胎接触面是指运行状态下某一车轮的有效接触面。如图 2-43 所示，该轮胎接触面会在干扰力（侧向力、制动和加速力）及路面状况影响下发生变形。因此，动态轮胎接触面指的是车辆行驶过程中轮胎接触到的道路面积。

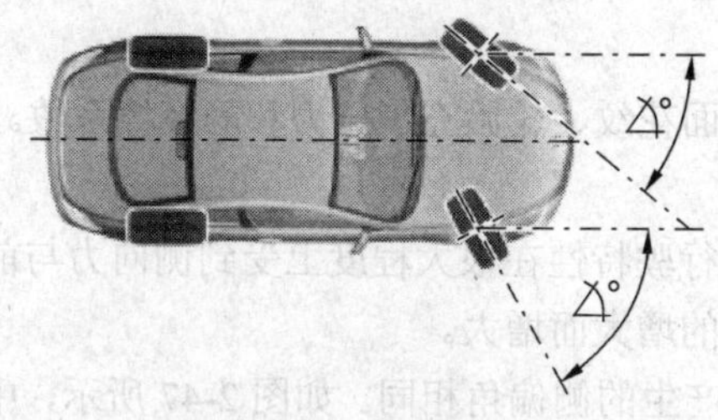

图 2-40 最大转向角

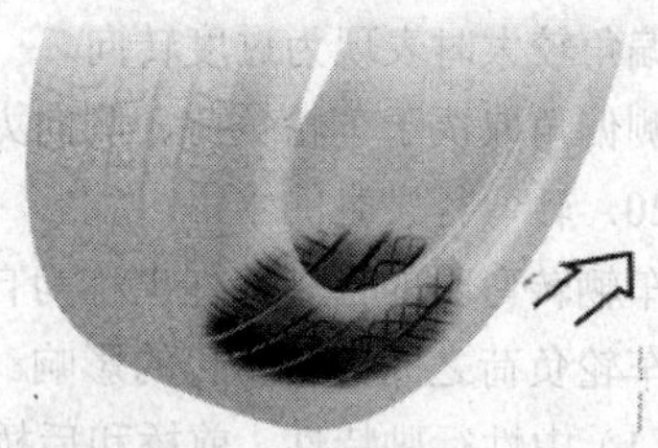

图 2-41 轮胎接触面

图 2-42 动态轮胎接触面

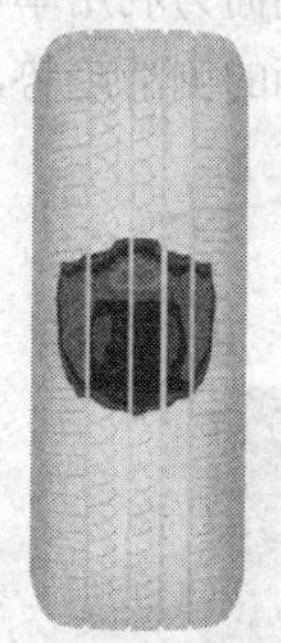

(a)受到制动力影响的动态轮胎接触面

(b)受到侧向力影响的动态轮胎接触面

图 2-43 动态轮胎接触面

这些动态轮胎接触面的总和构成了路面与车辆之间的直接连接环节。全部加速度（仅限于驱动桥）、减速度和侧向力都必须通过所形成的整个接触面进行传输。

17．车轮支撑点

如图 2-44 所示，车轮支撑点是指一条通过转轴的垂直轴线与路面在车轮中心平面内的交叉点。由于车轮在作用力的影响下会发生变形，因此车轮支撑点可能不在动态轮胎接触面的几何中心。

18．车轮中心平面

如图 2-45 所示，车轮中心平面与车轮转轴在轮胎中心处垂直相交。

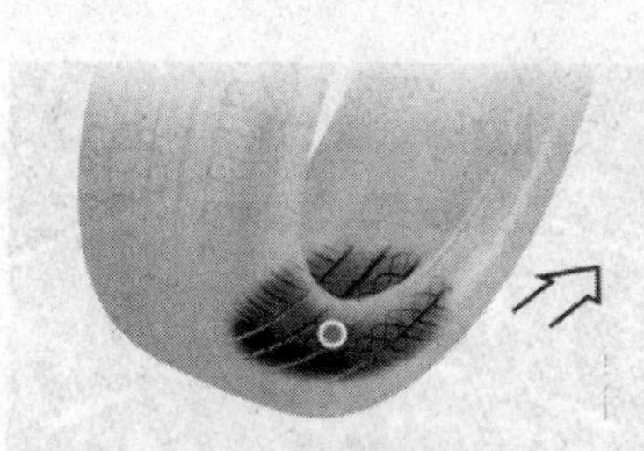

图 2-44 车轮支撑点

图 2-45 车轮中心平面

19．侧偏角

如图 2-46 所示，侧偏角是车轮平面与行驶方向（车轮移动方向）之间构成的角度。如果车辆行驶期间受到侧向力的影响（例如风力、离心力），车轮的行驶方向就会发生变化，与原来的行驶方向之间产生倾斜角。

如果前后侧偏角相同，就会表现为中性的行驶特性。如果前侧偏角较大就会表现为转向不足，后侧偏角较大时表现为过度转向。

侧偏角取决于车轮负荷、侧向力、轮胎类型、胎面花纹、轮胎充气压力和静摩擦系数。

20．转弯行驶时的术语

车辆转弯时的行驶特性也称为自转向特性。这种行驶特性在很大程度上受到侧向力与前桥和后桥车轮负荷之间关系变化的影响。侧向力随离心力的增大而增大。

（1）中性行驶特性。前桥和后桥上受侧向力影响产生的侧偏角相同。如图 2-47 所示，中性转弯性能可以实现最佳的侧向力利用率，从而达到最大转弯速度，会降低对于车辆稳定性的主观感觉。此外，无法判断车辆的侧滑趋势，因为后桥和前桥都可能会发生侧滑。

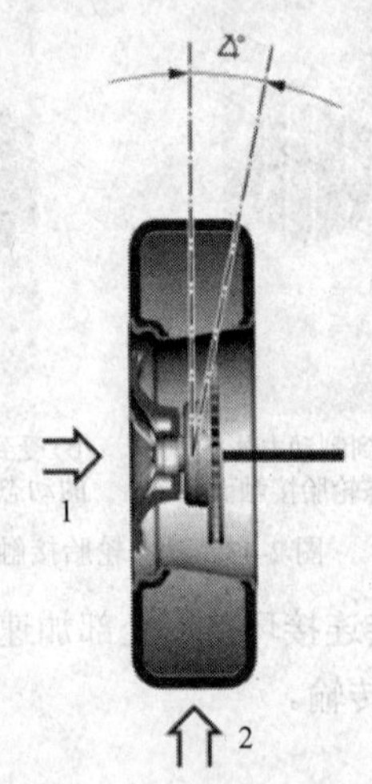

图 2-46 侧偏角（俯视图）
1—侧向力；2—驱动力

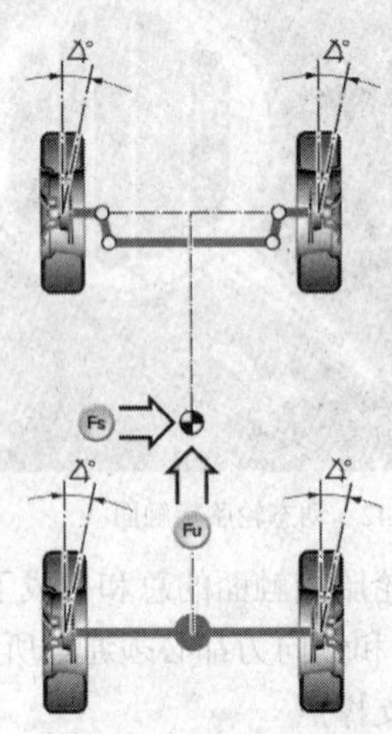

图 2-47 中性行驶特性

（2）不足转向。前桥上的侧向力与车轮负荷之比大于后桥。如图 2-48 所示，车辆的转弯半径大于与转向角相符的半径。车辆前桥向弯道外侧“移动”。设计底盘时通常会选择这种行驶特性，因为发生车辆侧滑时它可以使车辆回到计算出的直线行驶路线上。例如，在极限情况下车辆前桥开始侧滑、转向角减小时，车辆会重新回到直线行驶路线上。

（3）过度转向。后桥上的侧向力与车轮负荷之比大于前桥。如图 2-49 所示，车辆的转弯半径小于与转向角相符的半径，车辆后桥向弯道外侧“移动”。

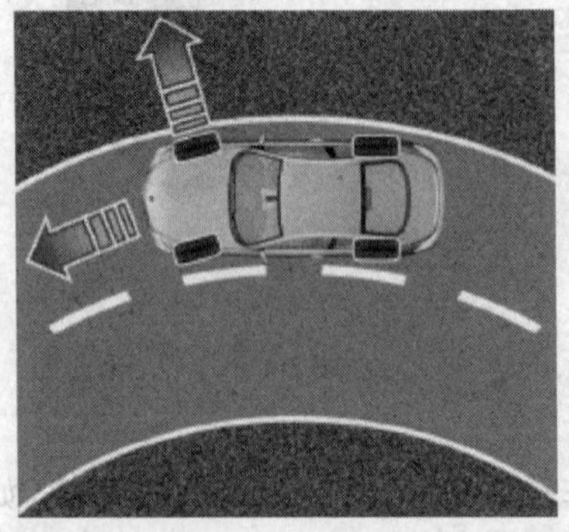

图 2-48 不足转向/车辆前桥向外侧滑动

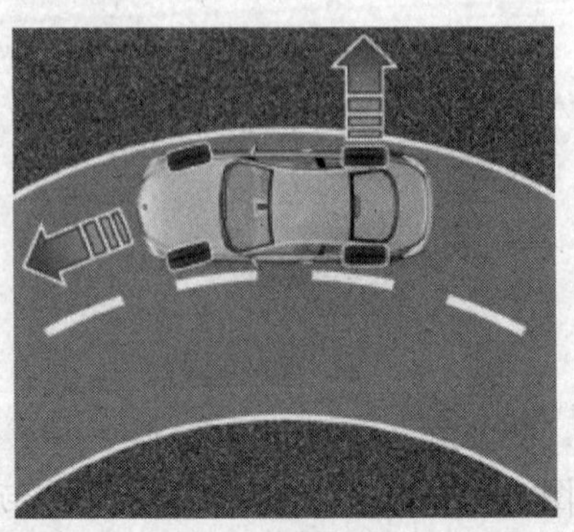

图 2-49 过度转向/车辆后桥向外侧滑动

21．车辆纵向中心平面

如图 2-50 所示，车辆的对称轴线是平分前后轴的直线，车辆纵向中心平面也称为车辆中心对称面，车辆纵向中心平面与路面相垂直。该平面与前桥和后桥轮距中心连接线的方向相同。在使用双传感器时，它是计算前、后轮前束和估算前后轮前束总量时的参照线。在定位仪的调整前检测中，第一次打正转向盘时测出。

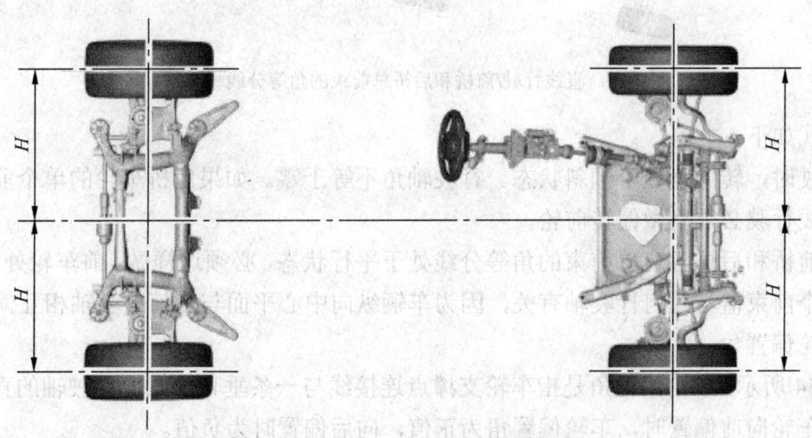

图 2-50　车辆纵向中心平面

22．几何行驶轴线

如图 2-51 所示，几何行驶轴线也称为推力线，是指整个后桥前束角的角等分线。对于前轮的测量与此轴有关，它是汽车直线行驶的延伸轴线，同时也是车辆行驶时的推力线。如果这条直线偏离了车辆中心平面，就会产生一个行驶轴线角度，车辆处于非同辙行驶状态。

23．行驶轴角

如图 2-52 所示，行驶轴角也称为几何驱动轴线，是指车辆纵向中心平面与几何行驶轴线之间的角度。几何行驶轴线指向左前方时，行驶轴角为正角。通过前束、侧向偏移和后桥倾斜位置可计算出行驶轴角。

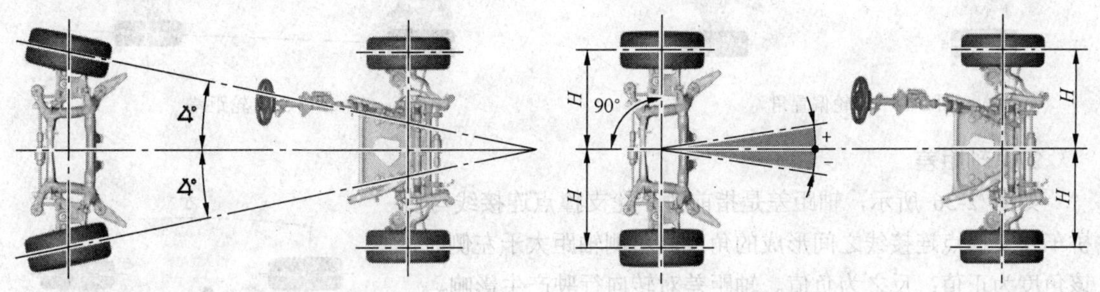

图 2-51　几何行驶轴线　　　　图 2-52　行驶轴角

故障形式如下。

如果行驶轴角值左右不相等时，车辆就会跑偏，即车辆处于非同辙行驶状态。

24．直线行驶

该车轮定位为辅助定位，如图 2-53 所示，此时两个前车轮与车辆纵向中心平面之间的单个前束值必须相同。该术语不一定表示车辆朝直线方向行驶。它只是说明了前轮相对于后桥的位置。

两个前轮相对于后桥的角度相等。

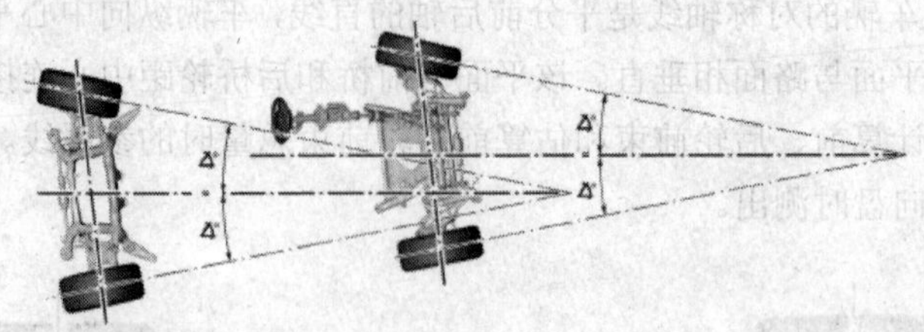

图 2-53 直线行驶/前桥和后桥总前束的角等分线相互平行

故障形式如下。

直线行驶时，转向盘处于倾斜状态。行驶轴角不等于零。如果后桥车轮的单个前束值不同，为了确保直线行驶必须略微偏转前轮。

为了使前桥和后桥各自总前束的角等分线处于平行状态，必须这样做。前车轮处于此位置时，前车轮的单个前束值与几何行驶轴有关，因为车辆纵向中心平面与几何行驶轴相互偏离。

25．车轮偏置角

如图 2-54 所示，车轮偏置角是指车轮支撑点连接线与一条垂直于几何行驶轴的直线之间的角度差。右侧车轮向前偏置时，车轮偏置角为正值，向后偏置时为负值。

26．轮距差

如图 2-55 所示，轮距差是指前桥轮距与后桥轮距之间的差值。也称为轮迹宽度偏差，以“度”为单位进行测量。为此需要计算出车辆左右两侧车轮支撑点连接线。后桥轮距大于前桥轮距时，轮距差为正值。轮距差可以说明车身是否损坏。如果在目标数据中有轴距的值，轮迹偏差也可用毫米或英寸表示。

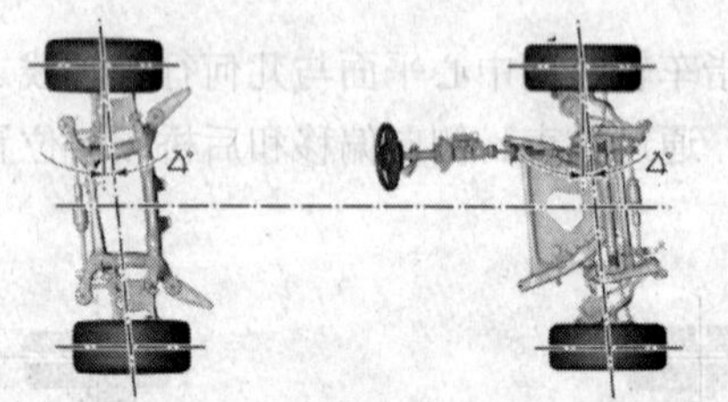

图 2-54 车轮偏置角

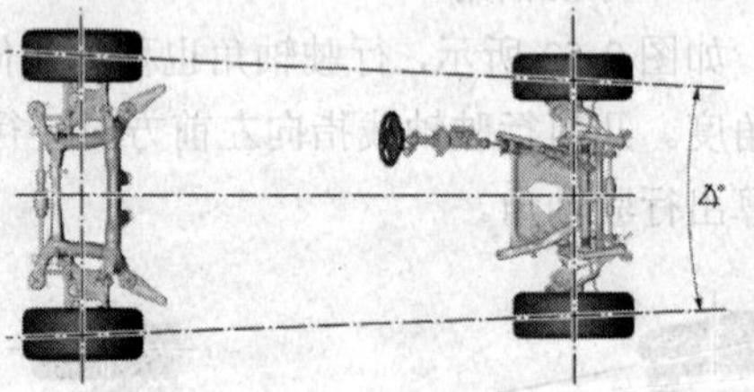

图 2-55 轮距差

27．轴距差

如图 2-56 所示，轴距差是指前桥车轮支撑点连接线与后桥车轮支撑点连接线之间形成的角度。右侧轴距大于左侧时，该角度为正值；反之为负值。轴距差对转向行驶产生影响。

28．侧向偏移

侧向偏移是指车辆一侧车轮支撑点连接线相对于几何行驶轴的位置。后车轮相对于前车轮向外偏移时，侧向偏移为正值。该角度也能说明车身是否损坏，包括右侧横向偏移和左侧横向偏移。

如图 2-57 所示，右前轮与右后轮与地接触点之间的连线，

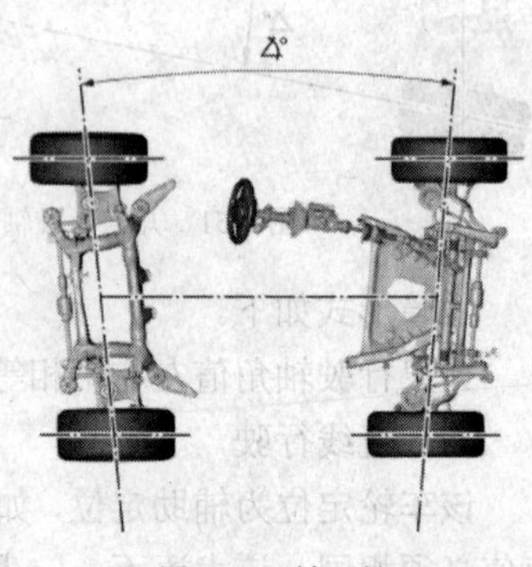

图 2-56 轴距差

与几何中心线之间的夹角如果右后轮超出右前轮，该角度为正。如图 2-58 所示，左前轮、左后轮与地接触点之间的连线，与几何中心线之间的夹角，如果左后车轮超出左前轮，该角度为正。如果在目标数据中有轴距的值，横向偏移也可以用毫米或英寸表示。

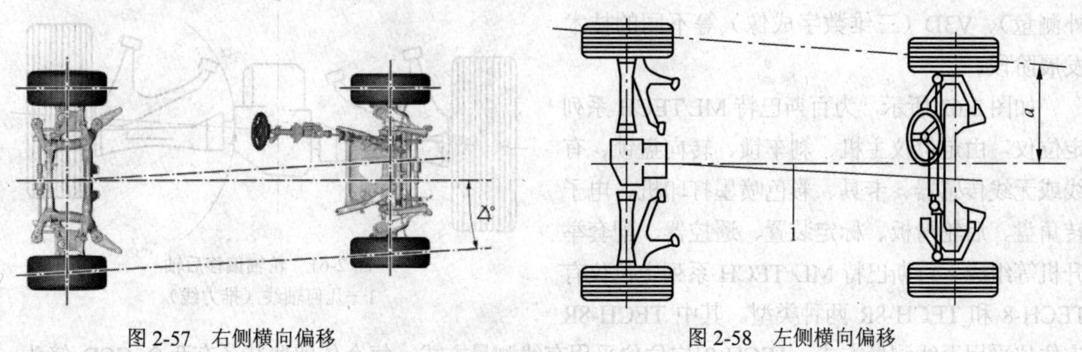

图 2-57　右侧横向偏移

图 2-58　左侧横向偏移
1—几何轴线（推力线）

29．车桥偏移

如图 2-59 所示，车桥偏移角也称为轴偏位，是指轮距差角等分线与几何行驶轴之间形成的角度。后桥向右偏移时，车桥偏移角为正值。该角度也能说明车身是否损坏。

30．前轴轮轴偏移

如图 2-60 所示，穿过两个前轮中心的线与汽车几何轴线垂直线之间的夹角，如果右轮在左轮的前方则此角度值为正。

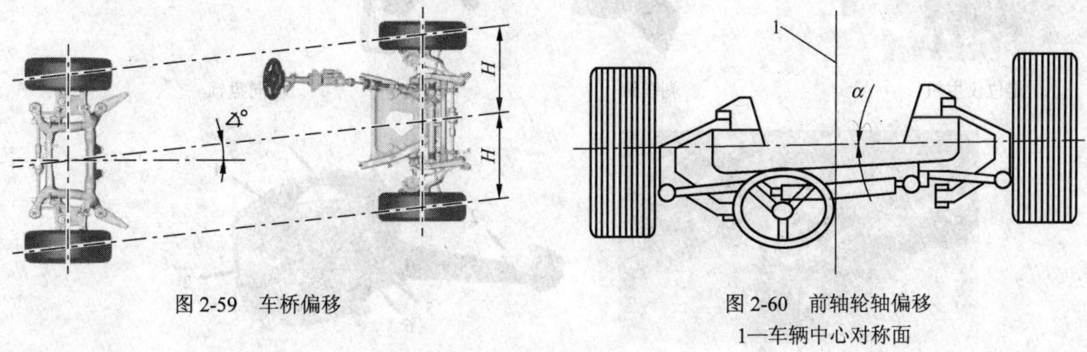

图 2-59　车桥偏移

图 2-60　前轴轮轴偏移
1—车辆中心对称面

提示

轮轴偏移通常用度为单位，轮轴偏移如果在目标数据中有轮距的情况下，也可用毫米表示。但这时，必须将显示模式改为毫米。

31．后轴轮轴偏移

如图 2-61 所示，穿过两个后轮中心的线与汽车几何轴线垂直线之间的夹角，如果右轮在左轮前方则此角度值为正。

提示

后轴偏位通常用度为单位，后轴偏位如果在目标数据中有轮距的情况下，也可用毫米表示。但这时，必须将显示模式改为毫米。

五、四轮定位仪的组成

在车轮定位仪的发展史上经历了拉线（拉尺）、光学、电子（4、6、8 传感器）、CCD（红外测量）、V3D（三维数字成像）等不同的技术发展阶段。

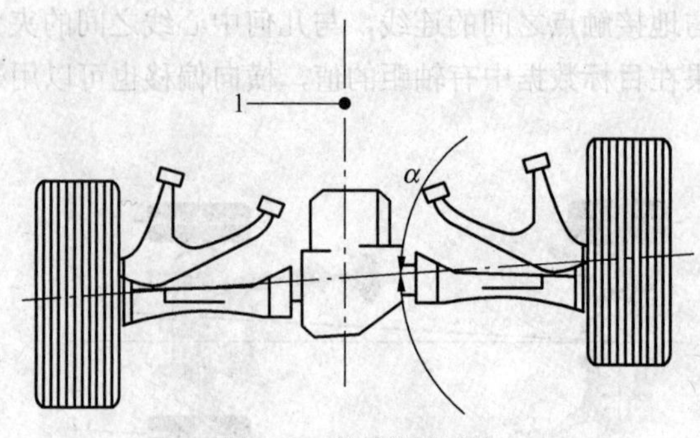

图 2-61　轮轴偏移后轴
1—几何轴线（推力线）

如图 2-62 所示，为百斯巴特 ML TECH 系列定位仪，由定位仪主机、刹车锁、转向盘锁、有线或无线传感器、卡具、彩色喷墨打印机、电子转角盘、后轮滑板、标定装置、遥控器、配套举升机等组成。百斯巴特 ML TECH 系列定位仪有 TECH-8 和 TECH-8R 两种类型。其中 TECH-8R 定位仪采用无线测量方式，TECH-8 定位仪采用有线测量方式。每个传感器装备有两个 CCD 镜头，使用红外线进行测量。TECH-8R 所测量的数据经由无线电通信的方式发送到主机的接收器，再传输到计算机进行处理。TECH-8 所测量的数据经由与传感器相连接的通信电缆传输到计算机进行处理。

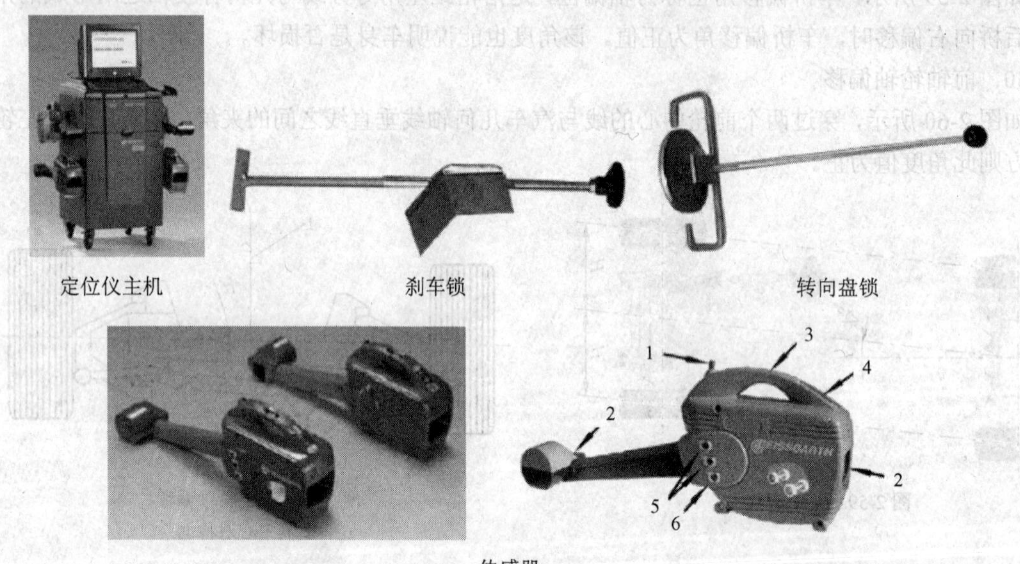
定位仪主机　　刹车锁　　转向盘锁

传感器
1—天线；2—CCD 镜头；3—水平气泡；4—小键盘；5—通信电缆插口；6—转角盘电缆插口

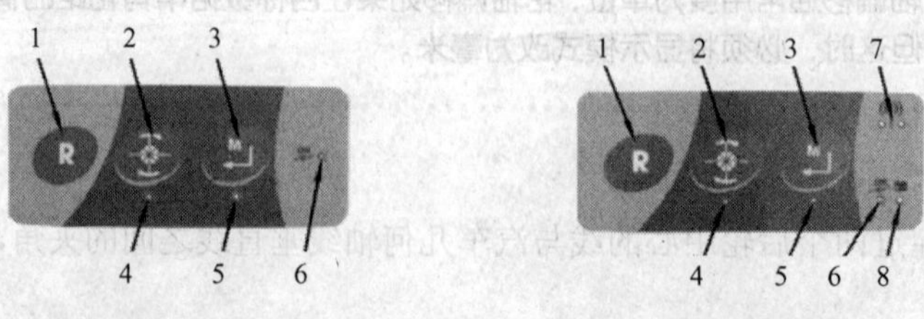
有线传感器小键盘　　无线传感器小键盘

1—复位激活键；2—钢圈偏位补偿键；3—偏位补偿计算键；4—偏位补偿指示灯；5—计算键指示灯；6—电源指示灯；7—无线电收/发指示灯；8—电池指示灯
（关闭：电池电量正常；闪烁：电池电量低；点亮：电池正在充电）
图 2-62　四轮定位仪的组成

多用快速卡具

通用快速卡具

电子转角盘

后轮滑板

标定装置

图 2-62　四轮定位仪的组成（续）

百斯巴特 ML TECH 系列定位仪技术数据如下。

机柜尺寸（包括 17 英寸显示器）：宽×深×高 98cm×80cm×160cm。

重量约 80kg；电源：220～240V AC，频率：50/60Hz。

功率：0.5kW；保险：3.15A。

工作温度：+5℃～+40℃；设备存放温度：−20℃～+60℃。

工作环境湿度：10%～90%（40℃）。

适用车轮尺寸：通用快速卡具 10″～20″，多用快速卡具：10″～23″。

车型资料：车型数据齐全。

语言种类：包含中文。

转角盘：为轿车所配最大载重 1000kg，可旋转 360°。

侧滑板：为轿车所配最大载重 1000kg，可旋转+10°，滑动范围为+65～−50mm。

无线通信系统：通信频率范围为 2.4～433MHz。

其测量项目、测量精度和测量范围如表 2-2 所示。

表 2-2 百斯巴特 ML TECH 系列定位仪的测量范围和测量精度

测 量 项 目	测量精度/′	测量范围/°
车轮总前束（前、后轴）	± 2	± 2
单独车轮前束	± 2	± 2
外倾角	± 2	± 3
车轮偏位（前轴）	± 2	± 2
推力线	± 2	± 2
主销后倾角	+4	+18
主销内倾角	+4	+18
转向前张差	+4	+20
主销后倾角调整范围	± 4	± 7
车轮偏位（后轴）	± 2	± 2
轴距偏差	± 3	± 2
横向偏位（左/右）	± 2	± 2
轴向偏位	± 3	± 2

百斯巴特 ML TECH 系列定位仪对举升机平台的要求如下。

① 定位仪对工作场地没有特殊要求，测量用举升器应在所需水平范围内，场地大小只需容纳对车辆进行一般检查即可。

② 保证车轮与举升机接触的四个点（转角盘，后滑板）都处在同一水平面上是非常重要的，必须使用专用水准仪进行检查和调整。

③ 允许高度偏差如下。

左右之间：Max ± 0.5mm。

前后之间：Max ± 1mm。

对角线（左前和右后，右前和左后）： Max ± 1mm。

如需要，可用适当材料垫在转角盘或后滑板下，以纠正水平偏差。

④ 当与举升器配合使用该设备时，应在举升器位于地面（测量工作面）和升起（调整工作面）情况下保证举升器的水平。

⑤ 转角盘必须用销子固定在举升器平板上，不需要对其进行润滑，但要保持表面清洁。

六、四轮定位仪的检测原理

不同类型的四轮定位仪所采用的检测方法、数据记录与传输的方式有所不同，但基本检测原理一致。以下介绍四轮定位主要检测项目的检测原理。

1. 前束和左右轮轴距差

检测时，应将车体摆正并把转向盘置于中间位置。为提高检测精度，依四轮定位仪的类型常通过接线或光线照射及反射的方式形成一封闭的四边形，并将被测车辆置于该四边形内。如图 2-63 所示，通过安装在车轮上的光学镜面或传感器，不仅可检测前、后桥的前束值，还可检测同一车轴上左、右车轮的同轴度及推力角等。

安装在车轮上的传感器有不同类型，当采用光敏三极管和传感器时，其检测原理如下。

安装在两转向轮和两后轮上的传感器均有接收光线和发射光线的功能，利用光线发射与接收刚好能形成封闭的四边形。传感器的受光平面上等距离地排列有一排光敏三极管。当不同位置上的光敏三极管受到光线照射时，所发出的信号即可以代表前束值/角或左右轮轴距差。前束为 0 时，同一轴左、右车轮上的传感器发射（或反射）出的光束应重合，当检测出上述两条光束互相平行但不重合时，说明车轮发生了错位（左、右两车轮不同轴），依据光敏三极管发出的信息可测量出左、右轮的轴距差。

当左、右车轮存在前束时，左车轮传感器上接收到的光束位置相对于原来的零点有一定偏差值，该偏差值表示右侧车轮的前束值/角；同理，在右侧传感器上接收到的光束位置相对于原来零点的偏差值，则表示左侧车轮的前束值/角。转向轮和后轮前束的检测原理相同，所不同的是转向轮前束的检测是利用装在左、右转向轮上的两个传感器，而后轮前束的检测则是利用装在左、右后轮上的传感器。车轮前束值/角的检测原理如图 2-64 所示。

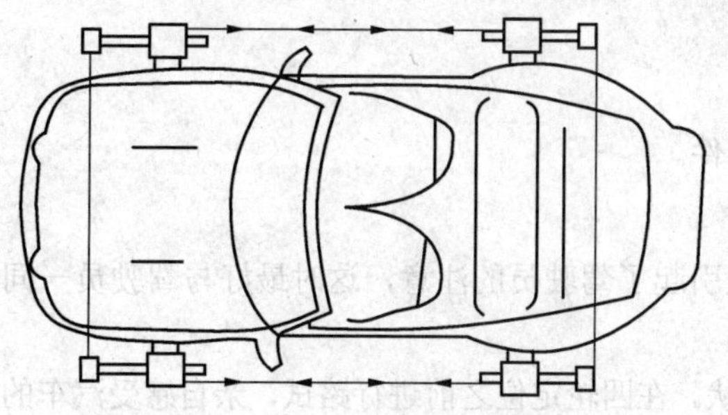

图 2-63 8 束光线形成的封闭四边形

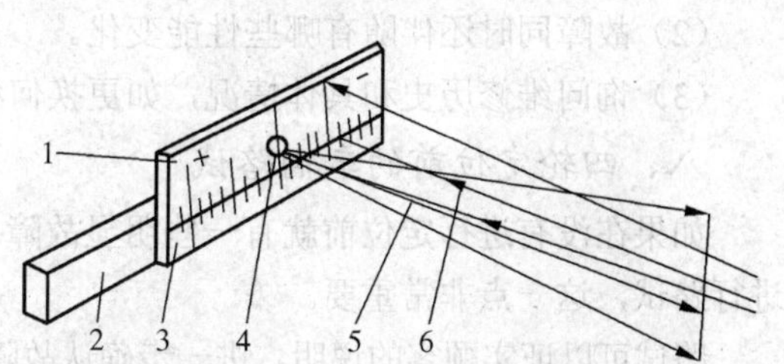

图 2-64 车轮前束值/角的检测原理

1—刻度板；2—投射器支臂；3—光敏三极管；4—激光器；5—投射激光束；6—接收激光束

2．推力角

推力角并非设计参数，而是一种故障状态参数。推力角过大会导致轮胎的异常磨损，汽车易偏离其直线行驶方向，严重时将发生后轮侧滑、甩尾等危险情况。

推力角的检测原理如图 2-65 所示。当推力角为 0 时，前、后轴同侧车轮上的传感器发射或接收的光束应重合，当两条光束出现夹角而不重合时，即说明推力角不为 0。因此，可以用安装在汽车前轮（转向轮）上的传感器接收到的后轮传感器发射光束相对于零点位置的偏差值，检测汽车推力角的大小。

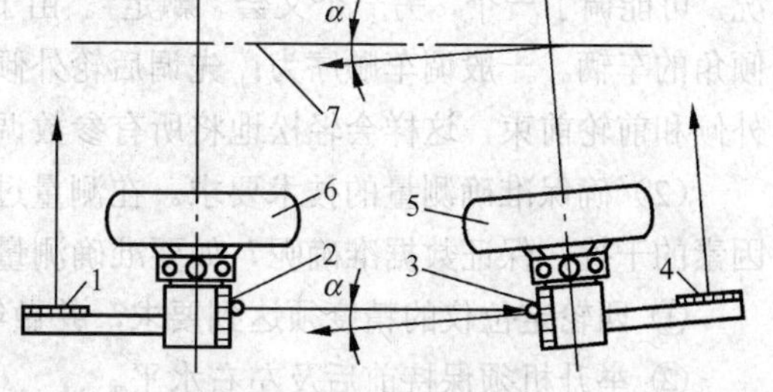

图 2-65 推力角的检测原理

1、2、3、4—光线接收器；5—后轮；6—转向轮；7—汽车纵轴线；8—推力角

3．车轮外倾角

车轮外倾角可在车轮处于直线行驶位置时直接测得。四轮定位仪的传感器内装有角度测量仪（如电子倾斜仪），把传感器装在车轮上，可直接测出车轮外倾角。

4．主销后倾角和主销内倾角

主销后倾角和主销内倾角不能直接测出，只能采用几何关系的间接测量方法，其几何关系较复杂。

5．转向 20° 时的前张角

为了检测汽车的转向梯形臂与各连杆是否发生变形，在四轮定位检测中设置了转向 20° 时的前张角检测项目。检测前张角时，使被检车辆转向轮停在转盘中心，转动转向盘使右转向轮向左转 20° 后，读取左转向轮下转盘上的刻度值 r_1，$20° - r_1$ 即为向右转向 20° 时的前张角；使左转向轮沿直线行驶方向向左转 20° 后，读取右转向轮下转盘上的刻度值 r_2，$20°-r_2$ 即为向左转向 20° 时的前张角。

七、四轮定位前的询问

1．为诊断故障而向客户询问的技巧

（1）询问故障症状发生时的情况，以便重现故障。

（2）用客户熟悉的非专业术语话语进行询问。

（3）用直接的实际事例来询问客户，使客户能容易回答。

2．在向客户询问时的常识

（1）在故障再现时，确认客户的要求。

（2）当故障没有再现时，确认故障再现的条件。

3．询问的内容

（1）第一次故障发生的时间。

（2）故障同时还伴随有哪些性能变化。

（3）询问维修历史和具体情况，如更换何种零件。

八、四轮定位前的车辆路试

如果在没有进行定位前就有一些明显故障已经引起了驾驶员的注意，这时最好与驾驶员一同进行路试，这一点非常重要。

路试可以证实顾客的说明，进一步确认故障症状。在四轮定位之前进行路试，亲自感受汽车的行驶状况，能够提供控制臂轴套或支柱轴承磨损、支柱减振器或减振器强度衰减、转向装置安装松动、车轮轴承松动或轮胎故障等维修线索。比如，如果发觉车辆后部有摇摆的感觉，可能是后轮轮胎垫带已易位。转向盘和车内地板的振动，经常是由前轮胎的静态失衡或轮胎的径向振摆引起的。

九、四轮定位的技术操作

（1）注意调整顺序。在四轮定位调整过程中，有时会遇到很难将所有参数调至合格范围的情况，可能调了一个，另一个又会“飘走”。由于四轮定位的各种角度都是相互关联的，尤其是高后倾角的车辆。一般调车顺序为：先调后轮外倾、前束，再调前轮的主销后倾角、主销内倾、前轮外倾和前轮前束，这样会轻松地将所有参数调至合格范围。

（2）确保准确测量的技术要求。在测量过程中，如何才能最大限度地排除外界（主、客观）因素的干扰，保证数据准确呢？如要准确测量四轮定位，需有以下技术要求。

① 四轮定位仪的精度须达到要求，并做年度校正。

② 举升机须保持前后及左右水平。

③ 转角盘须自由转动，左右滑动及前后滑动正常。

④ 后滑板须自由左右滑动且有 ± 5° 的转动。

⑤ 必须做轮辋补偿。

⑥ 测量前束及外倾角时须准确地保持传感器机头水平。

⑦ 测后倾角时，所转角度（如 10°）须仔细核实确定，须拉上驻车制动以防止车身向后滑动。

十、四轮定位的基本要领

（1）在做四轮定位检测中会发现各种车辆的检测数据与标准数据相差甚远，往往调试时不知从何下手。在这里特别指出，标准是对新车而设的，对旧车来说标准只是参考数据。如调整前束，对前轮是独立悬架的旧车来说，前轮驱动的车辆调整前束值比标准只能偏小，后轮驱动的车辆调整前束值比标准只能偏大。由于后轮调试一般没有转盘，所以调试后轮前束时要考虑到弹性影响。

（2）大多数前轮驱动汽车的前轮稍设有负前束，因为驱动力使前轮有正前束的倾向，一般车身越重或发动机功率越大，则前轮前束值越小。

（3）左前轮正的车轮外倾角可以调节得比右前轮外倾角稍大，以补偿由路拱而引起的右转弯的倾向。许多前轮驱动车辆有较小的负后轮外倾角，以改善转向稳定性。

（4）对左前轮正的主销后倾角，可以调节到比右轮的小一些，以补偿路拱的影响。正的主销后倾角用于大多数前轮驱动车辆，麦弗逊式悬架设有较小的正的主销后倾角。

（5）在前轮驱动车辆中，驱动力使后轮心轴受到向后的力。因此这些后轮根据车辆本身的情况设计成零前束或很小的前束。正确的后轮前束设置对保障车轮正常寿命有重要意义。

（6）定位时前束值可参考不可变的实际外倾角数值调整，外倾角数值大时前束值也大，外倾角数值小时前束值也小。前束值与外倾角数值的变量比约为 1:6；外倾角数值超过 ± 1.5° 时必须考虑有问题存在。前轮的前束是在车辆静止时调整的，这样就可保证前轮在车辆行驶时处在正前方位。

（7）转向轴线内倾角是不可调节的。如果转向轴线内倾角不在规定值内，上滑柱拱座可能错位，下摆臂可能弯折，前发动机支架也可能错位。前轮驱动车辆，内倾角设置要大些，约 14° ～ 18°。前轮驱动车辆设置较小的正主销后倾角，后轮驱动车辆内倾角设置要小些，约 6° ～8°。

【课题实施】

操作一 四轮定位前的检查更换

步骤一 检查轮胎气压和轮胎胎面磨损

（1）检查充气压力。检查所有的轮胎气压，对充气不足的轮胎进行充气。

提示

根据厂家所建议的标准压力，轮胎充气数据通常显示在轮胎胎壁上，有关轮胎气压说明的标签贴在驾驶员侧前门侧壁或行李舱盖的内壁或手套箱门内侧等处。充气不足的轮胎将导致悬架角度和行车高度的测量值不精确。

（2）检查轮胎胎面磨损。目视检查轮胎的磨痕、羽状磨损、槽形磨损或其他不均匀磨损现象，通过检查轮胎胎面磨损指示标记，就能目视检查胎面深度。

提示

这些指示标记是轻微凸起的窄条，通过胎面基面从轮胎肩一侧跨到另一侧。当外胎的面磨损量在 6mm 以内时，磨损指示标记与胎面表面相平齐。

对于磨损比较多的车胎，还应交待车主在积水路面要降低车速。因为较高的车速会增大水的阻力，胎面纹槽不能尽快排尘轮胎与路面间的积水，产生浮滑现象，也就不能防止发生浮滑现象。浮滑现象不仅会造成转向失控，还会使制动作用降低或失效，从而使驾驶员无法控制车辆。

对于磨损比较多的车胎，应交待车主适当提高充气压力。因为较高的轮胎压力可以对抗这种水压，延迟浮滑现象的产生。

（3）用深度尺检查胎面。把胎面深度尺放置在胎面纹槽中测量轮胎磨损。因为胎面深度尺能提供比目视检查更精确的胎面状态指示值。

（4）触摸胎面。手沿着胎面纵向触摸，可发现成沟槽形的或成深凹形的胎面磨损，沿着胎面横向触摸可发现成锯齿凸起状的胎面磨损。

步骤二 检查车轮振摆

用举升器将车辆升离地面，使车轮旋转，利用一静止物作为参照物，目视检查轮胎胎面和胎壁旋转时是否有径向振摆或横向振摆现象。也可以用轮胎平衡仪来完成，还可以用千分表和夹具装置在车轮轮胎内缘处测量车轮和轮胎的振摆。

不论径向振摆还是横向振摆，对于静止物来说，轮胎都好象在移动。如果有径向振摆或横向振摆现象，应对车轮中的轮胎进行重新组装或更换，或检查车轮轴承、轮毂或轮胎，检查车轮是否平衡。

步骤三 检查车轮跑偏

车辆在径直道路上试车时，检查转向盘在不受任何外力作用的情况下，车辆行驶方向是否发生偏移。如果发生跑偏现象，应做如下检查。

（1）轮胎结构是否变形（子午线轮胎横向力）。

轮胎结构能导致车辆跑偏，例如，子午线轮胎内的垫带偏离中心，当车辆在路面沿径直方向行驶时，轮胎能产生侧向力。产生侧向力的原因在于轮胎不规则的结构，致使车轮向锥体一样滚动，沿一侧方向跑偏，而后轮很少出现跑偏现象。从车轮定位故障中辨认出轮胎跑偏是非常重要的，以便能完成适当修理。

（2）轮胎配合是否不当或磨损不均匀。

（3）前轮或后轮是否定位不当。

（4）转向助力阀是否偏离中心。

（5）制动调节是否不匀称或制动器拖滞。

步骤四 检查轮毂和轴承

（1）如图 2-66（a）所示，将一只手放在轮胎上面，而另一只手放在轮胎下面，紧紧地推拉轮胎以便检查是否有任何摆动。如果出现摆动时，如图 2-66（b）所示，使用制动踏板压力器保持制动踏板被踩下，再次检查其行程。如果没有更大的摆动，车轮轴承或轮毂磨损是起因。如果仍然摆动，球头、主销或者悬架松动是起因。

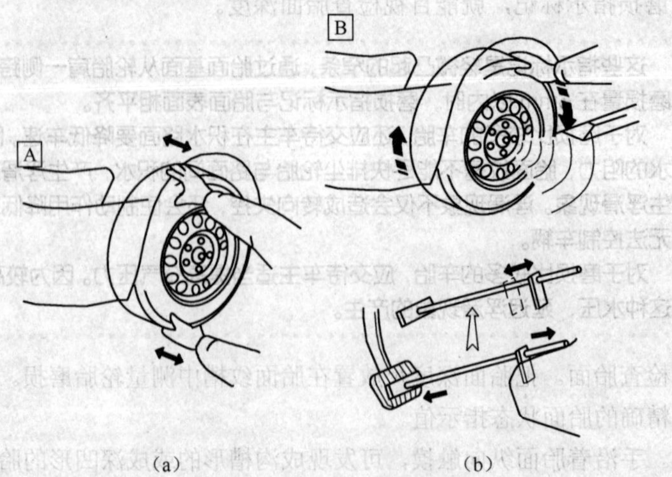

图 2-66 检查轮毂和轴承

（2）用手转动轮胎以便检查其是否能够无任何噪声地平稳转动。转动时检查车轮是否有振摆。检查车轮和轮毂凸缘处是否因生锈和有异物而引起过度的振摆。另外，如果轮毂双头螺栓安装孔钻位不当，轮毂双头螺栓振摆就可能超出规定极限。当车轮/轮胎总成振摆不能减小到容许极限时，则应卸下车轮和轮胎并进行检查。

步骤五　检查球头

（1）举升起车辆前部并使前悬架自由悬挂。握住轮胎的顶部和底部并试图使轮胎底部向内和向外移动，观察是否有与控制臂有关的转向节平行移动。

（2）检查球头磨损，确认一下车轮轴承是否调节适当。检查球头油封是否有切口或裂纹。如果部分油封很难观察，小心地用手指去触摸油封是否有切口或裂缝。如果出现大量油脂，就证明油封已有裂缝。如果发现油封有切口或裂缝或任何松动情况，则应更换球头。

提示

在检查球头的时候，应检查转向节支座处球头双头螺栓的紧固情况，如果发现磨损或损坏的部件应进行更换。

步骤六　检查转向横拉杆

（1）如图2-67所示，用手摇晃转向连接机构检查是否松动或者摆动。检查转向连接机构是否弯曲或者损坏。

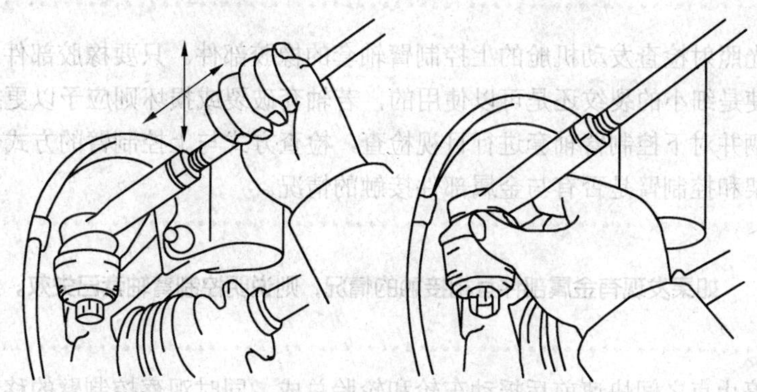

图2-67　检查转向横拉杆

（2）检查防尘罩是否有裂纹或者破损。

提示

转向横拉杆必须有零度自由间隙，但仍能允许悬架回转移动。转向横拉杆磨损后将导致转向盘间隙过大。齿轮齿条转向机构和标准循环球机构上的转向横拉杆均以同样的方式进行检查。

步骤七　检查随动转向臂

在怀疑转向系统或悬架部件之间有问题时，应先排除下面可能与振动有关的原因：动力不平衡、路面不平整、振摆情况以及车轮和轮胎总成的各种力的变化等。

步骤八　检查减振器

（1）检查减振器上是否有凹痕，检查防尘罩上是否有裂纹、裂缝或者其他损坏。

（2）检查减振器是否有油泄漏。

① 拉出减振器，露出密封件盖表面。

② 检查减振器密封件盖表面是否有油液渗漏迹象。轻微的油液渗漏是可以接受的。允许密封件微渗漏目的是润滑活塞、连杆。

③ 更换渗漏的减振器。

采用下列步骤来检查产生噪声的减振器。

① 检查所有减振器装置的紧固件。

② 如果所有装置端部完好无损，对怀疑有故障的减振器进行检查。

③ 卸下怀疑有故障的减振器的下部支架。如果怀疑其中一个后减振器有故障，则举升起车辆卸下减振器。

④ 快速地将减振器推进，然后将其拔出，“嗞嗞”的噪声是正常的并且是可以接受的。

⑤ 其他的噪声可能在减振器推进过程中被发现。

⑥ 如果听到的不是“嗞嗞”声的噪声，则应更换减振器。

步骤九 检查控制臂轴套

提示

试车时，在路面行驶时或在施加制动过程中，如果感觉有沉闷的移动声和移动过度，可能是控制臂轴套已磨损。这种移动将引起轮胎磨损、悬架噪声和操纵故障。

（1）利用强光照射检查发动机舱的上控制臂轴套的橡胶部件。只要橡胶部件还保持有弹性并且是坚固的，即使是细小的裂纹还是可以使用的，若轴套破裂或损坏则应予以更换。

（2）举起车辆并对下控制臂轴套进行目视检查，检查方式与上控制臂的方式一样。

（3）检查车架和控制臂是否有与金属部件接触的情况。

提示

如果发现有金属部件互相接触的情况，则说明控制臂轴套已失效。

（4）在转向停止点之间快速前后摇动车轮和轮胎总成，同时观察控制臂的移动情况。

（5）在装配有麦弗逊式支柱的车辆上，当观察每一控制臂移动情况时，用工具将下控制臂内侧向一边撬起，如果发现有较大程度的移动，则将轴套更换。

操作二 百斯巴特 ML TECH-8R 定位仪的使用

步骤一 准备

（1）检查转角盘和后滑板的销子是否到位。如图 2-68 所示，将车驶上举升机平台。

提示

当车辆在转角盘和后滑板上停好之后，转角盘和后滑板的销子才可拔下。

（2）安装制动器锁。如图 2-69 所示，按下弯角顶片上的按钮，将制动器锁的顶部顶在制动踏板上，并将弯角顶片用力顶在座椅上，然后松开按钮，依靠座椅的弹力就可顶住制动踏板。

如果要取下制动器锁，只需按下弯角顶片上的按钮并将弯角顶片向下滑动，就可将制动器锁拿下。

步骤二　安装通用快速卡具

将车轮装饰盖卸下，清洁轮胎卡紧衬套。如图 2-70 所示，依照轮胎所标记的尺寸，调节两个较低位置的卡爪，将其卡在轮圈边缘，移动顶部的卡爪到轮圈边缘并用星型手柄锁紧，将可调整的夹紧臂放在轮胎上，用力向车轮方向压下两侧夹紧用的杠杆，把夹紧臂移到胎纹中，在松开夹紧臂之前确认两端都已调好。

图 2-68　将车驶上举升机平台

图 2-69　安装制动器锁

图 2-70　安装通用快速卡具

对于前轮，当夹紧臂安装好之后，应将夹紧用的杠杆取出(因为在车轮转向过程中，此杆可能碰撞到翼子板)。为了更好地在无沿铝合金钢圈上安装，可在卡爪上插上如图 2-71 所示的专用卡爪套管。

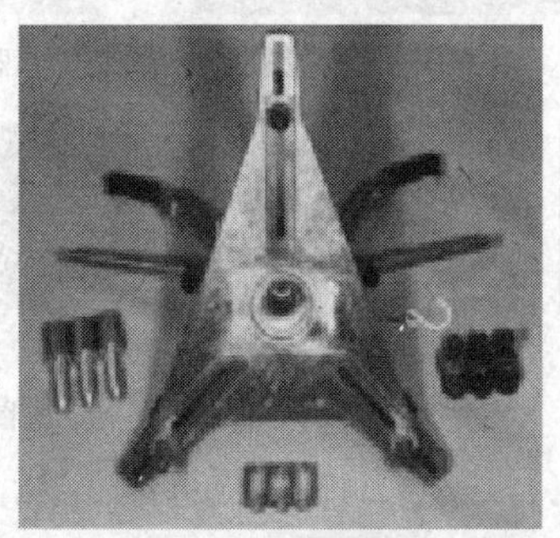

图 2-71　专用卡爪套管

由于这种车轮卡具精密设计和制造，对于良好状态的钢圈，不需要做钢圈偏位补偿。只有对于可能失圆的钢圈，才需要做钢圈偏位补偿。

步骤三　安装多用快速卡具

卡具有通用快速卡具和多用快速卡具两种可供选择。多用快速卡具有两种装卡方式，如果使用这种多用快速卡具，就不需要进行钢圈的偏位补偿。

（1）如图 2-72 所示，第 1 种与通用快速卡具的操作方法一致。

（2）如图 2-73 所示，如使用第 2 种，安装快速卡具之前，应清理轮圈上用于安装定位销的适配孔。轮毂固定螺栓一定要拧紧并且不能超出接触表面，如果定位销需要安装到螺栓或手刹调解孔上，将定位销旋转移到 12 点钟位置。根据 4 孔或 5 孔的销钉盘来调整卡具定位销的位置和数目。清洁车轮销孔并将定位销插入适配孔，将可调整的夹紧臂放在轮胎上，用力向车轮方向压下两侧夹紧用的杠杆，把夹紧臂移到胎纹中，在松开夹紧臂之前确认两端都已调好。

图 2-72 安装第一种快速卡具

图 2-73 安装第二种快速卡具

步骤四 安装传感器

（1）如图 2-74 所示，把 4 个传感器依据传感器上粘贴的图标指示（见图 2-75），安装到相应车轮的卡具上。前轴车轮上的传感器小端指向车头前进方向，后轴车轮上的传感器小端指向与前轴传感器相反的方向。

图 2-74 安装传感器

左前轮

左后轮

右前轮

右后轮

图 2-75 传感器上粘贴的图标指示

为了减小传感器定位销与卡具安装孔之间的摩擦，保证测量的精度，需要经常用稀释的润滑油润滑传感器定位销。注意，不能用黄油润滑。

（2）依照水平气泡指示调整传感器水平，并拧紧卡具上的固定螺钉。

步骤五 连接通信电缆

（1）如图 2-76 所示，两根长通信电缆（6.5m）用来连接两个前部传感器（1，2 号传感器）到定位仪主机。稍短些的两根通信电缆（4.5m）用来连接前后传感器。

（2）检查 4 个传感器连线是否连接牢靠，然后连接 220V 电源到定位仪。

（3）分别按下 4 个传感器上的“R”键，激活传感器。

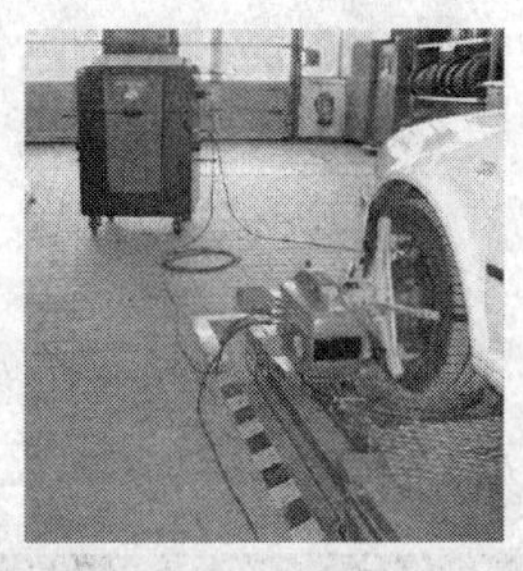

图 2-76　连接通信电缆

步骤六　登录计算机

（1）给定位仪接通 220V 电源，打开计算机电源开关。

（2）Windows XP 操作系统自动启动，如图 2-77 所示。

（3）用鼠标单击“Beissbarth”图标，如果有密码请在密码输入框中输入密码。缺省设置没有密码。

（4）Windows 启动之后，系统自动引导进入定位程序初始状态。

步骤七　常规检测流程

（1）单击工具栏中指向右侧的绿色“前进”图标，进入“客户选择”界面。在“客户选择”界面中，首先看到的是“客户档案列表”选项卡，此时屏幕上显示出所有曾经做过定位的车辆的检测信息，如图 2-78 所示。

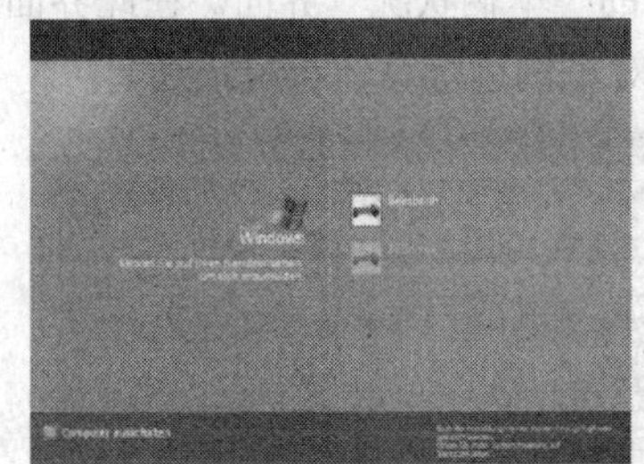

图 2-77　Windows XP 的“登录”界面

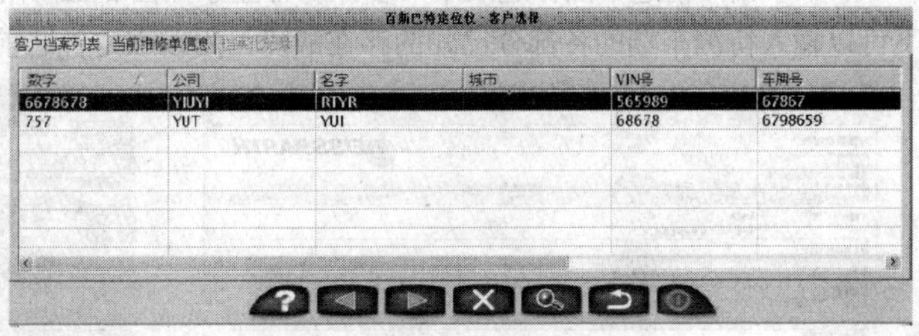

图 2-78 “客户选择”界面

（2）用鼠标单击其中某条记录，如果“档案化记录”选项卡由灰色变为正常颜色，则表明此检测结果已经打印存档，只要单击“档案化记录”选项卡就可以调出当时检测的检测报告了。如果“档案化记录”选项卡始终是灰色，则表明当初该定位操作没有完成或检测报告没有打印。

提示

只有在检测完成之后打印检测报告，系统才能自动保存检测报告。

（3）如图 2-79 所示，单击“当前维修单信息”选项卡，进入用户信息输入界面。黄色条目为必填项目，其余项目可依需要填写。

（4）填写好客户信息之后，单击“前进”图标，如图 2-80 所示，即可进入车型选择界面。

提示

在“车型资料来源”下拉菜单中列出了已安装的所有车型数据资料。除了各种原装车生产厂商的数据之外，还有新加入的国产车型数据。

（5）选中“USER”，即可见到各大国内汽车生产商所生产的各种车型的数据。

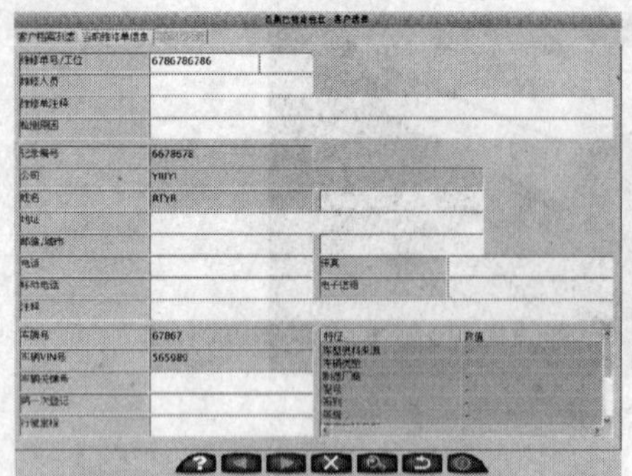

图 2-79　用户信息输入界面

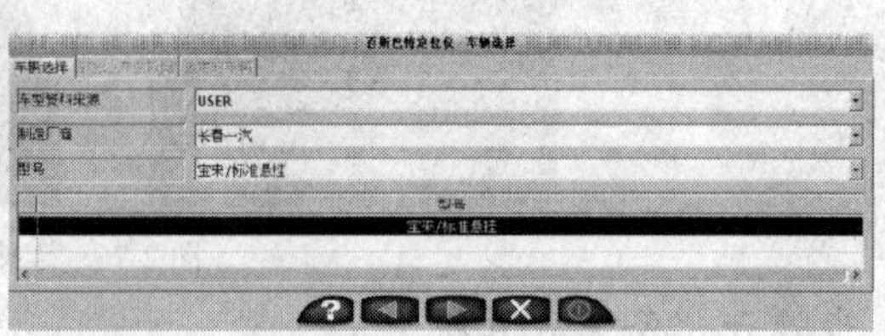

图 2-80　车型选择界面

提示

例如，在制造厂商一栏中选择“上海大众”，在型号一栏中会显示出所有上海大众车辆的型号。用鼠标双击列表栏里所给出的待测车辆所属的车型，则屏幕上会显示出选中车辆的标准车型数据。

（6）选择标准车型数据。选中的标准车型数据如图 2-81 所示。请确认此车型数据与待测车辆车型相符，如果所选车型数据正确，请单击“前进”图标，进入下一步。如果所选车型有误，可单击“车辆选择”选项卡，返回车辆选择界面，重新选择正确的车型数据。

（7）单击“前进”图标进入下一步，屏幕显示如图 2-82 所示的“车辆状况”界面。在此界面下可以输入待测车辆的各部分已知的存在故障，用以在定位之前对车辆进行总体状况描述。

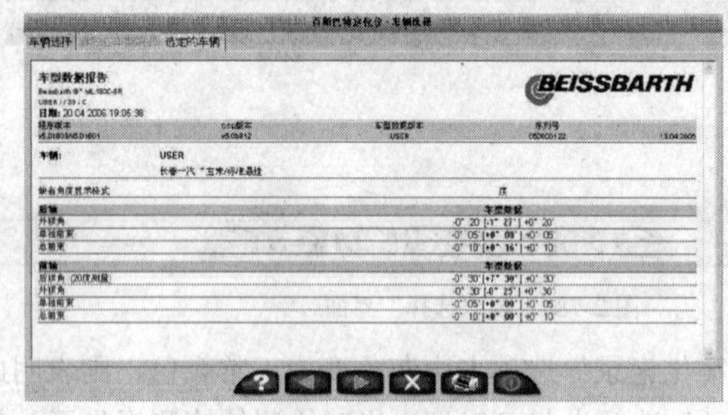

图 2-81　标准车型数据

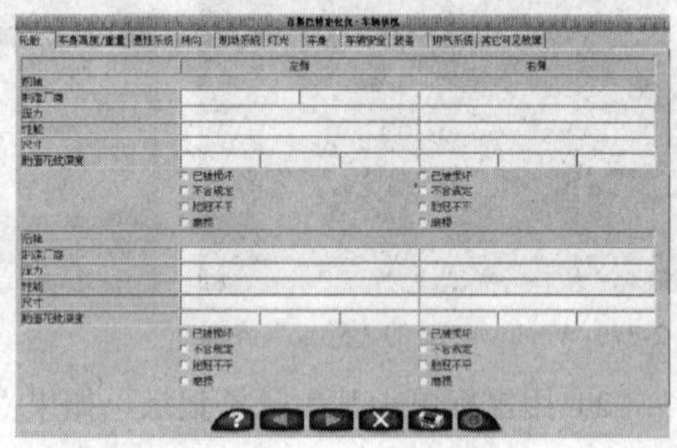

图 2-82　“车辆状况”界面

（8）单击“前进”图标可进入如图 2-83 所示的“准备工作”界面。

（9）进入“偏位补偿”界面。单击“前进”图标接着进入如图 2-84 所示的“偏位补偿”界面，在此界面下可以进行钢圈偏位补偿的操作。

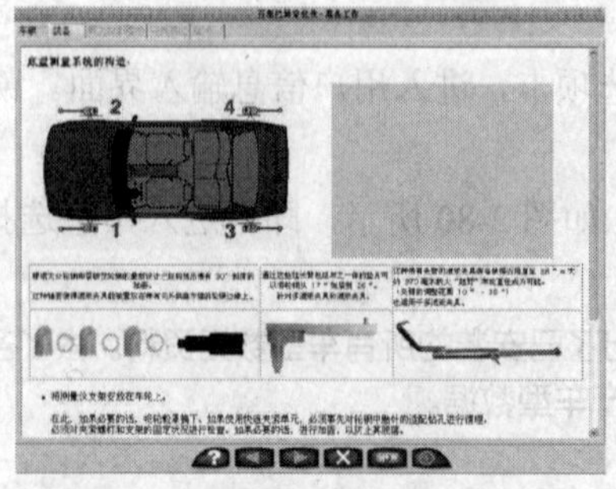

图 2-83　“准备工作”界面

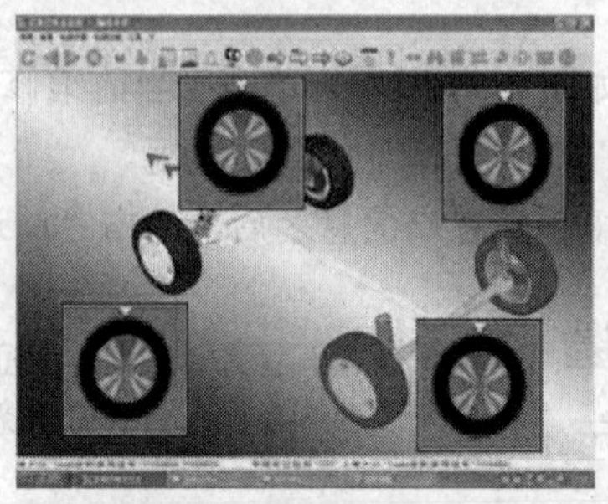

图 2-84　“偏位补偿”界面

步骤八 进行钢圈偏位补偿

提示

如果使用的是快速卡具，则只在下列情况下才需要进行钢圈偏位补偿的操作。

（1）钢圈存在有较明显的失圆。

（2）卡具的卡爪存在磨损的状况。

（3）特殊钢圈，例如，边缘呈弧型凸起表面或无沿钢圈，需要配合使用卡爪套管才能装卡的情况。

（4）需要保证足够高的测量精度的情况。

（1）准备工作。

① 拉紧车辆驻车制动器，然后用二次举升器举升车辆前轴，使前轮高出检测平台约 6cm。转动转向盘使车辆大致处于正前打直方向。

② 在偏位补偿过程中请勿转动转向盘。

③ 松开卡具上用来固定传感器销的紧固螺栓，使传感器能自由转动。

④ 在偏位补偿过程中，请保持传感器处于大致水平的状态。

提示

偏位补偿对车轮的顺序没有要求，可以先对悬空车轮中的任意一个车轮进行偏位补偿，也可对两个悬空的车轮同时进行偏位补偿。如果二次举升器可使车辆的 4 个车轮同时悬空，则 4 个车轮可同时进行偏位补偿。

（2）操作。

① 转动左前轮，使快速卡具的 3 个卡爪之一指向正上方。参照水平气泡把传感器大致调水平，然后按一下传感器面板上的偏位补偿键，等待偏位补偿灯闪亮。

② 偏位补偿灯熄灭之后，屏幕上的左前轮图标会有一块变为绿色，按照车轮行驶的方向把车轮大致转动 90°。把传感器调成水平状态，按一下偏位补偿键，等待偏位补偿灯闪亮。

③ 偏位补偿灯熄灭之后，屏幕上的车轮图标会有两块变为绿色。按照车轮行驶的方向把车轮再转动 90°，此时卡具卡爪转过 180°。把传感器调成水平状态，按一下偏位补偿键，等待偏位补偿灯闪亮。

④ 偏位补偿灯熄灭之后，屏幕上的车轮图标会有三块变为绿色。按照车轮行驶的方向把车轮再转动 90°，此时卡具卡爪转过 270°。把传感器调成水平状态，按一下偏位补偿键，等待偏位补偿灯闪亮。

⑤ 偏位补偿灯熄灭之后，车轮图标圆环上的所有 4 个部分都变成绿色。按照车轮行驶的方向把车轮再转动 90°，使卡具卡爪重新回到起始位置，卡爪指向正上方。

⑥ 把左前传感器调成水平状态，然后拧紧卡具上紧固传感器销的螺栓。按下传感器上的偏位补偿计算键。相应的偏位补偿计算灯会闪亮。

图 2-85 屏幕上出现的偏位补偿最大数值

⑦ 如图 2-85 所示，屏幕上左前轮的图标上会出现偏位补偿的最大数值，并用黄色指针指示出最大偏位补偿量出现的位置。

⑧ 同样的方法，对右前轮做偏位补偿。

⑨ 右前轮偏位补偿完成之后，把左右前轮恢复到按偏位补偿计算键时车轮所处的位置，放下前轴。

车轮落回转角盘之后，前轮位置仍应当保留在按偏位补偿计算键时车轮所处的位置。

⑩ 晃动车辆前部，放松车辆前部悬挂。

⑪ 用二次举升器顶起车辆的后轴，对两后轮进行偏位补偿，操作方法与前轴车轮相同。

⑫ 四个车轮的偏位补偿数据得到之后，单击屏幕上的“前进”图标进入下一步操作。程序会自动记录此偏位补偿数据并用于修正测量数据，不需要用户做任何操作。

步骤九 调整前检测

（1）正前打直。如图 2-86 所示转动转向盘，使白色箭头对到半圆形区中央黑线处。尽可能把方向对准到中央黑线位置，以得到更高的测量精度。

如图 2-87 所示为对中方向之后的屏幕显示，定位程序先进行后轴数据测量。

图 2-86 转动转向盘，白色箭头对到半圆形区中央黑线处

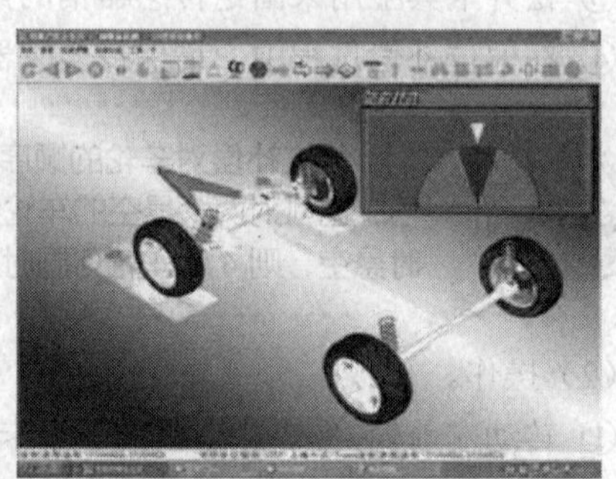

图 2-87 对中方向之后的屏幕显示

如果不需要进行钢圈的偏位补偿操作，则可直接单击“前进”图标进入“调整前检测”操作。

在开始进行调整前检测操作之前，请安装好刹车锁，保证后倾角和主销内倾角的准确测量。

（2）一旦正前打直方向之后，屏幕提示会提醒操作员如图 2-88 所示安装刹车锁，然后程序就会检查传感器是否处于水平状态。

如果有传感器不水平，则屏幕上就会出现水平气泡状态的提示画面，提示操作员需要对不水平的传感器进行水平调整。

（3）当所有传感器都处于如图 2-89 所示的水平状态提示之后，调整相应传感器的水平，程序就会自动进入后轴数据测量步骤。

（4）20° 转向操作。依照如图 2-90 所示的屏幕图标提示，向左侧转动转向盘，直到方向对准中央黑线位置。然后再依照屏幕上白色箭头所示，向右侧转动转向盘，直到方向对准中央黑线位置。接着由程序引导进入正前打直操作，方向对准之后，屏幕上就会显示出如图 2-91 所示的调整前检测所测量出的前轮前束值。

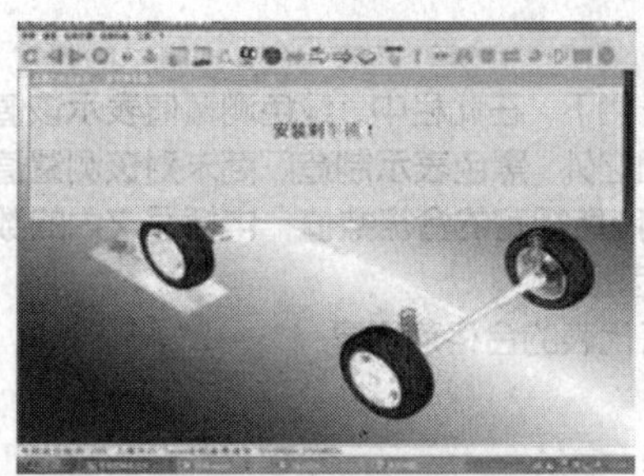

图 2-88 安装刹车锁提示

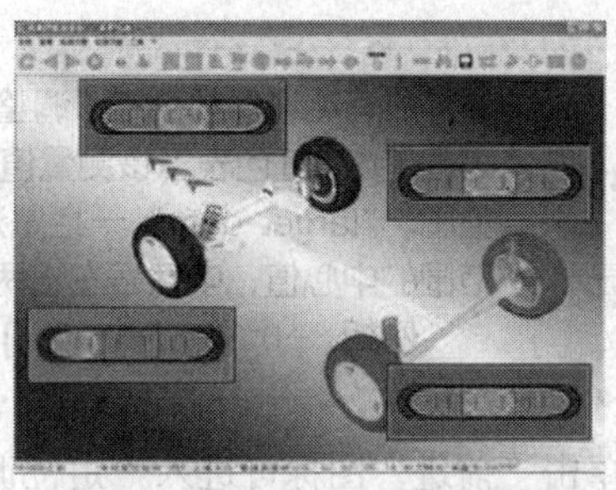

图 2-89 传感器水平状态提示界面

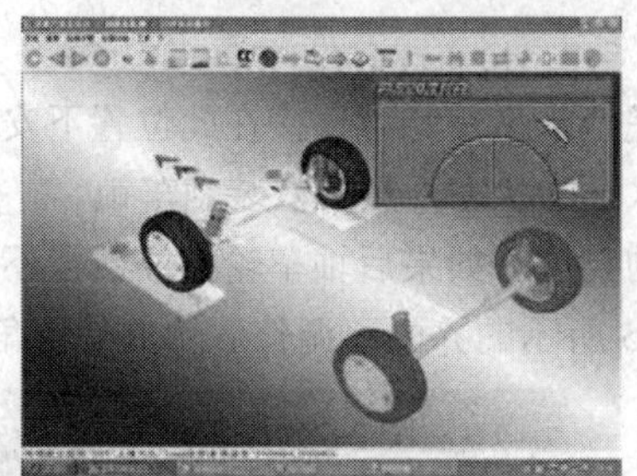

图 2-90 转动转向盘的屏幕图标提示

图 2-91 调整前检测得到的左右前轮的单独前束数据

（5）单击“前进”图标，进入“最大总转角”检测画面。

步骤十 测量最大总转角

（1）依照白色箭头提示，将转向盘打到使车轮处于正前打直位置。

提示

为防止前部传感器臂碰到车辆挡泥板，正前打直方向之后，需把两个前部传感器(1，2 号传感器)从卡具上取下来。最大总转角的测量只与电子转角盘相关。

（2）当白色箭头处于最右侧时，将转向盘向左打到尽头并保持住转向盘位置等待测量完成。之后，白色箭头会转到最左侧，再将转向盘向右打到尽头并保持住转向盘位置等待测量完成。

（3）依照白色箭头提示，将转向盘打到使车轮回到正前打直状态。然后重新把两个前部传感器（1，2 号传感器）装到卡具上。

（4）如图 2-92 所示，屏幕上自动出现调整前检测的检测数据报告（表格形式）。图 2-93 所示为图形方式的检测报告，图 2-94 所示为轮胎磨损的描述。

图 2-92 表格形式的调整前检测的数据报告

图 2-93 图形方式的检测报告

所有测量值都列在“调整前检测”一栏下，在此栏中，绿色测量值表示该值处于合格范围之内，红色表示该测量值在合格范围之外，黑色表示制造厂商未对该测量值规定合格范围。“target data”一栏是汽车制造厂商所规定的合格数值，中括号之内的数据是合格范围的中心值，中括号左右两边是公差范围。

例如，-0°30′ [-1°30′]+0°30°其所代表的合格范围是-1°～-2°。

（5）单击“前进”图标可进入“定位调整”操作。

步骤十一　定位调整

（1）使车辆处于正前打直方向。

（2）检查转向盘是否处于水平状态。如果转向盘完全水平，则可直接在此位置下安装转向盘锁；如果转向盘不水平，则需要把转向盘调整到完全水平的状态，然后安装刹车锁。

（3）安装好刹车锁之后，把车辆举升到定位调整的高度。如果后轴车轮定位数据不合格需要调整，并且该定位数据是可调整的话，则可在如图 2-95 所示的界面下调整后轮的外倾角和前束。

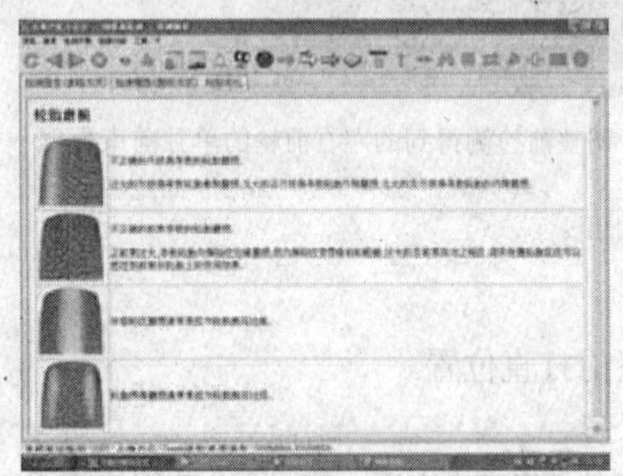

图 2-94　图形方式的轮胎磨损检测报告

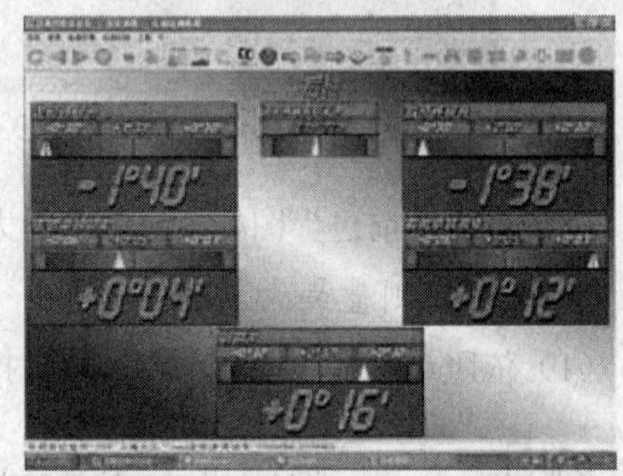

图 2-95　后轴车轮定位数据界面

（4）否则按“前进”图标进入下一步。程序进入“调整前轴后倾角”界面。如果前轴车轮的后倾角可调整，则可在如图 2-96 所示的界面下调整前轮的后倾角。

（5）否则按“前进”图标进入下一步。

（6）前轮外倾角和前束的调整。

前轮外倾角和前束的调整顺序是先调整外倾角，再调整前束，因为外倾角的调整会影响前束的数值。

车轮外倾角的调整方式一般有两种。

1. 举升车辆前轮至悬空，调整外倾角。
2. 不必举升车辆前轮直接调整外倾角。

对于第二种情况，在“前轴”界面下可直接调整外倾角，然后再调整前束。

（7）如果不必举升车辆前轮就直接调整外倾角，前轴调整界面如图 2-97 所示，在此界面下分别调整前轮的外倾角和前束。

（8）如果需要举升车辆前轴来调整外倾角，“举升调整前轮外倾角”单击工具栏中竖直向上的箭头“举升车辆”图标（或按键盘上的 F7 键），则屏幕给出举升车辆提示框，如图 2-98 所示。此时应当用二次举升器把车辆前轴平稳顶起至前轮悬空状态。然后单击提示框中的“OK”图标。

（9）屏幕显示出如图 2-99 所示的外倾角顶升悬空调整界面。在此界面下调整左右两侧的前轮外倾角。当外倾角的数值都达到合格范围之后，单击工具栏中的红色“退出”图标。

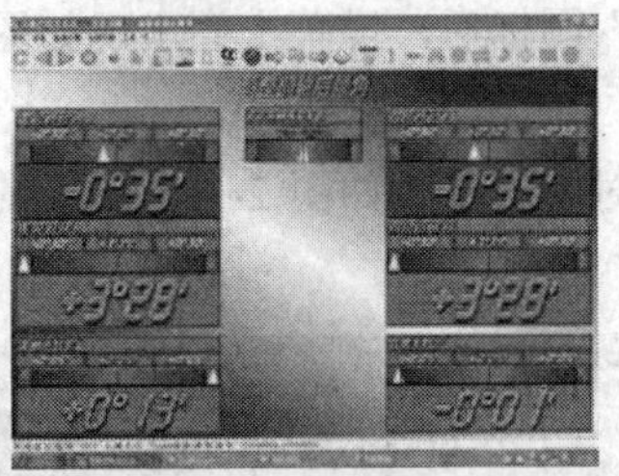

图 2-96 “调整前轴后倾角”界面

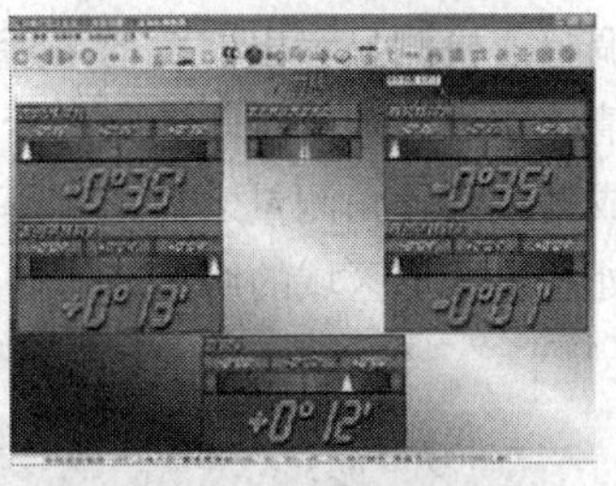

图 2-97 前轴调整界面

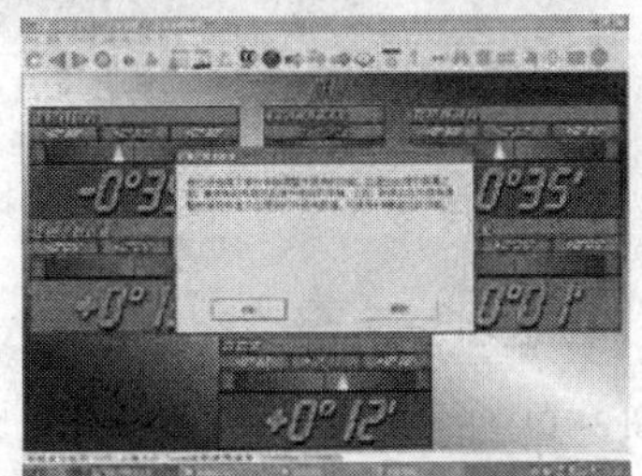

图 2-98 屏幕给出的举升车辆提示框

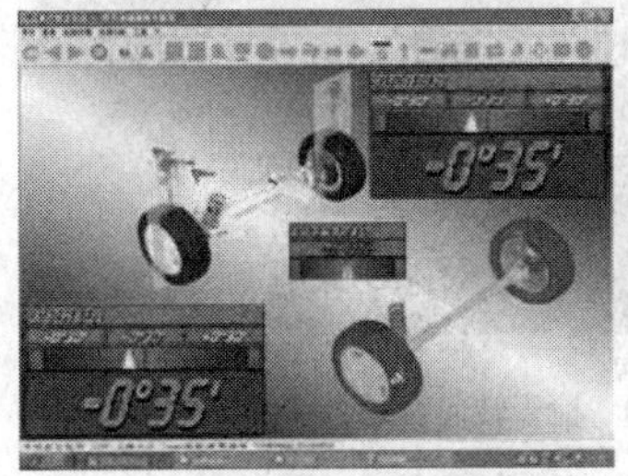

图 2-99 外倾角顶升悬空调整界面

此时屏幕显示出结束顶升调整的提示框，这时再放下二次举升器，使两前轮回到转角盘上。然后上下拉动副车架几次，使车辆前悬挂回位，再单击提示框中的“OK”图标。

（10）程序重新返回“前轴检测数据”界面。

如果外倾角数值是合格的，则可继续调整前束。如果外倾角仍不合格，则需重新举升前轴调整外倾角操作，直至外倾角数据合格。

（11）外倾角调整结束后，可接着调整前束。

（12）前轴外倾角和前束调整结束之后，单击工具栏中的红色“退出”图标结束定位调整操作。程序返回“常规调整”画面，接着可进行调整后检测。

步骤十二 调整后检测及打印输出

（1）调整后检测。选择“调整后检测”图标，就可进入调整后检测操作步骤。调整后检测的操作流程与调整前检测完全相同，可依照屏幕操作引导完成调整后检测。

调整后检测完成之后得到的检测报告即为最终的检测报告。此报告的最右侧一列数据就是调整后的车辆实际定位数据。

通常还可以看到用图形方式显示的调整后车辆的四轮定位数据。

（2）单击工具栏内的“打印机”图标即可打印出完整的四轮定位检测调整报告。

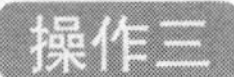

百斯巴特 ML TECH-8R 定位仪对四连杆前悬架的定位调整

对于大众公司的帕萨特(Passat) B5 和奥迪 Audi A6 等采用四连杆前悬架底盘的车辆来说，其调整前检测和定位调整操作的流程与普通车型相比会稍有些差别。

步骤一 检查

（1）在调整前检测显示出前轮前束后，单击“前进”图标后，屏幕上会出现如图 2-100 所示的提示框，请操作员检查此时转向盘是否水平。

（2）完成最大总转角测量之后，屏幕提示把转向盘对中，检查如图 2-101 所示的屏幕上的白色箭头是否处于半圆形区域的绿色范围。

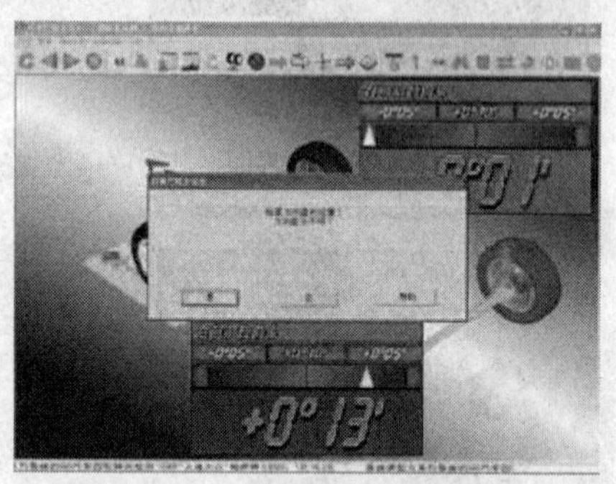

图 2-100 检查转向盘是否水平的提示框

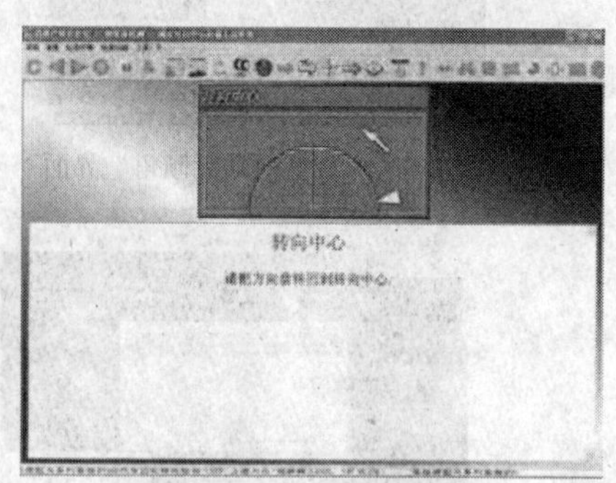

图 2-101 白色箭头是否处于半圆形区域的绿色范围

步骤二 定位调整

（1）先对中转向盘，检查转向盘是否处于水平状态。如果屏幕对中后转向盘不水平，则请把转向盘调成水平，然后单击“前进”图标。

提示

四连杆底盘的车辆定位调整先调整前轮外倾角。

（2）在如图 2-101 所示的界面下可直接调整前轮外倾角。

（3）外倾角调整结束后，单击“前进”图标，屏幕显示后轴检测数据，再点击“前进”图标，则屏幕对话框询问操作员是否进行“前束恒定值”的调整。

提示

在下列情况下，需要检查车辆的前束恒定值参数。

1. 事故车，更换了车身或车轴部件。
2. 车辆在通过不平路面和刹车时，方向失控。

（4）单击“是”图标，进入前束恒定值检测流程。屏幕对话框提示操作员检查转向盘是否处于水平。

（5）单击“OK”图标，进入下一步。屏幕提示此时车辆处于 B1 位置。请在此界面下，把测量前束恒定值的工具放入车辆前轴下的合适位置。调整定高接头的位置和高度，使左右两个定高接头达到 B1 位置。

提示

请参考车辆维修手册中相应的前束恒定值调整步骤。

（6）设定好 B1 位置后，单击屏幕上的“OK”图标进入下一步。

屏幕上显示出当前 B1 位置的前束值。检查此前束值是否在规定的范围内。如果前束值超出范围，则请在此界面下调整前束到规定范围。如果左右前束值都在规定范围内，则请单击“前进”

图标进入下一步。

（7）此时屏幕提示把车辆举升到 B2 位置。在此界面下，请按车辆维修手册的要求，把车辆举升到 B2 位置。

提示

在用二次举升器把车辆前轴举起的过程中，勿使两前轮脱离转角盘。

（8）B2 位置设置好之后，单击屏幕上的“OK”图标，进入下一步。

此时屏幕上显示出左右两侧的前束恒定值数值。如果有不合格的数值，则要调整该侧的前束恒定值。具体调整方法，参考车辆维修手册的调整步骤。

（9）调整结束后，单击“前进”图标，屏幕会显示出对话框，提示操作员把车辆放回到 B1 位置。这时操作员应把车辆放回到 B1 位置，还应上下拉动悬架使车辆悬挂回位。

（10）单击“OK”图标，这时屏幕上会显示出车辆返回 B1 位置后的前束恒定值。如果此时显示的左右侧前束恒定值都是合格的，则说明之前的调整成功，接下来可单击“前进”图标进入前束调整界面；如果显示的左右侧前束恒定值仍有不合格的，则说明还应重新进行调整，接下来可单击“前进”图标，屏幕会提示操作员是否要重新进入前束恒定值调整流程。

（11）单击“是”图标可重新进入前束恒定值调整流程；单击“否”图标可跳过前束恒定值调整，直接进入前束调整界面。

操作四　百斯巴特 ML TECH-8R 定位仪对车辆的快速检测和选择性检测

步骤一　快速检测

（1）在定位程序初始界面下，单击“检测步骤”下拉菜单，再选中“检测步骤切换”选项，就可选择快速检测流程。

（2）进入“快速检测”流程之后，依照屏幕引导完成操作就可快速得到车辆的基本定位数据。

（3）正前打直方向，然后依照屏幕提示操作。就可以快速检测得到如图 2-102 所示的检测数据，并形成表格形式的快速检测结果报告。

（4）结束快速检测。

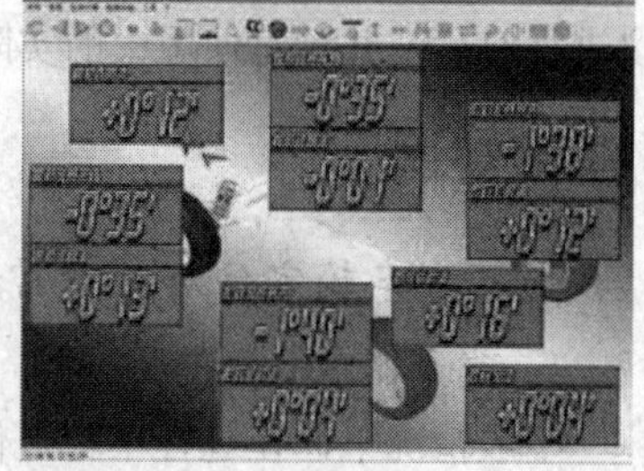

图 2-102 “快速检测”流程的检测数据

步骤二　选择性检测

（1）在检测功能下拉菜单中，可以选择要进行的各项检测。

（2）先行选择要检测的是前轴还是后轴，然后就可以直接进入相应的检测项目。

操作五　百斯巴特 ML TECH-8R 定位仪设置转角盘类型及车型资料编辑

步骤一　设置转角盘

提示

如果定位仪在使用中电子转角盘存在故障，则可将转角盘类型改为机械转角盘临时使用。改成机械转角盘后，测量精度不受影响，只有最大总转角数据无法测量。

（1）当需要更改转角盘类型时，请单击屏幕任务栏中的“开始”图标，进入“所有程序”，选择“Beissbarth”条目，然后找到“CCD”栏目。

（2）单击“CCD”栏目，就可修改转角盘类型。

步骤二 车型资料编辑

（1）单击屏幕右下方的“开始”图标，进入“所有程序（program）”，选择“Beissbarth”条目，然后找到“TDE”栏目。单击“TDE”栏目，起动车型资料编辑程序。

（2）单击“添加车辆”图标。在“制造厂商”一栏中输入车辆的生产厂商，例如，输入“上海大众”。在“模型”一栏中输入“Touran（途安）多用途车”，在“系列”一栏中输入途安的型号，例如，“SVW6440AAi，SVW6440CAi”。输入完成之后，可单击屏幕上的“OK”图标确认。

（3）添加“途安”车的车型数据。单击屏幕右下方的“编辑车型数据”图标，进入车型数据的输入界面。

（4）在此界面下输入“途安”车的四轮定位车型数据。用鼠标双击要输入数据的栏目，程序会弹出数据输入框。输入数据的符号、数值，然后单击“OK”图标确认。

如果输错了数据，则可单击屏幕右下方的“删除车型数据”图标删除错输的数据。

（5）所有数据输入正确无误之后，单击屏幕右下角的“关闭”图标，退出即可。

（6）如果要整个删除已经输入好的车型，则在“车型资料编辑程序”界面下用鼠标单击要删除的车型，然后单击屏幕左上方的“删除车辆”图标，该车型就被立刻清除。

课题七 V3D 四轮定位仪

四轮定位仪的快速、准确、简单、可靠、购置和运行成本，这些往往成为选择四轮定位仪器的主要指标和要求。就像其他产品一样，产品的技术含量是决定产品性能的关键因素之一。在此，以目前定位仪中技术含量较高、具有代表性的定位仪与当前最为先进的采用 V3D 测量技术的定位仪进行对比，并针对使用中的实际需求对 V3D 测量技术做简单介绍。

【基础知识】

一、在车轮定位测量中常遇到的问题

1．举升器水平度校准

一般情况下，在进行车轮定位时都需要一个专用的举升器（前部要放置测量转盘，后部要有滑动板），对于绝大多数定位仪，其测量原理上要求该举升器的台面在不同的高度上都要保持水平。而在使用中，台面水平度难免会发生变化，造成测量误差。为了保证测量的准确性，维修人员需要定期对举升设备进行水平度的检查和调整。

2．测量速度

根据统计，除了正确识别车型和输入必要的客户信息以外，做车轮定位的大多数时间是用在安装测量单元和升起车辆使车轮自由转动进行偏位补偿上，从而降低了整个作业的速度。

3．测量精度

要保证测量精度，涉及的方面较多，扣除人为操作的原因，单从仪器系统看，涉及其测量原

理、测量方式、传感器类型、信号传输、软件硬件等主要因素。

4．安全可靠

通常，定位测量时必须在轮胎上安装测量单元（系统的关键电子器件，价格较贵），还可能需要在测量单元与主机之间连接数据传输线（现在很多系统已采用无线或蓝牙技术），在使用和调整操作中，往往由于意外的原因，致使测量单元和线路损伤，为了保证测量精度，必须定期进行维护和系统标定。

5．运营成本

由于上述原因，致使运营成本较高。

二、V3D 系统的测量原理

对于传统的车轮定位仪，其测量原理比较熟悉，不再赘述。这里，仅对 V3D 系统的测量原理做简单的介绍。

1．V3D 的创意

1985 年，美国加州圣何塞市有一位工程师看到一辆停放在路边的小汽车有着明显的车轮外倾定位问题（见图 2-103），受此事件启发，该工程师有了一个灵感。他试想，我们用肉眼都能发现车轮定位问题，那么能否用机器代替人来更精确地检测车轮定位问题呢？后来他想到了用照相机来代替人的眼睛接收信号，用计算机代替人的大脑处理信号。逐步创立了 V3D 定位理论模型。随着计算机技术和数字技术的发展，10 年后美国 FMC 公司生产出第一台具有三维数字成像功能的 V3D 定位仪。V3D 定位仪的出现使车轮定位检测技术向前发展了一大步，车轮定位技术开始了三维数字成像时代。

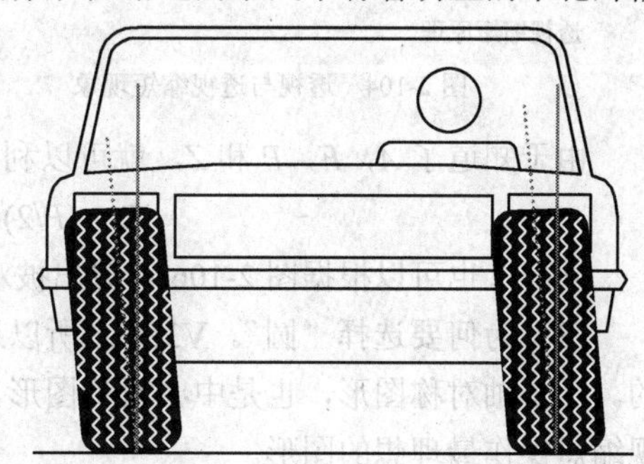

图 2-103 有着明显车轮定位问题的汽车

2．V3D 技术的理论基础

（1）透视及透视缩短原理。若想让机器“看见”车轮的定位角度，需要应用到物体的光学透视原理和透视缩短原理。透视原理用于测量物体移动的距离；透视缩短原理用于测量物体旋转的角度。

从图 2-104 中可以看到，根据透视原理，铅笔由近及远时，所产生的视觉效果是铅笔的视觉尺寸会变得越来越小，所谓物像的近大远小；根据透视缩短原理，一个圆环沿纵轴方向旋转时，圆的水平尺寸将变得越来越短，逐渐变成一条线段（其长度是圆的直径），继续旋转时，圆环由线段逐渐伸展为椭圆，直至变成一个满圆。旋转过程时，视觉中不变的尺寸是圆的转轴长度，依据视觉中椭圆形状，可计算出圆环沿纵轴方向所转过的角度。同样，也可计算出圆环沿横轴方向所转过的角度。圆环的横轴旋转和纵轴旋转效果的叠加，可计算出三维空间任意方向上圆环所转过的角度及其转轴的空间位置。

（2）计算物体的距离与转角。如果知道了观测点至被观测物的距离和被观测物的实际尺寸，就可以通过软件计算出想确定的定位尺寸。因此首先要确定照相机至被观察物体的距离，这可以根据图 2-105 和基本三角公式确定。

图 2-105 中焦距 F 和被观察物体实际尺寸 P 已知，被观察物体在焦距点处的成像尺寸 A 是由软件计算出。首先计算角度 r 和 Z：

$$\tan r = (A/2)/F,\quad Z = (P/2)/\sin r$$

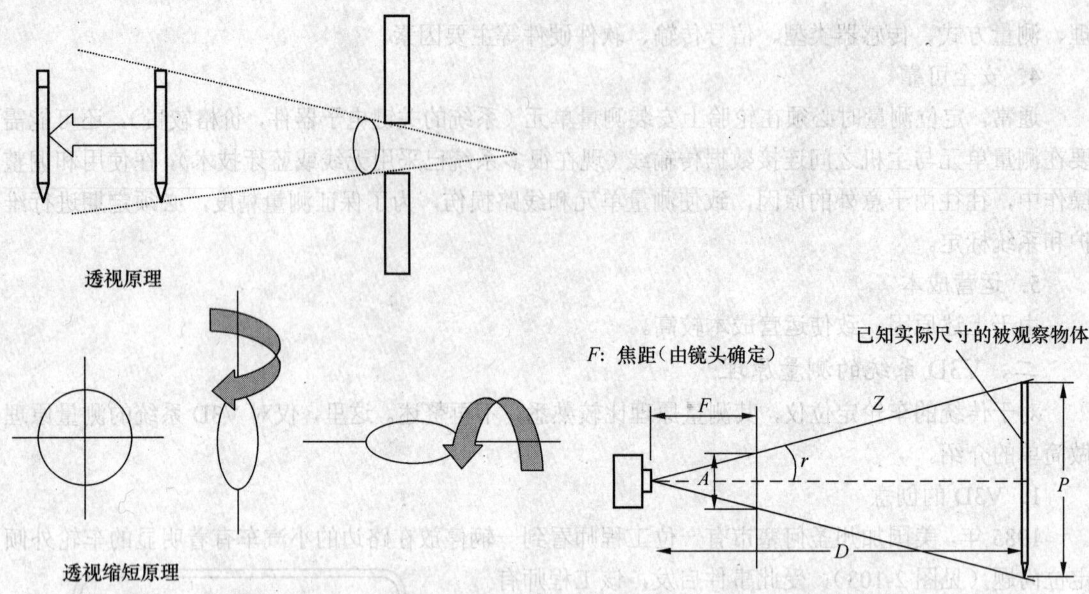

图 2-104 透视与透视缩短现象　　图 2-105 计算相机与物体之间的距离

由于知道了 A，F，P 和 Z，就可以利用下述公式计算出 D。

$$D=(P/2)/\tan r \text{ 或 } Z^2=(P/2)^2+D^2$$

同样，也可以根据图 2-106 计算出被观测物体倾斜的实际角度 R。

（3）为何要选择"圆"。V3D 之所以选择圆作为观测物体（目标）是由圆的几何特性所决定的。圆是轴对称图形，也是中心对称图形，且圆心到圆周上各点尺寸是一样的，是进行透视及透视缩短操作最理想的图形。

当一个圆向远处移动时，看起来会逐渐变小，如图 2-107 所示，若事先知道该圆的实际尺寸，我们就可以计算出该圆与观察点的距离。

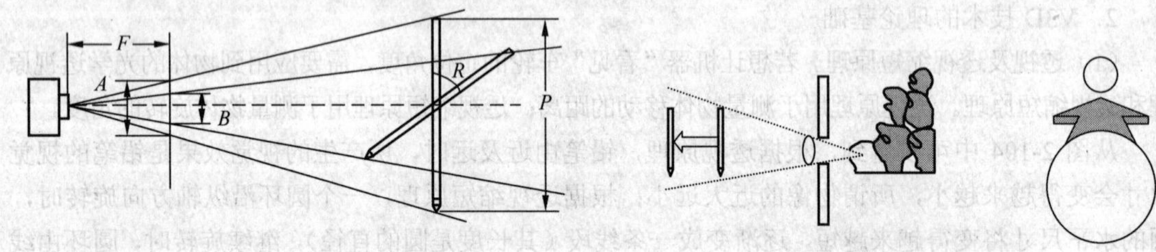

图 2-106 计算物体旋转的角度　　图 2-107 圆移动时的视觉效果

如图 2-108 所示，当圆向左或向右旋转时，其宽度看起来也会变小；当圆向前或向后旋转时，其高度看起来也会变小。借助于上述宽度和高度外观上的变化，就可以计算转动角度。

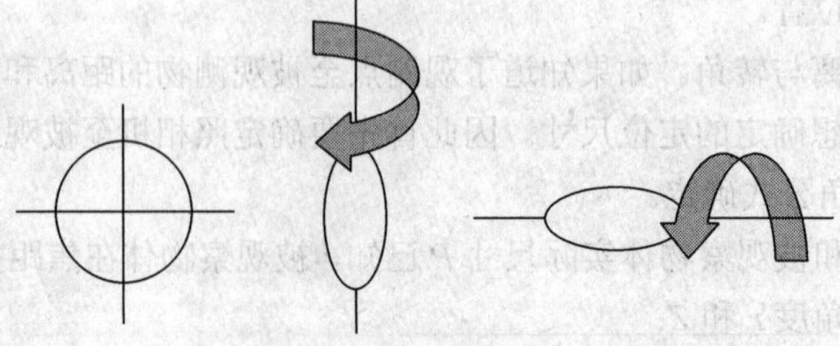

图 2-108 圆转动时的视觉效果

3．V3D 的组件

如图 2-109 所示，V3D 定位仪使用的目标盘是经过特殊设计的，其上面有若干个圆斑，圆斑是由特殊的反光材料制成，非对称排列且大小不等，以便利用圆的透视和透视缩短特性，并且相互校验。目标盘只是一个被动的反光板，其上没有任何连接线路和感应性的电子器件。

V3D 的照相机是由一系列发光二极管（LED）和 CCD 照相机组成（见图 2-110）。发光二极管用于照亮目标盘。光线照到目标盘时并反射回来被照相机接收。这些圆的映像经软件处理，以确定距离和角度。LED 灯发出光线的亮度非常高。目标盘反射回来的光被过滤，只允许 LED 光被使用。LED 光每次闪光，照相机都捕捉到一张映像（见图 2-111）。

图 2-109 特制的目标盘

图 2-110 V3D 定位仪照相机

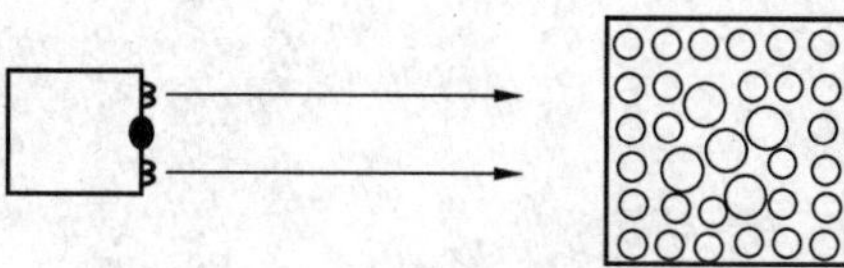

图 2-111 LED 灯工作原理

4．3D 模式

（1）定位角度表达。如上面所述，根据透视原理，V3D 测量系统可测量出目标盘所移动的距离；根据透视缩短原理，当圆环沿纵轴旋转时，可以此方式测量出前束角的变化；当圆环沿横轴旋转时，可以此方式测量出主销后倾角的变化。

如图 2-112 所示，将目标盘通过夹具以特定角度安装在车轮上，当前后推动车辆时，车轮及目标盘随之前后滚动，这一过程中目标盘的对称线将形成一组矢量曲面，两条对称线之间的夹角叫矢量角，通过矢量角，可计算出车轮外倾角的变化。

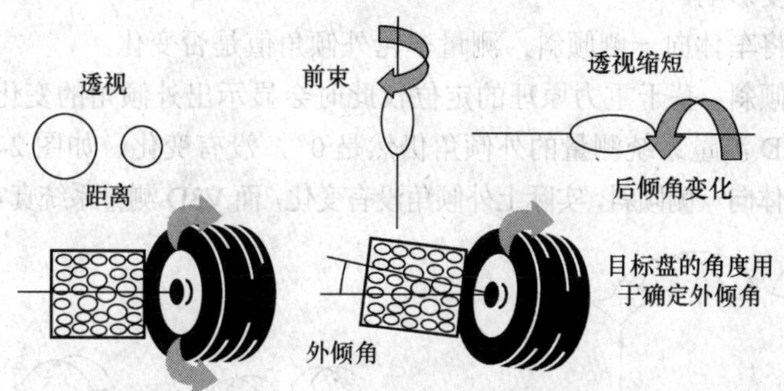

图 2-112 距离、前束、后倾角及外倾角的测量

（2）建立测量基准平面——车身平面。V3D 在建立模型时首先确定四个车轮旋转轴线，再由四个轴线确定如图 2-113 所示的车轴平面，即车身平面，这个平面是 V3D 测量系统的测量基准平面。这个基准平面的优点是不依赖于重力或重力传感器。

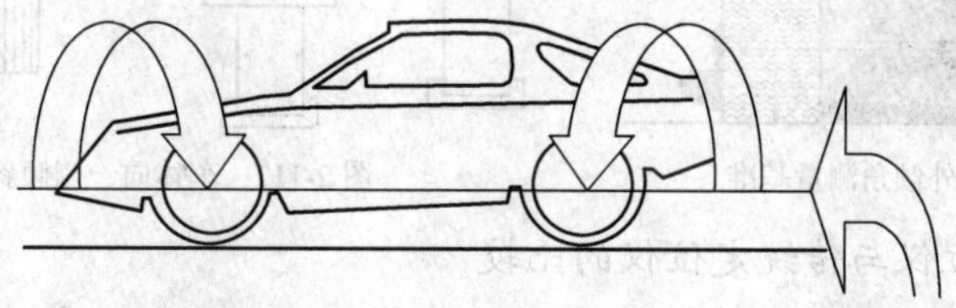

图 2-113 建立车身平面

（3）后倾角测量模式。如图 2-114 所示，以前车轮轴心为交点，做车身平面的垂线（图中虚箭头线所示），此线即是 V3D 测量系统测量主销后倾角的基准，即此线后倾角等于 0。此基准线不受举升设备台面的水平程度影响。

下面做个实验，将车体向后倾斜，来测量主销后倾角值是否变化。

由于基准平面的倾斜，基于重力原理的定位仪此时会显示出后倾角的变化；由于 V3D 的参考平面是车身平面，V3D 测量系统测量的后倾角仍然是 0°，没有变化，如图 2-115 所示。

实验中，只是降低了车身后部，实际上主销后倾角没有变化，而 V3D 测量系统真实地反映了这一情况。

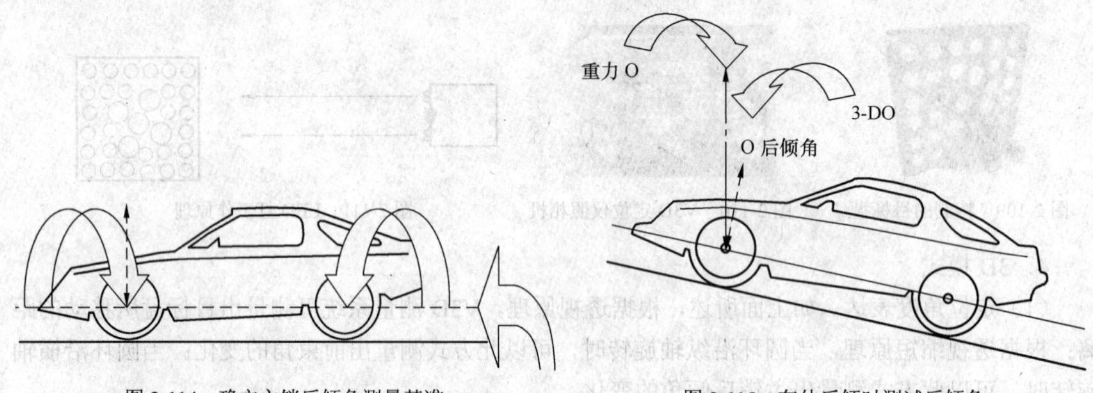

图 2-114 确立主销后倾角测量基准　　图 2-115 车体后倾时测试后倾角

（4）外倾角测量模式。如图 2-116 所示，以车轮底边中点为交点，做车轴的垂线（图中虚箭头线所示），此线即是 V3D 测量系统测量外倾角的基准，即此线外倾角等于 0。此基准线不受举升设备台面的水平程度影响。

再做一个实验，将车体向一侧倾斜，测量车轮外倾角值是否变化。

由于基准平面的倾斜，基于重力原理的定位仪此时会显示出外倾角的变化；由于 V3D 的参考平面是车身平面，V3D 测量系统测量的外倾角仍然是 0°，没有变化，如图 2-117 所示。

实验中，只是将车体向一侧倾斜，实际上外倾角没有变化，而 V3D 测量系统真实地反映了这一情况。

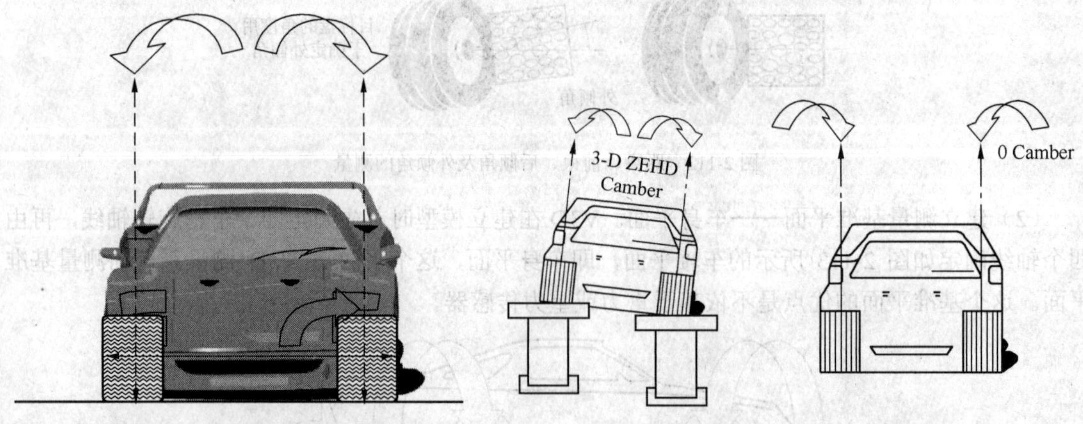

图 2-116 确立车轮外倾角测量基准　　图 2-117 车体向一侧倾斜时测试外倾角

三、3D 四轮定位仪与传统定位仪的比较

从上述介绍可以看出 V3D 系统在设计理念和测量原理上不同于传统的定位仪，它力图通过直

接成像技术反映更接近实际的车轮定位状态，尽可能避免传统定位仪的不足，满足维修的实际需求。下面仅就以下几个方面做一个简单的比较和概括。

1．定位基准

理论上讲，做车轮定位是通过定位基准面来检测汽车车轮轮轴的状态，从而获得车轮的各个定位角度值。

对于传统的定位仪，通常是以重力方向为定位角度基准的。进行测量时以汽车所停放的平面（举升机台面或地面）为基准平面，通过标定正确的倾角传感器来计算举升设备的水平状态和测量车轮相应的角度。因此，基准平面的水平程度和倾角传感器标定精度直接影响定位结果的准确性。事实上，无论对于地面或举升机台面都难以达到绝对水平的。在实际使用中，常需对举升机台面进行定期或不定期的水平标定（亦称为校准），以确保基准平面接近理想状态。

根据前面的介绍，对于 V3D 定位仪是直接以车轮轮轴为基准所确定的三个相互垂直的平面（即轮轴平面、车轮平面和车身平面）为定位基准（如图 2-118 所示，其中，目标盘是倾斜的，其对称线与轮轴线相交形成轮轴中心点；车身平面是由每个车轮轮轴所在的中心点连接形成的；通过左右轴线中心点垂直于车身平面可得到轮轴平面，是主销后倾的基准面；通过轮轴中心点做与车身平面、轮轴平面垂直的车轮平面，是前束角、外倾角及主销内倾角的基准面），因此对汽车所停放的平面的水平程度没有严格的要求，只要确保车辆不发生滚落即可。

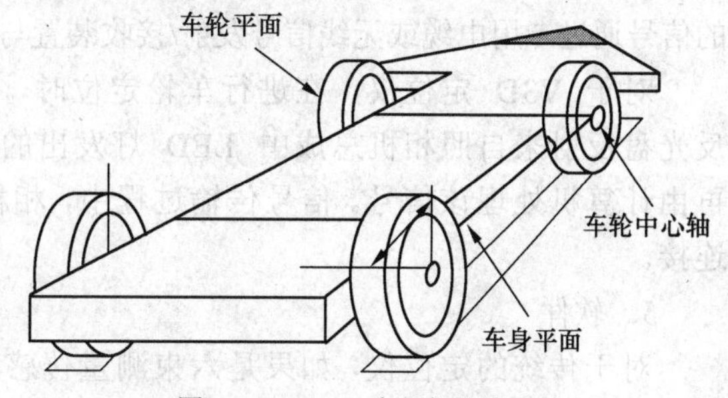

图 2-118　V3D 定位仪基准平面

2．测量原理

对于传统的定位仪，其系统是由计算机主机、信息主板和 4 个测量传感器及传输电缆等基本元件构成。每个测量传感器分别由红外线发射器和接收器组成，4 个测量传感器发射和接收光电信号，确定了 U 形或矩形闭合平面（见图 2-119），通过对测量传感器进行钢圈补偿以确定钢圈的平均平面，同时测量传感器中的倾角传感器为测量定位角度提供了重力方向上的定位基准，从而间接测量出轮轴状态，实现定位角度的测量。

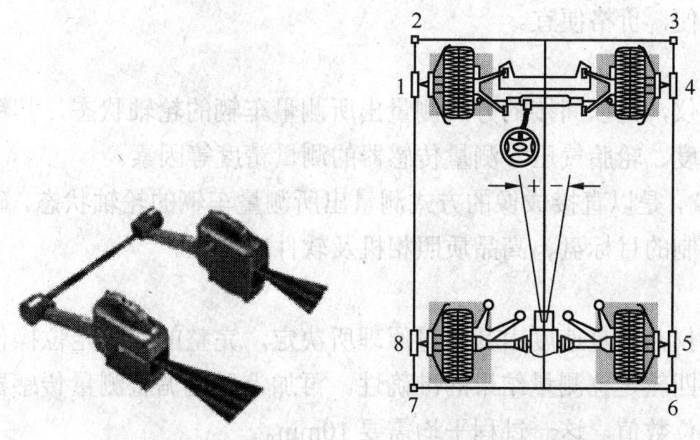

图 2-119　传统定位仪形成测量四边形的示意图

而对于 V3D 定位仪，其系统是由计算机主机、信息主板、高性能数字照相机和 4 个目标盘等基本元件构成。照相机的发光二极管不断发射固定频率的红外线，目标盘接收到光线后，将光线反射给照相机进行成像，照相机将所成图像与事先储存在电脑中的图像数据进行比较后，精确地计算出目标与相机间距离，再通过数据处理后，计算出车辆相关尺寸，得出相应四轮定位数据。利用高技术的数字相机和 V3D 技术，计算出车辆车身平面、轮轴平面和每一个车轮的车轮平面。利用三个平面的几何关系确定车辆的四轮定位数据，并将这些数据与原厂数据进行比较，告知操作人需要调整的角度信息。

3．测量方式

对于传统的定位仪是通过带有倾角传感器的测量传感器来实现光电信号的转换，实现定位测量。

对于 V3D 定位仪是通过照相机来实现光电数字成像，实现定位测量。

4．信号传输

对于传统的定位仪，进行车轮定位时，每个车轮上安装测量传感器（亦称测量头），其所检测的信号通过专用电缆或无线信号发射/接收装置与计算机进行通信。

对于 V3D 定位仪，在进行车轮定位时，每个车轮上安装的是反光盘（亦称目标盘），反光盘反射来自照相机总成中 LED 灯发出的红外线，并被数字相机接收，生成数字信号，再由计算机处理该信号。信号传输过程中，相机与安装在车轮上的目标盘之间无需任何线的连接。

5．软件

对于传统的定位仪，如果是六束测量传感器机型主要是测量前轮的定位基本值；如果是八束测量传感器机型可以测量所有定位角度。对于这两类机型，都不能单独对某个车轮进行测量。

对于 V3D 定位仪，所进行的定位测量是实时的，能够对四个车轮中任何一个车轮单独进行定位。通过特制的目标盘，可自动测量或自动输入车身高度和轮胎高度。

6．硬件

对于传统的定位仪，测量传感器内有倾角传感器、集成电路板、光电转换部件、光学部件，其质量比较大、易有电路故障、磕碰易于损坏、价格昂贵。

对于 V3D 定位仪，由目标盘取代了传统定位仪中的测量传感器，其上无任何电子器件，无需任何线连接，取用轻便，价格便宜。

7．精确性

对于传统的定位仪，是以间接的方式测量出所测量车辆的轮轴状态，其精确性需考虑定位测量时举升机的水平程度、轮胎气压、测量传感器的测量精度等因素。

对于 V3D 定位仪，是以直接成像的方式测量出所测量车辆的轮轴状态，确保了定位结果的精确性，其精确性由特制的目标盘、高品质照相机及软件来保证。

8．测量速度

对于传统的定位仪，测量速度由其测量原理所决定，完整的四轮定位操作，必须做车轮的钢圈补偿，否则会影响四轮定位测量结果的准确性。再加上反复调整测量传感器的水平等操作。若想得到车辆的基本定位数值，这一过程平均需要 10min。

对于 V3D 定位仪，测量速度由其测量原理所决定，做四轮定位时无需进行钢圈补偿操作，只需将车轮前后滚动 20cm（通过轮轴轴线所形成的矢量线测得车轮外倾角和前束角），即可获得车辆的基本定位数值。比如，美国的 John Bean V3D 定位仪，由于无需对其目标盘调节水平和进行轮胎补偿校正，这一过程仅需 1.17min，可谓当前最快的定位测量速度。

9．定位操作

对于传统的定位仪，操作时测量传感器的传输信号易于被遮挡。定位操作步骤烦琐。

对于 V3D 定位仪，因照相机高高地立于车辆及举升机的正前方，不易发生传输信号的遮挡问题，且定位操作步骤简单。

10．标定维护

为确保测量结果的准确性，对于传统的定位仪，需要定期进行举升台面的水平标定，以及测量传感器的横角及顺角的标定。

对于 V3D 定位仪，无需像传统定位仪那样进行定期标定，如果说有标定，只需进行照相机相对位置识别的标定（RCP 标定），此标定在出厂时已完成，一旦正确安装后，用户无需再做此标定。

11．成本核算

对于传统的定位仪，测量传感器的成本在整个定位仪中所占比重比较大，因其易于损坏和发生故障，保修期过后用户的维修成本较高。由于测量速度较低，其工作效率也较低。

对于 V3D 定位仪，其外部电子器件少，即使价格较贵的照相机，因其技术成熟、耐用，且因安装位置远离作业空间，安全性较好，日后维护成本也较低。因其无与伦比的测量速度，是当前工作效率最高的定位仪。

四、实耐宝公司的杰奔 V3D（三维成像）四轮定位仪

如图 2-120 所示，杰奔 V3D（三维成像）四轮定位仪由定位仪主机、刹车锁、转向盘锁、目标盘、自居中卡具、彩色喷墨打印机、电子转角盘、后轮滑板、标定架、遥控器、配套举升机等组成。定位仪主机有 V3D-EL、V3D[1] 和 V3D[1] 白金板三种。

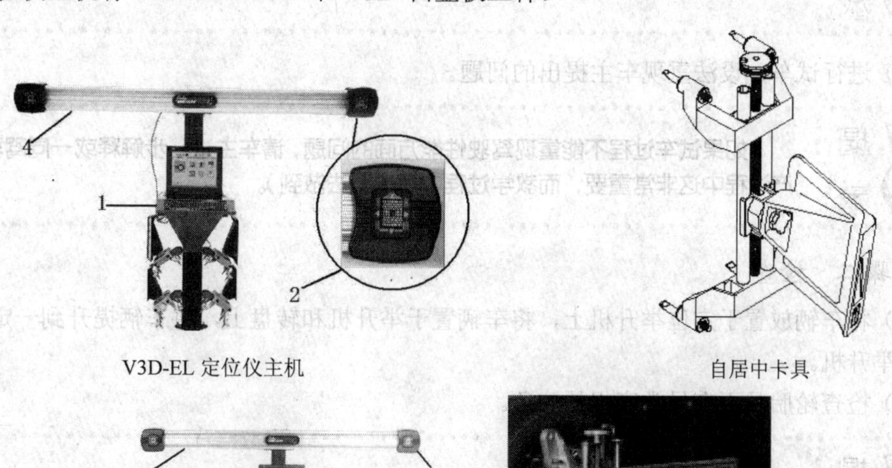

V3D-EL 定位仪主机　　自居中卡具

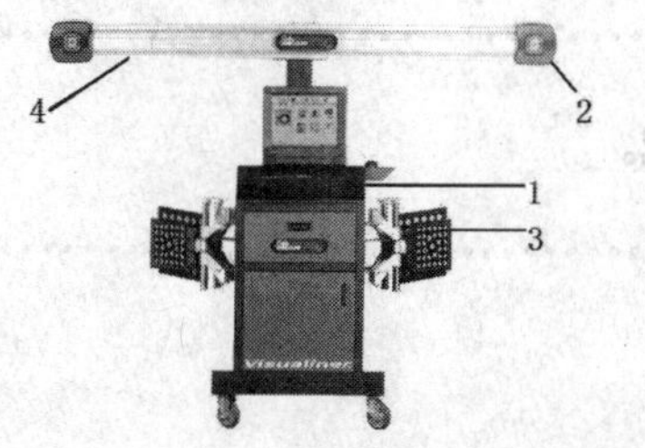

V3D 定位仪主机

图 2-120　杰奔 V3D（三维成像）四轮定位仪的组成

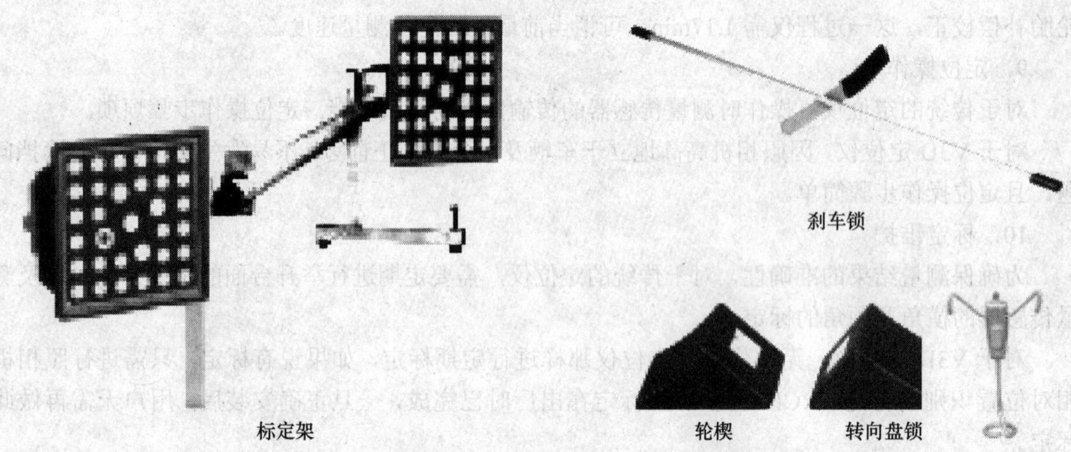

图 2-120 杰奔 V3D（三维成像）四轮定位仪的组成（续）

1—V3D 定位仪主机；2—LED 发光二极管三维成像照相机（多处理器相机）；3—目标盘；4—照相机臂

【课题实施】

操作 杰奔 V3D（三维成像）四轮定位仪的操作步骤

步骤一 询问

（1）询问车主有关不正确定位所造成的驾驶性能方面的问题。

询问车辆是否发生过碰撞，或最近是否有零件更换。

（2）进行试车，设法重现车主提出的问题。

如果试车过程不能重现驾驶性能方面的问题，请车主进一步解释或一同驾驶（维修生产过程中这非常重要，而教学过程中可能无法做到）。

步骤二 检查

（1）将车辆放置于定位举升机上，将车辆置于举升机和转盘上，将车辆提升到一定位置并安全锁定举升机。

（2）检查轮胎是否有异常磨损的迹象。

轮胎常反应定位不良的状况。

（3）检查轮胎压力和车身高度。

（4）更换有缺陷的零件，彻底检查组件。

（5）在车轮上安装测量传感器。

提示

如果传感器附着失效，可使用安全带。

步骤三　定位测量

（1）为车辆选择正确的向导程序。

（2）执行后滚补偿。

提示

该程序建立一个车辆的真实“模型”。其目的是消除由于车轮偏心和夹子安装错误引起的测量错误。

（3）测量主销后倾、前轮外倾和车轮前端。

（4）检查车辆和任何参考材料，确定角度纠正的程序，确定纠正问题所需要的物品（即成套配件、特殊工具等）。

（5）仔细地将转向盘置于中心。依后轮外倾—后轮前束—前轮主销后倾—前轮外倾—前轮前束这样的次序进行测量，并进行调节。

（6）如转向盘不处于中央位置，应进行调整，使转向盘处于中央。

（7）打印结果，并向客户出示四轮定位前后的比较结果，将结果存档供以后参考。

（8）进行试驾，核实正确的定位。

课题八　汽车轴（轮）重量检测设备

【基础知识】

在利用反力式制动台检测汽车制动性能时，必须要了解汽车的轴重，轴（轮）重仪也就成了必不可少的设备。轴（轮）重仪从结构角度来讲为机械式和电子式两种，从实际来看电子式的轴（轮）重仪结构简单，精度高，可输出电信号，便于计算机连网，所以使用的比较广泛。

电子式的轴（轮）重仪由四个相同的称重传感器（一般为应变式传感器）和一块承重的平板组成。四只传感器在承重平板的四角下方，汽车车轮压在承重平板上以后，轴（轮）重力作用于平板四角下的四只传感器上，使传感器应变桥产生弹性变形，应变电桥失去平衡，电桥输出不平衡电压，这个电压的大小与应变桥的变形量成线性关系，电桥的变形量又与其所受的重力大小有关，且也成线性关系。汽车轴（轮）的重量通过传感器已转换成为可线性替代这个重量的信号电压，反过来讲，可通过测量这个信号电压的大小来度量其承受重力的大小。传感器输出信号，经处理后在显示仪表上显示。如图 2-121 所示，它能测量左、右车轮轮荷，因此它有左右两个秤体，分别安装在左、右框架内，共用一个显示仪表。轮荷单位为 kg 或者以 10N 表示。

进行轴（轮）测量时，汽车缓慢地驶过轴重仪，当左右车轮压在承载面板上时，面板受到左、右车轮的重力 W 的作用。如图 2-122 所示，作用力 W 通过杠杆臂作用在传感器上，传感器所受到的作用力为 F，它与重力 W 有如下所示的关系：$F=K \cdot W$。在这个式子中，测力传感器所受的 F

力与受检车车轴的荷重 W 成正比，比值为杠杆比 K，它与轴荷作用在承载面板上的位置无关。

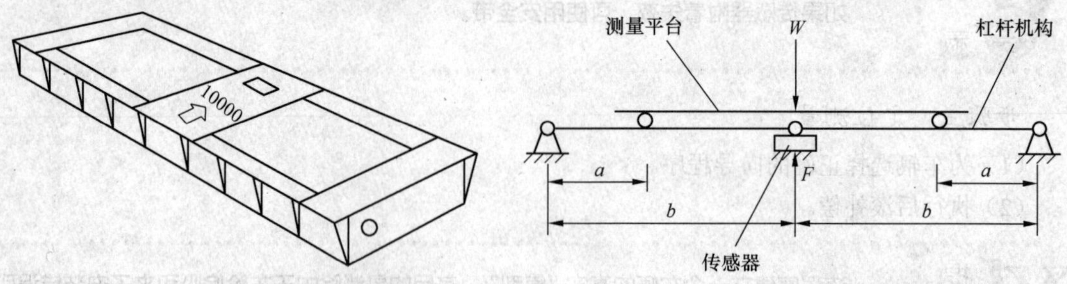

图 2-121 双载荷台板式轴重仪外形图　　图 2-122 轴重仪工作原理示意图

许多公司生产的轴（轮）重仪是与制动台合为一体的，制动台的台体相当于以上所提到的承重平板，四只传感器置于制动台台架之下（制动台悬浮于四只传感器之上），传感器承载的重量减去台架的重量（除皮重）即为被称的轴（轮）重。

轴（轮）重仪的使用注意事项如下。

（1）称量汽车轴重时，应保持轻上轻下，减少冲击载荷，也不要随意晃动台面，因为轴重仪为较高精度的电子衡器。

（2）保持秤体干净卫生，特别是接线盒部分应保持清洁，以免影响电信号输出产生误差。

（3）将汽车缓慢开上轴重仪时，应尽量靠近秤体面板的中部。

（4）轴重仪应尽量防止日晒雨淋，以防出现测量精度降低和电信号短路现象。

（5）轴重仪的传感器要注意防潮，相对湿度不大于 80%。环境温度不能变化太大，传感器的性能衰退后就要更换，以保证其测试的准确。

（6）每年要用标准砝码校验轴重仪的测量精度。

【课题实施】

操作 汽车轴重仪的使用

步骤一 使用前

（1）详细阅读轴重仪的使用说明书。

（2）将轴重仪承载面板打扫干净，使之清洁、干燥。

提示

（1）阅读仪器的使用说明书有助于了解仪器的正确使用。

（2）必要的清扫是工作态度的表现，也有利于检测精度的提高。

步骤二 检查

（1）检查接线盒连线与电缆线是否良好，若良好，开机预热（预热时间长短参看使用说明书）。

（2）检查被检汽车。检查汽车轮胎表面，应清洁、干净，若沾有水渍、油污或轮胎花纹沟槽内嵌有小石子等，一定要清除干净，以免水渍流入秤体中影响传感器精度或擦伤承载面板。

步骤三 操作

（1）将仪表电源线接通，并将电源开关拨向“ON”的位置。

（2）仪表开始显示“零”。若显示为“8888”，检查数字显示是否短缺笔画，经数秒钟后自动转入测量状态。

（3）按动调零校正器，机内电脑自动给轴重仪调零（去皮）。

（4）将汽车缓慢开上轴重仪，显示仪表便显示出测量值；若接有打印机，则同时打印出显示的测量值，显示值将保留到下一个车轴进入承载面板为止。

（5）测量完毕后，关机。

课题九 制动性能检测设备

对汽车制动系统的检测，根据国家标准《机动车运行安全技术条件》（GB 7258—2004）规定，可借助检测仪器对汽车制动系统的制动性能进行检测。

【基础知识】

一、国家标准《机动车运行安全技术条件》（GB 7258—2004）对行车制动系统的规定

1．行车制动必须保证驾驶员在行车过程中能控制机动车安全、有效地减速和停车。行车制动的制动力应在各轴之间合理分配。

2．行车制动系统制动性能的检验可以用路试检验制动性能和台试制动性能检验两种方法。

3．路试检验行车制动性能

机动车行车制动性能和应急制动性能检验应在平坦、硬实、清洁、干燥且轮胎与地面间的附着系数不小于 0.7 的水泥或沥青路面上进行，检验时发动机应脱开。

（1）用制动距离检验行车制动性能。机动车在规定的初速度下的制动距离和制动稳定性要求应符合表 2-3 的规定。对空载检验的制动距离有质疑时，可用表 2-4 规定的满载检验制动距离要求进行。

制动距离是指机动车在规定的初速度下急踩制动时，从脚接触制动踏板（或手触动制动手柄）时起至机动车停住时止机动车驶过的距离。

制动稳定性要求是指制动过程中机动车的任何部位（不计入车宽的部位除外）不允许超出规定宽度的试验通道的边缘线。

表 2-3　　制动距离和制动稳定性要求

机动车类型	制动初速度/（km·h^{-1}）	满载检验制动距离要求/m	空载检验制动距离要求/m	试验通道宽度/m
乘用车	50	≤20.0	≤19.0	2.5
总质量不大于 3500kg 的低速货车	30	≤9.0	≤8.0	2.5
其他总质量不大于 3500kg 的汽车	50	≤22.0	≤21.0	2.5
其他汽车、汽车列车	30	≤10.0	≤9.0	3.0

（2）用充分发出的平均减速度检验行车制动性能。汽车、汽车列车在规定的初速度下急踩制动时充分发出的平均减速度及制动稳定性要求应符合表 2-4 的规定，且制动协调时间对液压制动的汽车不应大于 0.35s，对气压制动的汽车不应大于 0.60s，对汽车列车、铰接客车和铰接式无轨电车不应大于 0.80s。对空载检验的充分发出的平均减速度有质疑时，可用表 2-4 规定的满载检验

充分发出的平均减速度进行检测。

充分发出的平均减速度 FMDD 这一评价指标表示如下

$$\text{FMDD}=\frac{\upsilon_b^2-\upsilon_e^2}{25.92(S_e-S_b)}$$

式中，FMDD —— 充分发出的平均减速度，m/s^2；

υ_o —— 制动初速度，km/h；

υ_b —— 0.8 υ_o 车辆的速度，km/h；

υ_e —— 0.1 υ_o 车辆的速度，km/h；

S_b —— 在速度 υ_o 和 υ_b 之间车辆驶过的距离，m；

S_e —— 在速度 υ_o 和 υ_e 之间车辆驶过的距离，m。

制动协调时间是指在急踩制动时，从脚接触制动踏板（或手触动制动手柄）时起至机动车减速度（或制动力）达到表 2-4 规定的机动车充分发出的平均减速度（或表 2-4 所规定的制动力）的 75%时所需的时间。

表 2-4 制动减速度和制动稳定性要求

机动车类型	制动初速度/（$km \cdot h^{-1}$）	满载检验充分发出的平均减速度/（$m \cdot s^{-2}$）	空载检验充分发出的平均减速度/（$m \cdot s^{-2}$）	试验通道宽度/m
乘用车	50	≥5.9	≥6.2	2.5
总质量不大于 3500kg 的低速货车	30	≥5.2	≥5.6	2.5
其他总质量不大于 3500kg 的汽车	50	≥5.4	≥5.8	2.5
其他汽车、汽车列车	30	≥5.0	≥5.4	3.0

（3）应急制动性能检验。汽车（三轮汽车除外）在空载和满载状态下，按表 2-5 所列初速度进行应急制动性能检验，应急制动性能应符合表 2-5 的要求。

表 2-5 应急制动性能要求

机动车类型	制动初速度/（$km \cdot h^{-1}$）	制动距离/m	充分发出的平均减速度/（$m \cdot s^{-2}$）	允许操纵力不应大于/N	
				手操纵	脚操纵
乘用车	50	≤38.0	≥2.9	400	500
客车	30	≤18.0	≥2.5	600	700
其他汽车（三轮汽车除外）	30	≤20.0	≥2.2	600	700

4．台试检验行车制动性能

（1）汽车、汽车列车在制动检验台上测出的制动力应符合表 2-6 的要求。对空载检验制动力有质疑时，可用表 2-6 规定的满载检验制动力要求进行检验。

表 2-6 台试检验制动力要求

机动车类型	制动力总和与整车重量的百分比/%		轴制动力与轴荷 *a* 的百分比/%	
	空载	满载	前轴	后轴
乘用车、总质量不大于 3500kg 的货车	≥60	≥50	≥60 *b*	≥20 *b*
其他汽车、汽车列车	≥60	≥50	≥60 *b*	—

a．用平板制动检验台检验乘用车时应按动态轴荷计算。

b．空载和满载状态下测试均应满足此要求。

（2）制动力平衡要求。在制动力增长全过程中同时测得的左右轮制动力差的最大值，与全过程中测得的该轴左右轮最大制动力中大者之比，对前轴不应大于 20%，对后轴（及其他轴）在轴制动力不小于该轴轴荷的 60%时不应大于 24%；当后轴（及其他轴）制动力小于该轴轴荷的 60%时，在制动力增长全过程中同时测得的左右轮制动力差的最大值不应大于该轴轴荷的 8%。

（3）汽车的制动协调时间。对液压制动的汽车不应大于 0.35s，对气压制动的汽车不应大于 0.60s；汽车列车和铰接客车、铰接式无轨电车的制动协调时间不应大于 0.80s。

（4）汽车车轮阻滞力。进行制动力检验时各车轮的阻滞力均不应大于车轮所在轴轴荷的 5%。汽车制动完全释放时间（从松开制动踏板到制动消除所需要的时间）不应大于 0.80s。

二、制动检验台的种类、结构和工作原理

制动试验台按测量方式的不同分为平板式、滚筒式等，目前使用最多的还是滚筒式反力制动试验台。按滚筒直径大小和滚筒线速度高低分为大滚筒和小滚筒、高速台和低速台；就滚筒制动台而言也因其表面结构不同有沟槽式、粘砂式、复合材料式等。

1．滚筒式反力制动检验台

通过测定作用在测力滚筒上的车轮制动力的反力，检测车辆制动性能的检验装置称为滚筒反力式汽车制动检验台。

（1）型号。在 GB/T 13564—2005 中规定其型号为 FZ—□□。其中 FZ 为产品代号 F 表示反力式，Z 表示制动台。FZ 后的第一个□为额定承载质量（t），用阿拉伯数字表示；第二个□为改进序号，用 A、B、C…表示。

（2）要求。在 GB/T 13564—2005 中规定其现有生产的滚筒式反力制动检验台技术参数必须符合表 2-7 中的规定。其静态示值误差，额定承载质量不小于 10t 的制动台，示值误差不超过 ± 0.000 75mg 或各校准点给定值的 ± 3%。额定承载质量等于 3t 的制动台，示值误差不超过 ± 22.5N 或各校准点给定值的 ± 3%。空载动态零值误差必须符合表 2-8 中的规定。在同一载荷的作用下，左、右制动力加载和减载示值误差间差的绝对值不应超过 3%。重复性误差应不大于 1%。30 min 内零点漂移应为 ± 0.1%F.S。

表 2–7　滚筒式反力制动检验台技术参数

项　目	额定承载质量		
	3t	10t	13t
测试速度/（$km \cdot h^{-1}$）	≥2.2，推荐 2.5		
滚筒直径/mm	≥240，推荐 245		
滚筒中心距/mm	推荐 430 ± 10	推荐 450 ± 10	推荐 470 ± 10
主、从动滚筒高度差/mm	0～30		
滚筒滑动附着系数	≥0.70		

表 2–8　空载动态零值误差要求

额定承载质量/t	空载动态零值误差
3	± 0.6% F • S
10，13	± 0.2% F • S

注：F.S 一英文"full scale"的缩写，表示满量程。

m——额定承载质量，kg；g——重力加速度，m/s^2；mg 单位为 N。

在加载 20%、50%、80%F·S 状态下，额定承载质量 3t 的制动台改变显示仪表满量程 F·S 值的±0.6%，额定承载质量 10t、13t 的制动台改变显示仪表满量程 F．S 值的±0.2%时，即鉴别力应有示值变化。在非保护停机状态下，采样时间不少于 3s。采样频率 100 Hz。最大制动力应在制动检测全过程中所采集到的全部采样点中甄别并显示。滚筒式反力制动检验台的滚筒表面的形位误差，径向圆跳动应不大于 2mm，滚筒平行度应不大于 1mm/m。滚筒表面装有防剥伤轮胎装置的制动台，在车辆轮胎抱死时，系统应能准确、可靠地停机。

显示装置可用指针式或数字显示形式，指针式显示装置的最大刻度值不小于额定承载轮质量的 60%；多段显示应有显示段的转换指示，表盘刻度清晰，指针能调零且不弯曲，摆动灵活、平稳，没有跳动、卡滞等现象；数字显示装置最大示值不小于额定承载轮质量的 60%，制动力最大示值保留时间不小于 8s，显示不应有缺段、闪烁等现象，分辨率不大于 0.1%F·S。

制动台在相当于额定承载质量的静负荷下，静压 5h，卸去负荷后检验；或对制动台加载动负荷，使两组滚筒的制动力分别达到显示仪表的满量程，间断运转累计 15min；或对制动台加载超负荷，使两组滚筒的制动力分别达到显示仪表满量程的 125%，运转 15s，制动台的静态示值误差、空载动态零值误差、示值误差间差的绝对值、重复性误差、零点漂移、鉴别力、滚筒表面的形位误差应符合的要求。

电气系统在 0℃～40℃温度、相对湿度不大于 85%、电源电压 380×(1±10%)V，220×(1±10%)V 的环境条件下应能正常工作。电气元件、部件、插接件装配牢靠；布线合理整齐；焊点光滑，无虚焊。指示灯、按钮和导线的颜色应符合规定。电气系统应根据负荷的大小装有熔断器或断路器；电机控制应有过载、断相保护装置。应有良好的绝缘性能，绝缘电阻不得小于 5 MΩ。应有可靠的接地装置和明显的接地标志。应装有标准通讯接口，并提供接口定义及相关的通信协议。应有紧急停止手动按钮。

（3）滚筒式反力制动检验台结构和工作原理。单轴反力式滚筒制动试验台的结构简图如图 2-123 所示，通常采用一字型布局，由结构完全相同的左右两套车轮制动力测试单元和一套指示、控制装置组成。每一套车轮制动力测试单元由框架（有的试验台将左、右测试单元的框架制成一体）、驱动装置、滚筒组、举升装置、测量装置和制动力指示装置等构成。它能检测汽车各轮的制动力、制动协调时间和释放时间等性能参数。

① 驱动装置。驱动装置由电动机、减速器和链传动组成。电动机经过减速器两级减速后驱动（或再通过链传动，见图 2-123）主动滚筒，主动滚筒通过链传动带动从动滚筒旋转。减速器输出轴与主动滚筒共用一轴，减速器壳体为浮动连接（即可绕主动滚筒轴自由摆动），或如图 2-124 所示，电动机轴与减速器输出轴同心，减速器壳与电动机壳连成一体，电动机轴与减速器输出轴分别通过滚动轴承及轴承座支承在框架上，减速器壳与电动壳可绕支承轴线自由摆动。

由于制动试验台测试车速很低，日本齿槽式一般为 0.1～0.18km/h，而欧洲式为 2.0～5km/h。滚筒的直径较小。因此驱动电动机的功率较小，如日本式试验台电动机功率 2×(0.7～2.2)kW，而欧洲式试验台电动机功率为 2×(3～11)kW。减速器的作用是减速增矩，其减速比根据电动机的转速和滚筒测试转速确定。由于测试车速低，滚筒转速也较低，一般在 40～100r/min 范围（日本式试验台转速则更低，甚至低于 10r/min）。因此要求减速器减速比较大，一般采用两级齿轮减速或一级蜗轮蜗杆减速与一级齿轮减速。

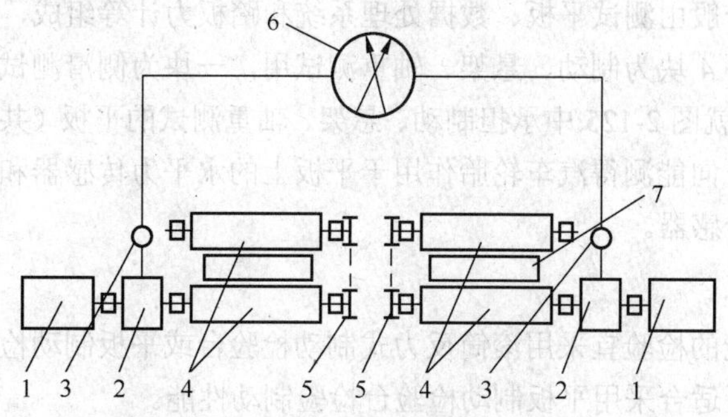

图 2-123　反力滚筒式制动试验台简图

1—电动机；2—扭力箱；3—传感器；4—滚筒；5—链传动；6—双针制动表；7—举升器

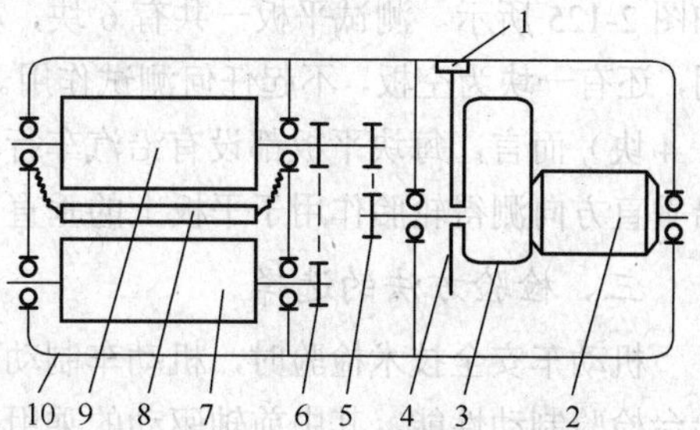

图 2-124　车轮制动力测试单元

1—传感器；2—电动机；3—减速器；4—测力杆；5，6—链传动；7—从动滚筒；8—第三滚筒；9—主动滚筒；10—框架

② 滚筒组。每一车轮制动力测试单元设置一对主、从动滚筒。每个滚筒的两端分别用滚动轴承与轴承座支承在框架上，且保持两滚筒轴线平行。滚筒相当于一个活动的路面，用来支承被检车辆的车轮，并承受和传递制动力。汽车轮胎与滚筒间的附着系数将直接影响制动试验台所能测得的制动力大小。

③ 制动力测量装置。制动力测量装置主要由测力杠杆和传感器组成。测力杠杆一端与传感器连接，另一端与减速器壳体连接，被测车轮制动时测力杠杆与减速器壳体将一起绕主动滚筒（或绕减速器输出轴、电动机枢轴）轴线摆动。传感器将测力杠杆传来的、与制动力成比例的力（或位移）转变成电信号输送到指示、控制装置。传感器有应变测力式、自整角电机式、电位计式、差动变压器式等多种类型。日本式制动试验台多采用自整角电机式测量装置，而欧洲式以及近期国产制动试验台多用应变测力式传感器。

④ 举升装置。为了便于汽车出入制动试验台，在主、从动两滚筒之间设置有举升装置。该装置通常由举升器、举升平板和控制开关等组成。举升器常用的有气压式、电动螺旋式、液压式三种形式，气压式是用压缩空气驱动气缸中的活塞或使气囊膨胀完成举升作用；电动螺旋式是由电动机通过减速器带动丝母转动，迫使丝杠轴向运动起举升作用；液压式是由液压举升缸完成举升动作。带有第三滚筒的制动试验台不用举升装置。

⑤ 指示与控制装置。目前制动试验台控制装置都采用电子式。为提高自动化与智能化程度，有的控制装置中配置计算机，指示装置有指针式和数字显示式两种。带计算机的控制装置多配置数字显示器，但也有配置指针式指示仪表的。

（4）维护。除进行使用前的维护项目外，每周还应检查滚筒轴承座和减速器、电动机等支承轴承座处的螺栓是否松动，否则应予以紧固。每季度还应检查滚筒轴承处的润滑情况，如有脏污或干涸时，应按厂家规定的油品加注润滑脂。每半年应检查滚筒有无运转杂音或损伤，否则应予以修理；检查减速器内润滑油的贮油量及脏污程度，否则应按厂家规定的油品进行补充或更换；拆下链条罩，检查链条脏污和张紧情况；链条脏污时要彻底清洗、润滑，若松紧度不合适应重新调整张紧，若链条磨损严重时应予以更换。每年还须接受计量部门对试验台的检定或自检，以便保证试验台的测试精度。

2. 平板制动试验台

平板制动试验台不仅能检测制动性能，还能检测轴重、侧滑和悬架的技术状况等，因而又称为平板式检测设备或平板式底盘检测设备。一般由测试平板、数据处理系统和踏板力计等组成，如图 2-125 所示。测试平板一共有 6 块，其中 4 块为制动、悬架、轴重测试用，一块为侧滑测试用，还有一块为空板，不起任何测试作用。仅就图 2-125 中承担制动、悬架、轴重测试的平板（共计 4 块）而言，每块平板都设有沿汽车行驶方向能测得汽车轮胎作用于平板上的水平力传感器和沿垂直方向测得轮胎作用于平板上的垂直力传感器。

三、检验方法的选择

机动车安全技术检验时，机动车制动性能的检验宜采用滚筒反力式制动检验台或平板制动检验台检验制动性能，其中前轴驱动的乘用车更适合采用平板制动检验台检验制动性能。

不宜采用制动检验台检验制动性能的机动车及对台式制动性能检验结果有质疑的机动车应路试检验制动性能。

对满载/空载两种状态时后轴轴荷之比大于 2.0 的货车和半挂牵引车，宜加载（或满载）检验制动性能，此时所加载荷应计入轴荷和整车重量。加载至满载时，整车制动力百分比应按满载检验考核；若未加载至满载，则整车制动力百分比应根据轴荷按满载检验和空载检验的加权值考核。

四、便携式制动性能测试仪

BCX-3 型便携式制动性能测试仪是手持式智能化测试仪器。仪器是根据国家强制标准中路试检验制动性能的标准研制开发出的产品，用于机动车辆制动性能检测和交通事故的勘察。如图 2-126 所示，它主要由片上集成传感器、智能信息处理单元、微型打印机以及液晶显示屏等部件组成。

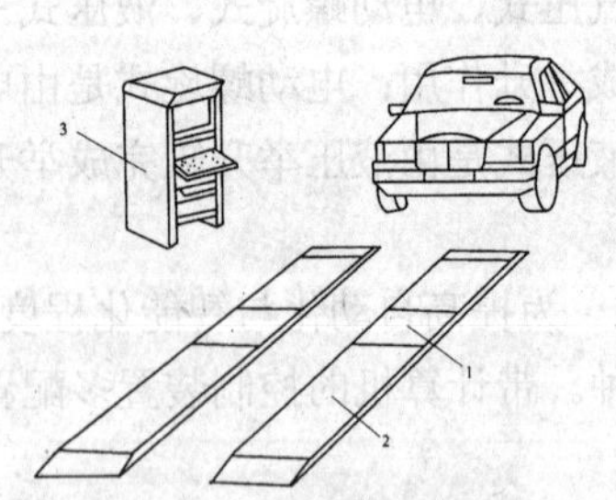

图 2-125　平板式检测设备

1—制动、悬架、轴重测试平板；
2—侧滑测试平板；3—数据处理系统

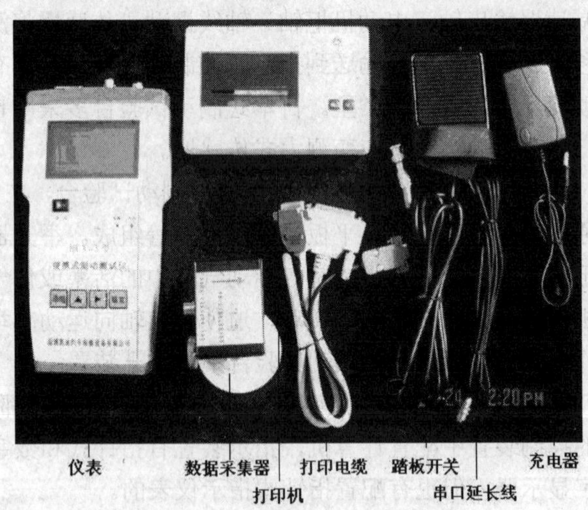

图 2-126　BCX-3 型便携式制动性能测试仪

仪器以外置式传感器作为制动过程的探测元件，自动判断制动的起始信号，通过对加减速度以及时间的测量，经过 16 位高性能单片微型计算机的综合数据处理、运算，输出符合国家标准中路试检验制动性能中规定的充分发出平均减速度（MFDD）、制动协调时间、制动初速度、制动距离等结果。并依据标准规定的 MFDD 值，判定其测试结果合格与否。其原理如图 2-127 所示。

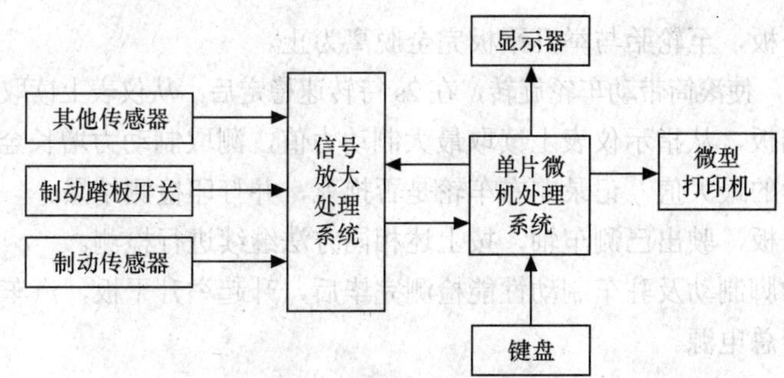

图 2-127 BCX-3 型便携式制动性能测试仪原理示意图

仪器采用 128×64 大屏幕液晶显示，汉字提示，清晰直观。测试项目采用菜单式操作，简单易用，并且自动对测试结果进行存储（共可储存 256 组数据），供以后对测试数据进行查看分析。仪器配有标准 RS-232 接口，外置微型打印机，也可将测试结果发送给其他设备或计算机，或由其他计算机进行控制，构成联机测试系统。整机采用便携式设计，外置式传感器装有强力吸盘，便于安装，适合在空间狭小的车辆上进行测试。仪器可录入多位数的车牌号码。可测试项目有制动性能（包括制动初速度、制动距离、协调时间、充分发出的平均减速度 MFDD)、加速性能（包括瞬时速度、平均加速度、加速时间）和坡度正弦值测量。

【课题实施】

操作一 滚筒式制动检验台检验制动

步骤一 准备

（1）反力式滚筒制动试验台的型号不同，其使用方法也不同，在使用前一定要认真阅读试验台的使用说明书。按照使用说明书的规定进行正确操作。

（2）检查滚筒式制动检验台滚筒表面应干燥，没有松散物质及油污。

（3）使滚筒在无负荷状态下运转，检查并调整仪表指针零位。

（4）检查举升器动作是否灵活，如动作阻滞或有漏气部位应进行检修。检查举升器是否在升起位置，否则应使举升器升起到位。

（5）检查各指示灯工作是否正常。

（6）检查各种导线有无因损伤造成接触不良现象。

（7）核实汽车各轴轴荷，确保被测汽车车轴轴荷在试验台允许载荷范围内。

（8）检查轮胎是否沾有泥、水、油污等杂物。要特别注意检查轮胎花纹内嵌入的小石子与石块，应清除干净。

（9）检查轮胎气压，使其符合出厂规定值。

步骤二 检验

（1）接通试验台总电源，按说明书要求预热至规定时间。

（2）驾驶员将汽车从其纵向中心线与滚筒轴线垂直的方向驶入试验台。位置摆正，先前轴，再后轴，使车轮处于两滚筒之间的举升平板上。

（3）汽车停稳后，变速器置于空挡位置，脚、手制动处于放松状态，能测制动协调时间的试验台还应将脚踏开关套装在制动踏板上。

（4）降下举升平板，至轮胎与举升平板完全脱离为止。

（5）起动电动机，使滚筒带动车轮旋转，在 2s 待转速稳定后，从仪表上读取车轮阻滞力数值。

（6）踩下制动踏板，从指示仪表上读取最大制动力值，测取制动力增长全过程中的左右轮制动力差和各轮制动力的最大值，记录左右车轮是否抱死，并打印检测结果。

（7）升起举升平板，驶出已测车轴，按上述相同方法继续进行检测。

（8）所有车轴的脚制动及驻车制动性能检测完毕后，升起举升平板，汽车驶出试验台。

（9）切断试验台总电源。

提示

在测量制动时，为了获得足够的附着力，允许在机动车上增加足够的附加质量或施加相当于附加质量的作用力（附加质量或作用力不计入轴荷）。

在测量制动时，可以采取防止机动车移动的措施（如加三角垫块或采取牵引等方法）。当采取上述方法之后，仍出现车轮抱死并在滚筒上打滑或整车随滚筒向后移出的现象，而制动力仍未达到合格要求时，应改用标准《机动车运行安全技术条件》（GB 7258—2004）中规定的其他方法进行检验。

操作二 用平板制动检验台检验制动

步骤一 准备

（1）平板制动检验台的型号不同，其使用方法也不同，在使用前一定要认真阅读试验台的使用说明书。按照使用说明书的规定进行正确操作。

（2）制动检验台平板表面应干燥，没有松散物质及油污，平板表面附着系数不应小于 0.75。

提示

平板表面与滚筒式制动检验台的滚筒表面当量附着系数都是不应小于 0.75，其表面材料有什么不同？

步骤二 检验

（1）驾驶员将机动车对正平板制动检验台，以 5～10km/h 的速度（或制动检验台制造厂家推荐的速度）行驶。

（2）置变速器于空挡（自动变速的机动车可置变速器于 D 挡）。

（3）急踩制动，使机动车停止，测取表 2-4 中给定的数值。

想一想

1. 用平板制动检验台检验乘用车时应按动态轴荷计算吗？
2. 所测量的数值有哪些？计算后符合吗？

操作三 便携式制动性能测试仪的使用

步骤一 制动性能测试

（1）将外置式装有强力吸盘的制动传感器吸附在被测车辆内平稳的地方上，使其保持水平状态，避免由于倾斜产生的误差。传感器上的箭头方向与被测车辆的行进方向一致。将其信号线插到仪器前部接口上。

面板有“功能”“▲”“►”“确定”四个按键。其中：
“功能”键—返回主界面。
“▲”键—选择键。
“►”键—移位键。
“确定”键—操作确认键。

（2）打开电源开关后，显示主界面，按“▲”键打开液晶背光，按“►”键关闭液晶背光。

（3）按任意键进入主菜单。按“►”键向下选择操作项目。按“确定”键，即可进入该项目子菜单，显示如图2-128所示。

当菜单处于光标闪烁反显时，按“确定”键，即可进入该项目子菜单，进行操作。按“►”键，向下选择其他操作项目。

（4）按“确定”键，显示如图2-129所示。

测量	设置
查询 打印	通信

图2-128 进入子菜单

车牌	时间
车型 系数	标定

图2-129 按“确定”键显示内容

此时，按“功能”键可返回上层菜单；“►”键是向后移位键。

（5）车牌。按“确定”后，输入测试车辆牌号，显示如图2-130所示。

此时在光标闪烁反显处，可按“▲”键选择省市简称或车辆号码。按“►”键，向后移位。按“功能”键，返回主界面。按“确定”键，确认输入的车辆牌号并返回车牌菜单。

（6）车型。按“确定”后，选择测试车辆类型，显示如图2-131所示。

车辆类型分为液压大车、气压大车、乘用客车、三轮汽车、低速货车、小型汽车。

车牌号码
鲁C 00001

图2-130 输入车牌

车型
1 液压大车

图2-131 选择车型

此时在光标闪烁反显处，可按“▲”键选择车辆类型。按“功能”键，返回车型菜单。按“确定”键，确认选择的车辆类型并返回车牌菜单。

（7）时间。按“确定”后，设定系统时间，显示如图 2-132 所示。

此时按“确定”键，在光标闪烁反显处，按“▲”键选择相应数字。按“▶”键，向后移位。按“功能”键，返回时间菜单。

（8）按“确定”键，确认输入的时间日期并返回时间菜单。

（9）系数。按“确定”后，显示如图 2-133 所示。

时间 09 : 10 : 10 08 - 10 - 10 按确定键修改

图 2-132 设定系统时间

高段 低段

图 2-133 显示系数设置

（10）选择系数所在段（4.9～9.8 为高段，0～4.9 为低段），按确定键进入，显示如图 2-134 所示。

（11）按确定键进入修改状态，按“▲” 键系数加一，按“▶”键系数减一。按“确定”键，确认输入的系数并且返回系数菜单。

注意：此系数出厂时已调整好，严禁改动，否则影响仪器测量精度。

（12）标定。将传感器放置水平并与仪器连接好，按“确定”后，进行传感器标定，显示如图 2-135 所示。

系数： 0 2 0 按确定键修改

图 2-134 选择系数

加速度 0 0 . 0 0 按确定键标定

图 2-135 传感器标定

在“加速度”后会有测试值，然后将传感器按照规定角度倾斜。若测试值与标准值相同，则按“功能”键，确认并且返回标定菜单；若与标准值不相同，则按“确定”键修改标定值。

（13）在光标闪烁反显处，按“▲” 键和“▶”键，输入标准值。按“确定”键，确认输入的标准值并且返回标定菜单。“▲” 键是向前移位键，“▶” 键作为选择数字。

注意：标定过程分两步，第一步选择 0～4.9 范围内的标准值标定低段；第二步选择 4.9～9.8 范围内的标准值标定高段。

（14）在车牌和车型输入完毕后，选择“测量”进行制动性能测试。按“确定” 键， 显示如图 2-136 所示。

（15）按屏幕提示停稳汽车后按“确定”键，显示如图 2-137 所示。

（16）此时，光标在“手动”上闪烁（仪器默认手动状态），按下“确定”键，然后平稳开动停放在水平路段上的被测车辆，在达到国标规定的时速后，紧急踩下制动踏板，使汽车紧急制动。

正在测量零点
车辆停稳后按确定

图 2-136　测量选择

手动　自动

按确定键开始测试

图 2-137　选择“自动”或“手动”

（17）如按“►”键，选择“自动”。自动测试过程，仪表检测到加速度大于阀值后即认为制动开始，该阀值设置方法：按住“▲” 键，打开电源，松开“▲” 键，即进入阀值设置界面，按“▲” 键数字加一，按“►”键数字减一，按“确定”键，保存阀值。显示如图 2-138 所示。

提示　选择“手动”时必须将本仪器（选配）的制动踏板开关套装在汽车制动踏板上，并且与仪器连接好，然后开动被测试的汽车，在达到国标规定的时速，紧急踩下制动踏板，使汽车紧急制动。手动测试开始后到紧急制动前这段时间不要踩制动踏板，否则会导致测试数据不准确。

（18）按“确定”键，显示如图 2-139 所示。

正在测量请等待

协调：0.00S
初速度：00.04Km/h
MFDD：00.00m/ss
距离：01.02m

图 2-138　自动测试

存储序号：007
（不 合 格）
存储　退出　清号

图 2-139　测试完成

（19）按“►”键，选择“存储 退出 清号”操作。按“确定”键，确认操作（清号表示编号清零并存储）。

（20）选择“查询” 按“确定”键，显示如图 2-140、图 2-141 所示。

024 制　鲁A00088
00.15s　10.69m/ss
00.38m　08.30Km/h
Y16:19　08-10-10Y

图 2-140　制动测试界面

024 加　鲁A00088
00.15s　10.69m/ss
00.38m　08.30Km/h
Y16:19　08-10-10Y

图 2-141　加速测试界面

提示　其格式为存储序号、车牌号码、制动距离、制动初速度、制动协调时间、MFDD、测量日期、测量时间。

（21）按“▲” 或“►”键，可以分别向上或向下查看其他序号的测量数据。按“功能”键返回上层菜单。此时，按“确定”键，返回上层菜单。

（22）选择“打印”，按“确定”键。

（23）按“▲”或“►”键，可以分别向上或向下选择数据，按“确定”键打印选择的数据。

（24）选择“通信”按“确定”键，按“▲”或“►”键，可以分别向上或向下选择数据，按“确定”键发送选择的数据。

步骤二　加速性能测试

（1）传感器安装（与制动性能测试时的安装方法一样）完毕后，车辆停放在水平路段上，打开仪器开关，按“确定”键。仪器显示如图 2-142 所示。

（2）此时光标闪烁反显处为“测量”处；再按“确定”键，仪器显示如图 2-143 所示。

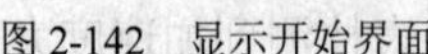

图 2-142 显示开始界面

图 2-143 测量界面

（3）此时光标闪烁反显在“制动”处，按“►”键，光标移至“加速”处，按“确定”键，此时，可根据仪器的提示设置“终止速度”；设置完毕后，按“确定”键仪器进入测试状态，仪器显示如图 2-144 所示。

（4）这时，汽车起步并加速至设定的终止速度即可。存储、打印、通信与制动性能测试项相同。

步骤三 坡度的测量

（1）传感器安装同上，车辆停放在水平路段上，仪器显示如图 2-145 所示。

图 2-144 测试状态

图 2-145 坡度测量

（2）此时光标闪烁反显在“制动”处，按“►”键，光标移至“坡度”处，按“确定”键，此时，将车辆停放在测试坡路上，仪器显示的值为坡度的正弦值。按“功能”键返回上一级菜单。

课题十二 汽车制动踏板力计

【基础知识】

一、国家标准规定

根据国家标准《机动车运行安全技术条件》（GB 7258—2004）规定如下。

（1）行车制动在产生最大制动效能时的踏板力，满载检验时，对于乘用车不应大于 500N；对于其他机动车不应大于 700N。空载检验时，对于乘用车不应大于 400N；对于其他机动车不应大于 450N。液压行车制动在达到规定的制动效能时，踏板行程不应大于踏板全行程的四分之三；制动器装有自动调整间隙装置的机动车的踏板行程不应大于踏板全行程的五分之四，且乘用车不应大于 120mm，其他机动车不应大于 150mm。采用液压制动的机动车，在保持踏板力为 700N 达到 1min 时，踏板不允许有缓慢向前移动的现象。

（2）驻车制动应通过纯机械装置把工作部件锁止，并且驾驶员施加于操纵装置上的力：手操纵时，乘用车不应大于 400N，其他机动车不应大于 600N；脚操纵时，乘用车不应大于 500N，其他机动车不应大于 700N。

二、踏板力计的构造和组成

踏板力计是测量汽车制动踏板力值的器具，主要由测力传感器和电器仪表显示装置组成。其工作原理是利用固定在制动踏板上的传感器将作用在制动踏板上的力，通过电器仪表显示在仪表盘上。因此，可借助检测仪器对汽车制动系统的制动踏板力和驻车制动操纵装置上的力进行检测。

国产的 JYT-B 型机动车液压制动踏板手刹力计，主要用于各种机动车液压制动踏板、驻车制动力的测量，该仪器采用单片机技术，自动存储 255 组测试结果，可以与计算机进行数据传输、外接打印机。JYT-B 型机动车液压制动踏板手刹力计如图 2-146 所示。采用 DC3.6V 电源，环境温度为 0℃～50℃，湿度为≤75%（无露滴），可检测 0～999N 的踏板力，0～999N 的驻车制动力，误差在±2%之间。

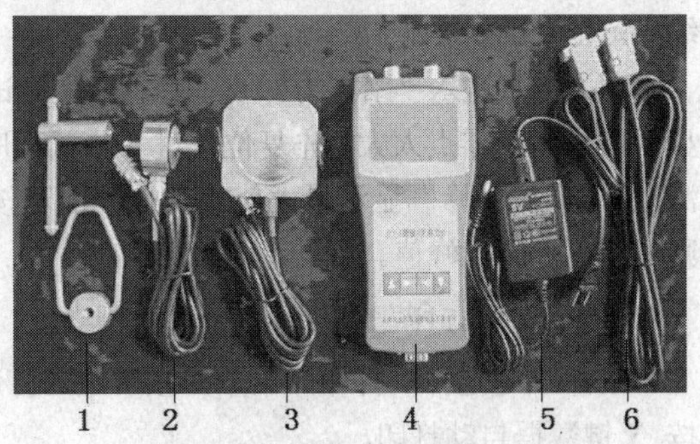

图 2-146 国产的 JYT-B 型机动车液压制动踏板手刹力计
1—手刹附件；2—手刹传感器；3—踏板传感器；
4—仪表；5—充电器；6—串口线

三、使用注意事项

（1）出厂时，该仪器进行了严格的调试和标定，不得私拆。

（2）仪表复位后屏幕右上角显示“电池”图标说明电池电量不足，应该及时充电。

（3）充电时要关闭电源开关，充电时间为 8～12h。

（4）该仪器应存放于室内干燥通风处。

（5）踏板力计的检定周期为一年。

【课题实施】

操作一 用踏板力计检测汽车制动踏板力和驻车制动操纵力

步骤一 安装

（1）把踏板力传感器安装在机动车制动踏板上（或手刹传感器安装在手刹装置上）。

（2）连接传感器与仪器间的连线。

（3）打开电源开关，仪器自动上电复位，显示如图 2-147 所示的界面，按任意键进入如图 2-148 所示的界面。

JYT-B型
踏板手刹力计
V09.9

图 2-147 复位界面

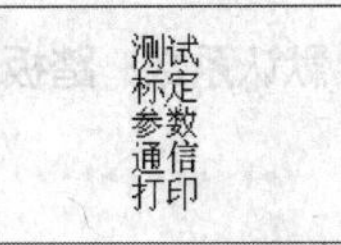

图 2-148 复位界面按任意键进入的界面

提示

各按键及菜单功能：
▲表示复位 ▶表示选择 ◀表示选择 ▼表示确定

步骤二 测试

（1）按▶或◀选择“测试”菜单，按▼进入测试程序。

（2）按▶或◀键选择测试“踏板力”或“手刹力”测试。

（3）按▼进入测试编号界面，输入相应测试编号，此时▶为移动光标，◀为数字加（注意，编号范围 0～255）。

（4）按▼进入“踏板力”或“手刹力”测试界面，此时 “实”与“峰”值显示应该为零（若显示数值偏离零点太大，先复位再进入测试程序），然后踏板或手刹传感器加力，屏幕“实”显示测试实时值，“峰”显示最大值。在该界面若按▶或◀键则退出测试不保存测试结果，若按▼键则保存此次测试峰值。

步骤三　打印

按▶或◀选择“打印”菜单，按▼进入打印程序，再按▶或◀键选择需要打印的测试数据，按 ▼键数据自动打印。

操作二　对踏板力计的标定

（1）按▶或◀选择“标定”菜单，按 ▼进入标定程序。

（2）按▶或◀键选择测试“踏板力”或“手刹力”标定。

（3）按▼进入标定程序，此时显示数值应该为零（若显示数值偏离零点太大，先复位再进入标定程序），然后在踏板或手刹传感器加一标准力，屏幕显示该力值，若显示值与实际值在误差范围内则按▶或◀键返回，否则按▼修改，此时▶为移动光标，◀ 为数字加，输入完毕后，按▼确认修改。

提示

起动力范围 0～255。

操作三　对踏板力计进行系数修改

（1）修改踏板系数。关闭电源后按▼键，打开电源，松开▼键进入修改踏板系数程序，此时▶为移动光标，◀为数字加，输入完毕后，按▼确认修改。

（2）手刹系数修改。关闭电源后按◀键，打开电源，松◀键进入修改手刹系数程序，此时▶为移动光标，◀为数字加，输入完毕后，按▼确认修改。

提示

默认系数：踏板：1921 手刹：2107

课题十一　汽车车轮侧滑量检测

【基础知识】

侧滑是指由于前束与车轮外倾角配合不当，在汽车行驶过程中，车轮与地面之间产生一种相互作用力，这种作用力垂直于汽车行驶方向，使轮胎处于边滚边滑的状态，它使汽车的操纵稳定性变差，增加油耗并加速轮胎的磨损。这种滑移现象过于严重时，将破坏车轮的附着条件，丧失定向行驶能力，导致轮胎的异常磨损并可能引发交通事故。车轮侧向滑移量的大小与方向可用汽车车轮侧滑检验台来检测。

汽车侧滑检验台是用来检验汽车车轮在直线行驶过程中车轮侧滑量大小及方向的设备。侧滑量是指汽车在没有外加转向力的条件下，以车速（3～5）km/h 直线行驶通过检验台时，滑板的横向位移量与滑板的纵向有效测量长度之比值，侧滑量以米每千米（m/km）表示。滑板向外滑动的数值记为“+”（进口设备记为“IN”），向内滑动记为“－”（进口设备记为“OUT”）。“正前束引起正侧滑”的意思是，当前束的作用大于车轮外倾的作用时，产生的作用力使滑板向外滑动，仪表显示数值的符号为“+”；当车轮外倾的作用大于前束的作用时，滑板向内滑动，显示数值的符号为“－”。由此，根据仪表上显示数值的正负号，即可知道如何调整前束。

《机动车运行安全技术条件》规定：汽车转向轮的横向滑移量，用汽车侧滑台检测时侧滑量应不大于 5m/km。

一、汽车侧滑检验台的种类和型号

滑板式侧滑试验台按其结构形式可分为单滑板式和双滑板式两种，双滑板式侧滑试验台都是双板联动的。还有一种国外进口的检测前轮外倾角和前束配合情况的试验台是滚筒式的。

双滑板联动汽车侧滑检验台由机械部分、侧滑量检测装置、侧滑量定量指示装置和侧滑量定性显示装置等几部分组成。双滑板式侧滑试验台如图 2-149 所示，由于侧滑试验台的规格不同，按纵向有效测量长度分为 500mm 和 1000mm 两种，按额定承载质量分为 3t、10t、13t 三种。双滑板联动式侧滑试验台左右两块滑板的移动量是相等的，同时向外或同时向内。在其中一块滑板上装有位移传感器，将位移量变成电信号送给侧滑量显示装置。

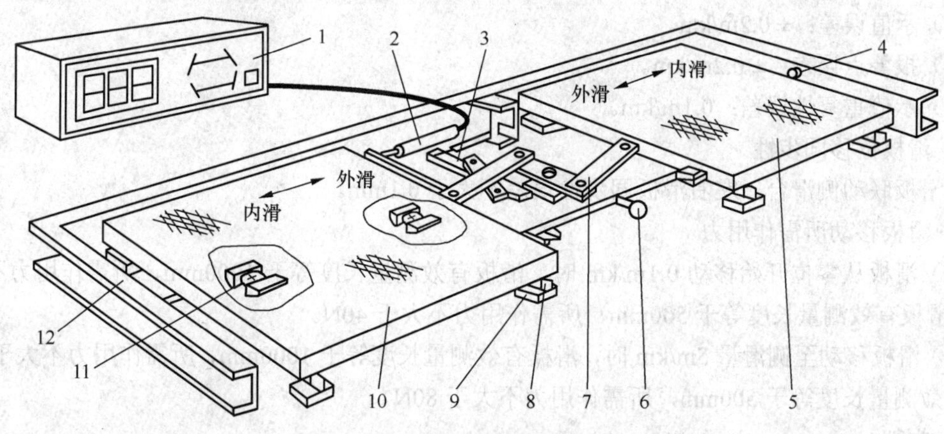

图 2-149 双滑板式侧滑试验台机械部分

1—滑动台仪表；2—传感器；3—同位机构；4—限位装置；5—右滑动板；6—锁定装置；7—双摇臂杠杆机构；8—滚轮；9—导轨；10—左滑动板；11—导向装置；12—框架

滑板式侧滑试验台的产品型号表示为 CH-□□，其中 CH 表示产品代码，第一个“□”表示额定承载质量（t），第二个“□”表示改进型序号（用 A、B、C、……表示）。如 CH-10A，即表示额定承载质量为 10t，第一次改进型汽车侧滑检验台。

二、对汽车侧滑检验台的要求

1．技术参数及外观

（1）双滑板承载质量分为 3t、10t、13t 三级。

（2）滑板纵向有效测量长度、滑板向内及向外滑动量、仪表显示值的关系应符合表 2-9 规定。

表 2-9 汽车侧滑检验台滑板纵向有效测量长度、滑板向内及向外滑动量、仪表显示值规定

滑板有效测量长度/mm	滑板向内、向外最大滑动量/mm	仪表显示值	
		滑板向内及向外滑动量/mm	汽车侧滑量/（m·km^{-1}）
500	≥5.0	0.5	±1.0
1000	≥10.0	1.0	±1.0
推荐采用滑板有效测量长度 1000mm			

（3）侧滑量量程：对称零点左、右均不小于 10.0m/km。

（4）滑板移动应灵活平稳，没有明显的阻滞和晃动现象。沿车辆行驶方向滑板不应有明显的间隙。

（5）仪表显示应清晰，无影响读数的缺陷。数字式显示应稳定，不能有缺划、闪烁现象。数字显示装置读数保持时间不少于 8s；指针式仪表回转应平稳，不应有跳动、卡住和阻滞现象。

2．零值误差及零点漂移

（1）滑板位移 3m/km 时，立即释放水平拉力，滑板应回初始位置，允许偏差为 ± 0.2m/km。

（2）滑板位移 0.4m/km 时，立即释放水平拉力，滑板应回初始位置，允许偏差为 ± 0.2m/km。

（3）侧滑检验台的零点漂移 30min 内，不超过 0.2m/km。

3．示值误差

（1）分辨力：0.1m/km。

（2）示值误差：± 0.2m/km。

（3）报警点误差：± 0.2m/km。

（4）示值重复性误差：0.1m/km。

4．滑板位移同步性

双滑板联动侧滑台，左右滑板同步性误差不大于 0.1mm。

5．滑板移动所需作用力

（1）滑板从零位开始移动 0.1m/km 时，滑板有效测量长度等于 1000mm，所需作用力不大于 60N；滑板有效测量长度等于 500mm，所需作用力不大于 40N。

（2）滑板移动至侧滑量 5m/km 时，滑板有效测量长度等于 1000mm，所需作用力不大于 120；滑板有效测量长度等于 500mm，所需作用力不大于 80N。

6．框架

（1）框架两纵梁和横梁的平行度公差和框架上平面的平面度公差见表 2-10。

表 2-10 滑板框架两纵梁和横梁的平行度公差及框架上平面的平面度公差

框架两纵梁和横梁的平行度公差		框架上平面的平面度公差	
框架长度	公差	框架长度	公差
1000～1600	1.5	1000～1600	2.5
1600～2500	2.0	1600～2500	3.0
2500～4000	2.5	2500～4000	4.0

（2）框架两纵梁和横梁组成的四边形，其两对角线之差小于 3mm。

7．导轨

滑板承载导轨的硬度 HRC40～45。滑板限位导轨的硬度 HRC40～45。

8．滚动元件

尺寸公差等级不得低于 IT8 级；形状公差，其圆度、圆柱度不得低于 8 级；硬度 HRC45～50。

9．装配质量

（1）滚动元件在承载导轨上，应滚动自如，应与上、下承载导轨同时接触，并应清洁润滑。

（2）滑板装配后，其前后方向的窜动量不大于 0.1mm。

（3）滑板的基面对于框架上平面的高度差为 ± 2mm。

（4）两滑板基面的高度差不大于 2mm。

（5）滑板与框架前后方向边隙为 5mm ± 0.5mm。

（6）滑板与框架左右方向边隙为不小于 15mm。

10．电气系统

（1）电气系统在环境温度 0℃～40℃、相对湿度 85%时，应能正常工作。

（2）抗电强度：仪表外壳应经受 50Hz、1.5kV，历时 lmin 的耐压试验，不应出现飞弧现象。

（3）接地电阻不大于 4Ω。

（4）绝缘电阻：带电部位与金属支架间绝缘阻抗不小于 5MΩ。

（5）电源：电压 220（1 ± 10%）V，频率 50（1 ± 2%）Hz。

11．焊接与涂漆

（1）焊接件表面要求平整均匀，不应有焊穿、脱焊、漏焊、裂纹等缺陷。

（2）涂漆作业前应对金属表面进行除污、除油、除锈处理，并喷防锈底漆。

（3）面涂膜要均匀，富有光泽，附着力强，不应有露底、裂纹、气泡和明显的流痕、橘皮。

三、侧滑试验台的使用注意事项

（1）不允许超过允许吨位的汽车驶入侧滑台，以防压坏或损伤易损机件。

（2）不允许汽车在侧滑台上转向或制动，因为会影响测量精度和检验台的使用寿命。

（3）前驱动的汽车在测试时，不应该突然加油、收油或踏离合器，这样会改变前轮受力状态和定位角，造成测量误差。

（4）不允许在试验台上停放任何车辆。

（5）注意经常保持试验台内外的清洁。

【课题实施】

操作 汽车侧滑试验台的使用

步骤一 检测前的准备

（1）在不通电的情况下，检查各种导线有无因损伤而造成接触不良的部位，必要时应进行修理或更换。

（2）检查侧滑试验台的仪表是否指在零位上。

（3）接通电源，晃动滑动板，待滑动板停止后，查看显示仪表上的侧滑量数值是否为零。如发现失准，将仪表校零。

（4）检查侧滑试验台及周围场地有无机油、石子、泥污等杂物，并清除干净。

（5）检查待检测车轮胎气压应符合各自的规定值（出厂标准）。

（6）检查并清除轮胎上的油污、水渍和嵌入的石子、杂物等。

步骤二　检测

（1）松开滑动板的锁止手柄，接通电源。

（2）汽车以 3～5km/h 的低速垂直地使被测车轮通过滑动板。

提示

速度过高会因台板的惯性力和仪表的动态响应迟滞而影响测量精度，速度过低也会引起失真误差。在汽车通过侧滑板时严禁转向和制动。

（3）当被测车轮从滑动板上完全通过时，读取最大值，注意记下滑动板的运动方向，即区别滑动板是向内还是向外滑动。

提示

进行记录时，应注意数值的正负号，遵循如下约定：滑动板向外侧滑动，侧滑量记为负值，表示车轮向内侧滑动（即 IN）；滑动板向内侧滑动，侧滑量记为正值，表示车轮向外侧滑动（即 OUT）。

（4）检测结束后，锁止滑动板，切断电源。

课题十二　车速表指示误差检测

【基础知识】

为了保证汽车行驶的安全性，并充分发挥汽车的动力性，需要精确掌握汽车的行驶速度，特别是在限速路段和限速车道上行驶时，驾驶员必须按照车速表的指示值，根据车辆、行人和道路状况，准确地控制车速。汽车行驶速度与行车安全有着直接关系，行驶速度过高往往使车辆失去操纵稳定性，使行车制动距离大大增加。所以要求车速表本身一定要工作可靠，准确无误。但在实际使用过程中，车速表因各方面的原因，使其指示误差会越来越大，如果超过某限度，极易因判断失误而造成交通事故。为确保车速表的指示精度，必须适时对车速表进行定期的检测、校正。

一、车速表形成误差的原因

车速表有磁感应式和电子式等类型，与里程表组合在一起。

车速表误差一般有来自使用方面的两个原因，轮胎磨损或轮胎气压的变化造成轮胎滚动半径的变化是引起车速表误差的主要原因；二是车速表传动或本身机件在使用过程中发生自然磨损、磁性元件的磁性发生变化，不可避免地要产生自然磨损，这样都会使车速表的指示产生误差。

二、车速表误差的检测方法

车速表的检测方法有道路试验法和室内台架试验法两种。台架试验法在滚筒式车速表试验台上进行。道路试验法用测速法，即用第五轮仪或非接触测速仪测定实际汽车行驶速度来进行检验。

常见的车速表室内台架试验法有三种类型，依靠被测车轮带动滚筒旋转的无驱动装置的标准型；由电动机驱动滚筒旋转的驱动型；把车速表试验台与制动试验台或底盘测功机组合在一起的综合型。

1．标准型车速表试验台

标准型车速表试验台由速度测量装置、速度指示装置和速度报警装置等组成，如图 2-150 所示。

速度测量装置主要由框架、滚筒装置、举升器和速度传感器等组成。4 个滚筒通过滚动轴承安装在框架上。为防止汽车驱动轴差速器行星齿轮自转，车速表试验台的两个前滚筒用联轴器连接在一起。为使汽车进、出车速表试验台方便，在前后滚筒之间设有举升器。速度传感器安装在滚筒的一端，将对应于滚筒转速发出的电信号送至速度指示装置。速度指示装置根据速度传感器发出的电信号和滚筒圆周长度与滚筒转速算出的线速度，以 km/h 为单位在仪表上指示。速度报警装置是在测量中为提示汽车实际车速已达到检测车速（40km/h）而设置的。试验中，当汽车实际速度达到检测车速时，报警灯亮或蜂鸣器响，提示检测员立即读取驾驶内车速表的指示值，以便与实际车速对照，判断车速表指示值是否在合格范围之内。

2．驱动型车速表试验台

汽车的车速表转速信号一般取自变速器或分动器的输出端。但也有一些汽车的转速信号取自汽车从动系统的车轮。如图 2-151 所示，车速表试验台就是为适应后一种汽车而设置的。该种车速表试验台在滚筒与电动机之间装有离合器，当离合器处于分离状态时，驱动型车速表试验台也可以作为标准型车速表试验台使用。

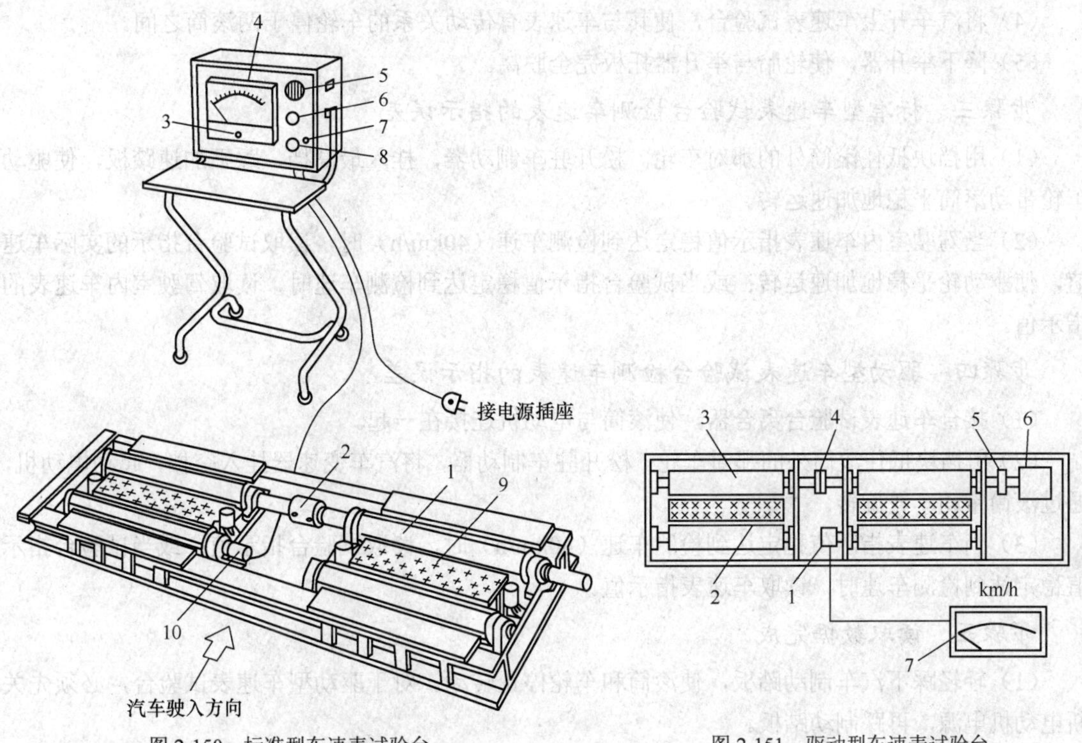

图 2-150　标准型车速表试验台

1—滚筒；2—联轴器；3—零点校正螺钉；4—速度指示仪表；5—蜂鸣器；6—报警灯；7—电源灯；8—电源开关；9—举升器；10—速度传感器（测速发电机式）

图 2-151　驱动型车速表试验台

1—测速发电机；2—举升器；3—滚筒；4—联轴器；5—离合器；6—电动机；7—速度指示仪表

【课题实施】

操作 车速表试验台的使用

步骤一 检查车速表试验台

提示

测量车速表指示误差之前，应认真阅读车速表试验台的使用说明书，按规定的方法正确使用。对于经常使用的车速表试验台，不一定每次使用前都要全面进行检查。

（1）在车速表试验台滚筒处于静止时，检查指示仪表的指针是否在机械零点上。若指针不在零点上，可用零点调整螺钉调整。若指示仪表为数码管式，数码管应亮度正常，且均处于零位。

（2）检查车速表试验台滚筒上是否沾有油、水、泥、砂等杂物，若有应清除干净。

（3）检查车速表试验台举升器的升降动作是否自如，若动作阻滞或有泄漏部位，应予以修理。

（4）检查车速表试验台导线的连接情况，若有接触不良或断路，应予以修理或更换。

步骤二 检查车辆、准备

（1）检查被检汽车的轮胎气压，应符合汽车制造厂规定。

（2）轮胎上沾有油、水、泥、砂或花纹内嵌有小石子时，应清除干净。

（3）接通车速表试验台电源，升起滚筒间的举升器。

（4）将汽车开上车速表试验台，使其与车速表有传动关系的车轮停于两滚筒之间。

（5）降下举升器，使轮胎与举升器托板完全脱离。

步骤三 标准型车速表试验台检测车速表的指示误差

（1）用挡块抵住滚筒外的那对车轮。松开驻车制动器，挂入最高挡，踩下加速踏板，使驱动车轮带动滚筒平稳地加速运转。

（2）当驾驶室内车速表指示值稳定达到检测车速（40km/h）时，读取试验台指示的实际车速值，使驱动轮平稳地加速运转；或当试验台指示值稳定达到检测车速时，读取驾驶室内车速表的指示值。

步骤四 驱动型车速表试验台检测车速表的指示误差

（1）接合车速表试验台离合器，使滚筒与电动机连接在一起。

（2）用挡块抵住滚筒外的那对车轮。松开驻车制动器，将汽车变速器挂入空挡，起动电动机，通过滚筒带动车轮旋转。

（3）当车速表指示值稳定达到检测车速（40km/h）时，读取试验台指示值；或当试验台指示值稳定达到检测车速时，读取车速表指示值。

步骤五 读取数据完成

（1）轻轻踩下汽车制动踏板，使滚筒和车轮停止转动。对于驱动型车速表试验台，必须先关断电动机电源，再踩制动踏板。

（2）检测结束后，升起举升器，去掉挡块，将汽车驶离试验台。关断试验台电源，测量工作结束。

（3）将检测读取的数据与标准进行对比。

根据《机动车运行安全技术条件》的规定，车速表误差范围为+20%～-5%，即当实际车速为 40km/h 时，车速表指示值应在 38～48km/h 范围内为合格，或当车速表指示值为 40km/h 时，实际车速应在 32～42km/h 范围内为合格。

思考与练习

一、选择题

1．底盘测功试验台用于测量汽车________等汽车性能试验的装置。

A．发动机输出功率　　B．变速器输出功率

C．驱动轮输出功率　　D．从动轮输出功率

2．V3D 定位仪具有________功能。

A．三维模拟成像　　B．三维数字成像

C．二维模拟成像　　D．二维数字成像

3．机动车制动性能的检验宜采用________或________检验制动性能，其中前轴驱动的乘用车更适合采用________检验制动性能。

A．滚筒反力式制动检验台　　B．平板制动检验台　　C．便携式制动性能测试仪

二、填空题

1．测功装置包括________测功装置和________测功装置。

2．底盘测功机按滚筒不同可分为________底盘测功机和________底盘测功机。按测功器形式不同可分为________、________和________，按功率吸收装置的冷却方式分为________、________、________，按承载质量分为________、________、________、________。

3．底盘测功机的型号主要以________、________的阿拉伯数字和________等主参数代号来表示。

4．简易转向盘自由转动量检测仪主要由________和________两部分组成。

5．ZC-2A 转向参数测试仪由________、________、________和________四部分组成。

6．检测传动系游动角度应在热车熄火的情况下进行。可用________、________两种方法进行。

7．指针式游动角度检测仪由________、________、________等组成。

8．汽车悬架装置工作性能的检测方法，有________、________和________三种类型。

9．汽车悬架装置检测台，可分为________和________两种类型。谐振式悬架装置检测台又可分为________和________两种。

10．测位移式的悬架装置检测仪由________、________、________、________和________等组成。

11．谐振式汽车悬架装置检测台可分为________、________和________三种类型。

12．正确的车轮定位已不仅仅是为了单纯的________的不正常磨损，更重要的它是________的重要保证。

13．作用在车轮上的力有________、________和________。

14．底盘特性通过车轮定位实现。车轮定位表示车轮相对________和________的几何位置。这个位置由各种不同的几何参数确定，部分参数可以在四轮定位过程中直接确定，其他参数通过转向移动时的运动学关系得出。

15．转向时负前束的测量是在________时进行的，测量过程包括前束测量。前轮外倾角在定位仪在________测得，车轮外倾以度为单位测量。主销内倾角是在________测得，以度为单位。主销内倾角直接影响主销偏置距。主销后倾可通过________间接测量。车辆纵向中心平面，在定位仪的调整前检测中，________测出。行驶轴角通过________、________可计算出行驶轴角。

16．在车轮定位仪的发展历史上经历了________、光学、________、________、V3D（三维数字成像）等不同的技术发展阶段。

17．轴（轮）重仪传感器承载的重量减去________即为被称的轴（轮）重。

18．制动试验台按测量方式的不同分为________、________等。按速度高低分为________和________。

19．平板制动试验台一般由________、________和________等组成。

20．便携式制动性能测试仪主要由________、________、________以及________等部件组成。

21．踏板力计是测量汽车制动踏板力值的器具，主要由________和________组成。

22．双滑板联动汽车侧滑检验台由________、________、________和________等几部分组成。

23．标准型车速表试验台由________、________和________等组成。

三、简答题

1．测功装置主要作用是什么？

2．底盘测功机具有哪些主要测试功能？还有哪些加载功能？

3．底盘测功机主要由哪些部分组成？

4．转向盘自由转动量。

5．转向盘的转向力。

6．在 JJG 007—2005 中对力角仪计量性能的要求有哪些？

7．国产 ZC-2A 型转向参数测试仪有什么功能？

8．传动系总游动角度。

9．谐振式汽车悬架装置检测台的检测原理。

10．车轮静不平衡。

11．车轮动不平衡。

12．引起车轮不平衡的主要原因有哪些？

13．汽车四轮定位包括哪些主要过程？

14．四轮定位的检测项目有哪些？分别进行描述。

15．前束的作用。

16．前束故障对车辆有什么影响？

17．主销内倾角故障时车辆有什么表现？

18．主销后倾角故障时，车辆有什么表现？

19．制动力对主销偏置距有什么影响？

20．轮距差角故障时车辆有什么表现？

21．百斯巴特 ML TECH 系列定位仪由哪些部分组成？

22．V3D 四轮定位仪与传统定位仪的比较，有什么优点？

23．杰奔 V3D（三维成像）四轮定位仪由哪些部分组成？

24．电子式的轴（轮）重仪有什么作用？

25．滚筒式反力制动检验台的作用。

26．踏板力计的的工作原理是什么？

27．什么是侧滑？

28．汽车侧滑检验台的作用是什么？

29．车速表指示误差的原因是什么？

四、综述题

1．叙述底盘测功试验台的工作原理。

2．国家标准对转向盘自由转动量和转向盘的转向力是如何规定的？

3．查询、研读 JJG　007—2005 标准。

4．汽车悬架装置发生故障后，汽车行驶中有什么表现？

5．对谐振式汽车悬架装置检测台有什么要求？

6．离车式和就车式的检测依据什么原理？

7．车轮平衡检测应注意什么事项？

8．对转向系统有哪些要求？

9．为什么要对车轮进行定位？

10．四轮定位仪的检测依据什么原理？

11．在车轮定位测量中常遇到的问题有哪些?

12．V3D 系统的测量依据什么原理？

13．国家标准《机动车运行安全技术条件》(GB　7258—2004）对行车制动系统的规定有哪些?

14．叙述滚筒式反力制动检验台结构和工作原理。

15．如何进行汽车侧滑量检测？

五、操作题

1．用底盘测功机检测汽车功率。

2．用简易转向盘自由转动量检测仪测量转向盘自由转动量。

3．用 ZC-2A 型转向参数测试仪测试原地转向力、自由转角、综合转角和转矩。

4．用指针式游动角度仪检测驱动桥、万向传动装置、离合器和变速器的游动角度。

5．用数字式游动角度检测仪检测驱动桥、万向传动装置、离合器和变速器的游动角度。

6．用谐振式汽车悬架装置检测台检测汽车悬架装置。

7．离车式车轮动平衡机的检测车轮。

8．使用百斯巴特 ML TECH-8R 定位仪检测车辆。

9．用杰奔 V3D 四轮定位仪测量车辆。

10．用汽车轴重仪测量汽车轴重。

11．用滚筒式制动检验台检验车辆的制动。

12．用平板制动检验台检验车辆的制动。

13．用汽车侧滑试验台检测车辆的侧滑量。

模块三 3 汽车电气、电控系统检测设备

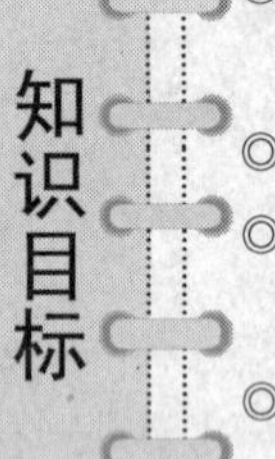

知识目标

◎ 了解故障诊断仪的类型和功能
◎ 了解专用型、通用型故障诊断仪在使用中的差别
◎ 了解典型的故障诊断仪
◎ 理解发动机综合性能分析仪的功能
◎ 了解典型的发动机综合性能分析仪
◎ 掌握积炭形成的原因及运行工况对喷油器积炭堵塞的影响
◎ 了解全自动多功能汽车积炭清洗机的作用
◎ 了解正时测试仪、点火系统快速探测器、点火系统点火高压快速探测器的作用
◎ 了解汽车短路/断路检测仪的作用

能力目标

◎ 会使用丰田 IT Ⅱ故障诊断仪进行诊断
◎ 会使用金德故障诊断仪 KT600 进行诊断
◎ 会操作发动机性能分析仪 FSA740
◎ 会使用自动多功能汽车积炭清洗机
◎ 会使用正时测试仪、点火系统快速探测器、点火系统点火高压快速探测器
◎ 会使用汽车短路/断路检测仪

课题一 汽车故障诊断仪

汽车上装备了先进的计算机控制及故障自诊断系统。在汽车控制单元中配备了一个故障存储器。一旦电控系统出现故障，电控单元将利用自身的自诊断功能将故障检测出来，并以故障码（DTC）的形式储存在电控单元的存储器中。将故障诊断仪与汽车的诊断插座连接，诊断仪可以从汽车电子控制单元的存储器中提取故障码，并以数字形式显示故障码。检修人员可用诊断仪将故障代码从电子控制单元中读出，为检修提供参考。故障诊断仪又称解码器、扫描仪、故障阅读器等。

一、故障诊断仪类型

故障诊断仪必须根据车型、汽车制造商和发动机类型选择程序。故障诊断仪分为专用型和通用型。专用型就是一般4S店内使用的，针对某一特定汽车厂家开发的诊断仪。图3-1所示为奔驰的STAR DIAGNOSIS Compact II和STAR DIAGNOSIS Compact III，图3-2所示为丰田的IT-Ⅱ，图3-3所示为宝马的BMW GT1，图3-4所示为美国SPX（斯必克）公司开发的通用汽车的故障诊断仪Tech2，如图3-5所示保时捷汽车诊断设备Piwis KTS520，图3-6所示为本田专用检测仪HIM，图3-7所示为标致诊断仪的pp2000，图3-8所示为现代、起亚汽车的诊断仪，美国SPX公司开发的福特WDS，德国西门子公司开发的大众5051/5052/5053。通用型故障诊断仪的适用车型广，基本上涵盖了美、欧、亚及国产车系，图3-9所示为BOSCH的故障诊断仪KTS670，图3-10所示为车博士V-30的诊断仪，图3-11所示为元征431诊断仪，图3-12所示为美国SPX公司开发的OTC诊断仪，图3-13所示为金德诊断仪。

STAR DIAGNOSIS Compact Ⅱ

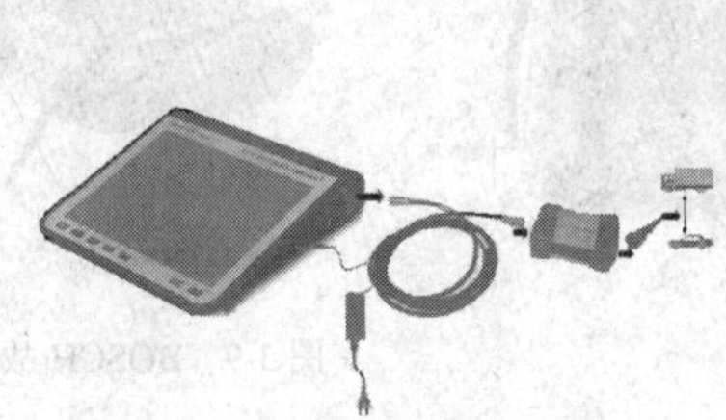

STAR DIAGNOSIS Compact Ⅱ

图3-1 奔驰故障诊断仪

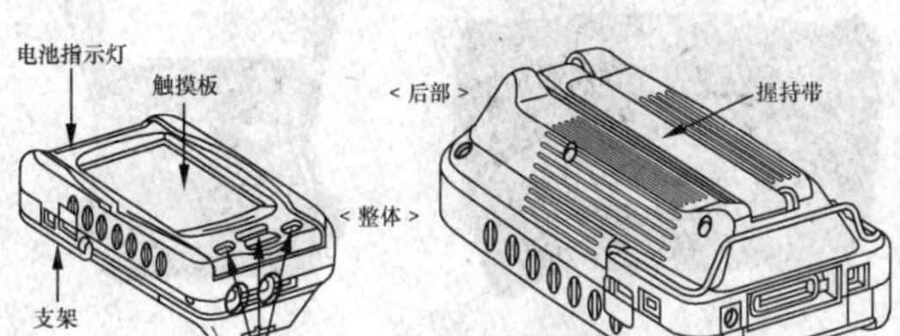

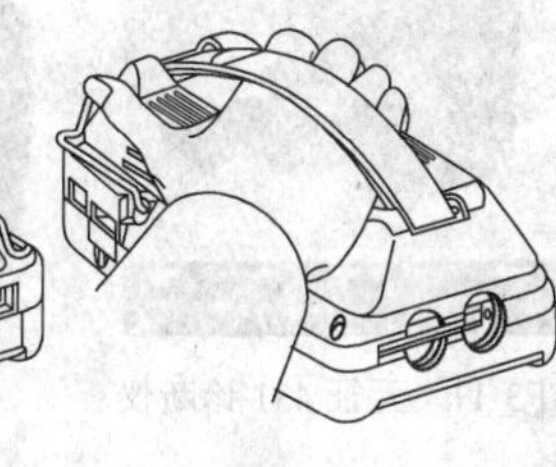

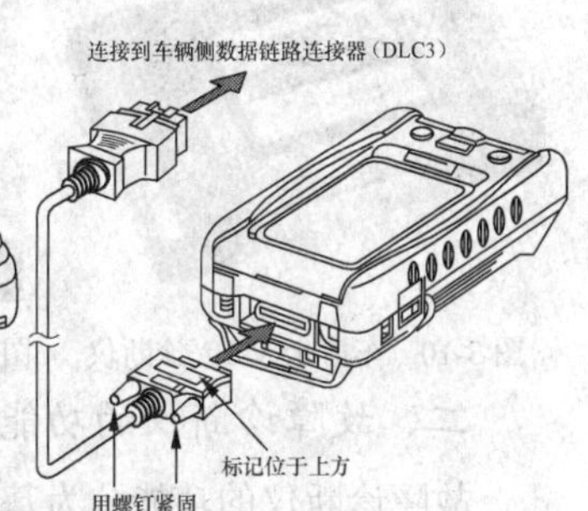

图3-2 丰田IT-Ⅱ故障诊断仪

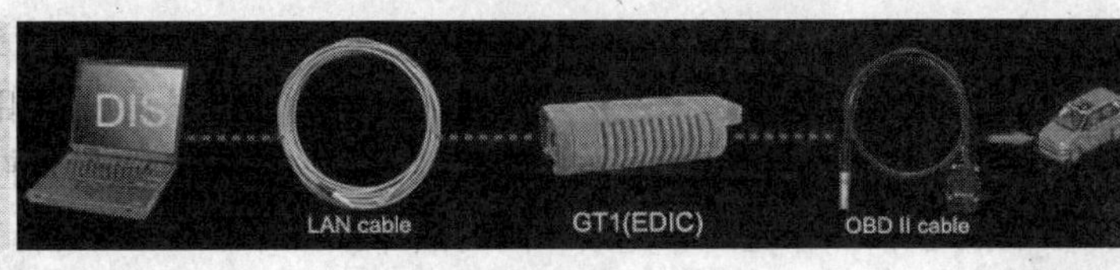

图3-3 宝马诊断设备BMW GT1

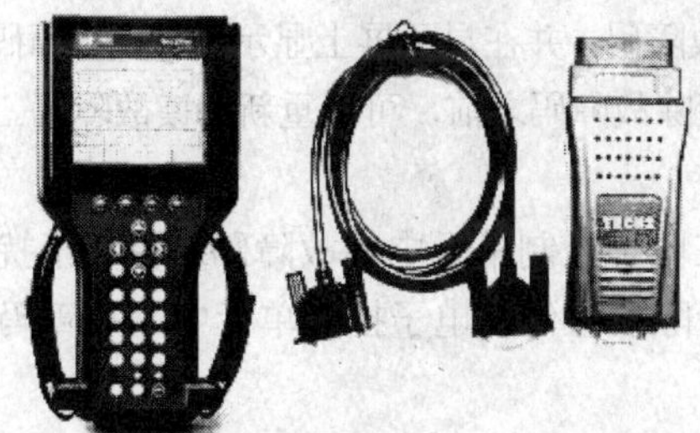

图3-4 通用汽车的故障诊断仪Tech2

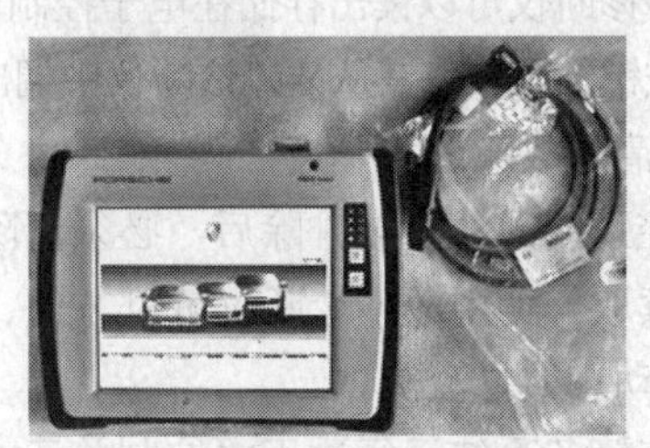

图3-5 保时捷汽车故障诊断设备Piwis KTS520

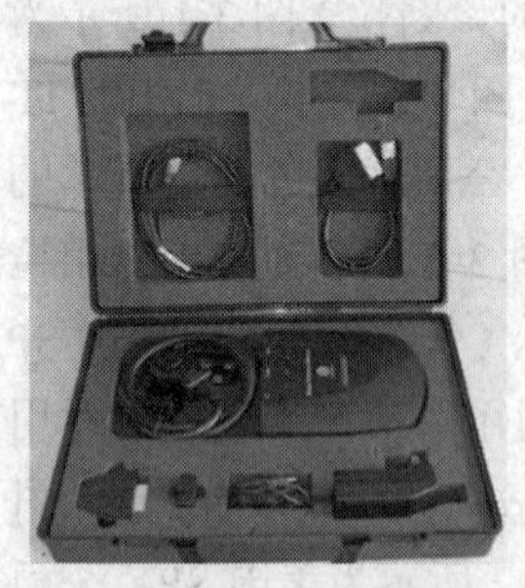
图 3-6 本田 HIM 专用检测仪

图 3-7 标致诊断仪 pp2000

图 3-8 现代、起亚汽车诊断仪

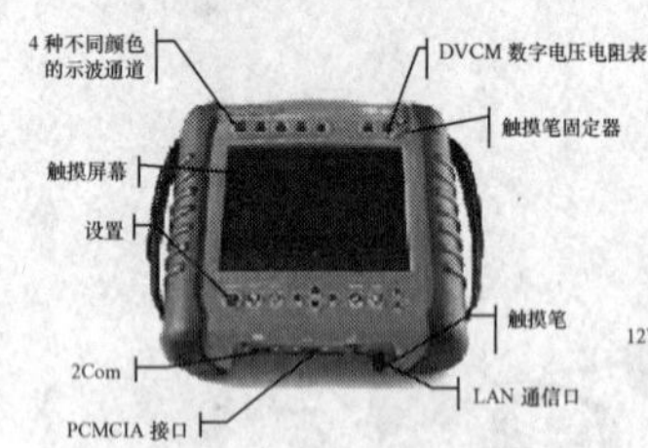

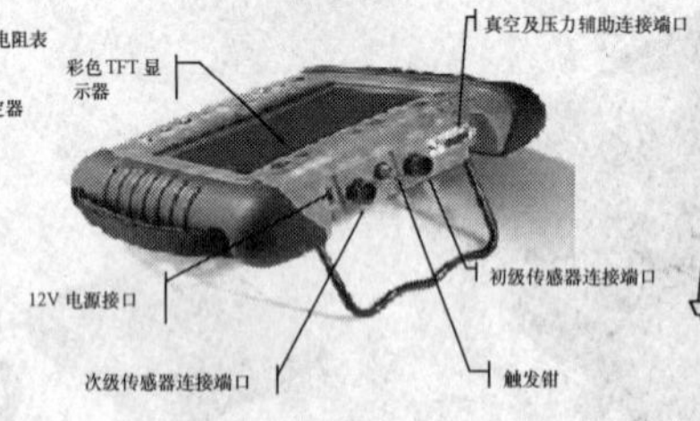

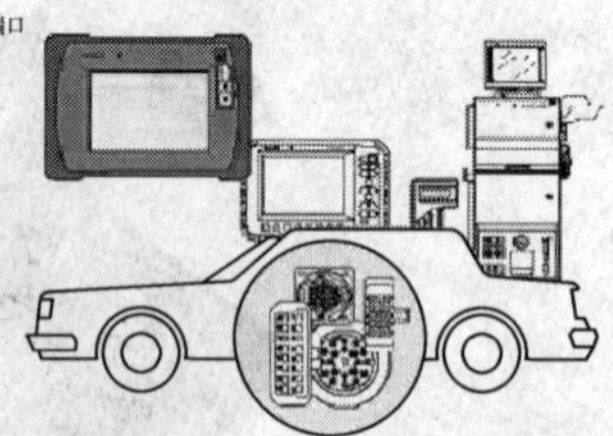
图 3-9 BOSCH 故障诊断仪 KTS670

图 3-10 车博士 V-30 诊断仪

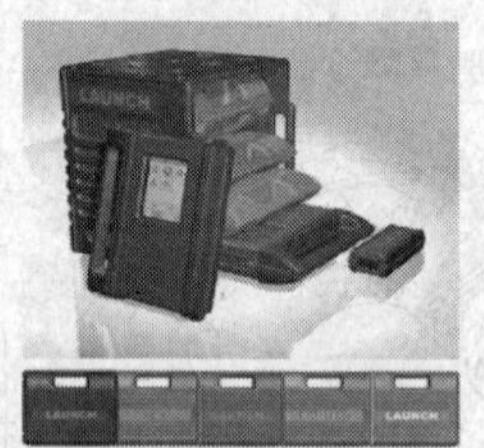

图 3-11 元征 431 诊断仪

图 3-12 OTC 诊断仪

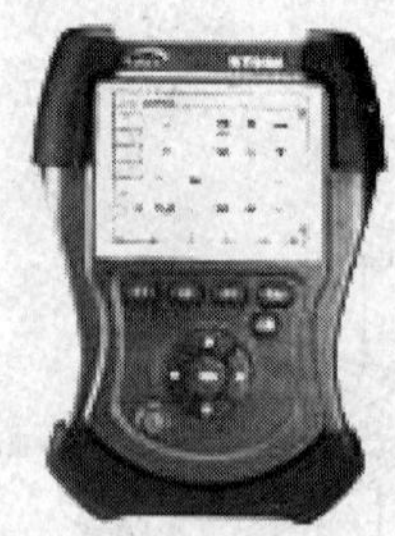
图 3-13 金德诊断仪

二、故障诊断仪的功能

故障诊断仪的功能分为基本测试功能和特殊测试功能，基本测试功能包括读取和清除故障码，特殊测试功能包括动态数据流测试、执行元件测试、基本设定和控制单元编码等。

诊断仪可以与随车电子控制单元进行信息交流，是唯一可以显示控制单元内部信息的诊断工具。当汽车中的电压信号完全超出正常范围时，汽车计算机只是设置相应的故障码，故障码有助于检修人员确定故障原因。如果信号在正常范围内，但系统仍然不能正常工作，汽车计算机将不显示故障码，故障会依然存在，即无故障码的故障。

1．读取故障码

故障诊断仪可以读出存储在电子控制单元中的故障码，并在显示屏上显示出来，故障码的含义也可通过按键的操作将其从故障诊断仪中调出。在未清除故障码之前，可以重新阅读故障码。

2．清除故障码

电控系统的故障被排除后，必须清除掉存储在电子控制单元中的故障码。以免干扰下一次故障码的读取。使用故障诊断仪可以方便、快捷地清除掉存储在电子控制单元中的故障码。

3．动态数据流测试

将车辆各系统运行过程中控制单元的工作状况和各种输入、输出电信号的瞬时数值，以串行方式经故障诊断座传送到故障诊断仪，并在故障诊断仪显示屏上显示出来，从而使整个控制系统的工作状况一目了然，供检修人员查阅。对于无故障码的故障，建议仔细观察计算机的输入和输出信号，作为识别这类故障的辅助方法，这可以通过观察串行数据流来完成。

现在许多故障诊断仪可以在动态数据流测试时，通过操作观察其所测数据的动态波形。

4．定格数据

通常使用故障诊断仪是取得汽车诊断数据的唯一方法。大多数故障诊断仪都可以在行车时记录数据，这些信息是其他方法很难或根本无法获得的。这些记录被不同的故障诊断仪生产者分别称为“快照”、“影片”或“影象”。重放记录时，故障码可以以暂停的方式显示，从容地仔细研究传感器及执行器的活动。

5．执行元件测试

在发动机运转过程中或熄火状态下，通过故障诊断仪向各执行元件发出强制驱动或强制停止的指令，以查找出有故障的执行元件或控制电路。此项功能可以检查执行元件的工作状态。如通过故障诊断仪可以检查电动汽油泵继电器、喷油器、废气再循环阀、怠速控制阀、空调离合器、自动变速器电磁阀等执行元件是否工作。

6．基本设定

此项功能可以对汽车上电控系统进行基本设定。当电控系统某些部件维修后或更换电子控制单元，由于电控系统中的初始值发生了变化，所以必须进行重新设定。例如，点火正时的设定、节气门控制部件与电子控制单元的匹配、发动机开闭环的控制等。

7．控制单元的编码

控制单元编码没有显示或更换了控制单元之后，必须对控制单元进行编码。如果发动机电脑编码错误将导致油耗增大，变速箱寿命缩短，直至发动机无法起动。

对于电控系统故障的诊断主要采用两种不同的诊断模式，一种是静态诊断，简称 KOEO 诊断模式，即点火开关“开”、发动机不运转（Key ON Engine OFF）。在进行这种模式的诊断时，只需打开点火开关，不起动发动机，主要是在发动机静态时，将车用电控单元中所存储的故障码或电控单元的输入和输出信号数据读取出来，利用电控单元内已存有的汽车电控系统的故障码或数据进行诊断。第二种故障诊断模式是动态诊断模式，简称 KOER 诊断模式，即点火开关“开”，发动机运转（Key ON Engine RUN）。在这种诊断模式的诊断中，主要是在发动机运行状态下，利用故障自诊断系统测取故障码或数据流。

三、专用型、通用型故障诊断仪使用中的差别

1．功能上的差别

故障诊断仪功能上的差别因厂家的技术支持而不同，具体功能如表 3-1 所示。

表 3–1　专用型、通用型故障诊断仪功能上的差别

<table>
<tr><td rowspan="2">功能
种类</td><td colspan="2">基本测试功能</td><td colspan="4">特殊测试功能</td></tr>
<tr><td>读取故障码</td><td>清除故障码</td><td>动态数据流测试</td><td>执行元件测试</td><td>基本设定</td><td>控制单元编码</td></tr>
<tr><td>专用型故障诊断仪</td><td>√</td><td>√</td><td>√</td><td>√</td><td>√</td><td>√</td></tr>
<tr><td rowspan="2">通用型故障诊断仪</td><td colspan="6">（有防盗）×</td></tr>
<tr><td>√</td><td>√</td><td>√</td><td>部分</td><td>×</td><td>×</td></tr>
</table>

另外，专用型故障诊断仪可对车载电脑的程序进行重新编写，对控制单元的编码、汽车上电控系统进行基本设定、对车载音响的解码、保养灯清零等，许多通用型故障诊断仪不一定有此功能。

2．故障描述上的不同

一些轿车上发生的一个常见故障是发动机故障指示灯点亮，导致车辆无法通过尾气排放检测。故障灯虽然点亮了，但车辆可能运行良好或发动机只有轻微的故障，如发动机怠速不稳等。

要想使发动机故障指示灯（MIL）熄灭，第一步就是读取故障码，在对车辆控制电脑的自诊断系统进行检查时，首先要清楚车辆控制电脑认定的故障是什么。如果使用原厂的故障诊断仪，则可以读取原厂定义的故障码来帮助诊断。如果没有原厂的故障诊断仪，则要用通用型故障诊断仪来诊断故障。

例如，读取到的故障码为 P1128。

提示

大众原厂故障诊断仪定义故障码为 17536，定义为混合气自适应过稀。
福特故障诊断仪读取到的故障码 P1128，定义为加热式含氧传感器信号交换故障。
通用型故障诊断仪读取到的故障码 P1128，定义为加热式氧传感器故障。

该故障码涉及发动机控制电脑能否改变燃油补偿，当混合气过稀时，燃油补偿用来修正混合气浓度，使之达到正常状态。控制电脑通过加大喷油器喷油脉宽的方法增加了喷油量，但氧传感器仍然指示混合气过稀。

（1）维修处理。

① 定义为混合气自适应过稀。混合气自适应过稀的故障原因可能出在质量空气流量传感器或喷油器不喷油上。质量空气流量传感器是发动机用以确定合适的燃油混合气的传感器。发动机控制电脑通过计算发动机进气流量并结合发动机转速信号来确定发动机的负荷，确定合适的喷油量。

提示

如果质量空气流量传感器损坏或质量空气流量传感器线路故障，导致在发动机所有转速范围内出现混合气失常现象。

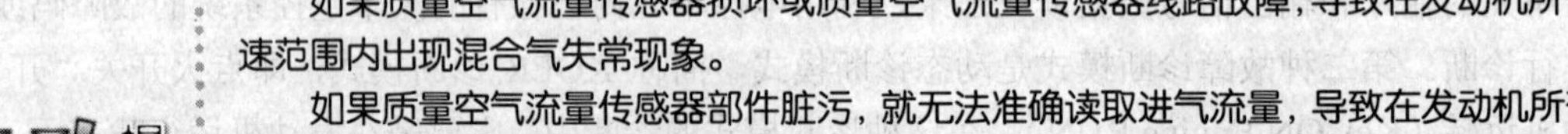

如果质量空气流量传感器部件脏污，就无法准确读取进气流量，导致在发动机所有转速范围内出现混合气失常现象。

如果在质量空气流量传感器后部的进气管路的某个地方有真空泄漏，质量空气流量传感器就不能测量出发动机吸入的空气量，从而发动机控制电脑就不能指令喷油器喷射足够的燃油。由于发动机怠速时进气量很少，因此怠速时发生真空泄漏对混合气有很大影响。在高转速下工作时，发动机进气量比怠速状态要大得多，所以高转速下发生少量的真空泄漏对混合气的影响相对较小。

② 定义为加热式含氧传感器信号交换故障。

提示

加热式含氧传感器损坏。
加热式含氧传感器线路故障。
如读取到这个故障码后就采取更换氧传感器的处理方法或对线路进行检查维修，只会浪费时间，结果还是找不出故障所在。

③ 定义为加热式氧传感器故障。

如读取到这个故障码后就采取更换氧传感器的处理方法，这样做只能导致几天后故障灯再次点亮，用户只好将车辆送回返修。

（2）结论。

如果发动机确实在混合气过稀的状态下运行，则氧传感器指示正确。专用型故障诊断仪和通用型故障诊断仪在故障描述上的不同，会错误地引导维修人员。必须按照正确诊断流程对汽车电控系统进行检查测试。

四、使用故障诊断仪检测电控系统时的注意事项

（1）在检查非电控系统部分的故障时，故障诊断仪并不是很有用。这些部分的故障包括很多机械或电路问题，如气缸压缩比不够、充电系统效率低或失效、真空密封不好或火花塞积炭以及大多数喷油系统、排放系统或点火系统的问题。只能得到不点火的原因或转换器故障的原因，所以通常在完成汽车的基本系统检查之后，才使用故障诊断仪进行测试。因为故障诊断仪不能替代燃油压力计或点火测试器，也不能用其来检查气缸压缩比。

（2）故障诊断仪不能自己思考或进行故障诊断，因此最重要的是要了解检测系统的工作和测试程序，以正确地理解故障诊断仪所提供的信息，还要注意的是在某些条件下，故障诊断仪可能会显示错误的信息，因为故障诊断仪显示的系列数据受电控单元的影响。由于线路错误、电控单元内部或共用搭铁问题，电控单元可能会替换数值而使真实的数值改变。因此当自诊断系统出现故障码时，应该与发动机的实际故障症状进行分析比较，进行正确合理的判断后再进行维修，而且并不是从所有的车上都能取得电脑数据信息。

（3）故障诊断仪在检查单独的输入和输出回路时，会提示回路或零件是否作用正常。可以查出故障，但找出故障的具体部位还要靠传统的电子和机械检查方法来实现。

（4）当汽车无法提供数据或数据无法取出时，即无故障码输出时，故障诊断仪就无法发挥作用。这时数据能否产生和取出很大程度上取决于生产厂家和汽车型号（即使同一系列也会因型号而不同）。

（5）故障诊断仪使用方法简单，但一定要按规定进行操作，一些维修人员抱有“故障诊断仪使用方法简单，不必按规定进行操作”的心理，以至于在对电喷车辆进行维修时，操作方法过于随意，导致自诊断系统输出错码。比如，一些维修人员在发动机运转过程中，随意拔下传感器插头。每拔下一次传感器插头，自诊断系统就会记录一次故障码。另外，若上一次车辆维修时，若未能完全清除旧的故障码，那么，控制单元也同样将原来的故障码保存其内。因此，维修人员一定要按规定使用故障诊断仪，及时排除故障码，结束输出。避免造成不必要的人为故障码，给维修工作带来混乱和困难。

（6）查找和排除故障时，要将故障诊断仪与维护手册结合起来，故障诊断仪可以迅速、准确地指出故障部位（元件）和某些故障原因外，还必须参考各种汽车维修手册。因为各类汽车的故障代码不相同（同一厂家也有相同的），不可替代。利用故障诊断仪查找故障时要参照电控系统的电路图，查找故障时离不开对部件结构原理的分析，某条导线的断路和短路故障离不开导线端子、插接器的查找，有了电路图就方便得多。另外，有的故障诊断仪中存有维修数据及资料，在查找和排除故障时，随时可在故障诊断仪中查阅。

（7）目前生产的汽车发动机控制单元中都有丰富的数据流存储调用功能，故障诊断仪最有用

的功能之一就是它可以在路试中记录数据流读数，并可以重放以进行详细的分析。依靠故障诊断仪和车上系统，可以获得数据记录。一旦故障诊断仪设置为记录状态时，它就可以将数据流记录在内部记忆缓冲存储器中。分析存储器中的数据可以以找出间歇性故障的原因。另外，在分析某个元件的数据流时，不能只看这个元件的数据流及变化，而应将与该元件关系密切的几个元件的数据流汇集到一起，作综合分析，才能得到正确结论。

（8）不论专用型还是通用型故障诊断仪，由于厂家不断有新车型出现。因此要不断定期对诊断仪的诊断软件进行升级，一般可通过网络在线升级或通过升级光盘进行。

（9）随着汽车控制系统所控制的内容不断增加和完善，诊断软件不断升级，故障诊断仪自身的硬件也要适应诊断软件的运行，因此随着诊断仪的诊断软件不断升级，随着在使用便捷性的要求和平盘电脑技术的成熟，故障诊断仪硬件也面临更新换代的问题，图 3-14 所示为大众故障诊断仪的变化。

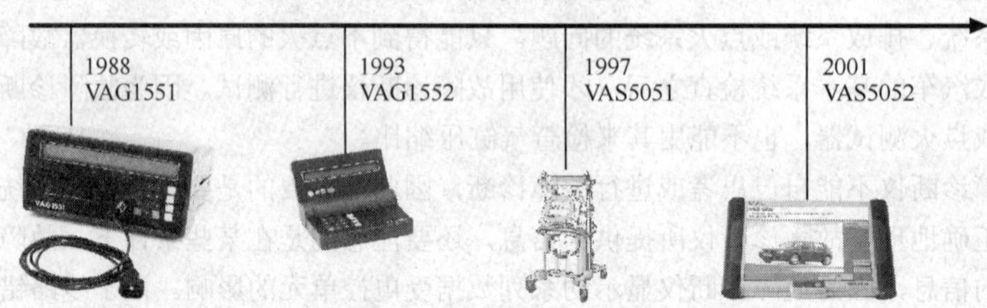

图 3-14　大众故障诊断仪发展趋势

五、典型故障诊断仪

1．TECH2 故障诊断仪

TECH2 是美国通用公司提供给其特约维修站使用的原厂检测仪，能测世界范围内的所有的通用车型。标准配置有主机、GM3 2M PCMCIA 卡、110V 变压器、数据连线、自检接头、北美 12/19 针接头、OBDII 接头、点烟器接线、RS232 接口自检接头、操作手册和箱子。

Tech2 诊断检测仪由液晶显示屏、4 个“软键”、标准键盘、车辆通信接口模块和 RS 232 通讯端口组成，通过更换不同的插接卡片可以测试不同的车型。

系统模块包括以下几种。

（1）GM 维修编程系统 TIS2000。这是 Tech2 的一大功能，技术人员可应用维修编程系统对 1993 年以后的汽车电脑进行重新编程和设定。完成这项工作，需要配置电脑、Tech2 和维修编程系统光盘。

（2）TIS2000 包括加密狗，起动光盘和汽车电脑数据光盘。可以完成向汽车电脑输入新的程序、升级 Tech2 软件和把 Tech2 存储的数据上传到电脑这 3 项工作。

（3）CANdi 模块。Tech2 的 CANdi 模块支持装备 CAN 系统的通用车辆，检测能力更深入更全面，其操作模式与普通的方法基本相同。

（4）软件包含北美通用\上海通用\五十铃\绅宝\欧宝五种，接头 Tech2 软件卡包含 OBD-II，北美 12 针、“一”型 3 针、“T”型 3 针、绅宝专用 10 针、欧宝专用 10 针。

2．丰田 Intelligent Tester Ⅱ故障诊断仪

图 3-15 所示为丰田 Intelligent Tester Ⅱ故障诊断仪（以下简称 IT Ⅱ），这款故障诊断议有两种配置，一种没有示波器卡盒，另一种有示波器卡盒，其产品配置及可选择附件如表 3-2 所示。

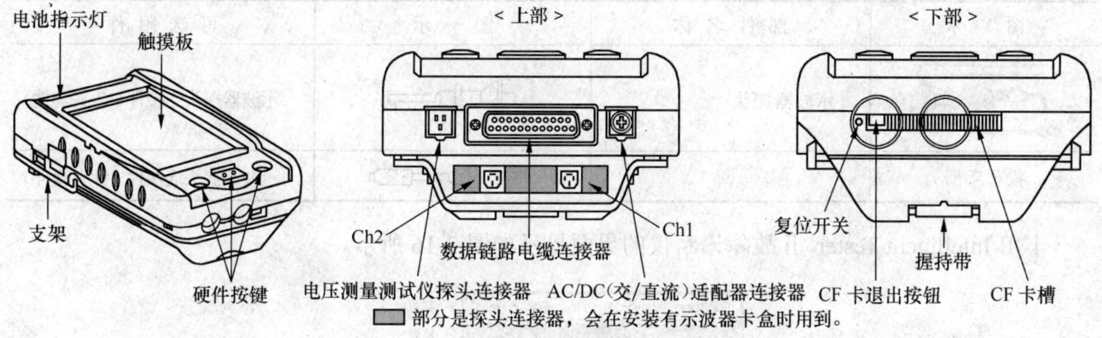

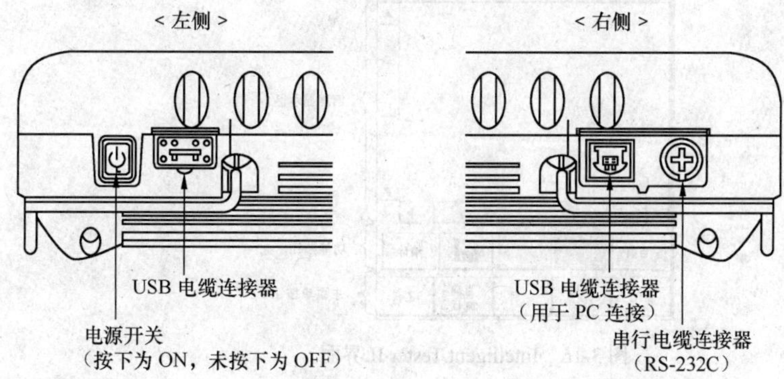

图 3-15　丰田 Intelligent Tester Ⅱ故障诊断仪

表 3-2　　丰田 Intelligent Tester Ⅱ故障诊断仪产品配置及可选择附件

图　示	部件名称	图　示	可选附件
	Intelligent Tester Ⅱ有示波器卡盒		用于点烟器插座的 DC（直流）电源电缆
	储存箱		触发快照
	AC/DC（交直流）电源		RS-232C 电缆
	DLC3 电缆		蓄电池电源电缆（DLC3 电缆型）
	伏特计探头		蓄电池电源电缆（点烟器型）
	USB 电缆		示波器探头连接件（夹套件）

续表

图　示	部件名称	图　示	可选附件
	示波器探头		示波器探头连接件(IC 夹套件)
操作手册			示波器探头连接件（针夹套件)

丰田 Intelligent Tester Ⅱ故障诊断仪的界面显示如图 3-16 所示。

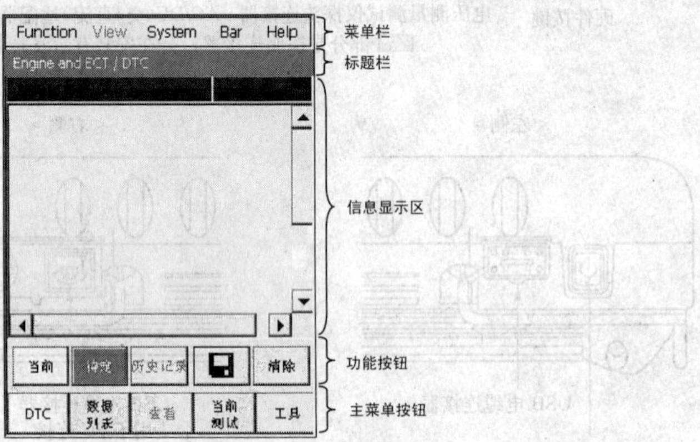

图 3-16　Intelligent Tester Ⅱ界面

（1）IT Ⅱ显示屏是一个触摸板，所以可以用手指进行操作。要从列表选择一个项目或按一个按钮，只要用手指快速地点击一下项目或按钮即可。

（2）当菜单栏或按钮项目以灰色显示出来时，这表示该项目被禁用。

（3）为了避免显示屏划伤，切记插入屏幕覆盖膜。

（4）操作触摸板时只能使用手指，不要使用其他任何物品进行操作。

（5）屏幕覆盖膜如果模糊应进行更换（见图 3-17）。

① 在摘下屏幕覆盖膜时，要用手指捏住并取下屏幕覆盖膜。

② 使用软布将触摸板表面上的灰尘等擦掉。

③ 在显示屏插入防护贴面时，要将其插在显示屏上部和下部之间。

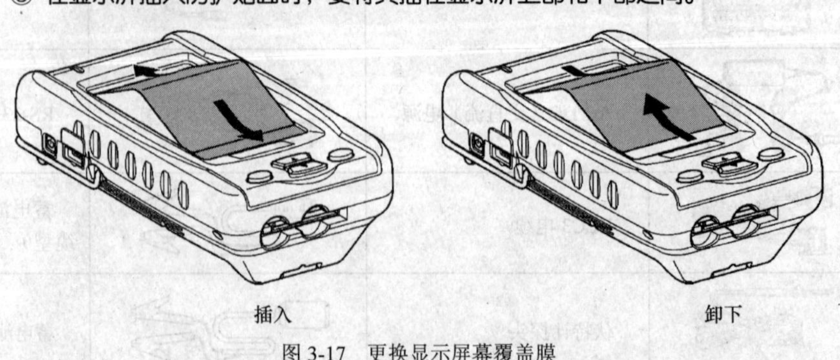

图 3-17　更换显示屏幕覆盖膜

主菜单按钮具有常用功能，如表 3-3 所示。这些功能可以从菜单栏进行选择，主菜单按钮可以用于一键起动这些功能。

表 3-3　　Intelligent Tester II 主菜单按钮功能

按　钮	功　能
DTC	开始 DTC 检查，停帧数据也可以通过 DTC 检查进行检查
数据列表	起动数据列表，快照也可以通过数据列表进行记录
查看	切换数据列表显示格式
当前测试	起动当前测试
工具	起动工具

标题栏显示 ECU 名称和功能名称。显示功率状态和通信状态的图标也出现在右端。标题栏右端的图标显示会随 IT II 和车辆电脑之间的连接状态而发生变化。当 IT II 和车辆电脑未连接时，电池图标显示出来，指示 IT II 正在使用其内部电池。电池图标还用作指示器，显示内部电池的充电水平（剩余电量）。当 IT II 和车辆电脑（ECU）正确连接后，该图标连接器图标显示出来，指示 IT II 正在使用车辆电源。连接器图标还用作指示器，通过其颜色显示通信状态。通信开始时，连接器图标依据通信速度改变颜色，低速显示绿色、中速显示黄色、高速显示红色。通信速度取决于车辆电脑。

菜单栏中有五个菜单标题，"Function"菜单用于选择要执行的程序如图 3-18 所示，其功能见表 3-4。"View"菜单数据列表显示格式可以从"View"菜单进行选择。但是，"View"菜单只在从"Punction"菜单选择"数据列表"或"当前测试"功能后才被启用。图 3-19 所示为其功能，具体见表 3-5。如图 3-20 所示，工具选项功能（默认设置功能）可以从"System"菜单进行选择，其功能具体见表 3-6。通过触按"Bar"将功能按钮显示打开或关闭。在已选择"数据列表"或"当前测试"的情况下触按"Help"时，对项目的解释会显示出来。在已选择"工具"的情况下触按"Help"时，对功能的解释会显示出来。

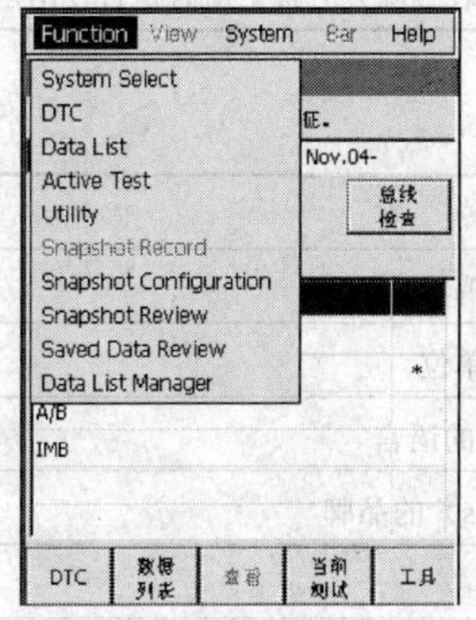

图 3-18 "Function"菜单

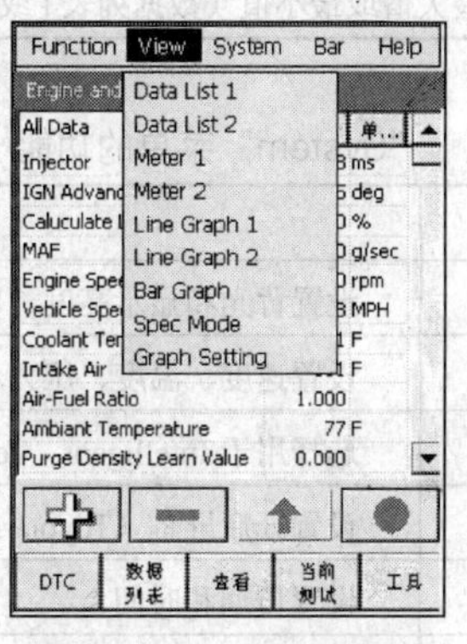

图 3-19 "View"菜单

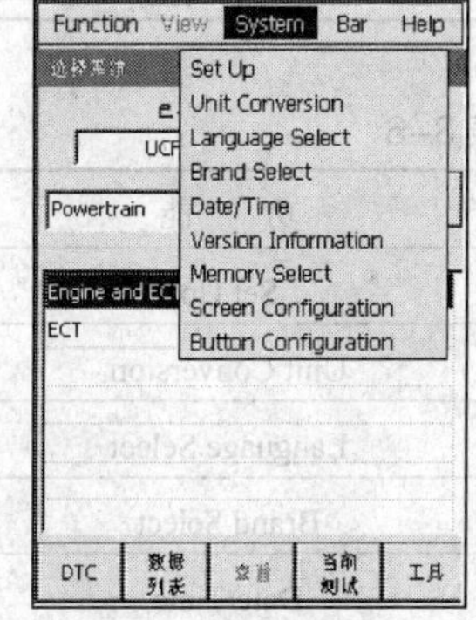

图 3-20 "System"菜单

表 3-4　　"Function"菜单用于选择的功能

功　能	内　容
System Select	转到系统选择屏幕
DTC	开始 DTC 检查 停帧数据也可以通过 DTC 进行检查

续表

功 能	内 容
Data List	起动数据列表 快照也可以通过数据列表进行检查
Active Test	起动当前测试
Utility	起动工具
Snapshot Record	起动快照记录
Snapshot Configuration	起动快照细节设置
Snapshot Review	显示已保存的快照数据文件
Saved Data Review	显示已保存的 DTC 数据文件
Data List Manager	起动数据列表管理器

表 3-5 "View"菜单的功能

功 能	内 容
Data List1	以单行列表的形式显示监视项目、值和单位
Data List2	以双行列表的形式显示监视项目（缩写）、值和单位
Meter 1	以单行列表的形式显示监视项目、值（经放大）、最大和最小值以及单位
Meter 2	以双行列表的形式显示监视项目（缩写）、值（经放大）和单位
Line Graph 1	以单行列表的形式显示监视项目、值（折线图）、最大和最小值以及单位
Line Graph 2	以单行列表的形式显示监视项目、值和单位，以及值的折线图
Bar Graph	以单行列表的形式显示监视项目、值（条形图）、最大值或最小值及单位
Graph Setting	设置用于绘制显示数据的纵坐标。(线形图 1、线形图 2、仅条形图）将蜂鸣器设置为 ON/OFF，即当图形上显示的最大值或最小值（数据列表 1 或数据列表 2 除外）被更新时是否发出声响

表 3-6 "System"菜单的功能

功 能	内 容
Set Up	设置背光和显示亮度，以及蜂鸣器
Unit Conversion	设置速度、温度、压力和流量单位
Language Select	选择用于 Intelligent Tester Ⅱ的语言
Brand Select	设置开启屏幕（Toyota 或 Lexus）的品牌
Date/Time	设置日期和时间
Version Information	显示 Intelligent Tester Ⅱ的版本信息
Memory Select	设置数据存储目标（记忆或卡）
Screen Configuration	更换触摸板触按键
Buntion Configuration	设置快捷键以及将屏幕图像保存功能打开或关闭

界面上会显示一个滚动条，其中包含一个列表。如果在按住滚动条的同时上下移动，列表会上下滚动。触按一下▲或▼，会将列表上下滚动一行。按住▲或▼不放，会使列表上下持续滚动。

当需要在屏幕上输入字符时，使用软件键盘。键盘可以输入英文字母和数字。要删除字符，使用←（退格）键，要切换英文字母的大小写，使用 Shift 键，要输入键盘没有显示的重音字符（诸如 à 和 Ä），触按键盘 àÜ 键显示切换到重音字符。

IT Ⅱ的所有操作均可以在显示屏上执行，其主机单元有四个硬件按键，其功能如图 3-21 所示。当有一个列表（和滚动条）显示在显示屏上时，上滚键被启用。该键用于向上滚动列表。按上滚键一下将列表向上滚动一行；按住上滚键不放会使列表持续向上滚动。当有一个列表（和滚动条）显示在显示屏上时，下滚键被启用。该键用于向下滚动列表。按该键一下将列表向下滚动一行；按住键不放会使列表持续向下滚动。左功能键用于从当前显示的界面返回到车上/离车检查界面。右功能键通常使用户返回到系统选择界面或用于电压测量以及借助示波器功能进行测量的过程中开始/停止测量。当界面图像保存被设置为“ON”时，按该键用于保存屏幕图像。

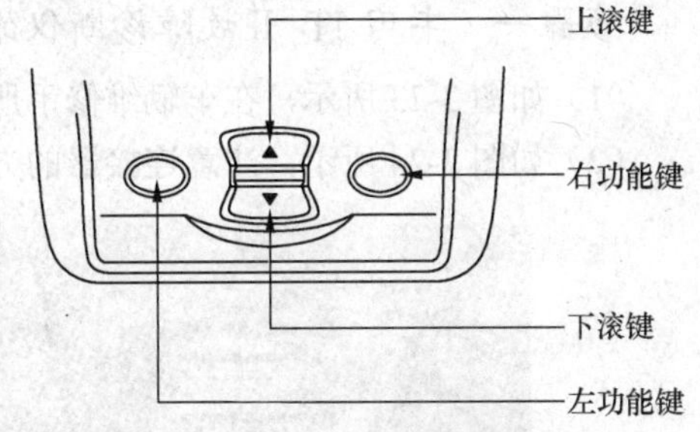

图 3-21　IT Ⅱ四个硬件按键的功能

3．金德故障诊断仪 KT600

通用型金德 KT600 故障诊断仪是由德国博世公司汽车测试设备在亚洲的研发中心研发的，测试覆盖全球 90%的车系，除了解码器的读码清码、数据分析、动作测试外，还可对大众/奥迪系列车型进行仪表防盗密码读取、里程表数据调整、气囊电脑修复、RFID 智能钥匙检测诊断、现代遥控匹配等。KT600 系统检测程序快速稳定，能够调度各种汽车测试应用程序，不同车型测试程序存放在存储卡中，主机根据用户的选择调度不同测试程序，完全可以实现分车型升级。KT600 所有诊断端口均由软件定义，现场编程，内置高速 CAN-BUS、低速 CAN-BUS、双路 CAN-BUS 接口。OBDII 诊断接头兼容大部分车型不需选择和跳线，当新车型出现只需更新检测软件，无须重新购买检测接头。具有键盘、触摸屏多种输入方式，操作快捷方便。

KT600 除了有以上功能外，还有示波器功能，它由单独的功能模块实现。强大的诊断、示波、存储、升级方式等功能可以按照自己的需要任意组合。可以实时采集点火、喷油、电控系统传感器的波形，通过对传感器波形的分析可以准确地诊断传感器是否故障，通过对点火波形的分析不仅可以诊断点火系统的火花塞、高压线、点火线圈等各元器件故障，还可以分析出进气系统和燃油系统的可能故障点，为汽车的运行技术状况和故障诊断提供科学的依据。

金德 KT600 故障诊断仪如图 3-22 所示。

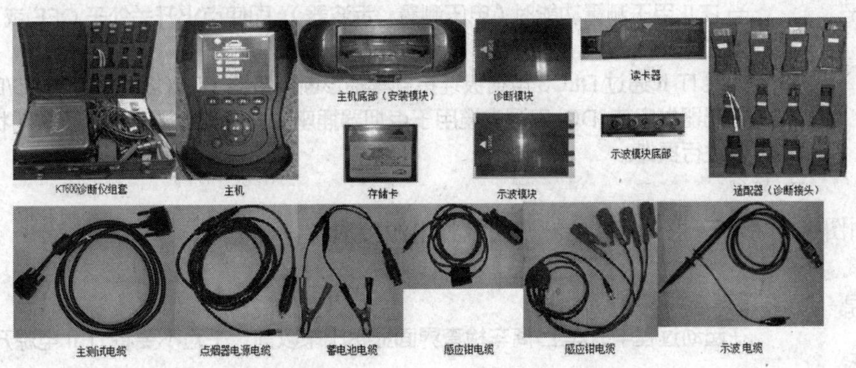

图 3-22　金德 KT600 故障诊断仪

【课题实施】

操作一 丰田 IT Ⅱ故障诊断仪的使用

步骤一 丰田 IT Ⅱ故障诊断仪的连接

（1）如图 3-23 所示，在车辆维修手册中检查所测车辆诊断座的位置（DLC 3）。

（2）如图 3-24 所示，注意连接器的方向，轻轻地将 DLC 3 电缆径直插入 IT Ⅱ连接器。

图 3-23 车辆诊断座（DLC 3）

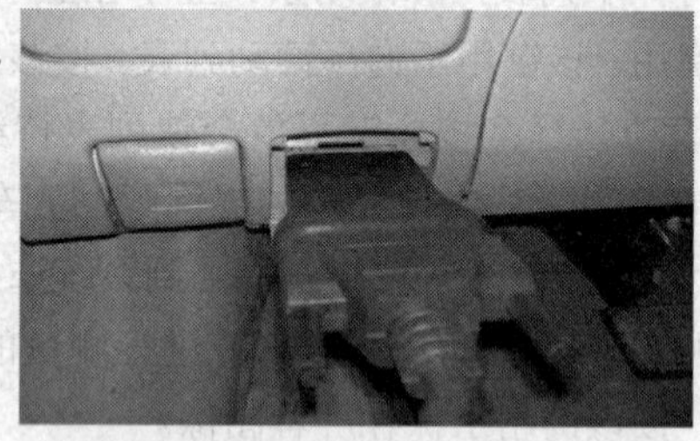
图 3-24 数据链路电缆与所测车辆的诊断座（DLC 3）连接

（3）将 DLC 3 电缆径直插入所测车辆的诊断座（DLC 3）。

提示

插入电缆时如有角度，可能会折断连接器针脚。

带有▲标记的 DLC 3 电缆连接器，▲标记侧在上方。

若尝试反方向连接或插入电缆时带角度，连接器的端子将受损，从而有可能导致车辆故障或 IT Ⅱ产生故障。

即使 DLC 3 电缆连接在 IT Ⅱ上的状态也能收纳于储存箱内，建议始终使其处于连接状态。

步骤二 基本操作

（1）用 IT Ⅱ的 DLC 3 电缆和车辆侧数据链路连接器（DLC3） 连接。

（2）将车辆点火开关转到 ON（接通）位置。

提示

如果点火开关处于 OFF 或 ACC 位置，则无法与车辆电脑（ECU）进行通信。当 IT Ⅱ被转到 ON 时，切记将点火开关转到 ON 并起动发动机。

当 IT Ⅱ用于测量功能时（电压测量，示波器），即使点火开关处于 OFF 或 ACC 位置也可以工作。

如果 IT Ⅱ通过 DLC3 电缆被连接到车辆诊断连接器（DLC3）并通过 AC/DC（交/直流）适配器供电或 DC 电源电缆用于点烟器插座，即使其电源开关处于关闭状态，IT Ⅱ也可以进行操作。

（3）如图 3-25 所示，按 IT Ⅱ电源开关以将电源接通。

提示

在起动过程中，车上/离车检查界面显示出来以前，千万不要将 IT Ⅱ电源开关关断。

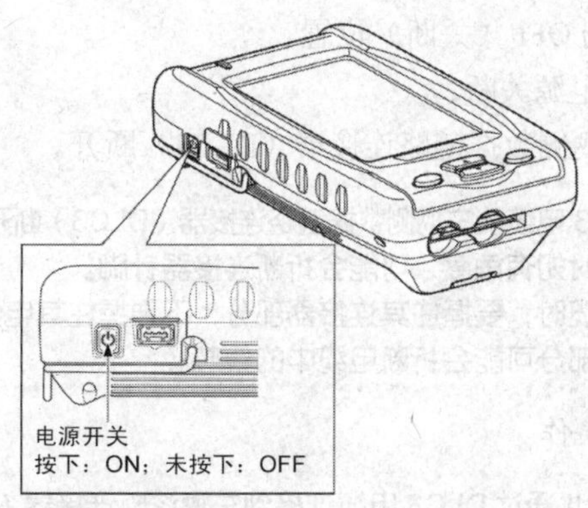

图 3-25　按 IT II 电源开关将电源接通

（4）显示开启界面之后，显示会自动切换到如图 3-26 所示的车上/离车检查界面。有两个开启界面，一个用于 Toyota，一个用于 Lexus。可以使用品牌选择功能进行选择。出厂设置为 Toyota 开启界面。

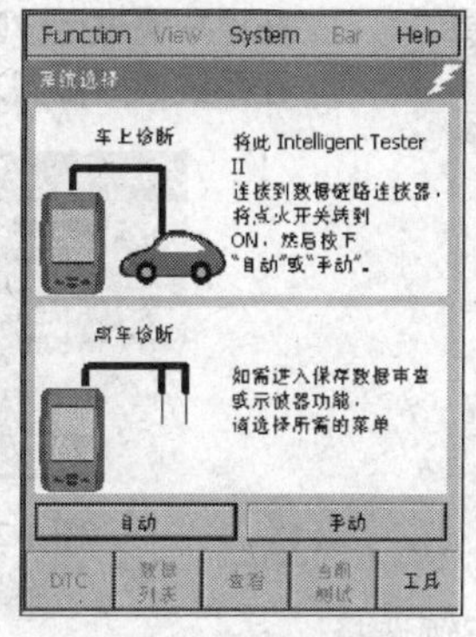

Toyota 开启界面　　Lexus 开启界面　　车上/离车/检查界面

图 3-26　两个开启界面和车上/离车检查界面

（5）单击车上/离车屏幕上的“自动”和“手动”选项，系统选择界面显示如图 3-27 所示。

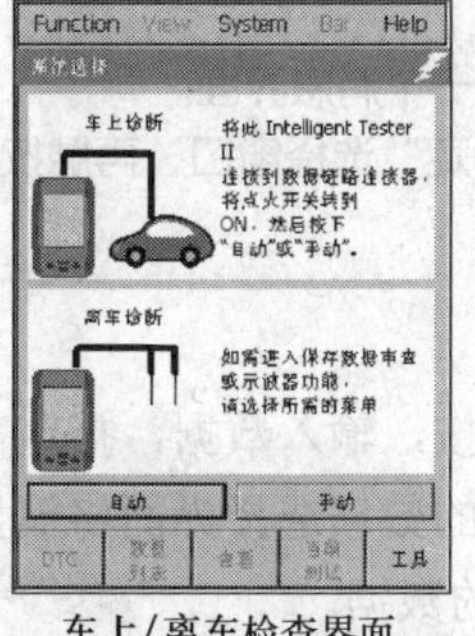

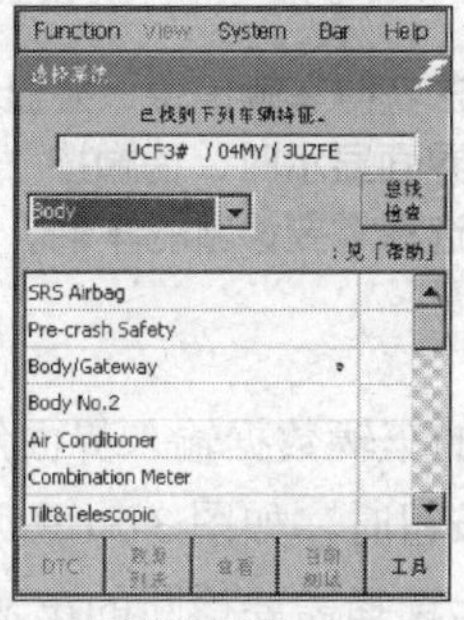

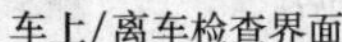

车上/离车检查界面　　系统选择界面

图 3-27　触按车上/离车界面上的“自动”和“手动”选项后的界面显示

提示

如果在当前测试过程中，IT II 的电源被关断，则执行器可能会依旧处于驱动状态。在关断电源之前，切记结束当前测试。

（6）将车辆点火开关转到 OFF（关断）位置。

（7）按 IT II 电源开关将电源关断。

（8）将 DLC 3 电缆从车辆侧数据链路连接器（DLC3）断开。

在将 DLC 3 电缆从车辆侧数据链路连接器（DLC3）断开时，轻轻地将其从连接器拔出。拔出电缆时如有角度，可能会折断连接器针脚。

在拔出电缆时，要握住其连接器部分，不要握住其电线部分。拉扯电线部分可能会折断电缆中的线芯。

步骤三　诊断功能的操作

如果将 IT II 通过 DLC3 电缆连接到车辆诊断连接器（DLC3）后，当 IT II 已起动且开启界面显示出来，车上/离车检查界面也显示出来，触按车上/离车检查界面上的“自动”和“手动”选项时，IT II 开始与车辆通信并检查 ECU。如果要执行测量功能（诸如不需要与车辆进行通信的示波器），请触按“工具”。

如果执行 OBD 功能时，车辆蓄电池为 8V 或低于 8V，根据不同车辆 ABS 灯将会点亮。图 3-28 所示的警告界面将会出现后，请充电或更换电池后，再执行 OBD 功能。

在对车辆进行诊断时，需要选择诊断系统（车辆内的系统）。

在系统选择步骤之前，会出现如图 3-29 所示的界面，可选择需要诊断的车辆。

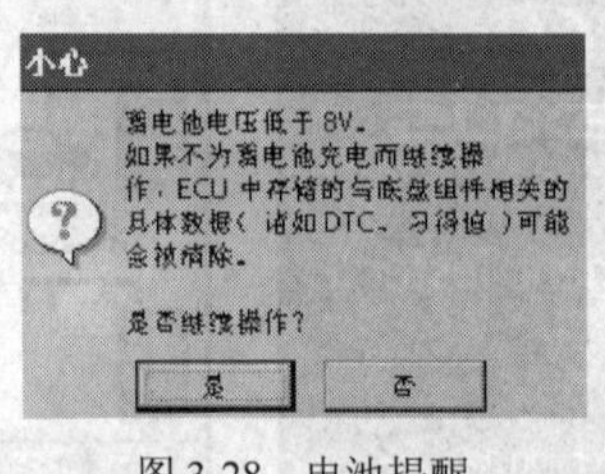

图 3-28　电池提醒

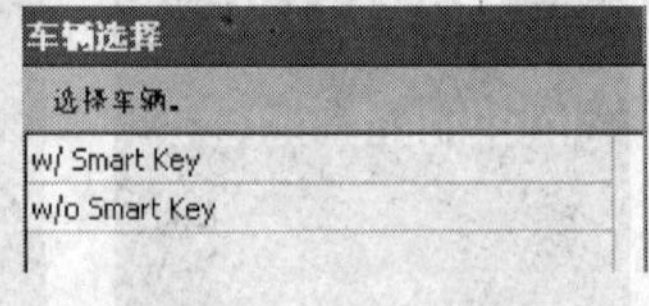

图 3-29　车辆选择

自动车辆选择。

（1）触按系统选择界面上的列表框，选择系统类别。

（2）当 IT II 从车辆电脑（ECU）获得车辆信息后，系统选择界面显示。

（3）选择传动系、底盘或车身，然后就会显示正在诊断车辆上所安装系统的一个列表。

如果无法获得车辆信息，会显示一个消息界面。

当消息界面显示时，请触按“确定”选择窗口，再触按车上/离车检查界面上的“手动”选项，选择需要诊断的车辆。

手动车辆选择。

（1）在如图 3-30 所示的车辆数据输入界面触按，输入数据，指定需要诊断的车辆。

（2）触按每一个数据按钮时，如图 3-31 所示的数据选择界面将被显示。

（3）从数据选择界面上选择需要诊断的车辆的数据。

（4）触按“确定”后，将会显示系统选择界面。触按“前一车辆”后，将会显示如图 3-32 所示的前一车辆系统选择界面。

可通过“手动”选项选择以前选择的 10 个被测车辆数据。

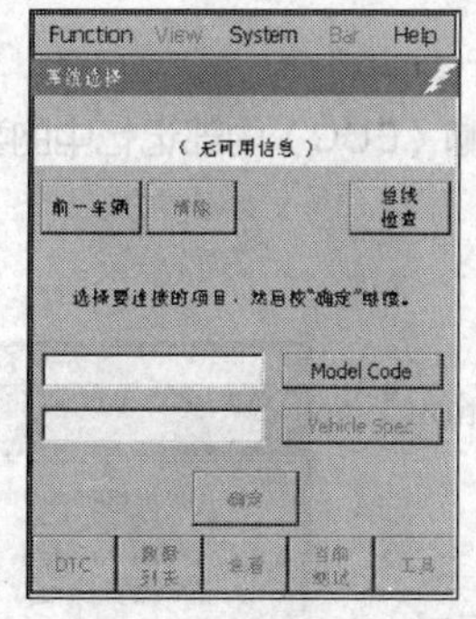

图 3-30　车辆数据输入界面

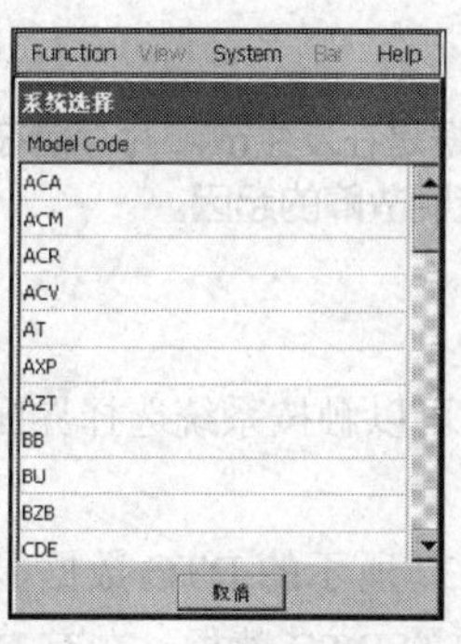

图 3-31　数据选择界面

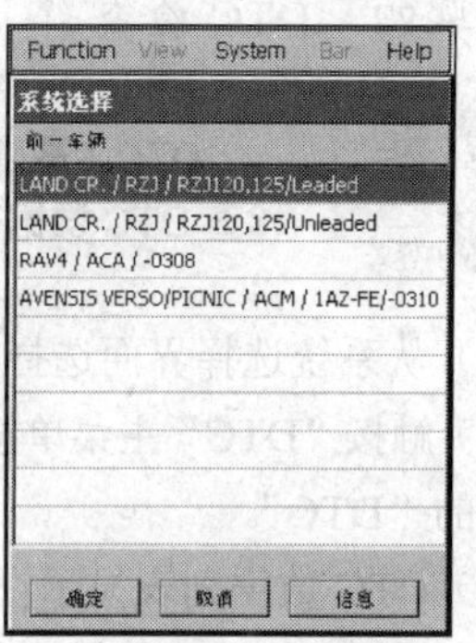

图 3-32 前一车辆选择界面

（5）触按系统列表上的系统进行诊断，将会显示如图 3-33 所示的系统选择界面。

（6）系统选择后，出现如图 3-34 所示的消息界面。

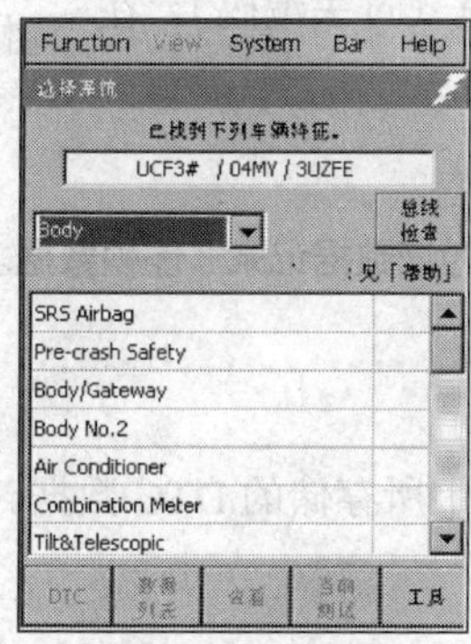

图 3-33　系统选择界面

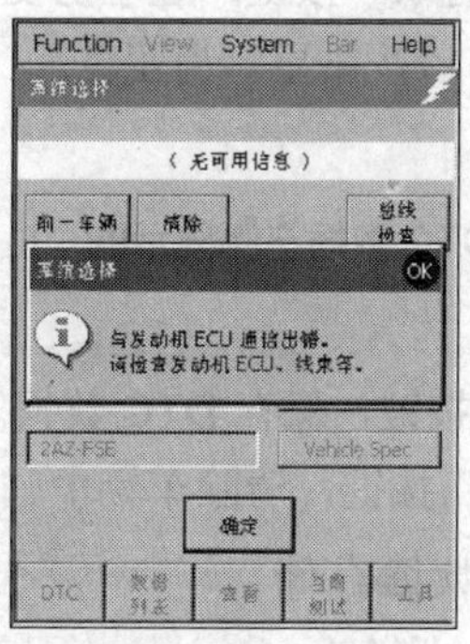

图 3-34　消息界面

选择系统时，将会显示如图 3-35 所示的警告界面。务必在阅读并理解显示消息内容的前提下，才可进行车辆诊断。

在 IT Ⅱ起动之后，系统选择界面显示出来。如果在移到其他过程后要重新选择系统，按主机单元上的右功能键或者选择菜单栏“功能”菜单列表→“系统选择”，如图 3-36 所示的系统选择界面显示出来。

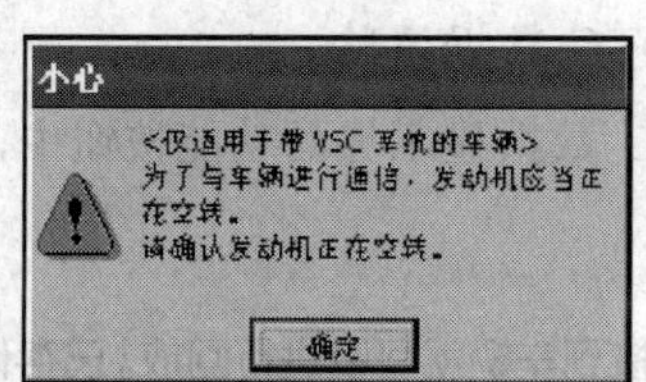

图 3-35　警告界面

图 3-36　系统选择界面

（7）触按“总线检查”，开始 CAN 总线检查。

步骤四 DTC 检查

DTC（故障码）数据是在发生故障时存储在车辆电脑（ECU）内部记忆中的数据。检查 DTC 数据有助于查明故障的起因。

（1）从系统选择界面选择系统。

（2）触按“DTC”主菜单按钮，也可以触按系统选择界面“Function”列表中的“DTC”。

（3）DTC 数据列表显示在如图 3-37 所示的 DTC 数据显示界面上。

（4）触按“当前”按键，显示当前的 DTC 数据。在有 DTC 数据时，该按钮显示为蓝色。

（5）触按“待定”按键，显示待定 DTC 数据。在有待定 DTC 数据时，该按钮显示为蓝色。

（6）触按“历史记录”按键，显示历史 DTC 数据（过去编码）。在有历史 DTC 数据时，该按钮显示为蓝色。

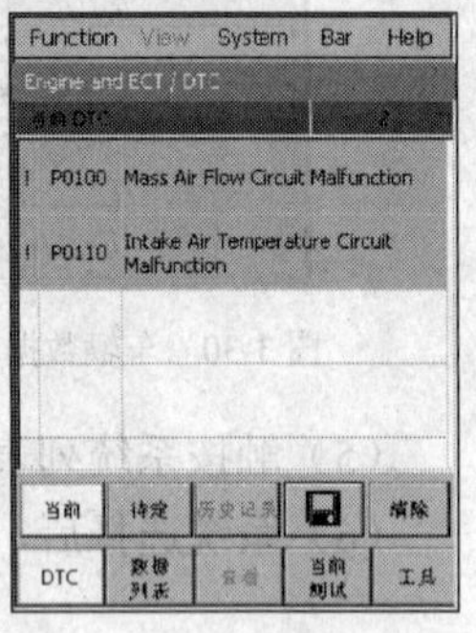

图 3-37 DTC 数据显示界面

DTC 数据左侧显示的“!”表示已经为该数据记录了停帧数据。

（7）触按“💾”按键，保存 DTC 数据。

（8）触按“清除”按键，清除车辆电脑（ECU）中所存储的 DTC 数据。

步骤五 DTC 数据存储

DTC 数据可以存储起来。数据存储目标的出厂设置是内部记忆。可以使用数据存储设置功能对数据存储目标进行更改。

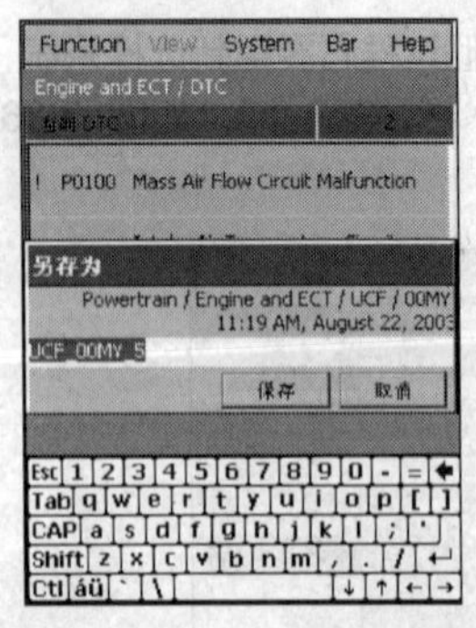

图 3-38 DTC 数据保存界面

（1）从 DTC 数据显示屏幕功能按钮，触按“💾”按键。DTC 数据保存界面显示出来。

（2）所设置的文件名称显示在如图 3-38 所示的 DTC 数据保存界面上。如果该文件名称正确，触按“保存”。要另存为不同的文件，输入就文件的文件名，然后触按“保存”。

（3）触按“💾”按键，保存 DTC 数据。

（4）触按“取消”按键，取消 DTC 数据保存。

步骤六 DTC 数据清除

（1）从 DTC 数据显示界面功能按钮中，触按“清除”，显示如图 3-39 所示的 DTC 数据清除对话框。

Intelligent Tester II 无需连接到车辆就可以进行回放。已存储的 DTC 数据在任意时候都可以进行回放。

（2）在 DTC 数据清除对话框上触按“是”。

（3）触按“删除文件”按键，显示已存储数据的列表。

（4）触按“取消”按键，取消 DTC 数据删除。

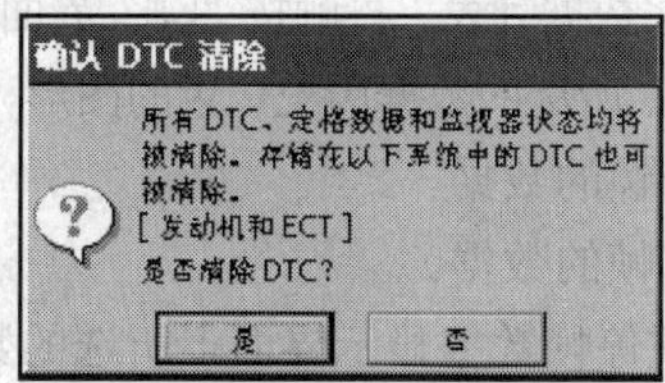

图 3-39 DTC 数据清除对话框

在某些车辆上会显示如图 3-40 所示的车辆数据输入界面，可按照屏幕上的说明进行。

如果存储器已满，会显示如图 3-41 所示的 DTC 数据删除验证对话框，从而可以删除不必要的 DTC 数据。

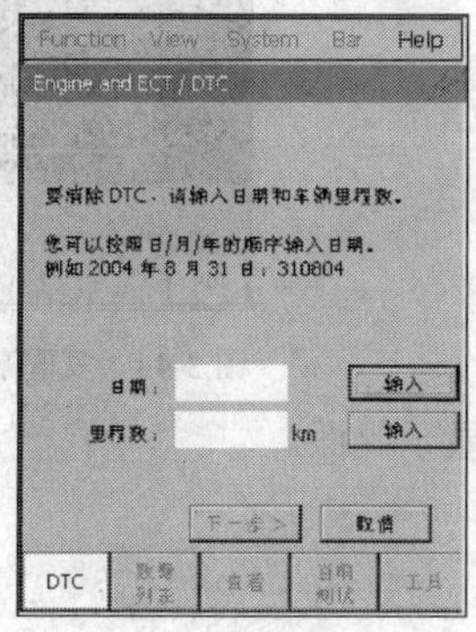

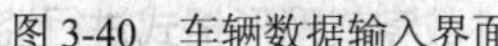

图 3-40 车辆数据输入界面 图 3-41 DTC 数据删除验证对话框

步骤七 停帧数据显示

DTC 数据有关的停帧数据有以下两种类型。

单一停帧数据：生成 DTC 数据时所记录的 ECU 数据，包含单一停帧数据。

多重停帧数据：生成 DTC 数据时以及生成前后所记录的 ECU 数据，包含多重停帧数据，多重停帧编号是一个序列号。

（1）在如图 3-37 所示的两个左侧显示“!”的故障码中，触按每个 DTC，会显示如图 3-42 所示的单一停帧数据或多重停帧数据。

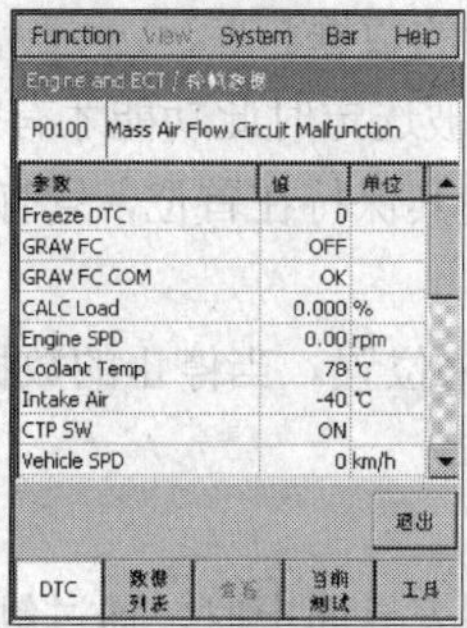

单一停帧数据

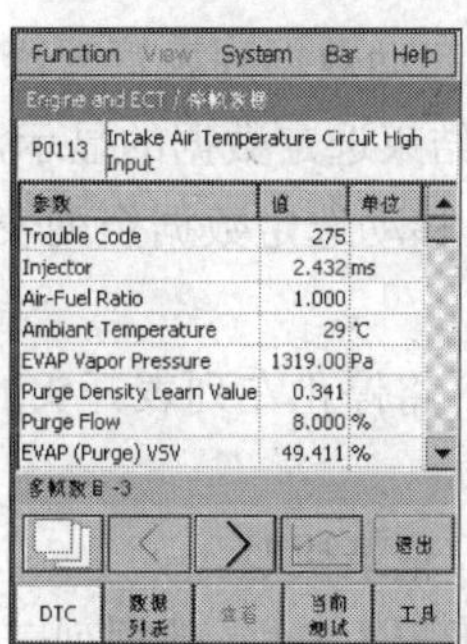

多重停帧数据

图 3-42 停帧数据显示

（2）触按“退出”将返回到DTC数据显示界面。

（3）在显示多重停帧数据的屏幕中，触按“□”，会显示一个如图3-43所示的界面，其中包含一个针对所显示的多重停帧数据的时序数据列表。再触按“□”界面返回到多重停帧数据显示界面。如果触按“⌒”，显示时序显示界面上所选的数据历史记录的图形，只有在某个项目被选定时才有效。

（4）如果触按“<”，显示上一帧的数据。

（5）如果触按“>”，显示下一帧的数据。

（6）如果触按“⌒”，显示多重停帧数据显示界面上所选的数据历史记录的图形（见图3-44），只有在某个项目被选定时才有效。

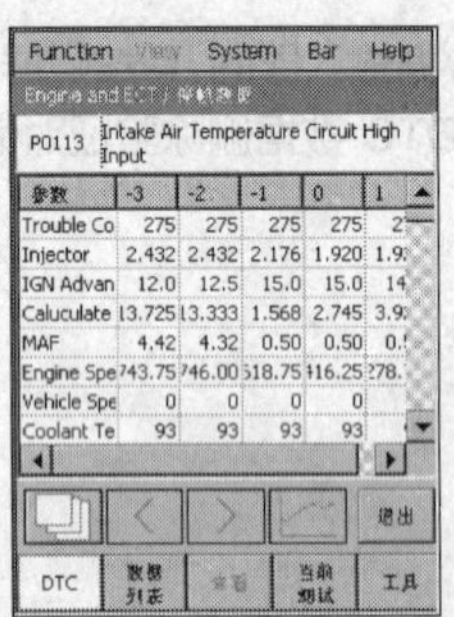

图3-43　多重停帧数据的时序数据列表

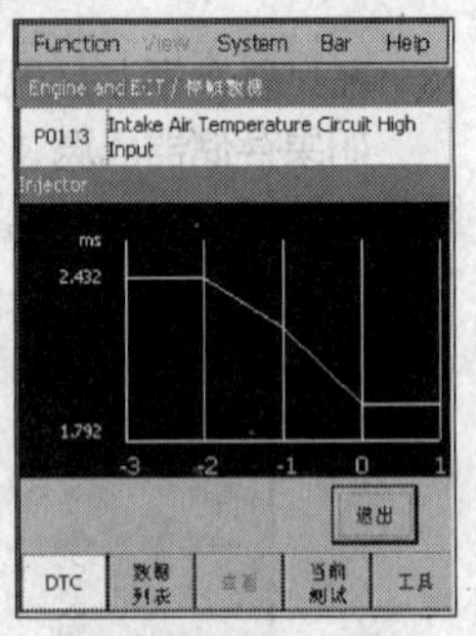

图3-44　多重停帧数据

（7）如果触按“退出”，将返回到DTC数据显示界面。

步骤八　数据列表、测量组选择

车辆电脑（ECU）数据也可以通过数字或图形格式进行监测，并且可以将快照记录下来。

可以将具体故障诊断所需的数据进行分组，通过选择的测量组，将属于该组的ECU数据显示出来。

（1）通过系统选择界面选择系统。

（2）触按“主菜单按钮”，也可以触按系统选择界面“Function”菜单列表中的“Data List”。如图3-45所示的ECU数据列表显示在数据列表界面上。

（3）从数据列表界面列表框，选择测量组。在选择测量组后，如图3-46所示的属于该组的ECU数据就显示出来。

（4）触按“+”，起动数据列表管理器并添加所显示的数据。

（5）触按“-”，结束选定数据的显示，只有在数据被选定时此功能才有效。

（6）触按“↑”，移动选定数据至列表的首位，并使其保持在首位，只有在数据被选定时此功能才有效。

（7）触按“↓”，将停止左列表开头的数据返回原来位置。当停止的数据被选择时，“↑”改变为“↓”。

（8）触按“●”，记录快照。

（9）如图3-45所示的ECU数据列表显示在数据列表界面上时，通过触按主菜单“查看”选择显示格式，有如图3-47所示的七种数据列表显示格式。每触按一次“查看”显示界面形式将按顺序切换至下一类型：数据列表1→数据列表2→仪表1→仪表2→线形图1→线形图2→条形图，也可以从菜单栏“View”中进行选择。

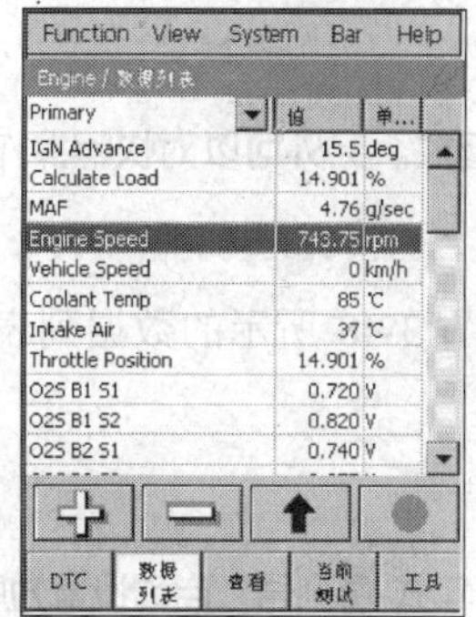

图 3-45 ECU 数据列表

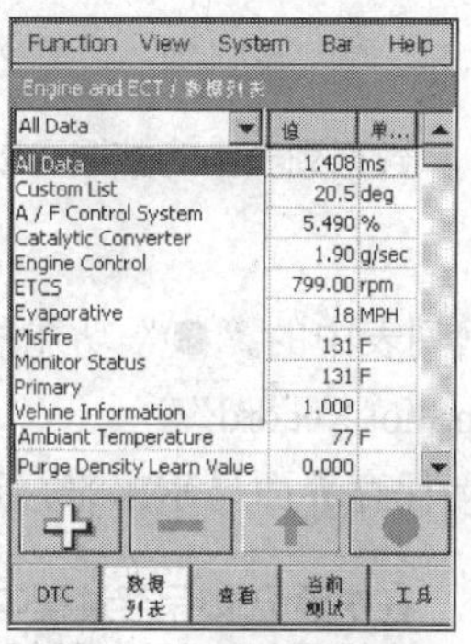

图 3-46 数据测量组

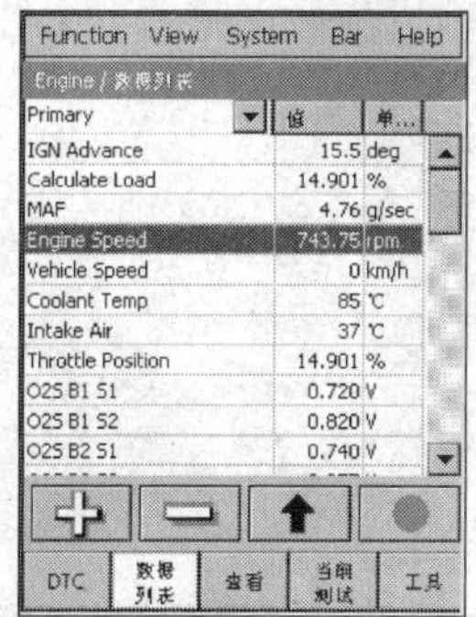

数据列表 1

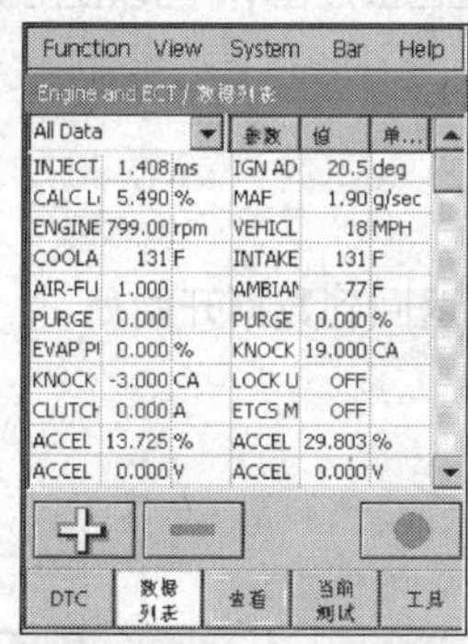

数据列表 2

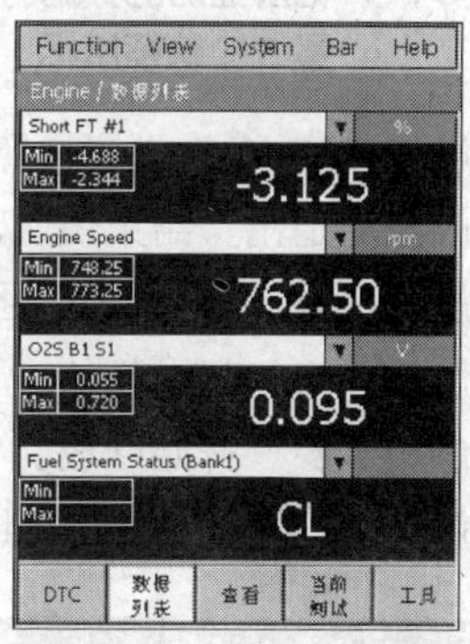

仪表 1

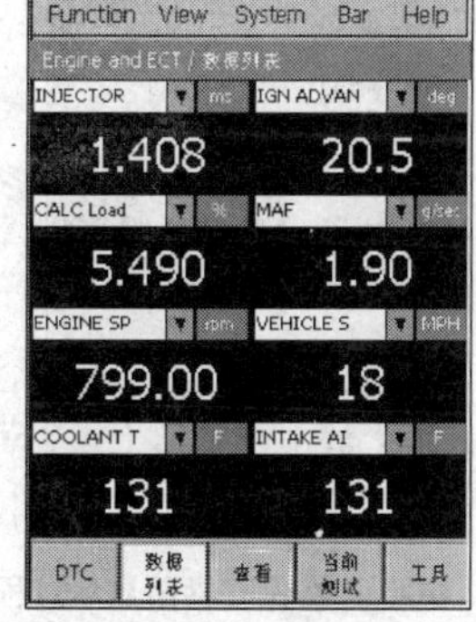

仪表 2

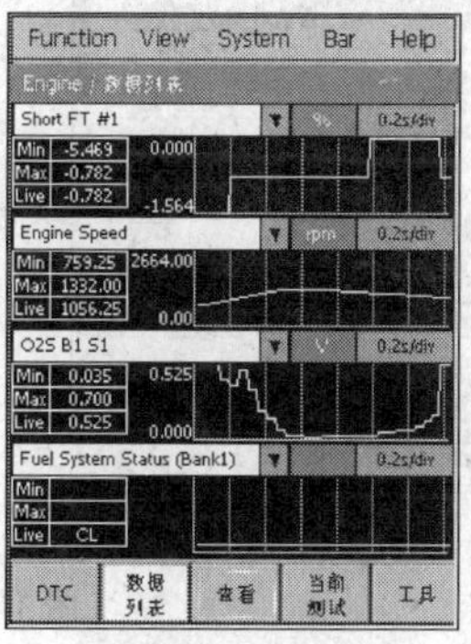

线形图 1

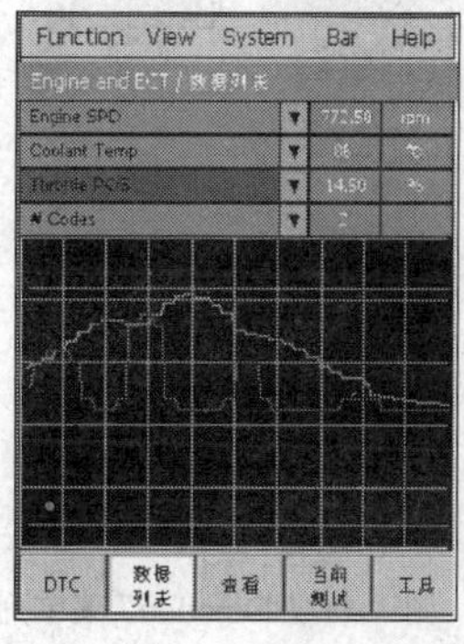

线形图 2

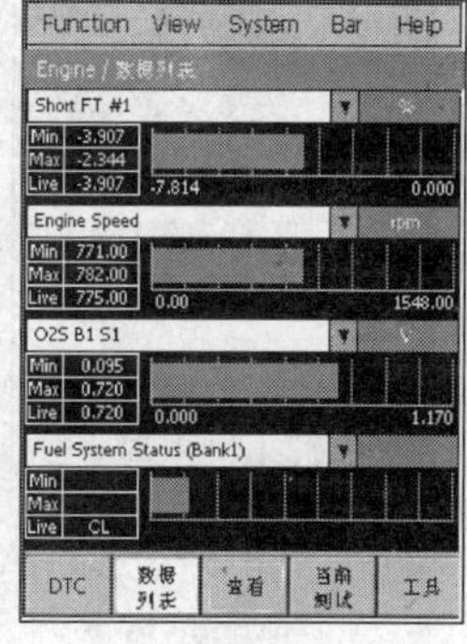

条形图

图 3-47 七种数据列表显示格式

数据列表 l（数字显示）以数字形式显示数据。

数据列表 2（压缩数字显示）用缩写表示数据名称，其所显示的数据量是数据列表 l 的两倍。

仪表 l（放大数字显示）以放大数字形式显示数据。

仪表 2（压缩放大数字显示）用缩写表示数据名称，其所显示的数据量是仪表 l 的两倍。

线形图 l 将数据显示为线形图。

线形图 2（线形图组合显示）在同一坐标轴上将多重数据集数组显示为一个线形图。

条形图能将数据显示为条形图。

如果显示格式为仪表 l、线形图 l 或条形图，则 Max（最大值）、Min（最小值）值显示在数据项目的左侧。但是，如果值不是数字（ON/OFF 等），则不显示。

步骤九 快照

数据列表中的数据可以进行记录/保存/回放。另外可以对快照操作进行设置。

（1）触按数据列表中的“●”功能按钮，也可以从图 3-48 所示的数据列表界面“Function”菜单中触按“SnapShot Record”。

（2）快照记录/保存界面显示出来，过程如图 3-49 所示。

在快照记录/保存过程中，“车辆型号-型号年式-序列号”自动设置为所保存的文件名称。

在记录时，可以通过触按“[⚑]”来设置快照旗标。快照旗标存储一个点，用于标记所经历的数据时间。在回放过程中，可以使用快照旗标来快速移到这些点。最多可以设置 5 个快照旗标。

（3）触按“🔧”设置快照操作。

（4）触按“退出”结束快照。

（5）触按“■”停止记录/回放并返回到数据开始处。

（6）触按“●”记录开始。

（7）触按“▶”开始回放。

（8）触按“[⚑]”设置快照旗标。

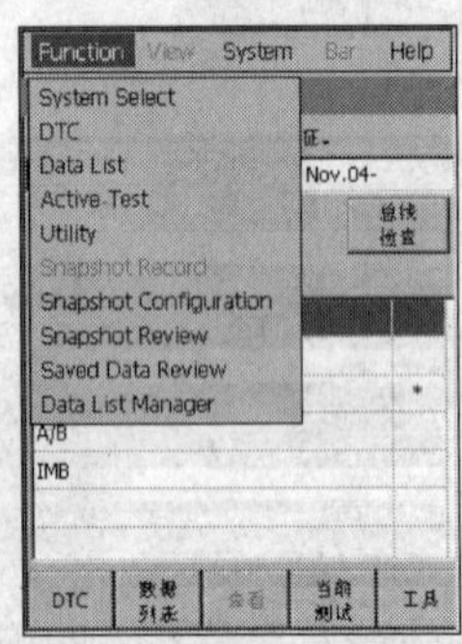

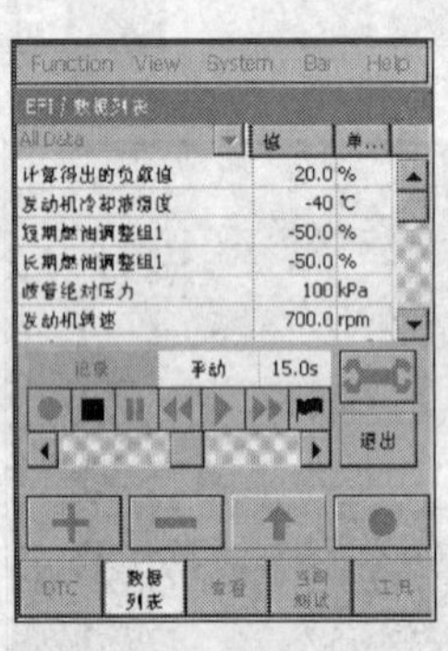

进行记录

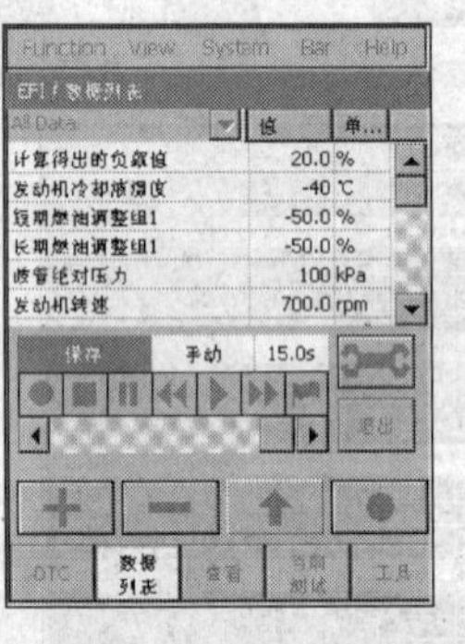

进行保存

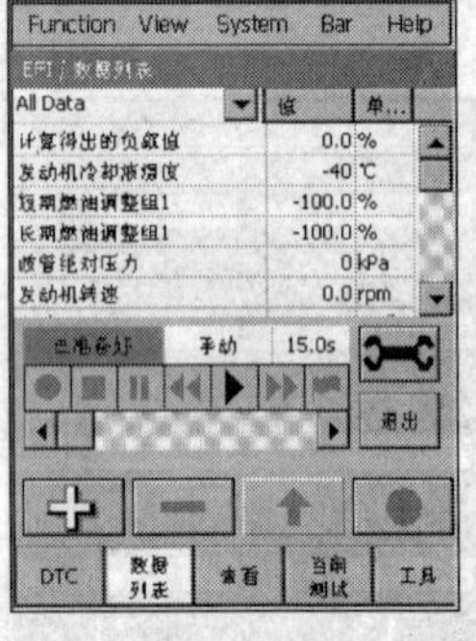

回放/新记录待机

图 3-48 “Function”菜单列表

图 3-49 快照记录/保存界面显示过程

可以对快照操作进行设置，设置内容如下。

（1）设置记录时间，选择 5s/10s/15s/30s/1min/2min/5min。

（2）触发点，设置按下触发前已存为数据的记录时间百分比。

（3）设置触发的类型，触发类型如下。

手动：通过触按数据列表显示部分采手工应用触发。

参数：依照所设参数值采应用触发。

DTC：在检测到诊断编码时应用触发。

MIL：在发动机警告灯亮起时应用触发。

（4）设定参数触发，本按钮只有在触发项目中选择了“参数”时才有效。

另外，可以选择附件触发快照。

（1）将“触发快照”附件连接到 IT II，再将 IT II 连接到诊断座上。

（2）当数据列表被显示时，触按 Trigger Snapshot 按钮，开始数据记录。

（3）在数据记录过程中触按 Trigger Snapshot 按钮，设置快照旗标。

（4）触发快照可在 5 个最大值处设定快照旗标。设定 5 处快照旗标后触按 Trigger Snapshot 按钮，数据记录结束。

步骤十　当前测试（主动测试）

当前测试是一种功能，用于强制驱动继电器、执行器和线圈等。

如果在当前测试能够正常驱动这些部件，则可以确定从 ECU 到继电器、执行器和线圈等的电路是正常的。

（1）从主菜单按钮，触按“当前测试”，也可以从如图 3-50 所示的“Function”菜单列表，触按“Active Test”，显示如图 3-51 所示的当前测试项目选择界面。

（2）在当前测试项目选择界面，选择测试项目，并触按“进入”。当前测试开始。可以同时显示数据列表，以及如图 3-52 所示的从列表框选择测量组。

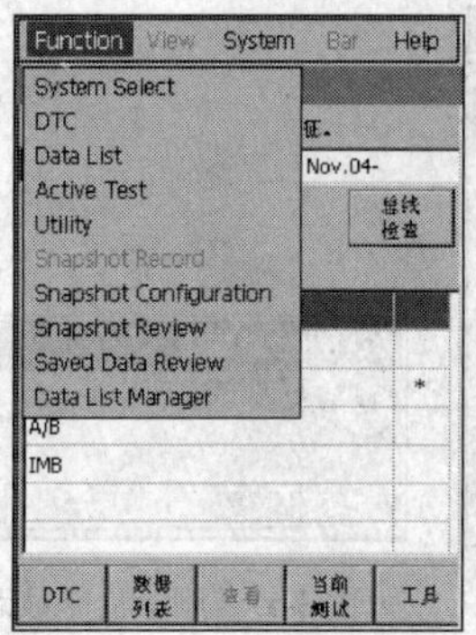

图 3-50 “Function”菜单列表

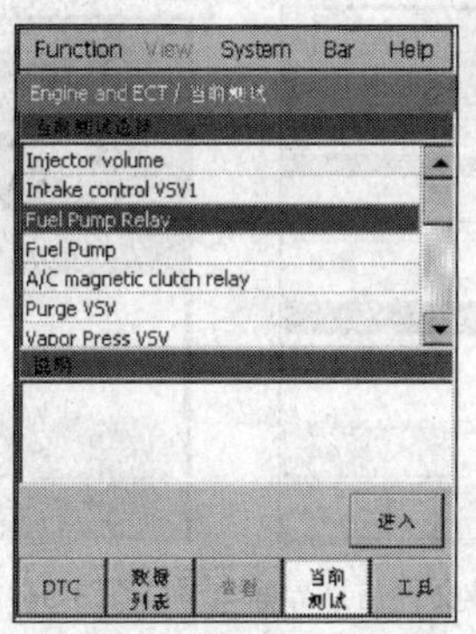

图 3-51 当前测试项目选择界面

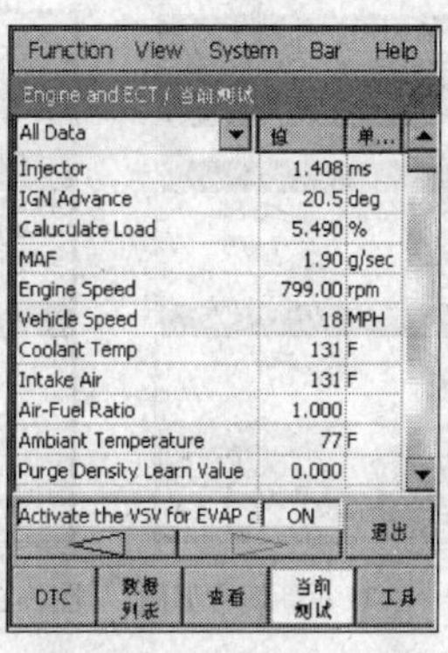

图 3-52 当前测试执行界面

执行器由控制框驱动。

在执行当前测试时，用于变换驱动值的控制框在测试项目下显示，从而可以设置当前测试的驱动值。

有如下三种类型的控制框（见图 3-53），系统会依据所选定的测试项目自动进行切换。

二进制类型，驱动值在两个值之间变换（ON/OFF 等）。

数字变化类型，驱动值是以数字方式变化的。

模拟变化类型，驱动值是以模拟方式变化的。

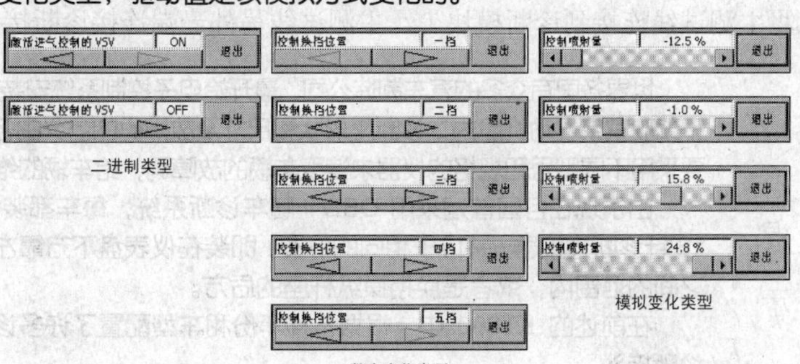

图 3-53 控制框类型

步骤十一 ECU 重新编程

在重新编程过程中，ECU 要进行许多安全检查，所以必须认真遵守所指定的各个重新编程步骤。

维修人员可以利用 ECU REPROGRAMMING（ECU 重新编程）应用程序在不卸下 ECU 的情况下更新 ECU 软件。

重新重写 ECU 程序的功能包括获得车辆 ECU 程序标识，更新 ECU 程序，删除存储在 IT II 中的编程数据。

（1）触按如图 3-54 所示的 ECU 重新编程界面上的“校准文件管理器”。

（2）然后，触按“进入” 按钮变为激活。

（3）触按 ECU 重新编程界面上的“进入”。屏幕上显示如图 3-55 所示的校准文件信息界面。

（4）触按如图 3-56 所示的编程数据，然后编程数据变被蓝色覆盖以及“删除”按钮激活。

（5）触按校准文件信息屏幕上的“删除”，如图 3-57 所示的删除验证对话框显示出来。

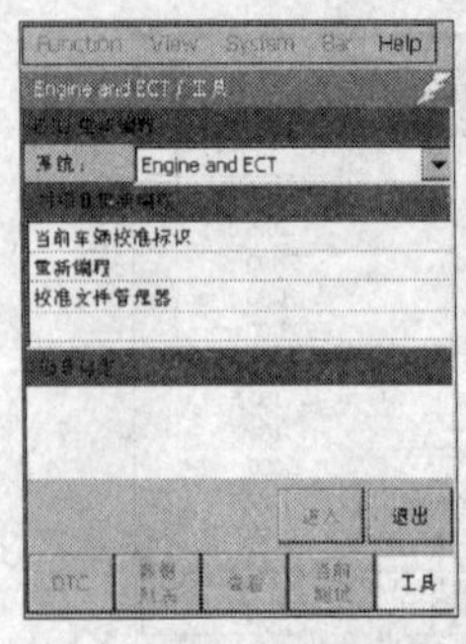

图 3-54 ECU 重新编程界面

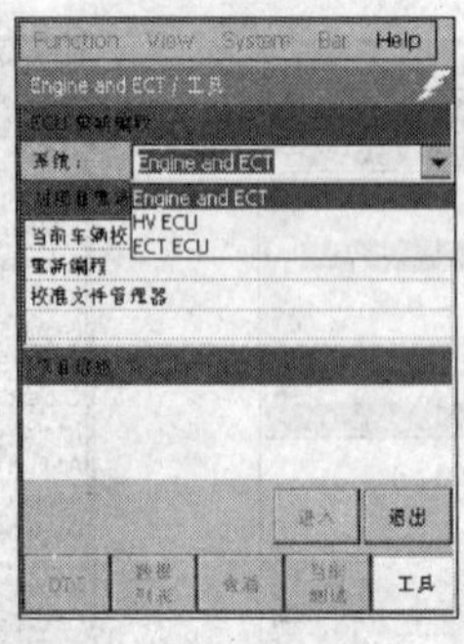

图 3-55 校准文件信息界面

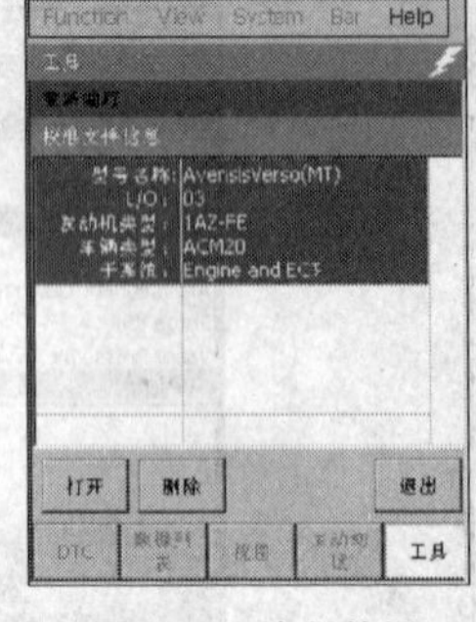

图 3-56 编程数据

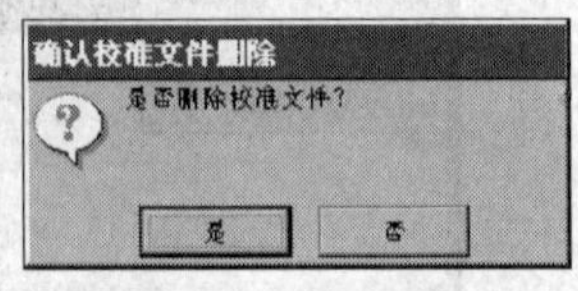

图 3-57 删除验证对话框

（6）触按删除验证对话上的“是”，编程数据被删除。

（7）触按“重新编程”进行重新编程。

操作二 金德故障诊断仪 KT600 的使用

步骤一 读取、清除故障码

（1）检查 KT600，存储卡是否已安装在存储卡槽中；主机底部是否已安装好诊断模块。

（2）在所检测车辆上找到诊断座。

（3）将主测试线连接到诊断模块上，主测试线另外一端连接诊断接头。

提示

世界各国有众多的汽车制造公司，最开始电子控制系统安装的汽车诊断座有 1～2 个，位于驾驶室或发动机舱内，诊断座形状和尺寸及故障码的含义由各汽车制造厂家设计决定，需要采用不同型号和规格的仪器来读取车辆的故障码，给车辆的维修服务造成了很大困难。

由于现在各国普遍采用 OBD II 随车诊断系统，每车都装备有一个标准形状和尺寸的 16 针诊断连接器，并位于相同的位置，即装在仪表盘下方靠左边与汽车中心线右 300mm 之间的范围内，或者是换挡操纵杆座的后方。

在前述的 KT600 中，根据各种年份和车型配置了许多诊断接头，现在采用 OBD II 诊断接头。

下面以丰田 COROLLA GL—i 发动机电控系统为例进行操作。

（4）将 OBDⅡ诊断接头与诊断座连接。

（5）将点烟器电源电缆插入驾驶室中控台上的点烟器插孔（见图 3-58），另外一端插入 KT600 主机上部的电源插孔。

提示

KT600 主机内有充电电源，在充足电后且没有外加电源情况下，可独立供电。

（6）将 COROLLA GL—i 的点火开关置“ON”。

（7）按压 KT600 主机上的电源开关，按压“OK”键开机，如图 3-59 所示的界面显示出来。

（8）触按“汽车诊断”，如图 3-60 所示的界面显示出来。

图 3-58　点烟器插孔取电

图 3-59　开机后界面显示

图 3-60　触按“汽车诊断”后的界面显示

（9）触按“日本车系”或屏幕中的丰田车标，选择车系，界面如图 3-61 所示。

（10）触按“带 CAN 系统车型”或“车型系统”，选择车型，界面如图 3-62 所示。

（11）触按“COROLLA”界面如图 3-63 所示具体车型。

（12）触按“COROLLA GL—i”界面如图 3-64 所示的电控系统。

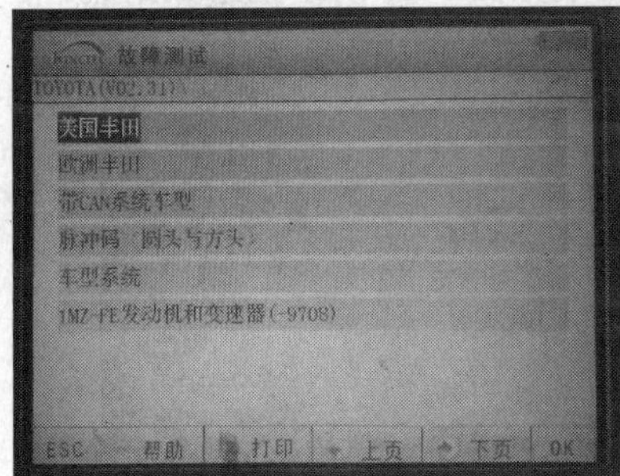

图 3-61　车系选择

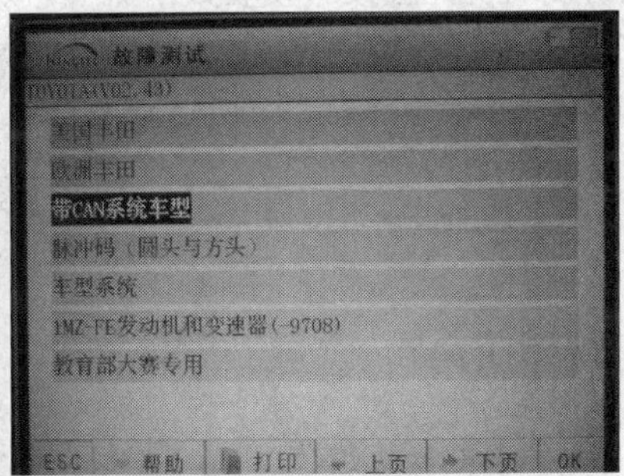

图 3-62　车型选择

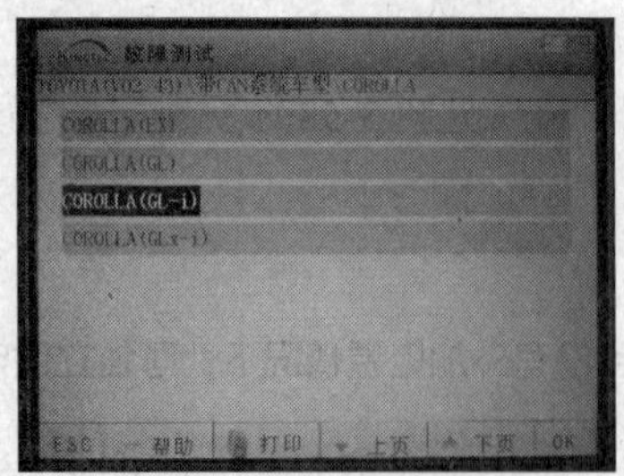

图 3-63 具体车型

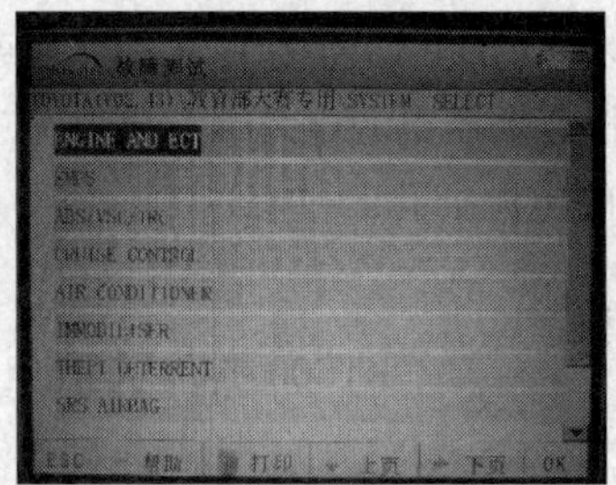

图 3-64 电控系统

（13）触按“ENGINE AND ECT”，界面如图 3-65 所示。

（14）触按“READ DTC”，界面如图 3-66 所示。

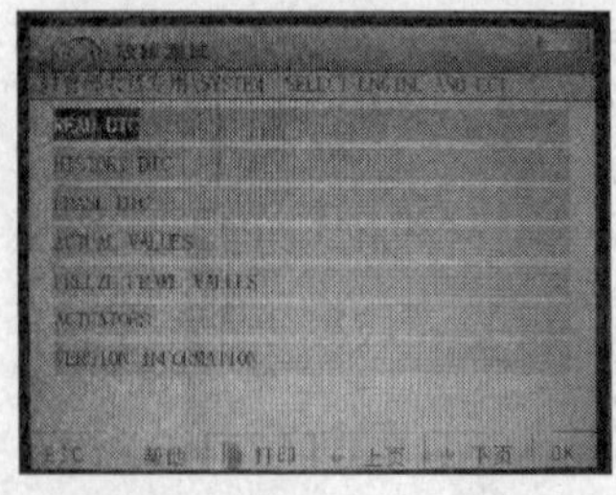

图 3-65 触按“ENGINE AND ECT”后的界面显示

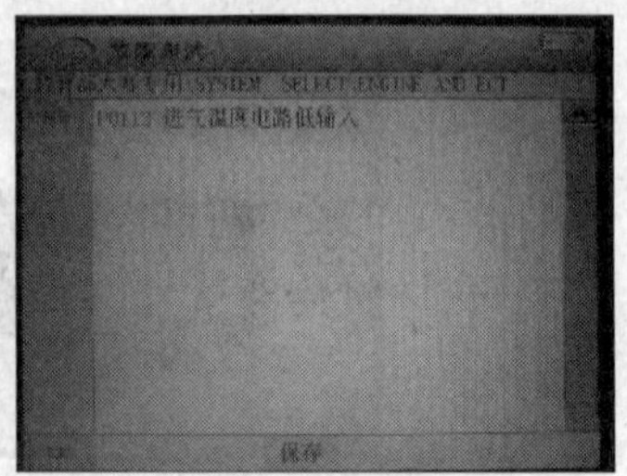

图 3-66 故障码

（15）按主机按钮“ESC”，再按“ERASE DTC”界面如图 3-67 所示。

提示

也可触按“历史故障码”，再现所测试车辆电控系统曾经发生的故障。

如果是其他电控系统发生故障，在系统选择时，同样可触按该系统进行故障码的读取。

步骤二 数据流测试

提示

对于有故障码的故障，可在读取故障码后，进行动态数据流测试，并与维修手册中各工况的标准数据流进行比对，这有助于故障的确认。

对于实际有故障而无故障码的故障，建议仔细观察电控单元的输入和输出信号，即可以通过观察动态数据流作为识别这类故障的辅助方法。

动态数据随着输入和输出信号的变化而不断变化；冻结帧数据流使诊断仪捕捉瞬间的输入和输出信号数据，是静态的。这不仅有助于对故障的分析，还可大体确定故障的范围。

下面以丰田 COROLLA GL—I 发动机电控系统为例进行操作。如果是其他电控系统发生故障，在系统选择时，同样可触按对应系统进行动态数据流测试。

（1）起动发动机。触按“读取数据流”，屏幕出现如图 3-68 所示动态数据流。

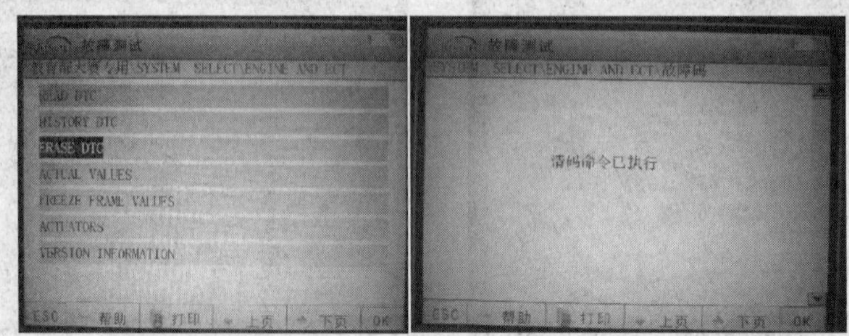

图 3-67 清故障码过程

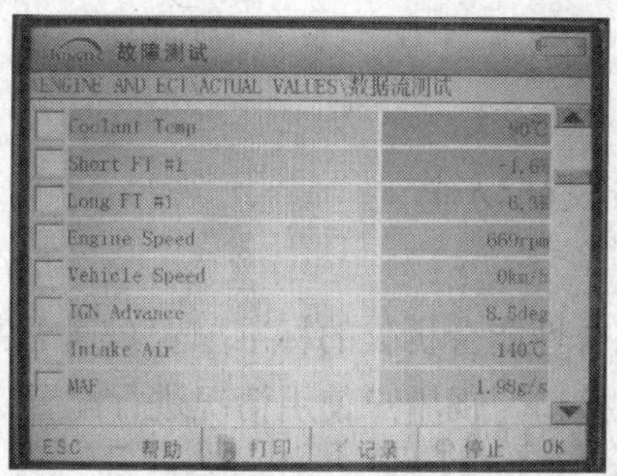

图 3-68 动态数据流

（2）按主机按钮“ESC”，再按“FREEZE FRAME VAVUES”界面出现如图 3-69 所示冻结帧数据流。

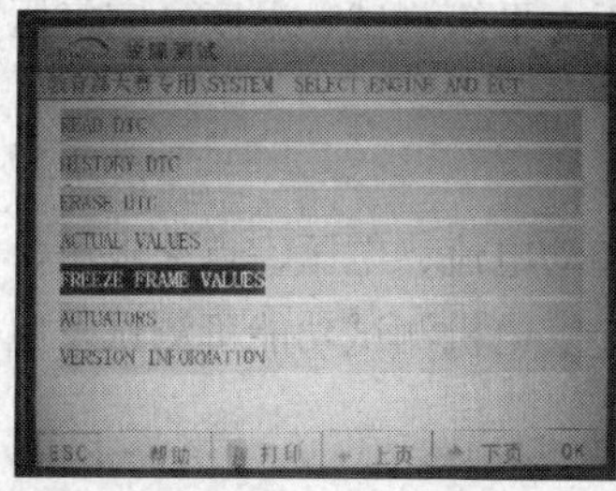

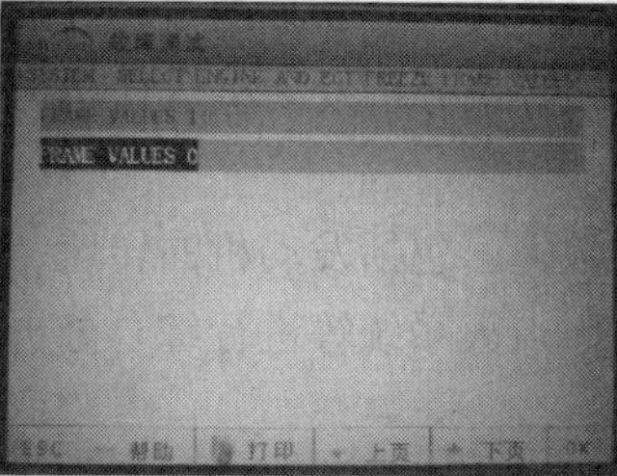

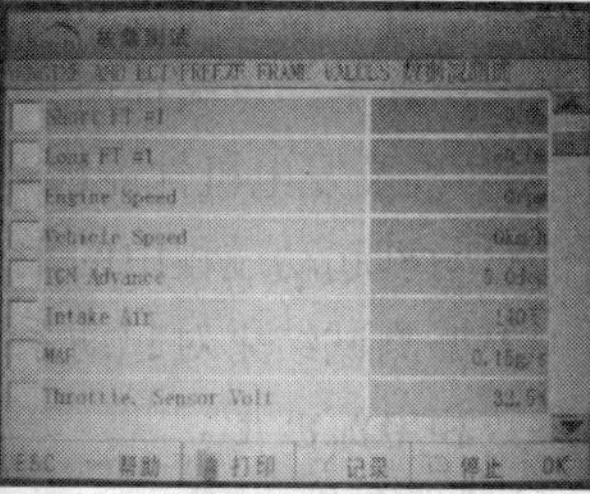

图 3-69 冻结帧数据流

步骤三 执行元件测试

对发动机进行执行元件测试时，应根据实际检测的需要选择是起动还是不起动发动机。

对其他系统进行执行元件测试时，应严格遵守安全规范，如 ABS 系统在路试并进行执行元件测试时，更要严格遵守操作规范。

下面只是对喷油器进行动作测试，还可对电控系统中的其他执行元件进行动作测试。

触按“ACTUATORS”，屏幕出现如图 3-70 所示。

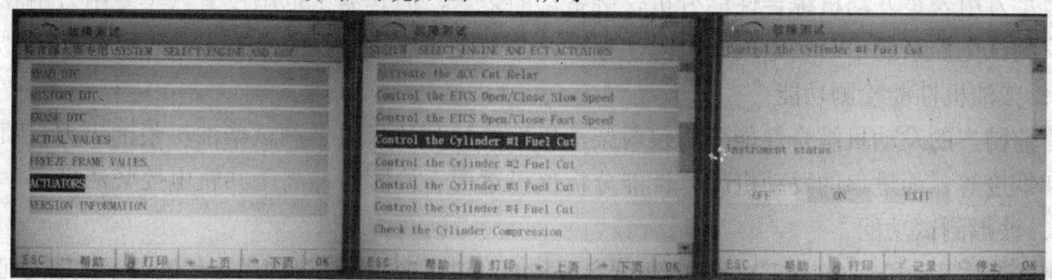

图 3-70 喷油器动作测试

课题二 发动机综合性能分析仪

发动机综合性能分析仪应用传感技术、动态采集技术和信号处理技术可对发动机的电控系统、点火、燃料供油、冷却、润滑、进排气、传感元件、排放特性和动力性等进行动态综合检测，通过动态综合检测使发动机的各种运行参数准确地在电脑屏幕上呈现出来。对各种运行参数进行分析，可对发动机参数进行调试，找出故障原因，为发动机性能的评定提供依据，是汽车不解体诊断检测的重要仪器。

【基础知识】

一、发动机综合性能分析仪的功能

1．故障诊断

故障诊断功能作为发动机综合性能分析仪的标准配置，属于主要功能部分，发动机综合性能分析仪为故障诊断仪预留了串行接口，视用户使用情况进行配置，并可扩展其功能范围。

2．点火系统分析

发动机综合性能分析仪对点火系统进行检测，可采集、显示、记忆点火波形，通过对发动机不同转速下的点火电压、火花电压、火花持续时间和闭合角进行波形分析，可对发动机点火系统的性能进行评价。

3．发动机分析

发动机分析主要是通过对发动机的转速、断缸测试、气缸压力平衡测试、温度、空气压力、蓄电池电压、真空、点火提前角测试等来分析发动机运行状况。

4．起动机及发电机性能检测

测试发动机起动过程中的主要数据，包括发动机的转速、起动电流、电压、点火电压、闭合角等，可根据测试结果对起动系统、点火系统等进行综合分析。发电机测试功能可测试发电机主要工作参数和电流波形。

5．传感器分析

传感器分析功能可对汽车电控系统各种传感器进行波形分析，进而判定传感器的动态工作性能。

6．废气分析

由于发动机尾气分析仪本身的价格比较昂贵，一般情况下，发动机综合性能分析仪不把尾气分析仪作为其标准配置，只作为选装功能。发动机综合性能分析仪可扩充不同的尾气诊断模块，用于测试汽油车和柴油车尾气。

7．数字万用表

数字万用表是发动机综合性能分析仪必备功能之一，但其测试范围没有汽车专用万用表广，一般只测试电控系统中一些电压、电阻、频率、占空比和连续性等信号。

8．柴油机性能检测功能

目前国产的发动机综合性能分析仪对柴油机性能检测还只限于测试柴油机喷油压力、喷油提前角和烟度等。而进口的发动机综合性能分析仪已适用于检测各种高压共轨电控柴油机。

9．波形测试功能

测试者对发动机综合性能分析仪的测试参数和波形进行分析，结合使用万用表或示波器对可能出现故障的传感器、执行器做进一步检查，对照发动机综合性能分析仪或维修手册中的发动机测试标准参数，根据所分析的故障原因确定故障的范围，所以波形分析也是综合性能分析仪中必备的功能之一。

10．无外载测功

空挡时，将发动机的节气门从怠速位置急速全开，发动机将克服本身的惯性力矩，迅速加速到空载最大转速。如果转动惯量已知，只要测出发动机在指定转速范围内急加速时的平均加速度或测量某一转速时的瞬时加速度，就可以确定发动机输出功率的大小。无外载测功是基于动力学原理的一种测功方法。即使同一型号的发动机，也会因为使用环境变化，其当量转动惯量也将有所不同。因此，无外载测功的精度较差，只能作为参考数值，用于比较维修的前后效果。

11．存储与检测报告

检测报告是发动机综合性能分析仪的一大特点。检测后发动机综合性能分析仪可以记录工作单号、日期、操作人员信息、公司信息、车辆识别、测试步骤识别、示波图形、测量数值、比较值、参考曲线及参考值，并在数据库中建立客户数据，进行检测报告保存。

测试者根据测试结果进行分析，指出发动机哪些系统存在问题，并根据所测数据、参数，确定造成这些问题的大致范围和可能原因。

12．打印功能

该项功能可以很方便地查看所测车辆的记录，便于对比分析，使检修人员更准确地掌握车辆技术状况，快速诊断出故障原因。

二、典型发动机综合性能分析仪

1．VAS5051B 发动机综合性能分析仪

如图 3-71 所示，VAS5051B 是大众奥迪的发动机综合性能分析仪，包括平板电脑、键盘、鼠标、诊断导线、检测适配器导线、U/R/D/I 测量导线（VAS 5051B/5）、DSO 测量导线（VAS 5051B/6）、电流钳、高压钳（VAS 5051/17）、触发钳（VAS 5051/18）、空气温度传感器、液体温度传感器、100 mbar 压力传感器、2.5～300bar 压力传感器等。

VAS5051B 发动机综合性能分析仪有两种等效的诊断导线可供选择，分别长 5m 和 3m。它们用于连接测试仪和车辆电路，并辅助监控接线端子 30 上的电池电压、识别点火装置的状态（端子 15，如果有此端子的话），以及实现控制器之间的通信。检测适配器导线用于诊断接口的自检。作为准备工作，应将适配器导线连接在诊断导线和车辆诊断接口之间。为进行测试，适配器线缆中有若干条导线连成反馈回路。导线将从车辆电路中获得必要的供电。自检时，车辆点火装置不必接通。这款分析仪适用于任意大众奥迪型号的车辆。

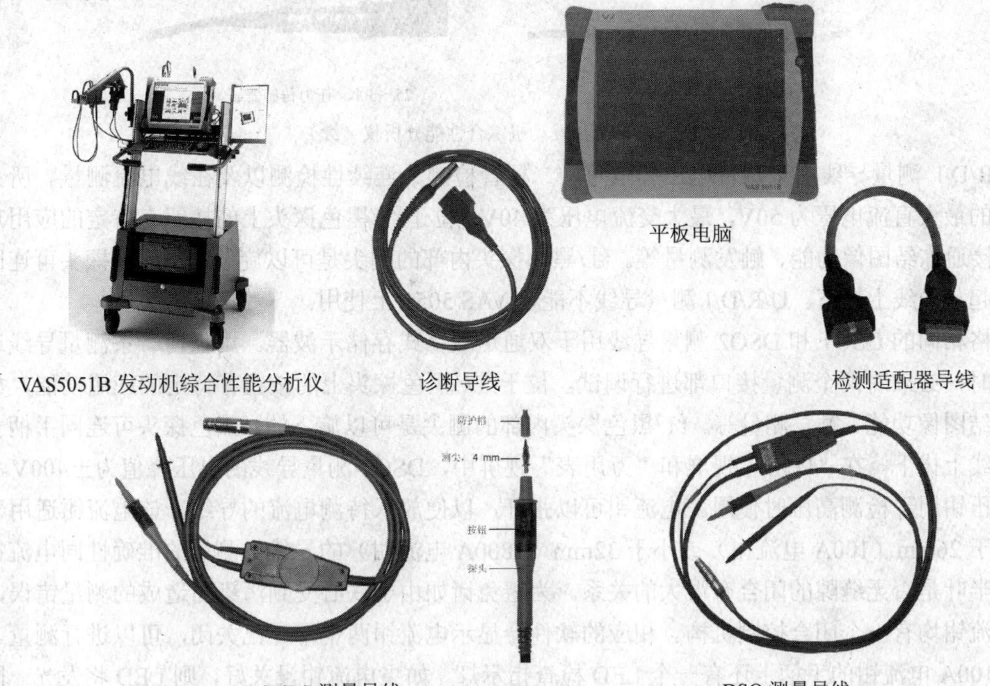

图 3-71 VAS5051B 发动机综合性能分析仪

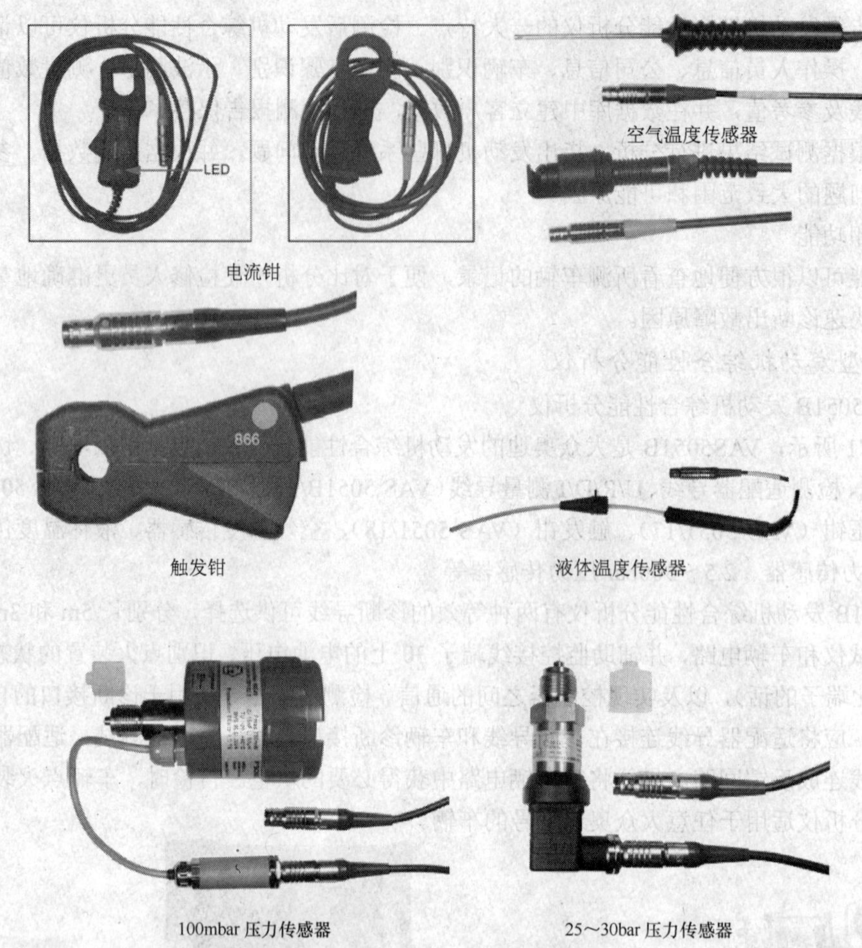

图 3-71 VAS5051B 发动机综合性能分析仪（续）

U/R/D/I 测量导线用于测量电压和电阻、二极管检测、连续性检测以及在线电流测量。所允许测量的最大直流电压为 50V，最大交流电压为 40V。位于红/黑色探头上的按钮有特定的应用功能，如接通冻结图像功能、触发测量等。红/黑色探头内部的测尖是可以旋下的。黑色探头可连同手柄一起从导线上拔下。U/R/D/I 测量导线不能在 VAS 5051 上使用。

规格相同的 DSO1 和 DSO2 测量导线用于双通道数字式存储示波器。用任何一条测量导线进行测量时，必须对两个测量接口都进行调试。位于红/ 黑色探头上的按钮有特定的应用功能，如接通冻结图像功能、触发测量等。红/黑色探头内部的测尖是可以旋下的。黑色探头可连同手柄一起从导线上拔下。在“DSO”视屏和“万用表”视屏中，DSO1 测量导线的电压峰值为±400V。

高压钳用于检测高压时使用。电流钳可以张开，以便放入待测电流的导线。该电流钳适用于直径小于 26mm（100A 电流钳）或小于 32mm（1800A 电流钳）的导线。测量的准确性同电流钳的两个半叶是否无缝隙的闭合有很大的关系。为避免诸如由于铁心受到污染而造成的测量错误，两种电流钳均有一个闭合控制机构。相应的软件会显示电流钳两个半叶已关闭，可以进行测量。此外，100A 电流钳的手柄上还有一个 LED 检查指示灯。如果电流钳没关好，则 LED 将发光。同时测试仪右侧的信息窗口将提示：电流钳未关闭。测量结果取决于方向。VAS 5051 的 50A 电流钳（VAS 5051/9）和 500A 电流钳（VAS 5051/19）也可用于 VAS 5051B。

触发钳可以张开，以便放入用于触发的点火电缆。该触发钳适合用于直径小于 11 mm 的点火电缆。触发钳接收呈示波图形显示的信号起始点脉冲。比如说，如果想显示第 1 气缸自点火时刻起的信号，则可将触发钳夹在点火电缆 1 上。空气、液体温度传感器用于检测气体或液体温度。压力传感器用于检测压力。

2．博世 FSA740 发动机分析仪

博世 FSA740 发动机分析仪的基本配置如图 3-72 所示，包括故障检测仪 KTS540、设备推车、设备苫布、带传感器的测量模块（传感器包括油温传感器、点火正时灯、多功能测试线 Multi1/Multi2、初级测试线 1/15、次级测试线 3xkV+/Red（次级测量钳）、次级测试线 3xkV-/Black（次级测量钳）、1000A 电流夹、信号触发夹、气体压力测试组件（真空测量连接组）、电源组件电源连线（供电模块）、预装正版 WindowsXP 的高性能计算机、液晶显示器、鼠标、打印机、遥控器（配有电池）、USB 接口鼠标和鼠标板、键盘、打印机、SystemSoft（plus）软件、ESI（tronic）软件、CompacSoft（plus）软件。

专用标配附件包括 30A 电流夹、208 万用接线盒、多功能次级独立测试棒、Y 形接线（用于通道 1/2）。

SystemSoft（plus）包含用于信号生成器的软件、万用表和示波器、一般测试步骤以及一般测试和连接说明。ESI（tronic）软件包含 ECU 诊断、SIS 维修指导、车辆信息列表、电路图等，需按功能付费升级使用。CompacSoft（plus）包含发动机测试标准参数，需按功能付费升级使用。

全新采用的 KTS 故障诊断模块在性能和便捷性方面得到极大改善，更快捷地测试复杂电子元件。采用内部 OBD 转接头适配器，由 ESI（tronic）软件智能化控制，KTS 系统与车辆的连接简易，通过多路器和未来的电缆适配器识别，进行准确的通信。SAE 和 CAN 可以转换 OBD 插头上所有可能的终端。智能适配器接口容许安全的多路器触发和带 ECU 标识的自动控制装置查寻功能。集成在模块中的可更换变化的适配器，通过模块化的固件，简单地进行安装与拆卸。

扩展配置包括初级接线包、次级接线包、红外线温度传感器、汽油尾气分析仪 BEA050、柴油烟度分析仪 RTM430。汽油尾气分析仪 BEA050 测试范围和精度如表 3-7 所示，柴油烟度分析仪 RTM430 测试范围和精度如表 3-8 所示。

表 3-7　汽油尾气分析仪 BEA050 测试范围和精度

名　称	测 试 范 围	测 量 精 度
CO	0～10%VOl.	0.001%VOl.
CO_2	0～180%VOl.	0.01%VOl.
HC	0～9999 ppm VOl.	1.0 ppm VOl.
O_2	0～22%VOl.	0.01%VOl.
NO	0～5000 ppm VOl.	1.0ppm VOl.
λ	0.5～1.8	0.001

表 3-8　柴油烟度分析仪 RTM430 测试范围和精度

名　称	测 试 范 围	测 量 精 度
烟度	0～100%	1%
吸收系数	0～$10m^{-1}$	$0.01m^{-1}$
尾气抽样探头最高尾气温度：250℃；RTM 430 输入最高尾气温度：200℃		

KTS540 故障诊断模块如图 3-73 所示，电阻测量量程大，连续性测试器可定位故障，用二级管测量方法测试元器件，并有带扩展测量功能的电压测量。通过 14V 和 28V 车辆电气系统的万用 OBD 插头，可对汽车和商用车辆进行诊断。KTS 540 还支持无线 1 级蓝牙数据传输，高达 100m 范围的强大稳定无线传输，移动更便捷。

当用环形传感器测量发动机转速时，环形夹适配线必须连接在 FSA740 插槽和环形传感器连接线上。

万用表测量通道 1 和通道 2，最高的电压测量值为 200V，不要进行超出此范围的测量。

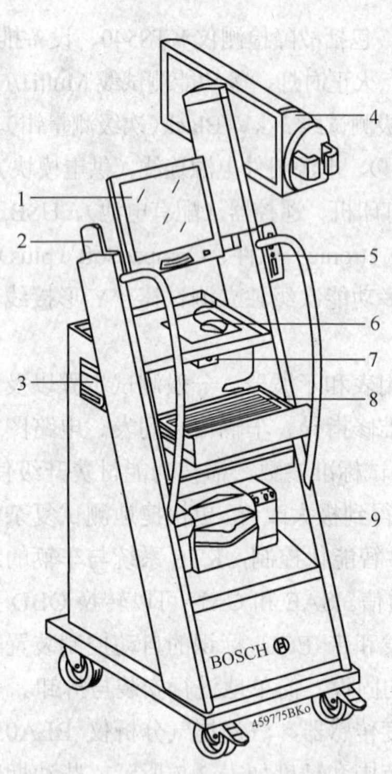

（a）FSA740 前视图

1—显示器；2—遥控器；3—带 DVD 光驱和软驱的 PC 机；4—测量模块；5—KTS540 故障诊断仪；6—USB 鼠标；7—遥控接收器；8—键盘；9—打印机（PDR218）

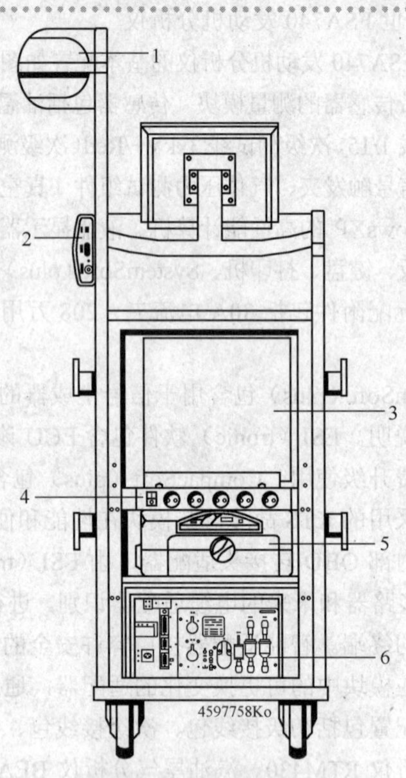

（b）除去后档板的 FSA740 后视图

1—测量模块；2—KTS520 或 KTS540；3—PC 机；4—插座电源开关；5—打印机（PDR218）；6—BEA050；

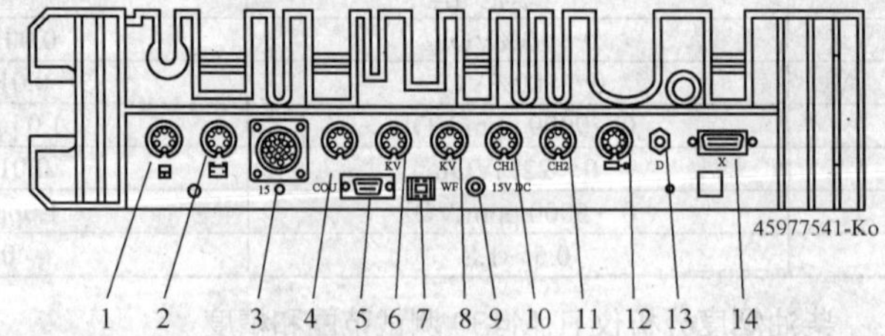

（c）FSA740 模块接口（从底部看）

1—温度传感器 2—电平正负级连接线 3—1 端、15 端 /EST/TN/TD 连接线
4—触发钳或传感器（环形夹适配线） 5—RS232 串行接口（无功能） 6—次级负极传感器
7—同 PC 机进行连接的 USB 口 8—次级正级传感器；9—模块电源输入口
10—万用表测量通道 1 或 30A 电流测量钳 11—万用表测量通道 2 或 30A 电流测量钳或 1000A 电流测量钳
12—正时灯 13—空气压力测量口 14—无功能（功能扩展口）

图 3-72 FSA740 发动机分析仪

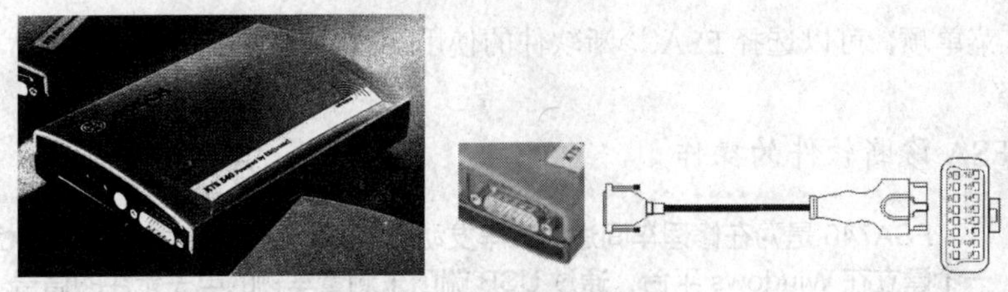

图 3-73 KTS540 故障诊断模块

博世 FSA740 发动机分析仪的供电电压为 90～264VAC/47～63Hz，工作温度范围为 5℃～40℃。

三、使用注意事项

（1）当使用发动机性能分析仪设备部件时，请详细阅读操作指南和所有的技术文档。

（2）使用发动机性能分析仪时，应确保其电源系统可靠接地；打开车辆的点火开关之前，一定要将检测设备接地或连接电平负极接线。

（3）发动机性能分析仪和发动机之间的连接，必须在发动机关闭的情况下进行；在关闭车辆的点火开关之后，再将连接检测设备的接地线或接在电平的负级的连线断开。

（4）检测时请备灭火器。

（5）起动发动机前应将测试线理顺，以防被运动部件卷入。

【课题实施】

操作 发动机性能分析仪 FSA740 的操作

步骤一 打开/关闭 FSA740

（1）用 FSA740 后面开关板的主开关实现设备的打开和关闭。

提示 在关闭设备的总电源前，首先要关闭 Windows 操作系统。

对 FSA740 进行操作时，如果 PC 机或相关部件（比如，鼠标，连接线）不是博世公司所提供的，那么 Windows 就会有故障显示。

（2）开机后，如果设置为自动起动，则软件的起始界面如图 3-74 所示

步骤二 设置 FSA 诊断软件的语言

FSA 诊断软件界面结构如图 3-75 所示

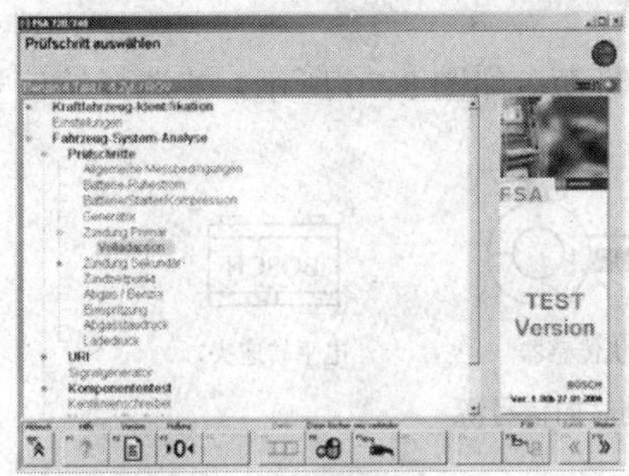

图 3-74 开机后的软件界面

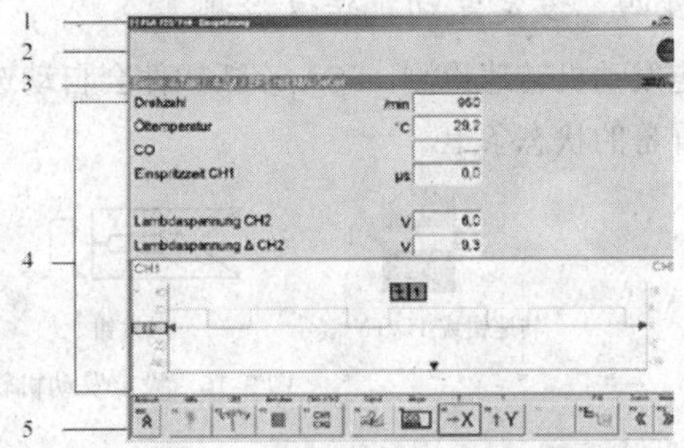

图 3-75 FSA 诊断软件界面

1—程序名称显示工具条（如程序和测试步骤）；2—操作说明信息框；3—车辆和传感器信息状态栏；4—测量项目显示区域；5—硬键和软键

在“设置”菜单项，可以选择 FSA 诊断软件的使用语言。通过语言的设置博世其他的应用程序也一同被选择。

步骤三 FSA 诊断软件的操作

提示

FSA740 是为在修理车间进行汽车发动机检测而设计的一种模块式的检测设备。它是一个建立在 Windows 平台，通过 USB 端口来测量车辆的电子无件的信号。完成 FSA 软件的安装后，程序就会显示在界面上，同时就可以对它进行操作。对于完整检测汽油发动机和柴油发动机，它的所有步骤均包括在这个软件里。

可以通过以下方式对 FSA 诊断软件进行操作，诊断程序的功能键/PC 机键盘上的按键/USB 接口鼠标/遥控器。

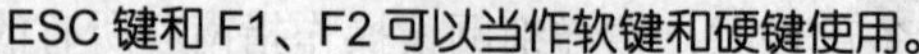

ESC 键和 F1、F2 可以当作软键和硬键使用。

硬键（ESC、F1、F10、F11 和 F12）具有固定的功能。在整个诊断软件使用过程中，它们的功能不变。

软键（F2 ~ F9）它的功能是不固定的。它会根据程序进行到不同的检测步骤，其功能也会有不同的定义。

无论是硬键或软键，变为灰色时，这个键将不可用。

可以使用鼠标、键盘、遥控器来对硬键和软键进行操作。

可以通过在线帮助获得更多的 FSA 诊断软件的操作信息。

根据表 3-9 中内容，用键盘硬键和遥控器对 FSA 的诊断软件进行操作。

表 3–9 运用键盘硬键和遥控器操作 FSA 的诊断软件

功　　能	遥　控　器	键 盘 硬 键
显示当前操作步骤的在线帮助	?	<F1>
关闭当前测量项目或检测程序	ESC	<ESC>
从博世程序应用菜单切换到诊断软件选项（DSA） 可以使用 DSA 调出各种博世应用程序（例如输入用户数据）		<F10>
退回到程序的上一步	«	<F11>
向下进一步或是确认键	»	<F12>
切换不同功能键、记录或输入栏	→|	TAB 键
在一个键内选择或在一个记录或输入栏内移动	↑↓→←	指针
无论程序进行到任何界面都可以将当前界面的内容打印 例外情况：在线帮助 1．点击鼠标右键 2．选择“打印”		打印键
向下进一步或是确认键	↵	回车键

步骤四 设定发动机转速检测

设定发动机转速检测，FSA 诊断软件会自动选择信号源。如图 3-76 所示，被选择的信号源会显示在屏幕的状态条上。

图 3-76 设定发动机转速检测时的信号源

提示

在设定检测项目时，会提示检查步骤，可以得到关于测试顺序、连接、测试条件等帮助信息。

步骤五　发动机检测

参照表 3-10 对发动机各个项目进行检测，并注意其测量范围和测量精度。

在 ESI“tronic”中的 RB 代码和 KBA，可以选择汽车类型、驱动类型、厂牌、系列、型号、发动机号码，对所测量车辆进行选择。

表 3–10　发动机检测项目

检测项目	传感器	测量范围	测量精度
转速测量	电平连接线 B^+/B^- 触发钳 次级传感器	450～6000min^{-1} 100～12000 min^{-1}	10min^{-1} 10min^{-1}
	终端连线 1 30A 电流钳	250～7200min^{-1}	10min^{-1}
	柴油石英夹传感器 1000A 电流钳（起动电流）	100～500min^{-1}	10min^{-1}
油温测量	油温传感器	−20℃～150℃	0.1℃
电平电压	电平连接线 B^+/B^-	0～72.0V	0.1 V
初级 15 端电压	连接初级 15 端信号线	0～72.0V	0.1V
初级 1 端电压	连接初级 1 端信号线	0～20.0V	50mA
点火电压 燃烧电压	连接初级 1 端信号线 次级传感器	+500V +50KV	1V 100V
燃烧时间	连接初级 1 端信号线 次级传感器	0～6ms	0.01ms
通过起动电流进行各缸压力比较	连接初级 1 端信号线 次级传感器	0～200A	0.1A
交流发电机测量	万用表通道 1	0～200%	0.1%
起动电流 发电机电流 火花电流	1000A 电流钳	0～1000A	0.lA
初级电流	30A 电流钳	0～30A	0.lA
闭合角	连接初级 1 端信号线	0～100% 0～360°VW	0.1% 0.1°VW
闭合时间	次级传感器 30A 电流钳	0～50ms	0.01ms 0.1ms
正时灯测量点火提前角	触发钳	0～60°kW	0.1°kW
传输起点 喷油起点 喷油脉宽	环状传感器	0～60°kW	0.1°kW
压力（空气）	空气压力传感器	（−800）−1500hbar	lhbar
脉宽 t-/T	万用表测量通道 1/2	0～100%	0.1%
喷油时间	万用表测量通道 1/2	0～25ms	0.01ms
点火时间	万用表测量通道 1/2	0～20ms	0.01ms

步骤六　万用表测量

参照表 3-11 用万用表对发动机各个项目进行检测。连接传感器时，点火开关处于关闭状态，测试之前，连接 B 到蓄电池的负极，并注意其测量范围和测量精度。

表 3-11　万用表检测项目

检测项目	传感器	测量范围	测量精度
转速	取决于发动机转速		
电平电压	电平连接线 B^+/B^-	0～72V	0.01V
15 端电压	连接初级 15 端信号线	0～72V	0.1V
直流/交流电压 最小值/最大值	万用表测量通道 1/2	±200mV～±20V ±20V～±200V	0.001V 0.01V
1000A 电流	1000A 电流钳	±1000A	0.1A
30A 电流	30A 电流钳	±30A	0.01A
电阻（R 万用表 1）	万用表测量通道 1	0～1000Ω 1～10Ω 10～999Ω	0.001Ω 0.1Ω 100Ω
压力 空气压力	空气压力传感器	0.2～2500hPa	0.1hPa
机油温度	机油温度传感器	−20℃～150℃	0.1℃
空气温度	空气温度传感器	−20℃～100℃	0.1℃

步骤七　示波测量

参照表 3-12 对发动机各个项目进行波形检测，并注意其测量范围和测量精度。

表 3-12　波形检测项目

测量功能	传感器	测量范围
次级电压	次级传感器	5～50kV
初级电压	初级连接线	20～500V
电压	万用表测量通道 1/2	200mV～200V
AC 耦合	电平连接线	200mV～5V
电流	30A 电流钳	2A 5A 10A 20A 30A
电流	1000A 电流钳	50A 100A 200A 1000A

课题三　多功能汽车检测清洗设备

【基础知识】

电控汽油机喷油器的积炭对汽车发动机的运转造成很大影响，影响了喷油雾化状况，造成各气缸工作不平衡，引起发动机怠速不稳，加速迟缓，耗油量增大等情况，严重影响汽车性能发挥的同时会造成机件的损耗，积炭过多还会使节气门位置发生变化，导致供油过多，油耗升高等，增加了不必要的费用。特别是电子控制燃油喷射发动机车辆进行库存或停驶前，如果没对喷油器及时维护和保养，将在日后车辆复驶时带来不便及增加维修费用。

一、喷油器结构

汽油喷油器按喷嘴口的形式分为针阀型和孔型。针阀型喷油器最早出现于 1967 年，雾化效果好，是目前应用最广泛的一种喷油器。如图 3-77 所示，喷油器安装在各缸进气歧管或气缸盖上，是一种高精度的电磁阀，由电脑发出的脉冲式电信号控制。电磁线圈通电时，电磁力将衔铁和针阀吸起，一定压力的燃油通过精确设计的针阀和阀座之间的环状间隙。燃油以雾状喷入进气歧管与空气混合，在进气行程中被吸入气缸。喷油量由电脑控制，取决于针阀行程、环状间隙、喷油压力、喷油时间等方面。针阀行程是由程序设定的，喷油量取决于环状间隙，称为计量间隙，针阀和阀座的加工精度要求很高，只有50μm。喷油器的平均寿命为喷射5亿次，相当于25万公里，超过期限要及时更换。

二、积炭形成的原因

由前述的喷油器结构可知，喷油器头部针阀处的计量区是最精密的部位。这对于精确控制喷油量，达到理想的空燃比是非常必要的，但这也使它对积炭非常敏感，针阀表面很少的积炭就会使喷油量减少，导致供油不足。积炭还改变了喷射形状，容易造成偏射，导致混合气不均匀，并影响到燃油的雾化效果，使汽车性能下降。其主要原因有以下几方面。

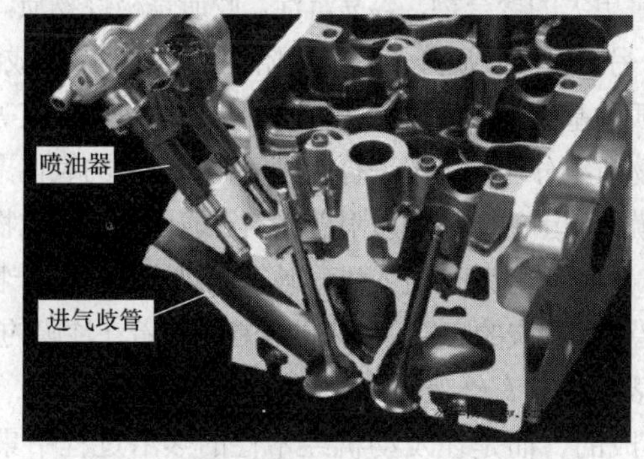

安装在各缸进气歧管上

安装在气缸盖上

图3-77　喷油器安装位置

（1）吸入发动机的空气虽经过滤器过滤，也必然有少量尘土和杂粒进入气缸，在其经过的进气道及各种传感器表面就会产生附着、累积。

（2）任何制造精密的发动机都存在窜气现象，即燃烧室中的高压混合气通过活塞环与缸壁之间的缝隙窜入曲轴箱。为将这一部分未燃尽的混合气导入燃烧室充分利用，发动机设置了曲轴箱密闭通风系统，它在将可燃混合气导入气缸的同时，也将曲轴箱中的润滑油雾分子、水汽等引入气缸，这些携带有杂质的的气体，极易在进气及各种传感器表面形成附着。

（3）窜入曲轴箱的气体一方面对润滑油造成腐蚀使其变质，另一方面气体中携带的各种杂质在润滑油中的不断累积形成“油泥”，沉积、附着于润滑油道、油泵滤网处，形成油流阻塞，沉积于活塞环槽内，在燃烧室高温作用下形成积炭。

（4）油品标号与压缩比不符，油分子雾化点火燃烧不同步就会造成不完全燃烧，从而会使燃油供给系统中的喷油器、发动机的燃烧室、活塞环槽、火花塞、进气门背部、进气道等部位产生积炭。

加了劣质汽油。劣质汽油含有大量的胶质，这些胶质随汽油通过车辆的燃油供给系统进入燃烧室内部，然后和汽油一同燃烧后，就会形成积炭。

燃油中含有的杂质（特别是质量不合格的燃油）在发动机工作时不能参与燃烧，虽然大部分被排出机外，但仍有少量残留，这种残留物的不断累积就会在喷油器喷孔、燃烧室、气门口及传感器表面形成附着。

（5）驾驶习惯是多样性的。很多驾车人单纯追求发动机低转速高挡位行车的节油理念，而忽略了油门与转速的同步状态，造成发动机超负荷运转，进而形成积炭。

（6）路况。在高度拥堵的路面行驶，车辆始终处于走走停停的状态，发动机不能高转速运转，燃油或蹿入燃烧室的润滑油也不可能百分之百燃烧，未燃烧的部分油料在高温和氧的作用下形成胶质，粘附在发动机内部的零件表面上，再经过高温作用形成积炭。

（7）自氧化反应。汽油像一般有机物一样，会氧化变质，主要是由于不饱和成分在常温液相条件下容易与空气中的氧发生自氧化反应，即库存的车辆汽油长期不使用而变质主要是在常温条件下容易与空气中的氧发生自氧化反应，而且彼此之间还会发生聚合反应，生成粘稠物，即胶质，其中一部分胶质是在汽油的储运过程中缓慢形成的。此外，燃油供给系统油路中的汽油大部分要流回油箱，受发动机室内温度的影响，自氧化反应加速，也会使汽油中的胶质增多。

目前市场上的汽油在出厂前已经加入氧化剂，因此常温状态下，汽油中的自氧化反应会处于相对的平衡状态。胶质中含有过氧键，温度超过70℃后，汽油中的过氧自由基增加，胶质中又含有碳碳双键，使链式反应在低聚物的基础上继续进行，形成分子量更大的聚合物，容易沉淀。胶质是极性物质，一方面胶质分子之间容易聚集，使汽油的重质组分增加；另一方面胶质分子容易吸附在金属表面，形成沉淀。

可以说，发动机各个部位发生积炭，均是在胶质的基础上继续进行的。气门、活塞、燃烧室等处的积炭是由于润滑油和汽油的轻组分蒸发，胶质的重物质组分在高温下进行深度氧化，最后的氧化聚合物沉淀在这些零件的表面，形成漆膜状积炭。这种漆膜使周围的颗粒物质附着在自己表面上。颗粒物包括空气中的粉尘、发动机曲轴箱气体返回和发动机废气再循环系统而进入进气歧管的燃烧产生的产物。漆膜紧贴金属表面部分会慢慢地干化为硬质均匀的漆膜，即积炭的底层。外来的颗粒物附着在漆膜的表层，犹如粘结剂中加入了固体填料，最后变成了积炭。表层中含有外来的颗粒物的无机物成分较多。

（8）热浴现象。喷油器积炭不是一朝一夕形成的，而是在发动机经常性的热浴过程中累积起来的。汽车发动机停止工作后，冷却作用没有了，受气缸和排气管内的辐射热的影响，发动机室内的环境温度在短时间内可达 100℃以上，这种现象被称为发动机热浴现象。发动机每次停止运转时，由于燃烧室温度急剧下降，喷油器喷孔处残留的油滴不能完全蒸发，会对进入气缸的空气中的杂粒产生吸附，导致在喷孔处形成积炭。汽车停驶、库存、发动机停止工作后，发动机经历热浴，加上长期不使用，喷油器头部的金属表面上会滞留一层油膜，胶质滞留在金属表面上。

三、运行工况对喷油器积炭堵塞的影响

1．汽车运行中不易产生积炭

汽车运行中，由散热器气流在发动机室内由前向后流动，使发动机放出的热量由发动机室的后方散发到大气中去，发动机室内的温度一般在40℃左右。在进气管内，高速进气流具有冷却作用，因此喷油器头部的温度不会超过50℃。在这样的环境温度下，自氧化反应的平衡不会被打破，胶质不能深度氧化，不易形成积炭，而且汽车运行过程中，喷油器有自洁作用。喷油器的针阀在计量区不停地来回运动，并在针阀打开时，高速的汽油从计量间隙流过，胶质等沉积物前驱体很难在计量表面沉淀。

2．热浴对积炭的影响

在汽车停车后的前 10min 内，喷油器头部的温度急剧上升至 100℃左右，然后保持 30 多分钟，并缓慢下降。在汽车停车后约有 45min 时间喷油器头部温度都在 100℃以上，而且高速大负荷运行后，热浴温度更高。

汽车停车时间不同，即发动机热浴时间长短不同，喷油器经历较高温度的时间不同。停车时间长，热浴充分，喷油器头部经历的高温时间长；停车时间短，热浴不充分，喷油器头部经历高温的时间短，甚至没等到温度上升到 100℃以上，汽车又重新起动，形成积炭的深度氧化反应很

难充分进行。因此停车时间对喷油器积炭的形成有重要的影响。

四、全自动多功能汽车积炭清洗机

目前汽车研究部门、喷油器生产厂商、汽车维修企业常用的积炭清洗机有喷油器检测积炭清洗机和全自动多功能汽车积炭清洗机。

全自动多功能汽车积炭清洗机，是电控汽油喷射系统检测设备，是根据国际最新汽车电喷技术，并针对国家标准，按一类、二类汽车维修企业开业条件的规定设计制造的产品。它将汽车技术、电子技术、液压技术、计算机技术及机械工艺完美地结合于一体，不但具有各种喷油器实验台完善的功能，而且对检测方法、检测功能、检测精度、性能指标、结构优化、机电一体化、智能化、自动化等都有的创新和突破。

1．WONDERFU 系列全自动多功能汽车积炭清洗机的技术规格和技术参数

（1）可对单个和多个喷油器的滴漏、阻塞、喷油量、喷油均匀度进行自动检测和选择检测，能模拟发动机任意工况；能观察喷油器工作的全过程。

（2）检测范围。

① 脉　　宽：1～20ms　　　　步长：0.1ms

② 喷油次数：0～9950 次　　　步长：50 次

③ 转　　速：0～9950r/min　　步长：50r

④ 喷油时间：0～600s　　　　步长：1s

以上范围内，可任意设定各种喷油脉宽、喷油次数或喷油时间及发动机转速。检测程式可以是静态、动态、加速、减速。检测过程中可以中断或恢复原操作程序。

（3）能对单个和多个喷油器无论是高阻、低阻、电压式、电流式等都能进行自动检测清洗和选择检测清洗及反冲洗（要另选购接头）。

（4）可用计时方式检测，也可用计次方式检测。

（5）设有独特的喷油器开、关周期检测装置，可检测、鉴定喷油器的质量和品牌。

（6）无需移动即可检测喷油器的滴漏、喷油量、喷油均匀度的变化。并能在封闭的状态下实现安全常喷循环自动检测清洗。

（7）具有检测清洗液自动排放功能，不用手动排液。

（8）配有阻尼系统、安全系统和不锈钢容器，无需配制压缩气体供油系统、系统压力 0～4kg/cm^2 可调，并能准确显示。

（9）选配与各种汽车连接的接头，可对电喷汽车和化油器汽车进行免拆清洗。

（10）能对汽车发动机燃烧室进行泡沫清洗，废液可自动回收。

（11）能对发动机的真空度进行检测，精度 2.5 级。

2．操作面板按键说明

WONDERFU 系列全自动多功能汽车积炭清洗机的操作面板如图 3-78 所示。

提示

拖动设备时，必须抽空机器里面的油及泡沫，以免拖动时油及泡沫泄漏。

操作面板按键说明。

1—复位键，按此键，系统恢复初始状态。

2—油泵开关键，按此键，系统供油，油泵指示灯亮：再按此键，油泵停止工作，指示灯熄。

3—回油键，按此键，系统回油，回油指示灯亮；再按此键，油泵停止工作，指示灯熄。

4—自动键，按此键，系统即按计次方式进入自动检测清洗分析。但使用自动检测清洗之前，必先把压力调至被检车系统油压规定范围。

5—选择键，每按选择键一次，转速信号灯、脉宽信号灯、喷油次数信号灯、喷油时间信号灯循环显示，当信号灯亮时，数码管显示的数字即是该信号的数字。例如，脉宽信号灯亮时，数码管显示 03.00，就表示脉宽是 3ms；转速信号灯亮时，数码管显示 0650，就表示转速是 650r/min。如按“+”键，设定的数字就可增加，按“-”键，设定数字就可减少。

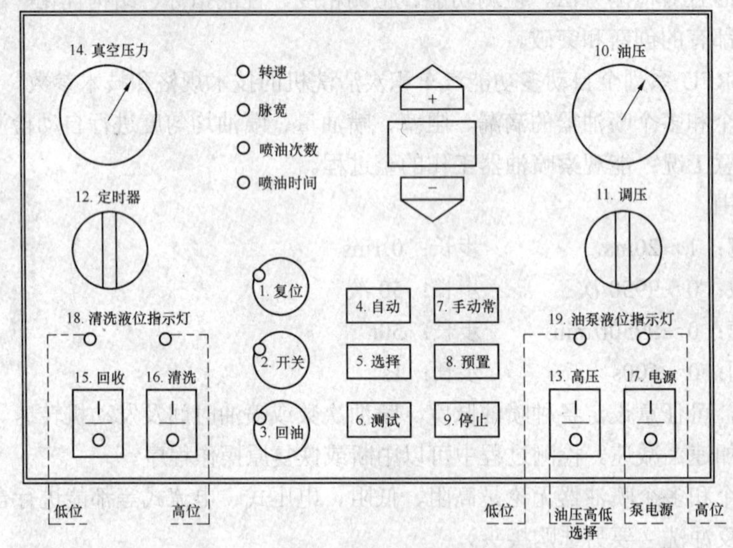

图 3-78 WONDERFU 系列全自动多功能汽车积炭清洗机的操作面板

6—测试键，按测试键之前，必须先把发动机的转速、喷油脉宽、喷油次数或喷油时间等参数进行设定，并按选择键选定测试方式（选计次方式，则“喷油次数”指示灯亮；选计时方式，“喷油时间”指示灯亮），然后按测试键，即可按设定的测试程序测试。需要暂停测试时，可按停止键中断测试，再按测试键，系统即从中断点处继续测试。

7—手动常喷键，按下手动常喷键，喷油器常喷清洗；停止按键，清洗停止。

8—预置键，按第一次，预置怠速运行参数（650r/min、3ms、4000 次），按第二次，预置最大马力运行参数（2250r/min、12ms、2000 次），按第三次，预置高速运行参数（3000r/min、6ms、3000 次）。

9—停止键，按停止键，系统暂停工作。

10—油压表，指示系统的油压。

11—调压旋钮键：顺时针旋转，增加油压；逆时针旋时，减少油压。

12—定时器，顺时针旋转，调整定时时间。起动油泵前，必须先调好定时时间（0～30min）。

13—化油器清洗，用来选择对电喷汽车或化油器汽车免拆清洗，按高压用于电喷汽车，归“0”位用于化油器汽车免拆清洗。

14—真空压力表，用于测试发动机的真空度。

15—回收开关，将回收阀门打开或关闭（指示灯亮为开），用于泡沫清洗液的吸入和回收。

16—清洗开关，将清洗阀门打开或关闭（指示灯亮为开），用于发动机燃烧室泡沫清洗。

17—泡沫清洗泵开关，水泵电源开（“1”）或关（“0”），用于发动机燃烧室泡沫清洗或回收。

18—泡沫清洗液位指示灯，左灯亮，表示泡沫箱清洗液不足，需要添加清洗液；右灯亮，泡沫箱中的清洗液已满，应停止加清洗液。

19—喷油器清洗液位指示灯，左灯亮，表示喷油器检测清洗液不足，需添加清洗液；右灯亮，表示喷油器检测清洗液已满，应停止加检测清洗液。

3．安全使用注意事项

（1）必须按使用手册规定的操作规程进行操作使用。

（2）供电电压为交流 220V，50Hz，而且必须要接地。

（3）使用时，周围必须严禁烟火，不准吸烟。

（4）保修期内不能擅自打开机壳。

（5）WONDERFU 系列全自动多功能汽车积炭清洗机适用于各种车型喷油器的检测清洗。但对于美国通用产的凯迪拉克、雪佛莱和日本丰田产的大、小霸王、蓝鸟王这几种特殊喷油器使用时，必须用特种接头。

（6）如果喷嘴清洗低位的液位指示灯亮，则必须加清洗检测液，才能继续进行喷油器的检测清洗；如果泡沫清洗低位的液位指示灯亮，则必须加泡沫清洗液，才能继续进行泡沫清洗。

4．维护保养方法

（1）防尘。

① 仪器用完时，要用塑料罩盖好，防止灰尘进入玻璃试管，避免回油电磁阀阻塞。

② 每用完一次，应把操作平台清洗干净。

（2）油泵保护。

① 免拆清洗结束，必须把油箱中的不洁清洗液抽出，避免不洁清洗液腐蚀损坏油泵。

② 仪器要经常使用。停用或少用时，至少每隔 6 天要通电测试使用一次。按面板的油泵键，10min 后即关闭。

③ 油箱中的清洗液混浊后，应及时更换。

（3）电源。

供仪器用的电源一定要接地。

（4）选用的清洗液和测试液，必须无腐蚀性；不含水分；无毒；不易燃。

【课题实施】

喷油器检测清洗

步骤一　检查油箱液面高度

出厂时，油箱没有检测清洗液。

观察喷油器液位指示灯右边灯是否亮，未亮，则拧开测试架的紧定螺栓，拿开测试架上面的油路器，并按回油键，然后在试管里添加检测清洗液，直到右边的油泵液位指示灯亮为止。

步骤二　接通电源

把电源线插在本机右侧插座上，接通 220V 交流电源，并打开本机右侧的电源开关（红灯亮）。

步骤三 测量喷油器的阻抗

首先，把要检测的喷油器从汽车拆下来，按顺序做好记号，用数字万用表测量喷油器的阻抗。测量结果，喷油器阻抗之差不能超过 1Ω，否则应将超差的喷油器更换。

步骤四 检测清洗

（1）选择检测清洗分析。

① 超声波清洗。把要检测的喷油器与脉冲输入信号线相连接，然后把喷油器插在超声波清洗槽架上，清洗液加至规定液面（液面高度一般是清洗槽深度的三分之二），按下右侧红色的超声波清洗开关键，按选择键，设置 50r/min，脉宽 20ms，记次 500 次，按测试键，清洗机自动清洗工作，直至清洗干净为止，然后关闭右侧的红色超声波清洗开关。

② 反冲洗。把反冲洗接头与喷油器连接，并放置在测试架上，然后把供油的压力凋至 2～4kg/cm^2，按手动常喷键，清洗完毕后，关闭油泵（即按油泵键），并拆下喷油器连接接头。

③ 检测喷油器的滴漏。根据喷油器的型号选择连接头，并连接好，然后检查密封 O 形环组（发现损坏要更换），将喷油器安装在测试架上，按油泵键，将压力调至被检车出厂规定压力（最好高 10%），观测喷油器是否滴油，如发现一分钟滴漏大于一滴（或按技术标准），则要更换喷油器。

④ 检测喷油器的喷油角度和雾化状。按手动常喷键，喷油器常喷，观测喷油角度和喷油雾化，喷油角度要一致 （或按被检汽车出厂技术标准），雾化要均匀，无射流现象，否则要更换。

⑤ 检测喷油器的喷油量。关闭回油开关，按油泵键，然后按手动常喷键 15s，观测试管的喷油量应为 34～38ml（或按技术标准），否则更换。

⑥ 检测喷油器油量的均匀度。按预置键（650r/min，脉宽 3ms，记次 4000 次），按油泵键，把压力调至被检车系统油压规定压力。按测试键，记数完毕后（即显示“0000”），观测每个喷油器喷在试管的油量，均匀度不超过 9%的，则视为合格（或按技术标准），超过 9%的要更换。

（2）自动检测清洗分析。

① 使用自动检测清洗分析时，先按油泵键起动油泵，并把压力调至被检车系统油压规定的范围（最好高 10%），然后按自动键，这时按以下程序自动进行检测清洗分析。

在自动检测清洗分析过程中，按复位键，系统将恢复到初始状态。

② 回油开关导通，喷油器常喷 15s，此时有射流和喷油角，可观察喷油角度、喷油雾化程度，实现常喷测试清洗。自动检测喷油角度、雾化程度和自动测试清洗。停止常喷 75s，观察阻塞和滴漏，回油结束，回油开关关闭。

③ 常喷检测结束，自动进入常规检测。自动检测怠速喷油量，喷油脉冲按喷油转速为 650r/min（模拟多点喷射怠速工作）、喷油脉宽为 3ms、计数喷油次数为 4000 次，喷油时间 369s，程序终止后观测 30s。

此程序观测怠速工况，如喷油均匀度小于 9%为合格，反之需更换。

④ 回油开关导通 45s，回油结束，回油开关关闭。

⑤ 电喷常规检测结束，程序自动进入中、高速最大马力喷油量的检测。喷油转速（模拟多点喷射最大马力 4500r/min 工作）为 2250r/min、喷油脉宽为 12ms、计数喷油次数为 2000 次喷油时间 53s，程序终止后观测 30s。

此程序可观测中速工况，如均匀度不发生大变化为合格，一般不得超过 9%。

⑥ 回油开关导通 45s，回油结束回油开关关闭，自动进入高速喷油量检测程序。喷油转速（模拟多点喷射高速最大为 6000r/min 工作）为 3000r/min、喷油脉宽为 6ms、计数喷油次数为 3000 次、喷油时间 60s，程序终止后观测 30s。

此程序可观测高速工况和最大供油量工况，可再次测定喷油器情况。

⑦ 回油开关导通 45s，回油结束，回油和油泵自动关闭，程序终止（此时数码管显示转速 0000）。

操作二 免拆清洗

（1）在被清洗汽车的汽油格（过滤器）接口处断开汽车进油管，并断开油泵保险，然后选用与汽车供油口连接的接头与ϕ10 油管接通，ϕ10 油管的另一端与免拆清洗快接插嘴连接，然后将插嘴插入检测仪清洗液出口快接接口。

（2）断开被清洗汽车发动机的回油管，用ϕ10 油管接通，并用喉码锁紧，然后用ϕ10 变ϕ8 油管连接后，再与检测仪配的快接接头接通，并插入检测仪右上方回收清洗液接口即可。

（3）将检测仪的油压调至被清洗车规定的系统油压，起动汽车发动机，清洗 15min（汽油与清洗剂的比例为 10:1），连续踩汽车油门排出污物即可。

要区分电喷化油器汽车，电喷汽车选用高压，化油器汽车选用低压，严禁用高压清洗化油器汽车。

操作三 更换检测清洗液

检测清洗液使用多次后会污浊，当发现有污浊现象时，应更换检测清洗液。

（1）把检测仪配的抽油管带插嘴的一端插入检测仪上方的清洗液出口的快接接口处，抽油管的另一端插入接污液的油桶（罐）。

（2）按油泵键，这时油箱的污液自动抽出，直至抽干后，立即关闭油泵。

（3）拧开测试架上的紧定螺栓，拿开测试架上面与喷油器接头相连的油路器，然后按回油键，接着为各个试管灌入新的清洗液，直至油箱液位计液面到达油压液位指示灯高位亮（右灯）。

操作四 发动机燃烧室清洗

步骤一 吸入干净泡沫清洗剂

（1）机器左侧分别有泡沫入口、出口及真空测试的快接头，分别接上白色软管。其中，泡沫出口的软管带有喷枪，真空测试带有三通接头。

（2）接通电源，即把仪器电源线的一端插在仪器右侧上面的电源插座上，另一端与 220V 电源相接，打开右侧上面的电源开关。

（3）把控制面板上的回收开关放于“1”位置，打开回收阀门。

（4）起动水泵，即把控制面板右下角的泡沫清洗泵开关放于“1”的位置。

（5）将泡沫入口软管插入泡沫清洗剂罐里吸入泡沫清洗剂。直到控制面板左下角的泡沫清洗液位右指示灯亮（或根据实际需要吸入）为止，然后立即关闭控制面板右下角的电源开关。接着将“回收”开关放于“0”的位置，并从泡沫清洗剂罐中取出泡沫吸入软管，并擦干放好。

步骤二　清洗操作

（1）拆下发动机上所有火花塞。

（2）先将控制面板的“回收”开关和水泵电源开关放于“0“状态，然后把面板上的清洗键按在“1”位置上（即打开清洗阀门）；接着把泡沫清洗泵开关按在“1”位置上（即起动水泵）。

（3）将喷枪对着要清洗的燃烧室各缸依序喷射，直至喷完。

（4）关闭水泵电源，关闭清洗开关。

步骤三　旧泡沫回收

（1）泡沫浸泡约 5～10min 后即可吸取。

（2）回收操作与吸入干净泡沫操作一样，只是把吸入软管放在燃烧室里；依序吸取各缸清洗完的泡沫。

（3）将布塞在火花塞上，起动马达使其空转，可将未吸完全的清洗剂排出，以避免损伤发动机、气门或连杆。

（4）操作完后，装回火花塞。

步骤四　清空机器上的旧泡沫

（1）清空机器上的旧泡沫操作与清洗操作一样，只是用喷枪把旧泡沫喷入液桶。

（2）把所有开关归位，关闭电源。

（3）拆除所有软管，擦洗干净放回机器后面底下的抽屉里面。

步骤五　简单操作流程

（1）吸入操作如图 3-79 所示。

（2）清洗操作如图 3-80 所示。

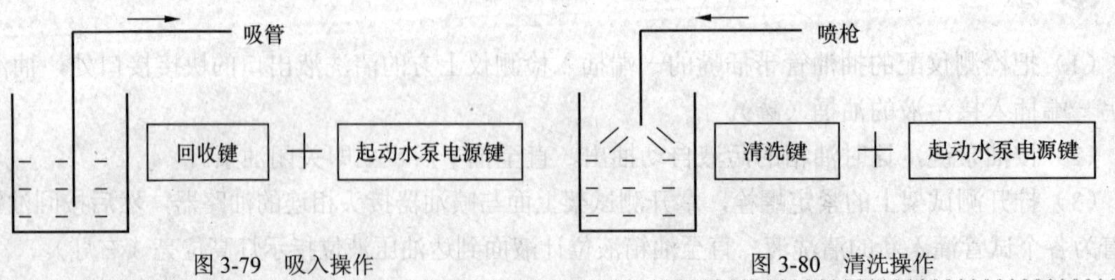

图 3-79　吸入操作　　图 3-80　清洗操作

提示　清洗键和回收键的指示灯不能同时亮。

操作五 发动机真空度检测

步骤一　检测

（1）如图 3-81 所示，将原车连接发动机的真空管拆下，接在真空测试软管的三通接头上（必须接在节气阀门下方的真空管上）。

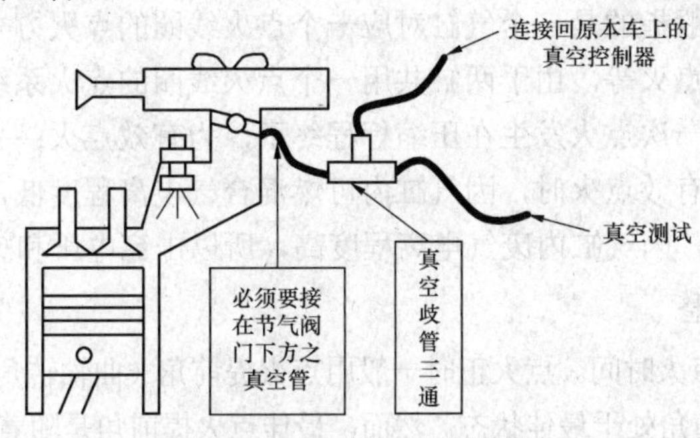

图 3-81　发动机真空度检测

（2）测得真空表指针移动情况，对照机器后的图表即得知目前发动机的状态（或参照发动机真空检测对照）。

（3）若指针抖动严重时表示积炭严重，可加强积炭清洗。

步骤二　发动机真空检测对照

提示

发动机正常怠速的真空稳定，范围为–57～–73kPa（17～22inHg）。

（1）发动机正常时油门突然开启，真空度跌落至–17kPa（5inHg）以下或–7kPa（2inHg）以上，若突然松开油门，表针则至–83kPa（25inHg）左右。

（2）发动机怠速时，指针有规律地跌落–40～–60kPa（12～18inHg），原因是气门烧蚀或积炭严重，燃烧室须用清洗剂清洗。

（3）怠速时真空度稳定，但较标准值低–6～–10kPa（2～3inHg），原因是活塞环磨损或积炭严重使气缸密封不严或机油不准。燃烧室须用清洗剂清洗。

（4）突然踩放油门踏板指针跌至 0，再上升至比标准值低–6～10kPa （2~3inHg），原因是活塞环磨损或积炭严重使气缸密封不良或机油不佳。燃烧室须用清洗剂清洗。

（5）怠速时指针在正常范围或某范围内移动–6～–10kPa（2～3inHg），原因是燃油雾化不良、混合气比例不当。喷油器须清洗。

（6）发动机发动时指针指示很高，立即下降至 0 再慢慢上升至–53kPa（16inHg）左右。原因是排气管或消声器或触煤转换器积炭阻塞。喷油器须清洗。

课题四　点火系统检测设备

【基础知识】

汽油机在不同工况下工作时，不仅需要一定数量和浓度的可燃混合气，而且需要按点火顺序适时地供给强电火花，以点燃可燃混合气，使发动机产生动力。如果汽油机点火系统技术状况不良或出现故障，将严重影响发动机的动力性、经济性、排气净化性，甚至无法正常工作。

一、点火系统的分类

一般根据点火系统的不同分成三类：传统点火、直接点火和同时点火。传统点火一般指的是分电器点火；直接点火一般指的是一个气缸对应一个点火线圈的点火方式；同时点火指的是一个点火线圈对两个气缸同时点火等，由于两缸共用一个点火线圈的点火系统，这种点火系统在一个气缸中会发生两次点火，一次点火发生在压缩行程终了，为有效点火；另一次点火发生在排气行程终了，为无效点火。在有效点火时，因气缸内可燃混合气电离程度低，所以击穿电压和火花电压都较高。在无效点火时，因气缸内废气电离程度高，所以击穿电压和火花电压都较低。

二、点火正时的调整

点火正时是指正确的点火时间。点火正时一般用点火提前角（曲轴转角或凸轮轴转角）表示，当点火时间正确时，点火提前角处于最佳状态。然而，最佳点火提前角是随着转速、负荷等因素的变化而变化的。对于有分电器非电控的点火系统，它随着转速和负荷而变化，是在动态情况下由分电器自动调节的；对于电控有分电器点火系统，在人为调整好初始点火提前角的基础上，发动机控制单元接收曲轴转速与位置传感器的信号，根据控制单元中预先输入的程序自动调整点火提前角。对于电控无分电器点火系统，不需要人为调整初始点火提前角，发动机控制单元接收曲轴转速与位置传感器的信号，并根据其他传感器的信号，直接根据控制单元中预先输入的程序自动调整点火提前角。

由于电控无分电器点火系统直接根据控制单元中预先输入的程序自动调整点火提前角，因此不需要对点火正时进行调整。目前对有分电器的点火系统检查点火正时的目的是为了查证点火时间的准确性，而校正点火正时的目的是为了获得最佳初始点火提前角，即为了获得最佳分电器壳固定位置。一般可用经验法、闪光法、缸压法检测点火正时。

三、正时测试仪

1．闪光正时测试仪

用闪光法检测点火正时，须采用闪光正时测试仪进行。闪光点火正时测试仪利用闪光时刻与1缸点火同步的原理，测出发动机的点火提前角。闪光正时测试仪一般由正时灯（氖灯或氙灯）、感应钳、中间处理环节和指示装置等组成。

正时灯是一种频率闪光灯，每闪光一次表示1缸火花塞跳火一次，因此闪光与1缸点火同步。当正时灯的闪光照耀运转中发动机的飞轮或曲轴皮带盘上的正时标记时，飞轮或曲轴皮带盘上的正时标记如与固定刻度的零点对准时，即1缸活塞到达压缩终了的上止点。参照标准初始点火提前角，调整分电器的角度，使闪光时刻正好对准标准初始点火提前角，既完成初始点火提前角的调整。

2．数字点火正时测试仪

数字点火正时测试仪可应用在大多数的点火系统，包括传统的点火系统和独立点火系统。

如图3-82所示，数字点火正时测试仪根据使用需要，设计成旋转连接，可调范围0°～60°。分离式的感应钳、LCD显示屏，可以同时显示发动机转速和点火提前角。测试转速：249～9990 RPM（精度：1%），直接读取提前角：0°～90°（精度：±0.5°），闭合角：0°～180°，2～12缸（精度：±1°）。

四、点火系统快速探测器

点火系统快速探测器是一款便携、手持式的点火系统探测器。它可以简单而快速地探测出独立点火系统（点火线圈和火花塞一体式）中点火线圈和火花塞是否点火正常。

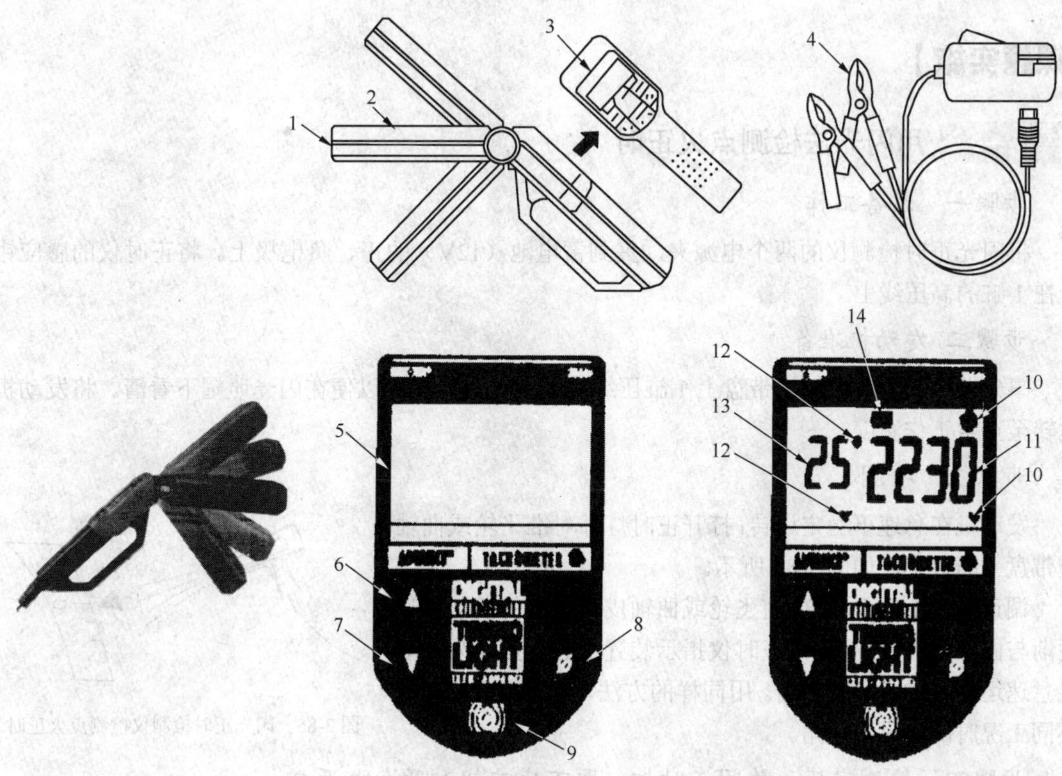

图 3-82　数字点火正时测试仪

1—频闪灯泡；2—旋转手柄；3—控制面板；4—感应夹；5—LCD 显示屏；6—提前角增加键；7—提前角减小键；8—归零键；9—频闪开关；10—点火模式符号；11—转速显示；12—提前角符号；13—提前角显示；14—频闪符号

探测器可以由点火次级线圈的信号引发其工作。当接收到信号时，探测器就可以检测出独立点火系统的点火电压（燃烧电压或峰值电压）与燃烧时间（跳火持续时间）是否正常。点火系统快速探测器外观如图 3-83 所示。

五、点火系统点火高压快速探测器

点火系统点火高压快速探测器主要应用在分电器的点火系统和双缸同时点火的系统。无须拆下任何点火系统的元件，可快速检测点火系统的性能，快速测量点火高压值，判断点火能量。点火系统点火高压快速探测器如图 3-84 所示。

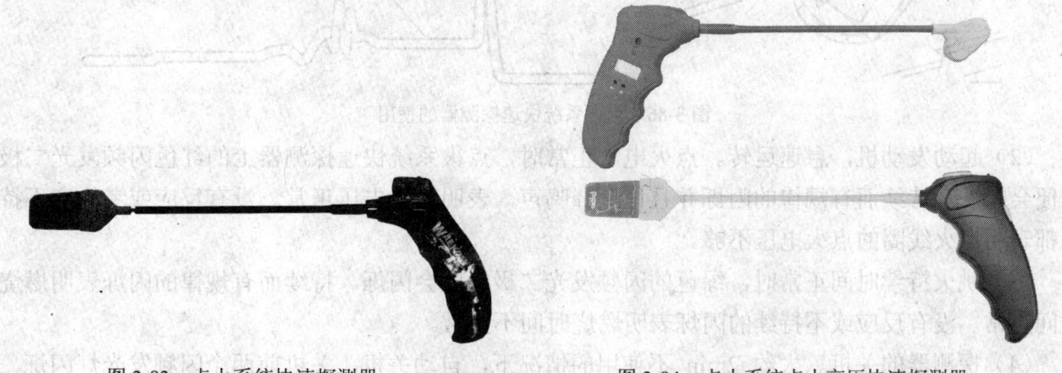

图 3-83　点火系统快速探测器　　　图 3-84　点火系统点火高压快速探测器

【课题实施】

操作一 用闪光法检测点火正时

步骤一 准备工作

将闪光正时检测仪的两个电源夹，夹到蓄电池（12V）的正、负电极上。将正时仪的感应钳卡在 1 缸的高压线上。

步骤二 发动机准备

事先擦拭飞轮或曲轴皮带盘上 1 缸压缩终了上止点标记，以便在闪光照耀下看清。将发动机运转至正常工作温度。

步骤三 检测

发动机在怠速下稳定运转，打开正时灯并对准飞轮或曲轴皮带盘上的标记，如图 3-85 所示。

调正时仪上的电位器，使飞轮或曲轴皮带盘上的活动标记逐渐与固定指针对齐，此时正时仪指示装置上的读数即为发动机怠速运转时的点火提前角。用同样的方法，分别测出发动机不同工况时的点火提前角。

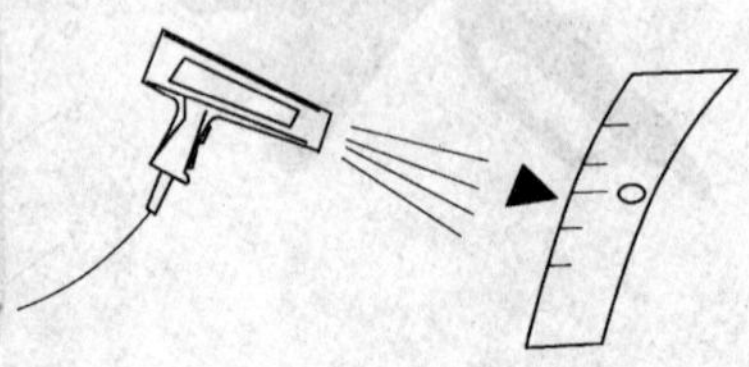

图 3-85 闪光正时检测仪检测点火正时

步骤四 检测完毕，关闭正时灯，取下感应钳和两个电源夹。

操作二 点火系统快速探测器的使用

（1）如图 3-86 所示，将点火系统快速探测器的信号接收器紧贴在独立点火系统（点火线圈和火花塞一体式）点火模块上。

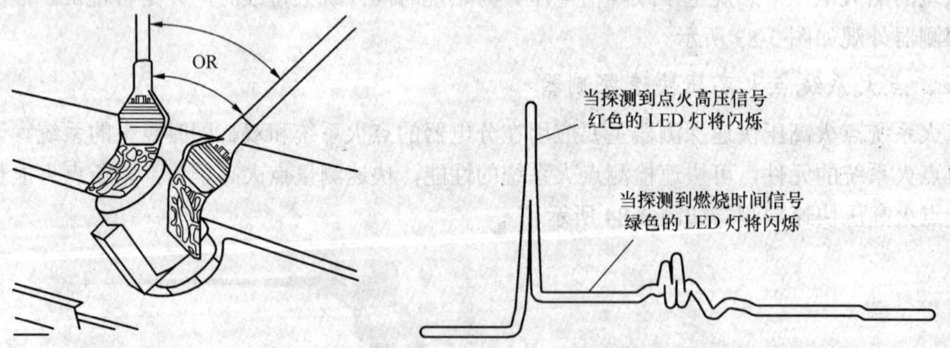

图 3-86 点火系统快速探测器的使用

（2）起动发动机，怠速运转。点火电压正常时，点火系统快速探测器上的红色闪频发光二极管便会闪烁。持续而有规律的闪烁并且伴随蜂鸣声，表明点火电压正常。没有反应或者反应不持续都表明点火线圈的点火电压不够。

（3）跳火持续时间正常时，绿色的闪频发光二极管就会闪烁。持续而有规律的闪烁表明燃烧时间正常。没有反应或不持续的闪烁表明燃烧时间不正常。

（4）探测器的关机。大约 2min 不使用的情况下，自动关机。关机前两个闪频发光灯闪烁，并且探测器发出逐渐降低的蜂鸣声

操作三 点火系统点火高压快速探测器的使用

（1）在发动机运转的情况下，只需要将信号接收器，套在点火系统的高压线上。

（2）通过显示屏，可以读出点火高压 kV 值。

（3）通过超亮 LED 灯，可以探测二次点火系统是否工作正常，指示双缸同时点火系统的火花极性，探测点火系统的故障原因。

课题五 汽车短路/断路检测仪

【基础知识】

汽车短路/断路检测仪的作用

汽车短路/断路检测是汽车电路检测过程中经常遇到的问题，但有时检测起来经常费时费力，更多的时候是对电路故障的检测，特别是事故车的短路、断路故障，而这类故障检测起来非常困难，即使有经验的维修人员也只能大致的判断出几点可能，最后还要去“扒”这段电路，而如果没有经验的维修人员，则只能一根一根的去“捋”，这样费时费力，而且不一定有效。

汽车短路/断路检测仪是专门为检测汽车电路而开发的专用检测仪，它可快速查找汽车电路短路线路点；可快速查找汽车电路断路线路点；可跟踪导线；可快速查找导线漏电。如图 3-87 所示，汽车短路/断路检测仪主要由发射器和跟踪器组成。

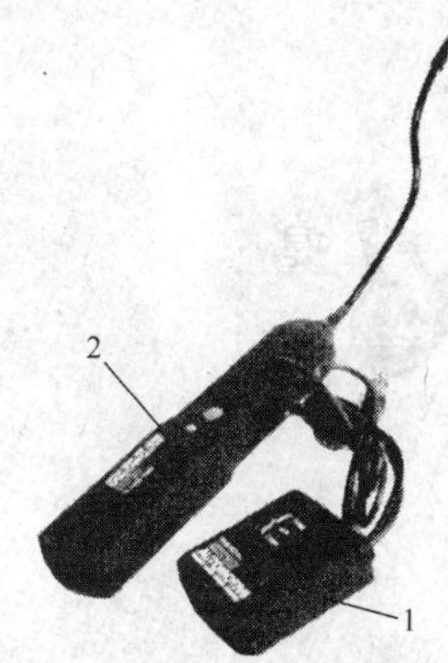

图 3-87 汽车短路/断路检测仪
1—发射器；2—跟踪器

【课题实施】

操作 汽车短路/断路检测仪的使用

（1）关闭点火开关。

（2）如图 3-88 所示，将发射器连接在被检测的线路中。

（3）如图 3-89 所示，用跟踪器跟踪被检测的线路。

图 3-88 将发射器连接在被检测的线路中

图 3-89 用跟踪器跟踪被检测的线路

（4）跟踪器跟踪不到信号时，就可以发现短路/断路点。

提示

图 3-90 所示为汽车短路/断路检测仪的使用连接方法。

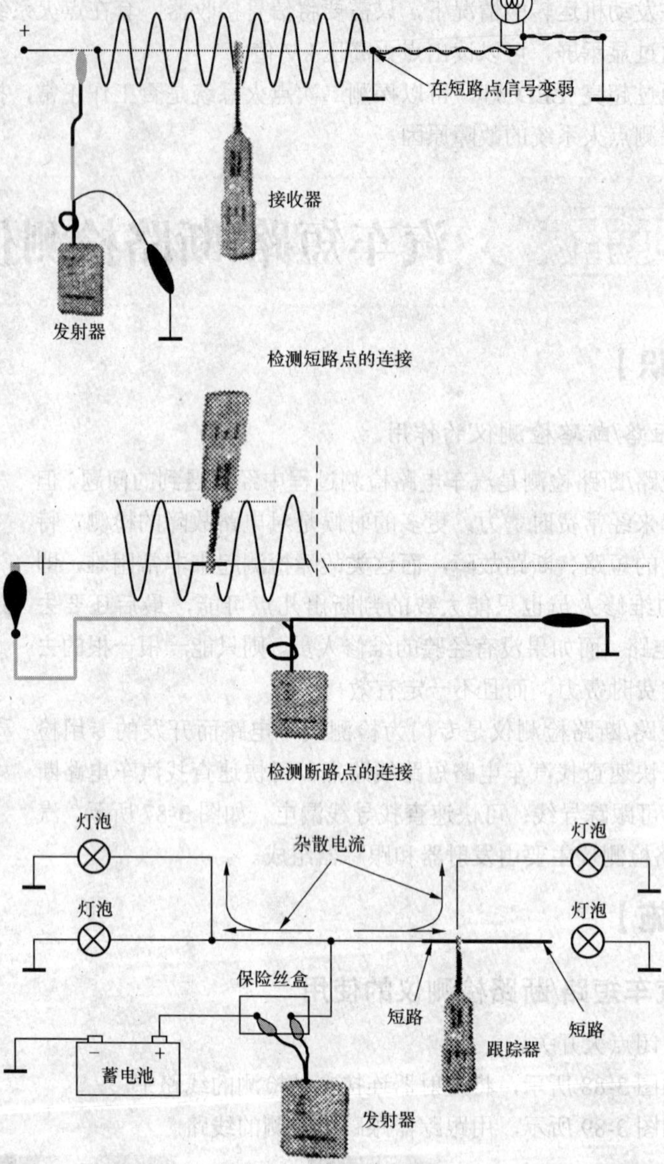

+
在短路点信号变弱
接收器
发射器
检测短路点的连接
检测断路点的连接
灯泡
杂散电流
灯泡
灯泡
灯泡
保险丝盒
短路
短路
跟踪器
蓄电池
发射器
检测短路或开路线的连接

图 3-90　汽车短路/断路检测仪的连接方法

思考与练习

一、选择题

1. 发动机工作正常时，怠速的真空稳定范围在________之间，油门突然开启，真空度跌落至________以下或________以上，若突然松开油门，表针则至________左右。

A．−57～−73kPa（17~22inHg）　　B．−7kPa（2inHg）

C．−17kPa（5inHg）　　D．−83kPa（25inHg）

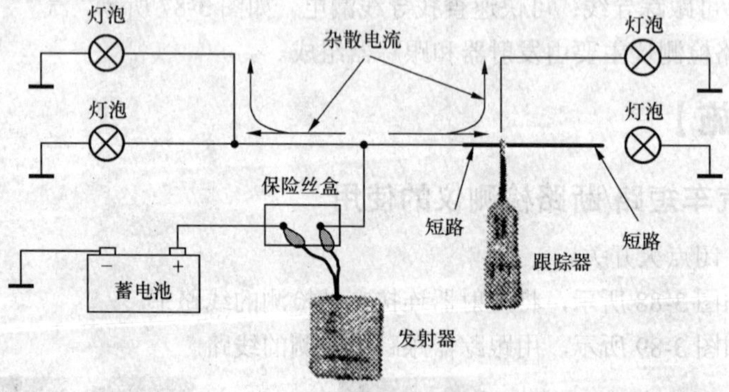

2．点火系统快速探测器可以简单而快速的探测出______中点火线圈和火花塞是否点火正常。

A．双缸同时点火的系统　　　　B．独立点火系统

C．传统点火系统　　　　D．晶体管点火系统

二、填空题

1．故障诊断仪类型分为________和________。

2. 发动机综合性能分析仪应用________、________和________可对发动机的电控系统、点火、燃料供油、冷却、润滑、进排气、传感元件、排放特性和动力性等进行动态综合检测。

KTS540 故障诊断模块的电阻测量量程________，连续性测试器可________，用二级管测量方法测试元器件，并有带扩展测量功能的________。

3．一般根据点火系统的不同分成________、________和________三类。

4．闪光正时测试仪一般由________、________、________和________等组成。

三、简答题

1．故障诊断仪有哪些功能？

2．专用型、通用型故障诊断仪在使用中有哪些差别？

3．美国通用公司的故障诊断仪 TECH2 标准配置有哪些？各有什么作用？

4．丰田 Intelligent Tester Ⅱ故障诊断仪标准配置有哪些？各有什么作用？

5．金德故障诊断仪 KT600 有什么功能？

6．使用博世 FSA740 发动机分析仪时应注意哪些事项？

7．积炭对汽车发动机有什么影响？

8．汽车短路/断路检测仪有什么作用？

四、综述题

1．使用故障诊断仪检测电控系统时应注意哪些事项？

2．发动机综合性能分析仪有什么功能？

3．VAS5051B 是大众奥迪的发动机综合性能分析仪，包括哪些配置？各有什么作用？

4．博世 FSA740 发动机分析仪的基本配置有哪些？各有什么作用？

5．什么原因造成积炭？

6．全自动多功能汽车积炭清洗机有什么功能？

7．为什么要进行点火正时的调整？什么形式的点火系统才要进行点火正时的调整？

五、操作题

1．用丰田 IT Ⅱ故障诊断仪检测车辆。

2．用金德故障诊断仪 KT600 检测车辆。

3．操作发动机综合性能分析仪 FSA740 检测车辆的转速、油温、点火电压、电平电压、起动电流。

4．用全自动多功能汽车积炭清洗机检测清洗喷油器。

5．用全自动多功能汽车积炭清洗机免拆清洗汽油进油管。

6．用全自动多功能汽车积炭清洗机清洗发动机燃烧室。

7．用闪光法检测点火正时。

8．用点火系统快速探测器检测点火模块的点火情况。

9．用汽车短路/断路检测仪检测线路中的短路/断路点。

模块四 汽车灯光、噪声、排气污染物检测设备

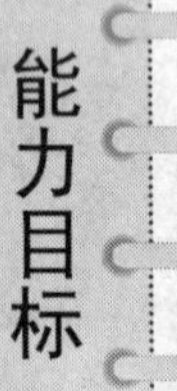

知识目标

◎ 了解前照灯检测仪的类型和结构

◎ 了解汽车前照灯检测的要求

◎ 了解噪声的概念

◎ 了解废气的种类和危害

◎ 了解废气分析仪的作用和构造

◎ 了解烟度计的作用和构造

能力目标

◎ 会操作前照灯检测仪

◎ 会检查和校准声级计

◎ 会检测汽车外、内噪声，会测量驾驶员耳旁的噪声

◎ 会检测扬声器声级

◎ 会使用、保养和维护废气分析仪

◎ 会用滤纸式烟度计检测柴油车的自由加速烟度

◎ 会使用不透光烟度计

课题一 汽车前照灯检测设备

前照灯是汽车夜间行驶照明的最主要的光源，是为驾驶员提供行车道路照明的重要设备，而且也是驾驶员发出警示、进行联络的灯光信号装置。所以前照灯必须有足够的发光强度和正确的照射方向。前照灯不仅要有近光和远光两种灯丝、还必须要有防眩目的装置。由于在行车过程中，汽车受到振动，可能引起前照灯部件的安装位置发生变动，从而改变光束的正确照射方向。同时，前照灯使用久了，会因灯丝逐步老化，反射镜也会受到污染而使其聚光性能变差，导致前照灯的亮度不足。这些变化，都会使驾驶员对前方道路情况辨认不清或在与对面来车交会时造成对方驾驶员眩目等，从而导致事故的发生。因此，前照灯的发光强度和光束的照射方向被列为机动车运行安全检测的必检项目。

汽车前照灯的检测有屏幕检测和前照灯检测仪检测两种。

【基础知识】

一、前照灯检测仪的类型

前照灯检测仪是测量前照灯发光强度与光轴偏斜量的一种设备。前照灯检测仪均由接受前照灯光束的受光器、使受光器与汽车前照灯对正的校准装置、前照灯发光强度指示装置、光轴偏斜量指示装置以及支柱、底座、导轨、车辆摆正找准装置等组成。现在使用的前照灯检测仪按其结构特征与测量方法可分为聚光式、屏幕式、投影式和自动追踪光轴式等几种类型。

二、前照灯检测仪的结构

1．MQD-3B 前照灯检测仪的结构

如图 4-1 所示为浙大鸣泉 MQD-3B 前照灯检测仪的结构图，其注释和作用如表 4-1 所示。

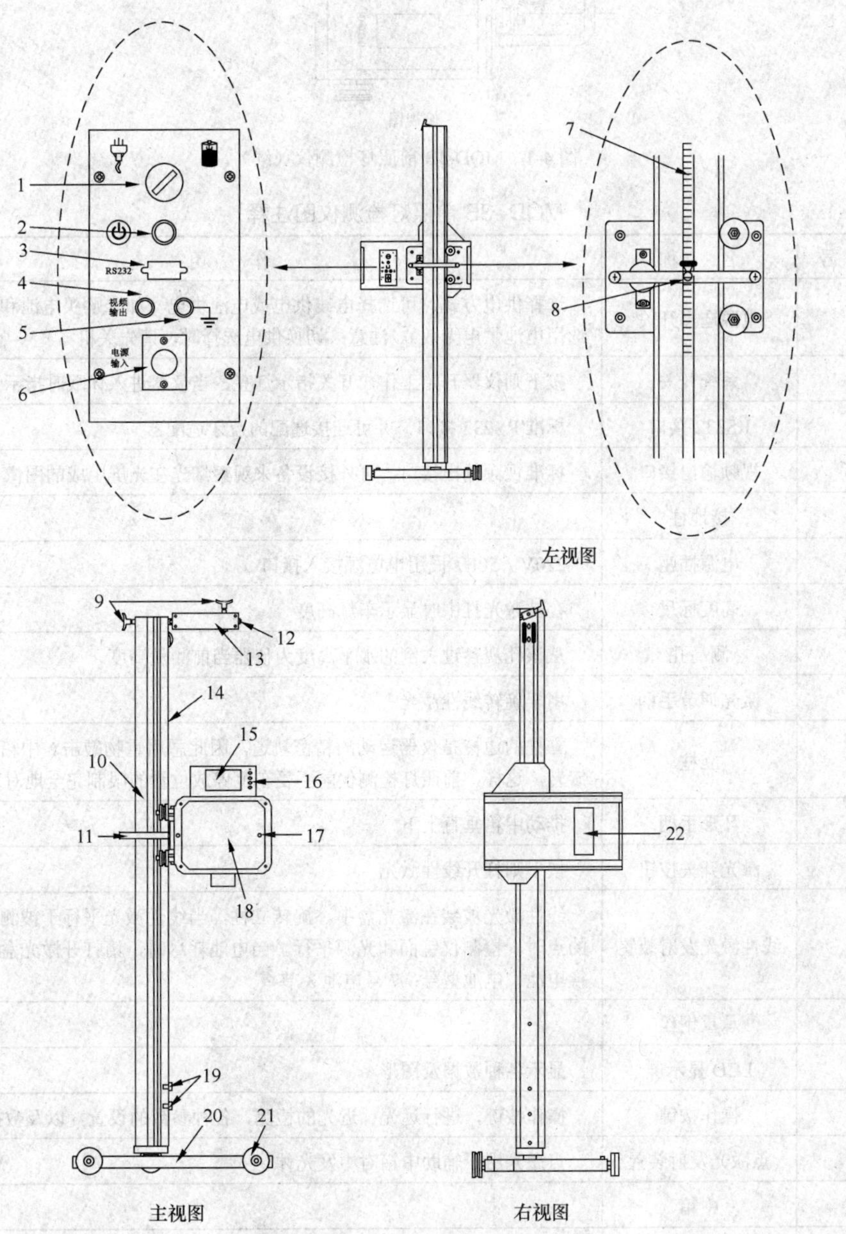

图 4-1　MQD-3B 前照灯检测仪

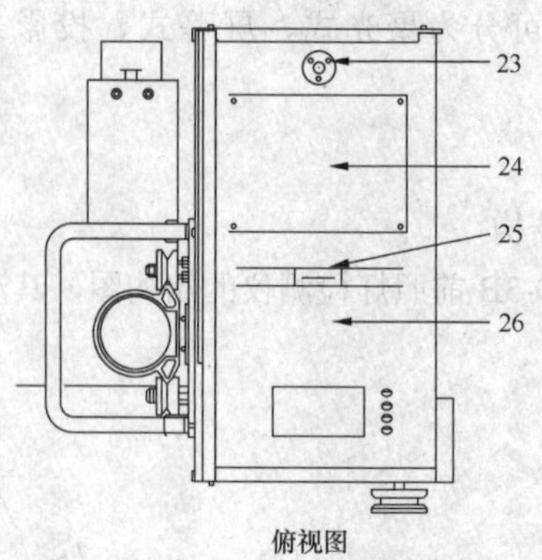

俯视图

图 4-1 MQD-3B 前照灯检测仪（续）

表 4-1 MQD-3B 前照灯检测仪图注释

图中序号	名 称	作 用
1	电源选择开关	选择供电方式，可选择电线供电或电池供电（如未购买电池和充电模块，则选用电池供电无效）。注意：切换供电选择时，请先关机
2	系统开关	按下则仪器开始工作，开关指示灯亮，当仪器进入休眠时指示灯闪烁
3	RS232 接口	标准 RS232 接口，并可连接选配的蓝牙适配器
4	视频输出接口	标准视频输出接口，可外接设备来观察灯光在光屏上成的图像
5	接地柱	
6	电源插座	220V / 50Hz 民用电电源接入接口
7	高度标尺	在被激光打中时显示车灯高度
8	测高孔	从该孔观察过去倒的水平高度为仪器当前测量高度
9	激光调节手柄	用于旋转线性激光
10	立柱	立柱的边棱是仪器运动的精密轨道，因此忌用重物敲击。中箱可以随着立柱旋转。这样，前照灯检测仪能不受车辆停放位置的限制完全地对正被检车辆
11	环形手柄	推动中箱垂直上下
12	激光开关按钮	按下则打开线性激光
13	线性激光发射装置	线性激光被装在激光盒中。旋转立柱，当线性激光平行于被测车辆两个对称的点时，检测仪镜面和光源平行。当电池耗尽时，请打开激光盒背面的螺钉更换电池。电池型号：7 号电池 3 节
14	承重钢丝	
15	LCD 显示屏	显示各种数据及图形
16	操作按键	操作按键，进行远光、近光的检测，各种参数的设置，以及数据的查询
17	点激光发射装置	点激光用于辅助中箱对中发光体
18	中箱	
19	配重固定螺钉	拆除配重固定螺钉，中箱即可自由上下
20	底脚	
21	车轮	

续表

图中序号	名　称	作　用
22	观察窗	揭开盖板可通过观察窗观察光在光屏上成的图像，注意观察完毕后将板装回，否则将影响测量数据
23	水泡	指示中箱水平状态
24	主板盖板	将盖板打开，可见到主板
25	显示盒	
26	打印机	

2．MQD-3B 前照灯检测仪的光路图

MQD-3B 前照灯检测仪运用透镜和巧妙的光路设计，使一束平行光进入镜头后会被汇聚成一独立的不受干扰的点，这样的好处是透镜安装临界点的要求被大大的降低了。

如图 4-2（a）所示，它模拟十米屏幕法来检测机动车前照灯垂直平行光入射，经过透镜聚焦，亚克力板的分光，一路光由折射进入显示盒中的，再由小透镜再次聚焦，另一路透射到光屏成像，如图 4-2（b）所示为有角度的平行光入射光路图。

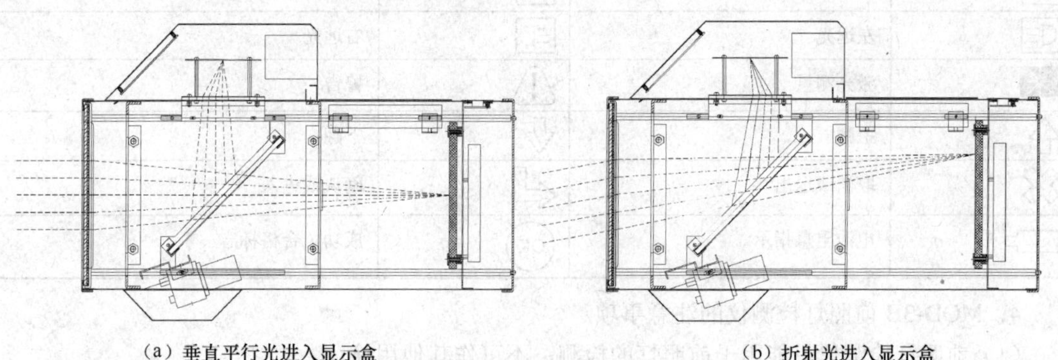

（a）垂直平行光进入显示盒　　（b）折射光进入显示盒

图 4-2　MQD-3B 前照灯检测仪的光路图

3．MQD-3B 前照灯检测仪的主要技术参数及图标

MQD-3B 前照灯检测仪的主要技术参数见表 4-2。

表 4-2　MQD-3B 前照灯检测仪的主要技术参数

应用范围	机动车前照灯（轻型和重型车辆）	卤素灯
		氙气灯
		白炽灯
定位方式	对正	线性激光辅助
	对中	点激光辅助
通信	上位机	电缆或蓝牙无线通信（蓝牙选配）
测量范围	上	0～350 mm/10m（0～2°）
	下	0～525mm/10m（0～3°）
	左	0～525mm/10m（0～3°）

续表

测量范围	右	0～525mm/10m（0～3°）
	测量距离	默认 0.5m，可根据实际需求进行设置
	高度测量范围	250～1400mm（需要自行输入）
光强	远光发光强度测量范围	0～120000 Candela（cd）
示值误差	远光发光强度示值误差	±10%
	远光、近光光轴偏移量示值误差	±12
产品使用环境条件	温度	-5℃～40℃
	相对湿度	20%～80%
工作电压	电源供电	AC220V±10% 50 / 60Hz
	电池供电	DC 12V

MQD-3B 前照灯检测仪中图标的定义见表 4-3。

表 4-3　　MQD-3B 前照灯检测仪中图标的定义

图标	定义	图标	定义
	左近光		右近光
	左远光		右远光
	激光测量		警告
	上翻		下翻
	取消或退出		确认或进入
	电池电量指示	OK	成功 / 合格标志

4．MQD-3B 前照灯检测仪的注意事项

（1）前照灯检测仪只能用于前照灯的检测，不可作其他用途。

（2）前照灯检测仪只能由经过培训的专业人员操作使用，前照灯检测仪每年必须接受计量部门检验。

（3）禁止阳光直射到中箱，否则将有可能引起火灾，禁止在中箱上放置重物。

（4）定期用干净的绒布清洁玻璃。如果玻璃被刮花，请及时更换，否则将影响测量图像。

（5）前照灯检测仪请安装在有避雷设施的建筑物内，避免发生潜在的电击危险。

（6）禁止激光直射入眼，否则有可能至盲。

（7）如果选配的电池电量不足，则会发出短促的鸣叫以提示充电。

（8）所有电气部分必须防潮防湿。为避免遭受电击，请将检测仪和外围设备电源电缆插入正确接地的电源插座中。如果使用延长电缆或电源插座板，确保延长电缆或电源、插座板连接至墙壁上的电源插座，而不是连接至另一个延长电缆或电源插座板。延长电缆或电源插座板必须是专为接地插头而设计的，并且必须插到接地墙壁电源插座中。如果使用多插座配电盘，那么在将电源电缆插入配电盘时应格外小心。某些配电盘可能允许错误地插入电源插头。错误的插入电源插头可能会对检测仪造成损坏，同时还有触电和起火的危险。

（9）切勿损毁、修改、拉拽、过度弯曲或扭曲电缆线，切勿把重物置于电缆线上，并且电缆应位于不易绊脚的地方。

（10）如果使用了延长电源电缆，请确保延长电源电缆连接的所有产品的额定电流总和，不超过延长电缆的额定电流。

（11）切勿在手湿的情况下插拔检测仪电缆线。在未拔出检测仪电缆线时不可打开检测仪任何部件的盖板。

三、汽车前照灯检测的要求

（1）机动车在检验前照灯的近光光束照射位置时，前照灯在距离屏幕 10m 处，光束明暗截止线转角或中点的高度应为 0.6H～0.8H（H 为前照灯基准中心高度，下同），其水平方向位置向左向右偏差均不得超过 100mm。

（2）四灯制前照灯其远光单光束灯的调整，要求在屏幕上光束中心离地高度为 0.85H～0.90H，水平位置要求左灯向左偏不得大于 100mm，向右偏不得大于 170mm；右灯向左或向右偏均不得大于 170mm。

（3）机动车装用远光和近光双光束灯时以调整近光光束为主。对于只能调整远光单光束的灯，调整远光单光束。

（4）机动车每只前照灯的远光光束发光强度应达到表 4-4 的要求。测试时，其电源系统应处于充电状态。

表 4-4 前照灯远光光束发光强度要求

检查项目	新注册车		在用车	
车辆类型	两灯制	四灯制	两灯制	四灯制
汽车，无轨电车	15000	12000	12000	10000

允许四灯制的机动车其中两只对称的灯达到两灯制要求视为合格。

【课题实施】

操作 MQD-3B 前照灯检测仪的操作

步骤一 仪器的调节

（1）将检测仪沿导轨推至被检灯的前方。调节车轮偏心轴来调节仪器的水平如图 4-3 所示。先将固定螺钉逆时针旋转松开，再用扳手调节车轮的偏心轴以调节车轮的高度，使中箱上的水泡居中来调节仪器的水平，到了理想的位置后再将固定螺钉紧固。

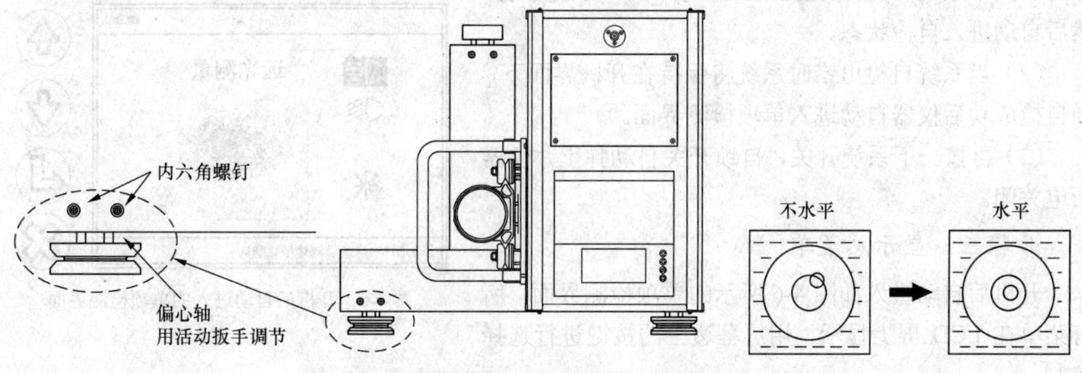

图 4-3 等调节车轮偏心轴来调节仪器的水平

（2）旋转激光调节把手，使得线性激光与仪器中箱前沿平行，然后将线性激光打向被检车辆，旋转立柱，当投射出去的线性激光平行于被检车辆上两个对称、等高的点时，仪器已经对正，如图 4-4 所示。

提示 这两个对称的点相距越远越好，而且必须在同一高度。

线激光的打开方法：位于激光盒右侧有一红色自锁按钮，按下为打开线激光，按上为关闭激光。

（3）手动操作下进入测量界面后，会自动打开点激光，在导轨上调节中箱位置，使射出的点激光正好打在被检车灯的中心。如此完成了仪器对中的过程，如图 4-5 所示。

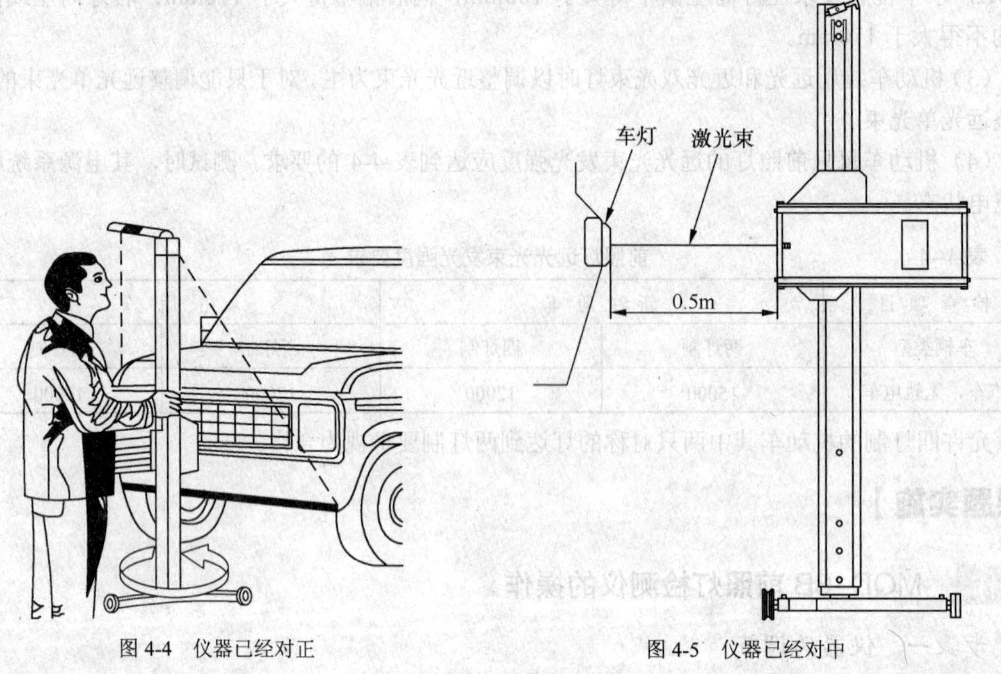

图 4-4 仪器已经对正

图 4-5 仪器已经对中

步骤二 开、关机

（1）仪器左侧有一块串口板，开机前先选择供电方式，有电缆供电和电池供电两种方式。选择之后按下系统开关，仪器会发出“嘀”的一声提示音，然后自动进入自检状态。

（2）当系统自检出错时系统将保持在开机界面下，当自检成功后仪器自动进入单项检测界面。

（3）再按一下系统开关，自锁开关自动弹上，仪器断电关闭。

步骤三 显示总菜单

开机后自动进入如图 4-6 所示的单项检测界面。所有菜单在 LCD 屏上显示，用屏幕边上的按键进行选择控制。

图 4-6 开机后自动进入的单项检测界面

提示

系统菜单的结构分布如图 4-7 所示。

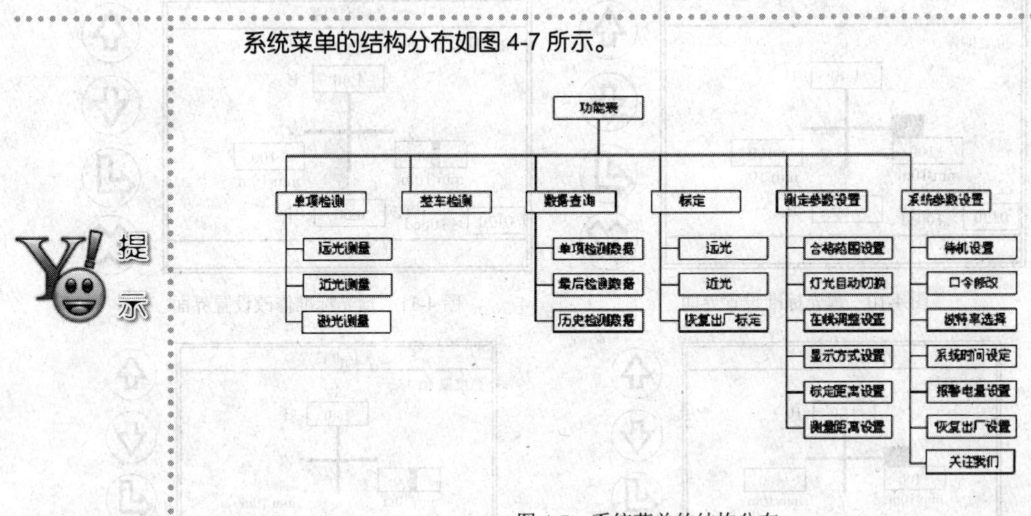

图 4-7 系统菜单的结构分布

步骤四 测定参数设置

（1）进入功能设置，选择测定参数设置。显示的界面如图 4-8（a）所示。用屏幕边上的确认按键选择进入，显示的界面如图 4-8（b）所示。

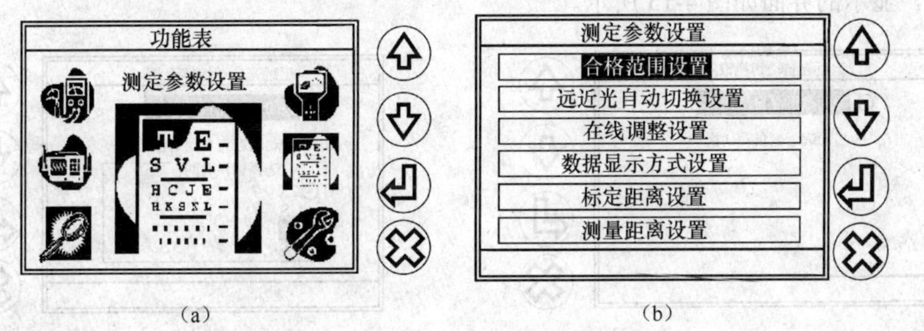

图 4-8 测定参数设置界面

（2）按上翻或下翻选择合格范围设置，按确认键进入，显示的界面如图 4-9 所示。

（3）按确认键进入远光标准设置，显示的界面如图 4-10 所示。进入需要修改的内容后，如图 4-11 所示，按确认键选择需要修改的位置，按上翻或下翻键对数字进行修改，按取消键光标回移一位；当光标移动到最后一位后按确认键将光标移出，则修改内容被保存并返回到上一级菜单；当光标在第一位则按取消键退出修改并不保存已修改项。

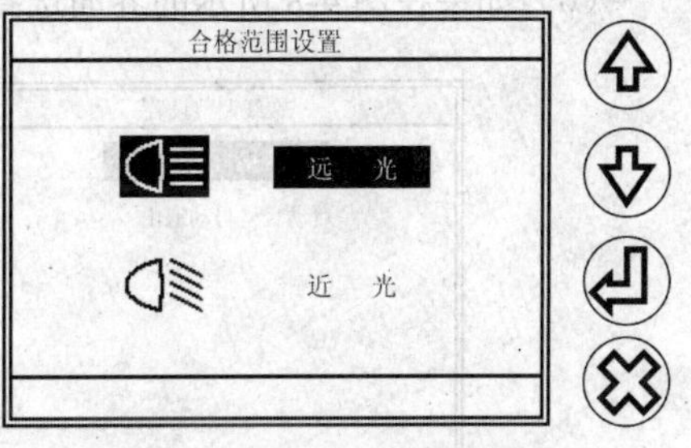

图 4-9 合格范围设置界面

（4）如果在图 4-9 所示的界面选择近光标准设置，确认键进入，显示的界面如图 4-12 所示。进入需要修改的内容后，如图 4-13 所示，按确认键选择需要修改的位置，按上翻或下翻键对数字进行修改，按取消键光标回移一位；当光标移动到最后一位后按确认键将光标移出，则修改内容被保存并返回到上一级菜单；当光标在第一位则按取消键退出修改并不保存已修改项。

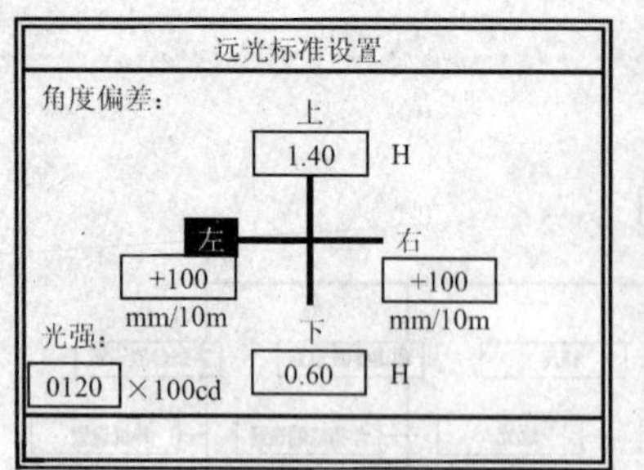

图 4-10　远光标准设置界面

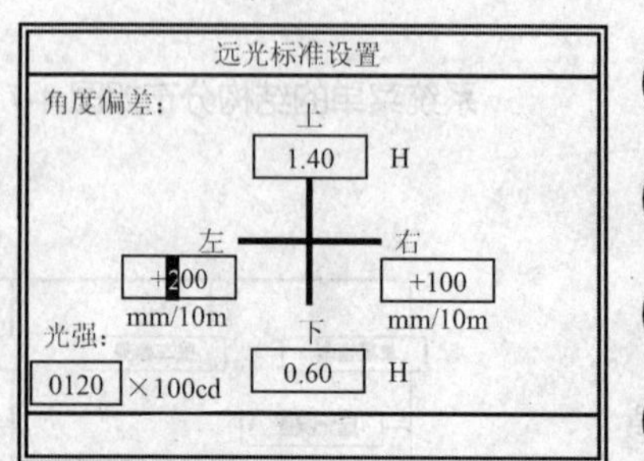

图 4-11　远光标准修改设置界面

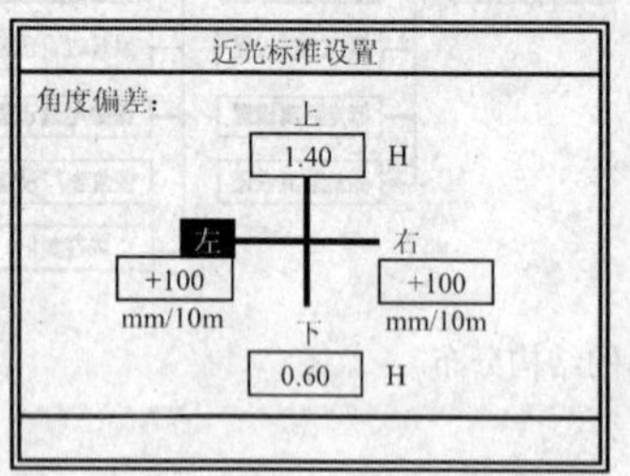

图 4-12　近光标准设置界面

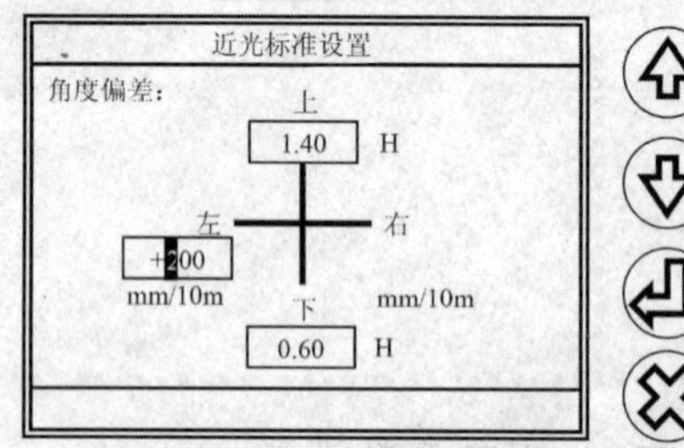

图 4-13　近光标准修改设置界面

（5）如果在图 4-8 中选择远近光自动切换设置，确认键进入，显示的界面如图 4-14 所示，确认键进入，显示的界面如图 4-15 所示。

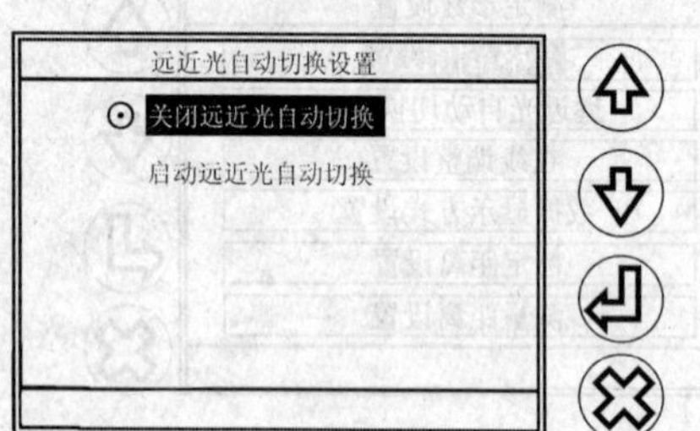

图 4-14　远近光自动切换设置界面

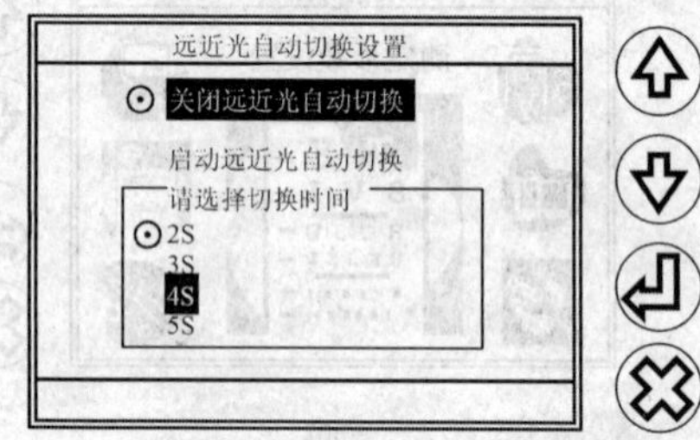

图 4-15　远近光自动切换修改设置界面

（6）如果在图 4-8 所示的界面选择在线调整设置，确认键进入，显示的界面如图 4-16 所示。

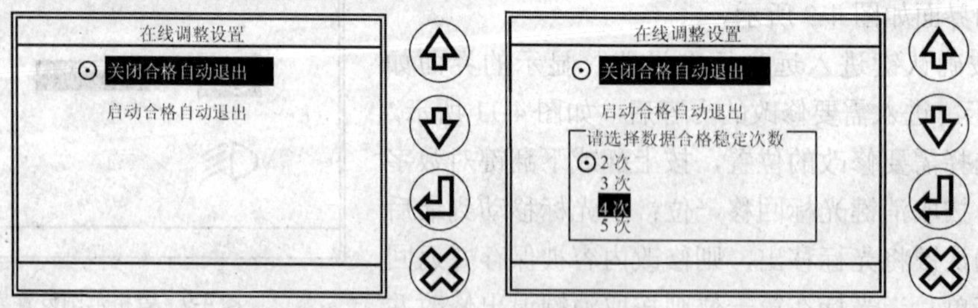

图 4-16　在线调整设置的界面

（7）如果在图 4-8 所示的界面选择数据显示方式设置，确认键进入，显示的界面如图 4-17 所示。

（8）如果在图 4-8 所示的界面选择标定距离可设置范围，确认键进入，显示的界面如图 4-18 所示。

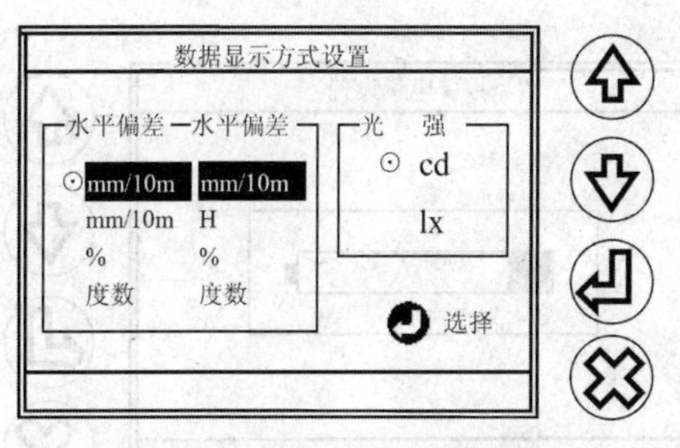

图 4-17 数据显示方式设置界面

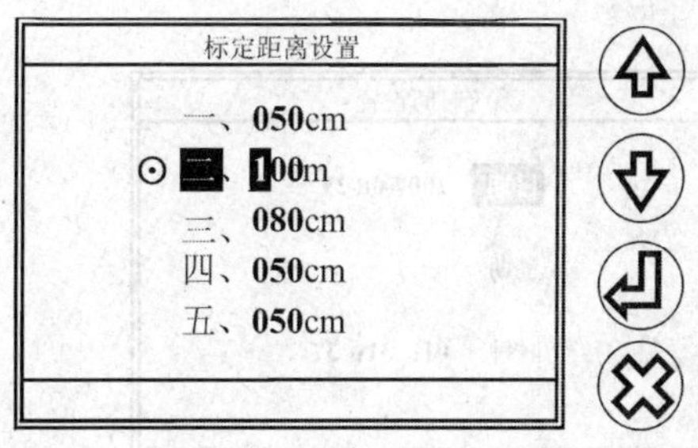

图 4-18 标定距离可设置范围界面

步骤五 系统参数设置

（1）进入如图 4-19 所示系统参数设置，选择待机设置，确认键进入，显示的界面如图 4-20 所示。

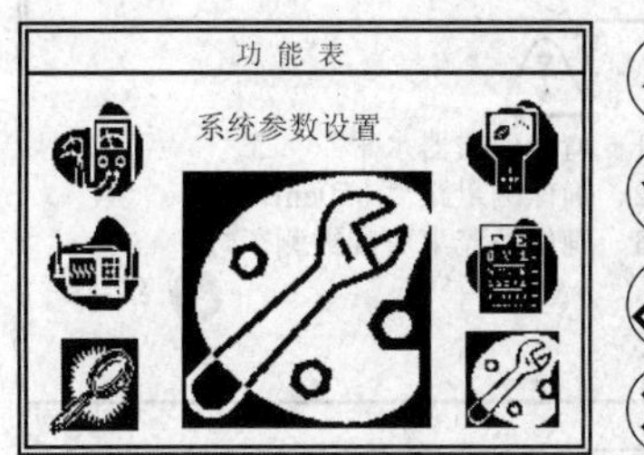

图 4-19 系统参数设置

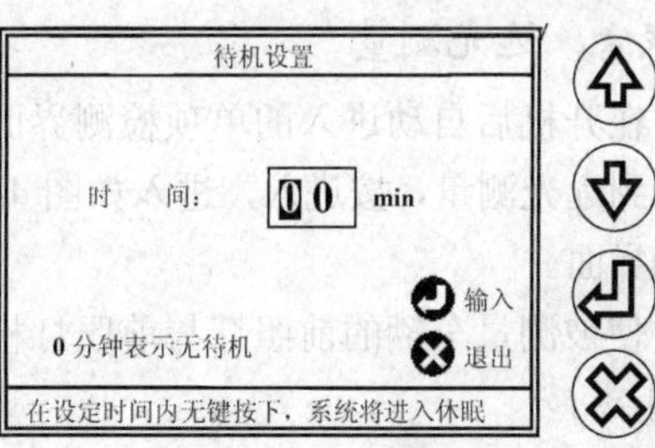

图 4-20 待机设置界面

（2）进入如图 4-19 所示系统参数设置，选择口令修改，确认键进入，显示的界面如图 4-21 所示，确认键进入，修改系统密码成功。

（3）进入如图 4-19 所示系统参数设置，选择波特率选项，确认键进入，显示的界面如图 4-22 所示。

图 4-21 口令修改的界面

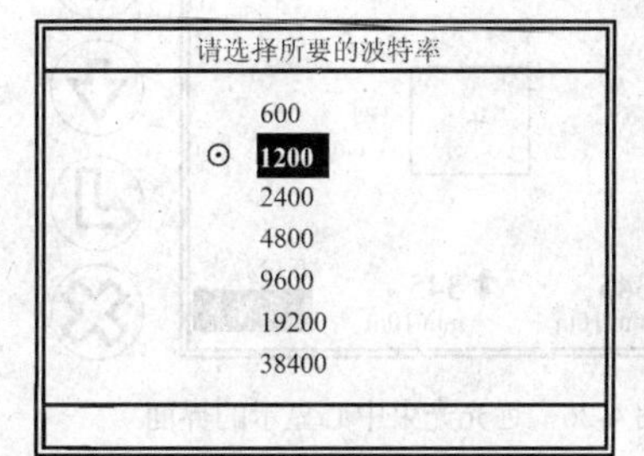

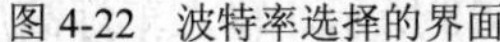
图 4-22 波特率选择的界面

（4）进入如图 4-19 所示系统参数设置，选择系统时间设定，确认键进入，显示的界面如图 4-23 所示。

（5）进入如图 4-19 所示系统参数设置，选择报警电量设置，确认键进入，显示的界面如图 4-24 所示。

提示

一旦电池电量低于此设置限度，蜂鸣器即会发出短促的报警声；当电池电量无法供应整个系统工作时，报警声将会变成长鸣。

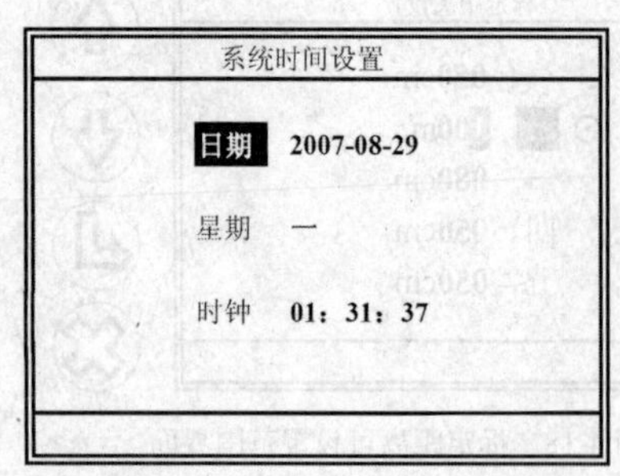

图 4-23 系统时间设定的界面

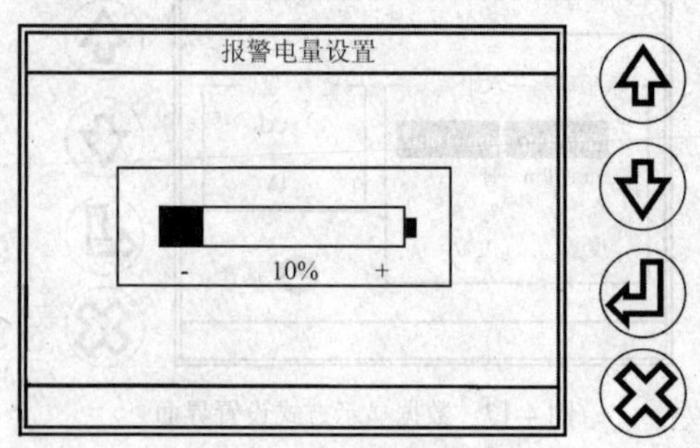

图 4-24 报警电量设置的界面

（6）进入如图 4-19 所示系统参数设置，选择恢复出厂设置，确认键进入，可对包括各项系统参数设置及标定进行出厂设置恢复。

步骤六 远光测量

（1）在开机后自动进入的单项检测界面中，按上翻或下翻到远光测量，按进入，进入如图 4-25 所示的对准提示界面。

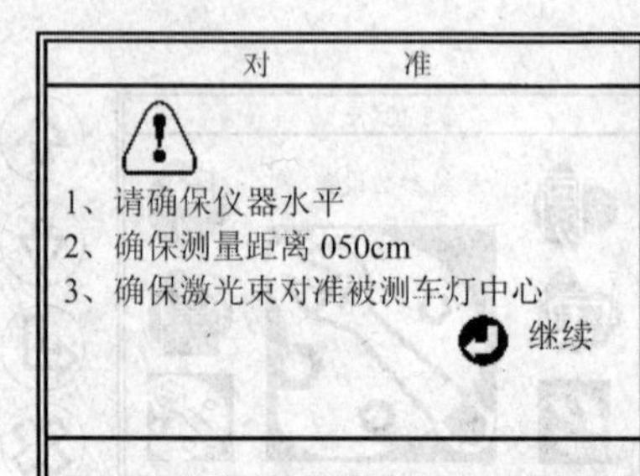

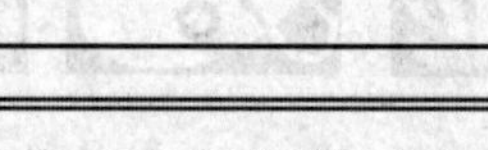
图 4-25 对准提示界面

（2）使被测量车辆的前照灯与前照灯检测仪保持 50cm 的距离。

（3）进入“开启激光”打开激光光束，上下左右调节中箱，将激光对准前照灯。

（4）按确认键进入，远光光束中心显示在如图 4-26 所示的界面上。

（5）如图 4-27 所示，输入车灯高度。按确认键进入，退出功能选择。

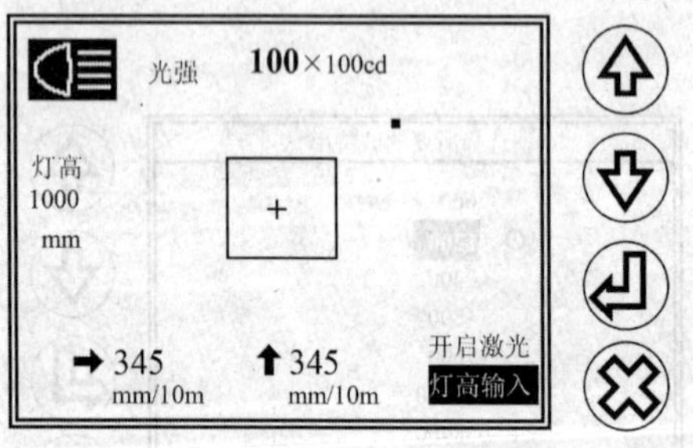

图 4-26 远光光束中心显示的界面

图 4-27 输入车灯高度后的界面

（6）如图 4-28 所示，输入车灯高度后按确认键进入，即测出远光上下左右偏差。

步骤七 近光测量

（1）在如图 4-9 所示的合格范围设置界面。按上翻或下翻选择进入近光测量。

（2）按确认键进入对准提示界面，即测出如图 4-29 所示的近光明暗截止线拐点。

步骤八 激光测量

在单项检测界面选择激光测量，按确认键进入，显示出如图 4-30 所示的界面。

步骤九 整车检测

（1）在单项检测界面选择整车检测，显示出如图 4-31 所示的界面，按确认键进入如图 4-32

所示的子菜单。

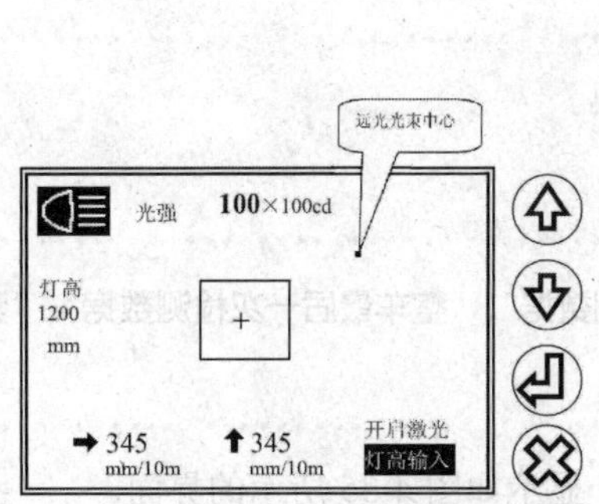

图 4-28 测出远光光束上下左右偏差的界面

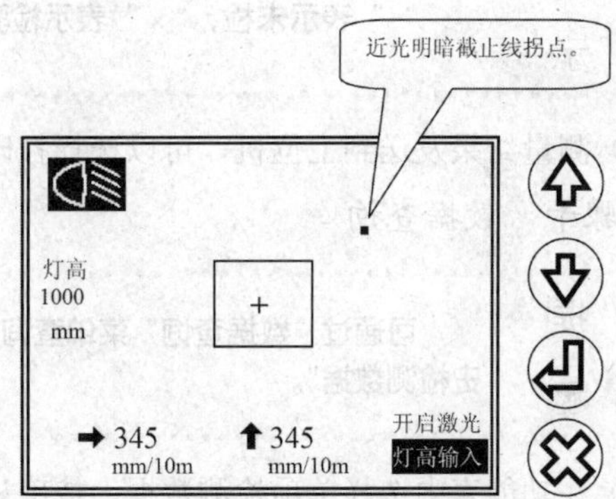

图 4-29 近光明暗截止线拐点界面

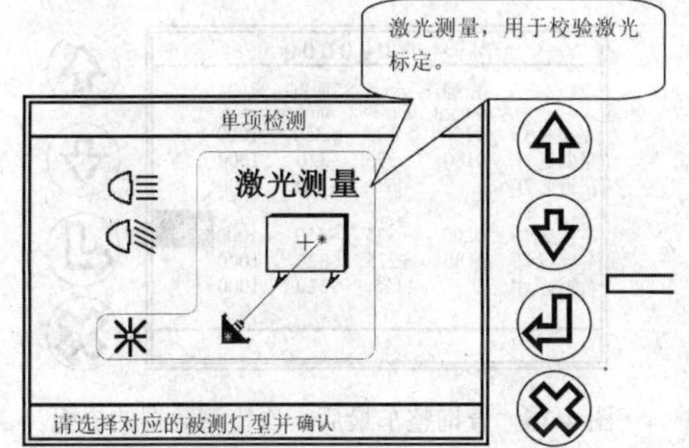

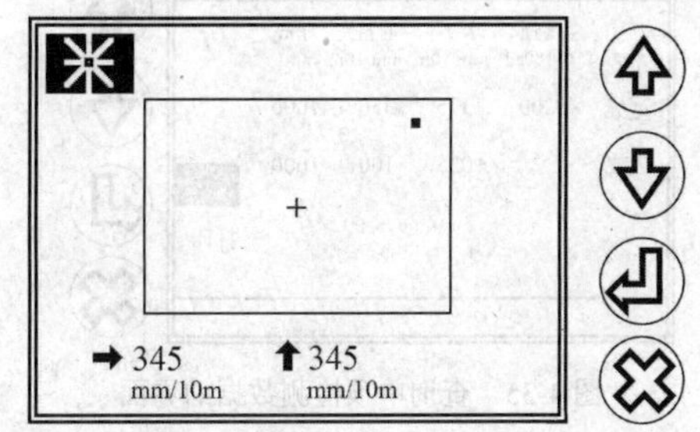

图 4-30 激光测量界面

图 4-31 整车检测界面

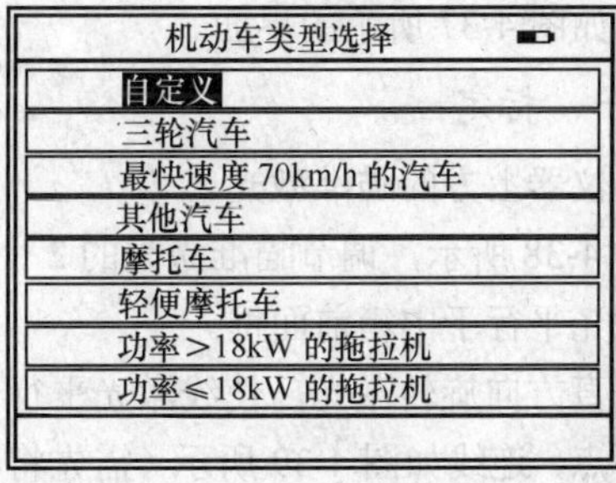

图 4-32 整车检测界面的子菜单

（2）按确认键进入，输入车牌号，进入如图 4-33 所示的界面。

（3）选择要测量的灯光，按确认键进入，显示如图 4-34 所示的界面。

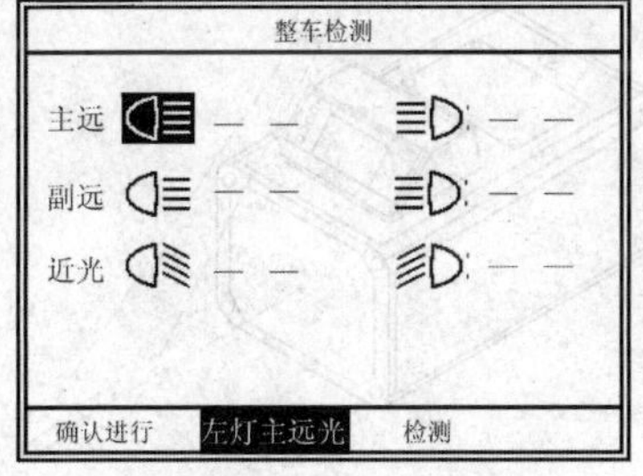

图 4-33 整车灯光检测界面

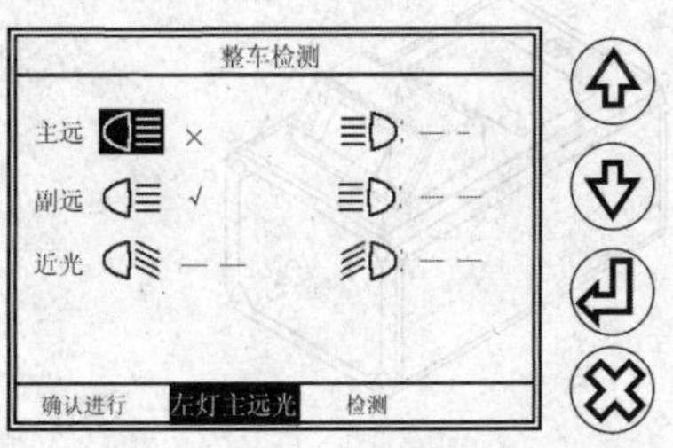

图 4-34 整车灯光检测后的界面

提示

"–"表示未检，"×"表示检验不合格，"√"表示检验合格。

（4）测量结果发送到上位机，可以选择打印测量结果。

步骤十　数据查询

提示

可通过"数据查询"菜单查询"单项检测数据"、"整车最后一次检测数据"、"整车历史检测数据"。

（1）在功能表中选择单项检测数据，按确认键进入，显示如图 4-35 所示的界面。

（2）在功能表中选择整车最后一次检测数据，按确认键进入，显示如图 4-36 所示的界面。

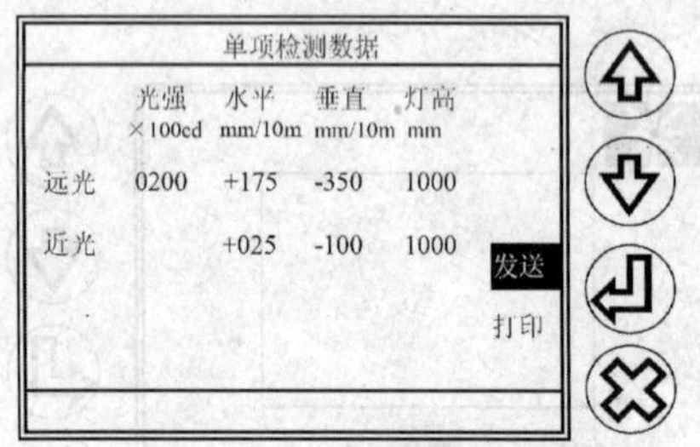

图 4-35　查询单项检测数据的界面

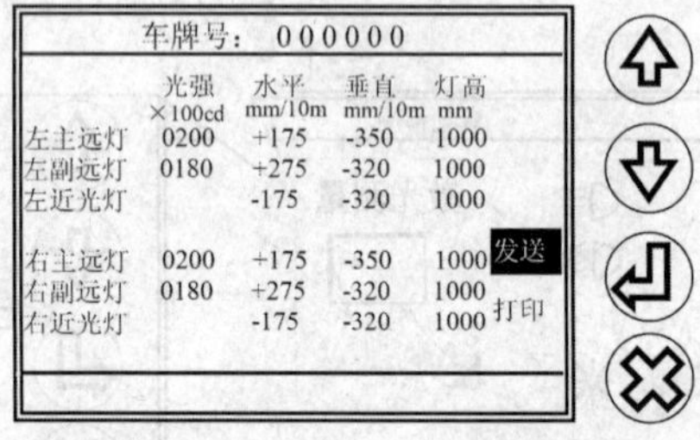

图 4-36　查询整车最后一次检测数据的界面

（3）在功能表中选择整车历史检测数据，按确认键进入，显示如图 4-37 所示的界面。

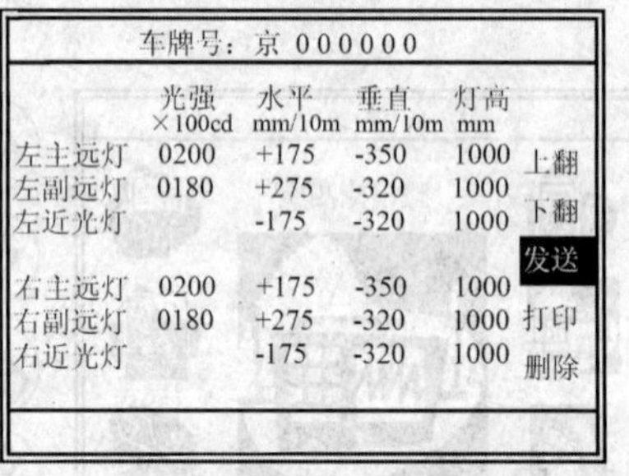

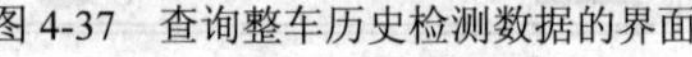

图 4-37　查询整车历史检测数据的界面

步骤十一　标定

（1）开启仪器上方的瞄准激光。

（2）如图 4-38 所示，调节瞄准激光的 2 个手柄，使射出的线激光平行于中箱前面框。

（3）在垂直方向旋转激光，使线激光平行于标定器上的对称两点，连线如图 4-39 所示（需先将标定器角度均归零），这样保证标定器发出的各种光束垂直入射。

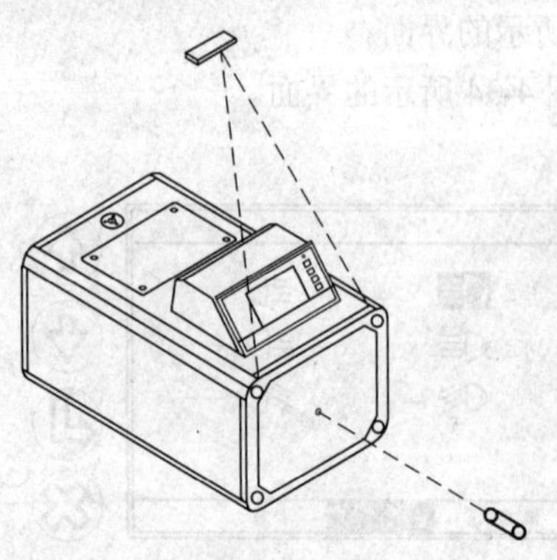

图 4-38　瞄准激光

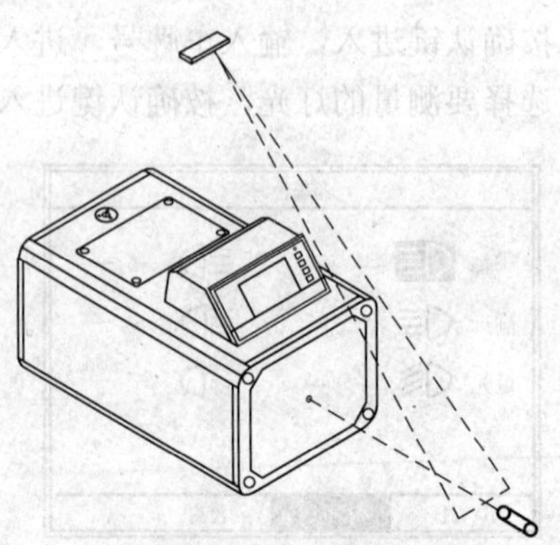

图 4-39　线激光平行于标定器上对称的两点

标定距离必须符合设置的距离，以发光体到中箱前面框玻璃的距离为准，以免标定的数据产生不必要的误差，建议标定和测量距离均为50cm。

（4）进入标定界面后，检测仪会自动开启点激光，左右推动仪器，上下推动中箱，使点激光正好对准标定器上的激光发射口（或发光体中心点），这样就将标定器对准检测仪了，如图4-40所示。

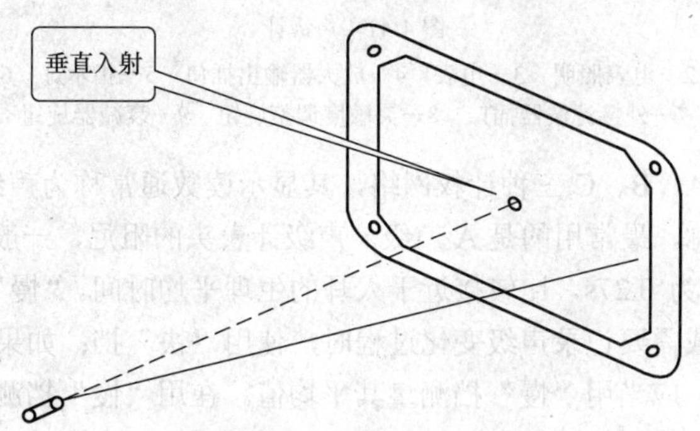

图4-40 点激光正好对准标定器上的激光发射口

为什么要对灯光检测仪进行标定？

课题二 汽车噪声检测设备

汽车的噪声属于综合噪声，主要包括发动机的机械噪声、燃烧噪声、进排气噪声、扬声器噪声和风扇噪声、底盘的机械噪声、传动噪声和轮胎噪声、车厢振动噪声、货物撞击噪声、转向或倒车时的蜂鸣声、汽车防盗器的误鸣等，这些噪声源发出的噪声程度绝大多数都与车辆的使用状况有关。另外，轮胎的噪声也不可小视。

噪声对人的身体和心理是有害的。当环境噪声大于45dB（dB称为分贝，是声压级的单位）时，人会感到有些嘈杂；噪声达到60～80dB时，会影响睡眠；当超过90dB时，就会对身体健康产生明显影响，因此噪声是一种环境污染，必须要予以控制。噪声控制已被列为安全检测的内容之一。

【基础知识】

噪声概述

我国执行的汽车排放标准为GB 1495—2002《汽车加速行驶车外噪声限值及测量方法》，该标准规定：客车车内最大噪声级不大于82dB（A）；机动车扬声器声级应在距离车前2m，离地高1.2m处测量，其值应为90～115dB（A）。汽车的噪声标准是检查车辆噪声的依据，它反映了人们对保护环境、降低噪声的要求。

汽车的噪声可用声级计进行检测，声级计如图4-41所示，一般由传声器、放大器、衰减器、计权网络、检波器、指示表头和电源等组成。

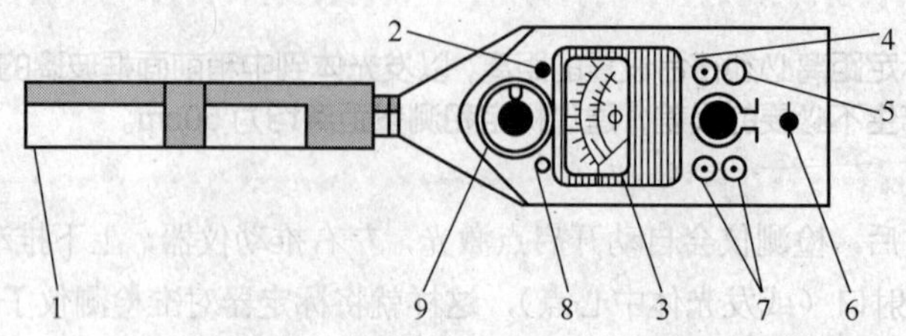

图 4-41 声级计

1—传声器 2—电表照明 3—电表 4—放大器输出插口 5—指示灯 6—控制旋钮 7—外接滤波器插口 8—灵敏度调整旋钮 9—衰减器旋钮

声级计一般都设有 A、B、C 三种计权网络，其显示读数通常称为声级，单位仍用 dB，但要标明所用的计权网络名称，最常用的是 A 声级。声级计表头的阻尼，一般都有“快”和“慢”两挡。“快”挡的平均时间为 0.27s，比较接近于人耳的生理平均时间。“慢”挡平均时间为 1.05s。当对稳态噪声进行测量或需要记录声级变化过程时，使用“快”挡；如果被测噪声起伏变化比较大（如超过 4dB 以上），应当用“慢”挡测量其平均值。在用“慢”挡测量时，应注意有一定的观察时间，以保证能近似读出其平均值。

汽车车外噪声应采用精密声级计或普通声级计（声级计误差不得超过 2dB）来测量。

【课题实施】

操作一 声级计的检查和校准

步骤一 检查

（1）检查仪表指针是否在机械零点上。若不在零点，可用零点调整螺钉使指针与零点重合。

（2）检查电池容量，把声级计功能开关对准“电池”，衰减器任意，此时电表指针应达到额定红线或规定区域，否则读数不准。如果电池容量不足须更换电池。

步骤二 校准

（1）打开电源开关，按预热时间预热仪器。

（2）将声级计的功能开关对准“线性”、“快”挡。

对仪器进行校准，每次测量前或使用一段时间后，必须对仪器的电路和传声器进行校准。声级计上一般都配有电路校准的“参考”位置，可校验放大器的工作是否正常。如不正常，应调节微调电位器。电路校准后，可利用已知灵敏度的标准传声器对声级计上的传声器进行对比校准。

如果此时在室内，一般室内的环境噪声为 40～60dB，此时声级计上应有相应的示值。

（3）变换衰减器刻度盘，表上示值应相应变化 10dB 左右。

（4）检查计权网络，将“线性”位置依次变为“C”、“B”、“A”计权网络。

由于室内环境噪声多为低频成分，故经频率计权后的噪声级示值将低于线性值，而且应依次递减。

（5）考查“快”、“慢”挡。将衰减器刻度盘调至高 dB 值处（如 90dB），断续发出喊声，观察“快”挡时的指针摆动能否跟上发音速度，“慢”挡时的指针摆动是否明显迟缓。

检测时，在不知道被测声级有多大时，必须把衰减器刻度盘预先放在最大衰减位置上，然后在实测中再逐步旋至被测声级所需的衰减挡。

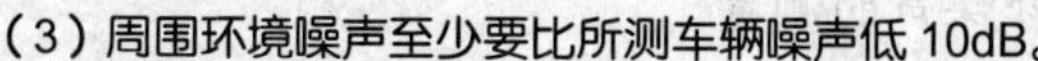

操作二 汽车外噪声的检测

提示

测量条件要求

（1）测量场地应平坦空旷，在测试中心以 25m 为半径的范围内，不应有大的反射物，如建筑物、围墙等。

（2）测试场地跑道应有 20m 以上的平直、干燥的沥青路面或混凝土路面，路面坡度不超过 0.5%。

（3）周围环境噪声至少要比所测车辆噪声低 10dB。

（4）可采用防风罩避免风噪声干扰，但应注意防风罩对声级计灵敏度的影响。

（5）用声级计测量时，除测量者外，测量场地内不应有其他人员，若不可避免时，则必须在测量者背后。

（6）被测车辆应空载。测量时发动机应处于正常使用温度。车辆带有其他辅助设备（噪声源），测量时是否开动，应按正常使用情况而定。

步骤一 准备

图 4-42 所示为测量场地和地点位置示意图。测试话筒位于 20m 跑道中心点 O 两侧，各距中线 75m，距地面高度 1.2m，话筒平行于路面，固定于三脚架上，其轴线垂直于车辆行驶方向。

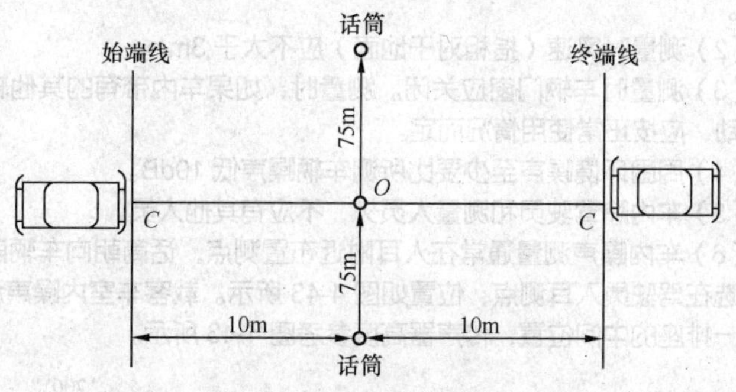

图 4-42 车外噪声测量场地示意图

步骤二 加速行驶时车外噪声的测量

车辆前进挡位为 4 挡以上的车辆用第 3 挡，前进挡位为 4 挡或 4 挡以下的用第 2 挡。发动机转速为其标定转速的 3/4。如果此时车速超过了 50km/h，那么车辆应以 50km/h 的车速稳定地到达始端线。对于自动换挡的车辆，使用在试验区间加速最快的挡位。

在无转速表时，可以控制车速，以所定挡位相当于 3/4 标定转速的车速稳定地到达始端线。

（1）从车辆前端到达始端线开始，立即将油门踏板踩到底使油门全开，直线加速行驶。

（2）当车辆后端到达终端线时，立即停止加速。

提示

被测车辆在后半区域发动机应达到标定转速。如果车辆达不到这个要求，可延长 *OC* 距离为 15m。如仍达不到这个要求，车辆使用挡位要降低一挡。如果车辆在后半区域超过标定转速，可适当降低到达始端线的转速。

（3）声级计用“A”计权网络、“快”挡进行测量，读取车辆驶过时的声级计表头最大读数。

（4）同样的测量往返进行一次。车辆同侧两次测量结果之差，不应大于 2dB。

（5）对测量结果进行记录。取每侧两次声级平均值中的最大值作为被测车辆的最大噪声级。

提示

若只用一个声级计测量，同样的测量应进行四次，即每侧测量两次，下同。

步骤三　匀速行驶时车外噪声的测量

（1）用车辆行驶的常用挡位，保持油门踏板稳定，以 50km/h 的车速匀速通过测量区域。

（2）声级计用“A”计权网络、“快”挡进行测量，读取车辆驶过时声级计表头的最大读数。

（3）同样的测量往返进行一次，车辆同侧两次测量结果之差，不应大于 2dB，并对测量结果进行记录。取每侧两次声级平均值中的最大值作为被测车辆的最大噪声级。

操作三　汽车内噪声的检测

提示

测量条件

（1）要求测量跑道应是平直、干燥的沥青路面或水泥路面，并应具有足够的试验长度。

（2）测量时风速（指相对于地面）应不大于 3m/s。

（3）测量时车辆门窗应关闭。测量时，如果车内带有的其他辅助设备是噪声源，是否开动，应按正常使用情况而定。

（4）周围环境噪声至少要比所测车辆噪声低 10dB。

（5）车内除驾驶员和测量人员外，不应有其他人员。

（6）车内噪声测量通常在人耳附近布置测点，话筒朝向车辆前进方向。驾驶室内测点可选在驾驶员入耳测点，位置如图 4-43 所示。载客车室内噪声测点可选在车厢中部及最后一排座的中间位置，传声器高度参考图 4-43 所示。

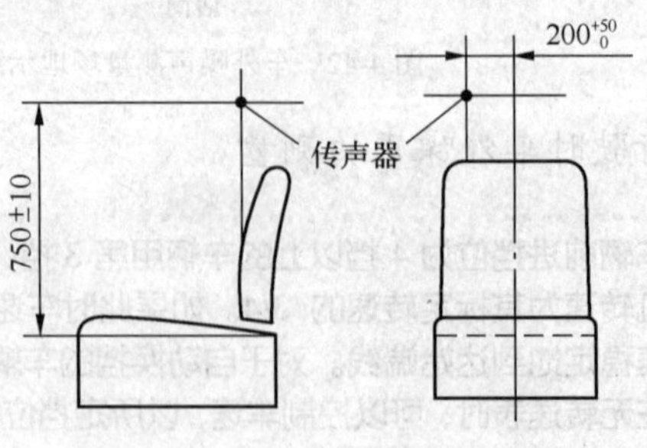

图 4-43　驾驶室内噪声测点的位置

（1）用车辆行驶的常用挡位、50km/h 以上的不同车速匀速行驶，分别进行测量。

（2）用声级计“慢”挡测量“A”、“C”计权声级，分别读取指针最大读数的平均值，并对测量结果进行记录。

（3）做车内噪声频谱分析时，应包括中心频率为 31.5Hz、63Hz、125Hz、250Hz、500Hz、1000Hz、2000Hz、4000Hz、8000Hz 的倍频带。

操作四 驾驶员耳旁噪声的测量

（1）车辆应处于静止状态，变速器置于空挡，发动机应处于额定转速状态。

（2）将声级计放在如图 4-43 所示的测点。

（3）声级计用“A”计权网络、“快”挡进行测量。

操作五 扬声器声级的检测

扬声器声级的检测如图 4-44 所示，应注意不要被偶然的其他声音所干扰。

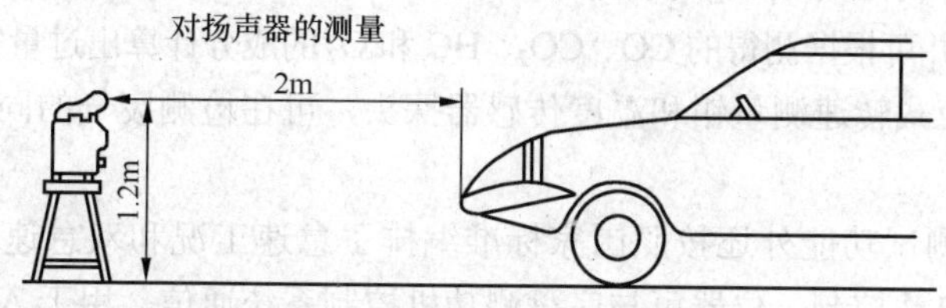

图 4-44 扬声器声级的测量

课题三 汽车排气污染物检测设备

【基础知识】

一、概述

汽车作为交通工具对人类社会的进步产生了巨大作用。同时，也带来许多不利的影响，汽车排放的废气中主要成分有 CO、HC、NO_x、O_2、CO_2 和 PM 等，这些污染物中，CO、HC、NO_x、铅化物和炭烟等，主要来自车辆尾气的排放，少部分来自曲轴箱泄漏。其中，HC 还来自于油箱和整个供油系的蒸发与滴漏。CO 是燃油不完全燃烧的产物，对人的健康危害较大。HC 主要是燃油蒸发及不完全燃烧的产物，由 200 多种不同的成分构成，含有致癌物质。NO_x 是在燃烧室高温高压条件下，由氮和氧化合而成，排放到大气后变成 NO_2（二氧化氮），其毒性很强，对人及植物生长均有不良影响，是形成酸雨及光化学烟雾的主要物质之一。PM 主要成分是炭烟颗粒物，上面附有大量化学物质，包含致癌物质，吸入人体后会在肺部长期停留。因此汽车的排气污染物产生了一些对公共环境和公众健康甚至生命的危害。

国家标准规定，装配点燃式发动机的车辆，在检测中要进行怠速试验、双怠速试验和加速模拟工况（ASM）试验。各排气组均应采用不分光红外线吸收型（NDIR）监测仪。

柴油车排气管排出的可见污染物表现在排气烟色上。排气烟色主要有黑烟、蓝烟和白烟三种。黑烟的发暗程度用排气烟度表示，排气烟度用烟度计检测。烟度计可分为滤纸式、透光式、重量式等多种形式。常见的滤纸式烟度计的灵敏度不高，对烟度水分程度的要求不严、不能检测蓝烟、白烟及油雾等，诸多的局限性就凸显出来。目前新型透光式烟度计可以长时间工作，随时都可以测出排气烟度。由于不需要用滤纸，可以避免因使用滤纸而形成的误差。

根据国家标准规定，对于装配压燃式发动机的车辆进行自由加速排气可见污染物试验，采用滤纸式烟度计。

自由加速滤纸式烟度是指在自由加速工况下，从发动机排气管抽取规定长度的排气柱所含的炭烟，使规定面积的清洁滤纸染黑的程度，称为自由加速滤纸式烟度。

自由加速工况是指柴油发动机于怠速工况（发动机运转；离合器处于接合位置；油门踏板处于松开位置；变速器处于空挡；具有排气制动装置的发动机，碟形阀处于全开位置），将油门踏板迅速踏到底，维持4s后松开。

二、废气分析仪

NHA-500废气分析仪采用不分光红外吸收法原理，测量机动车排放废气中的一氧化碳（CO）、碳氢化合物（HC）和二氧化碳（CO_2）的成分，用电化学电池原理测量排气中的氮氧化合物（NO_x）和氧气（O_2）的成分，并可根据测得的CO、CO_2、HC和O_2的成分计算出过量空气系数λ。NHA-500废气分析仪还附有感应式转速测量钳和温度传感器探头，可在检测废气的同时监测发动机的转速和润滑油的温度。

仪器除具有实时测试功能外还按照国家标准编排了怠速工况和双怠速工况下检测的专用程序，对检测过程进行自动控制。仪器可与底盘测功机控制系统通信，用于ASM工况测试。

如图4-45所示，NHA-500废气分析仪主要由仪器本体、短导管、前置过滤器、取样管、取样探头、嵌入式微型打印机等组成。仪器前面板的布置及各部分的名称如图4-46所示。

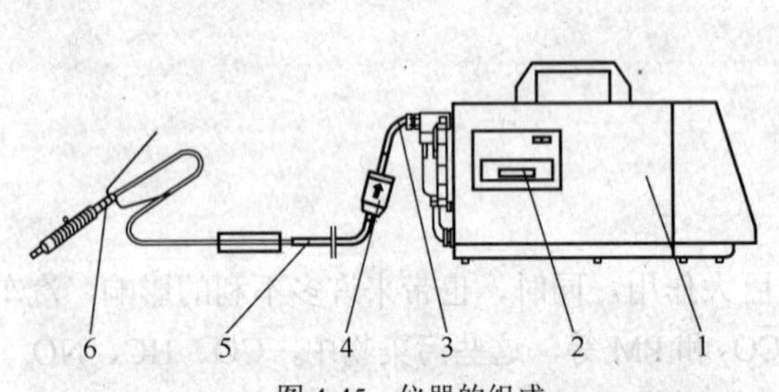

图4-45 仪器的组成

1—仪器本体；2—微型打印机；3—短导管；4—前置过滤器；5—取样管；6—取样探头

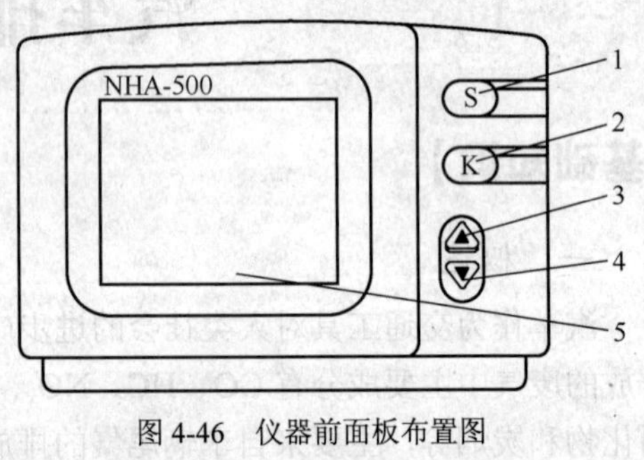

图4-46 仪器前面板布置图

1—“S”键；2—“K”键；3—“▲”键；4—“▼”键；5—液晶显示屏

前面板各部分的功用。

“S”键：水平移动液晶显示屏上的光标（三角箭头），以选择所需的项目。

“K”键：确认所选择的项目。

“▲”键用于上移液晶显示屏上的光标，选择所需的项目；调节显示屏上文字、图像的对比度；校准前用于修改校准器的设定值。

“▼”键用于下移液晶显示屏上的光标，选择所需的项目，其余功能与“▲”键相同。

液晶显示屏用于显示中文菜单和测量数据。

在预热期间以及在主菜单下，按下“▲”键或“▼”键可以调节显示屏上文字、图形的对比度。可根据需要，调节到观察最清晰为止。

仪器后面板的布置及各部分的名称如图 4-47 所示。

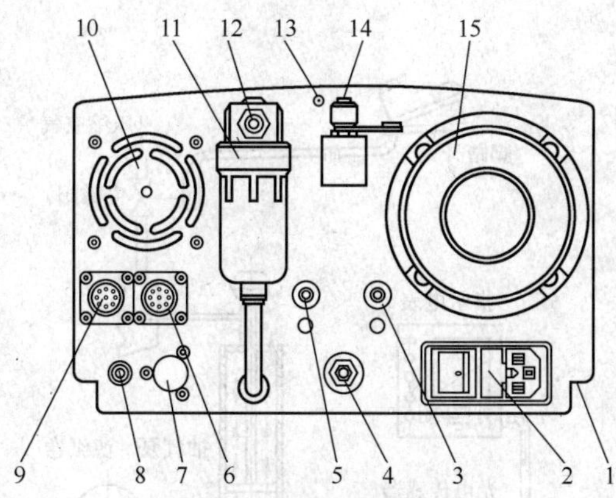

图 4-47 仪器后面板布置图

1—底板紧固螺钉；2—电源插座及开关；3—O_2 传感器排气口；4—主排气口；5—NO 传感器排气口；6—油温信号插座；7—二次过滤器；8—转速信号插座；9—输出信号插座；10—冷却风扇；11—分水过滤器；12—样气入口；13—背板紧固螺钉；14—标准气入口；15—粉尘过滤器

后面板各部分的功用。

紧固螺钉 1 及 13：固定仪器罩壳，将其拆卸后可打开机箱。

电源插座及开关 2：插座用于输入 220V 交流电源，开关用于接通或断开电源，内装 1A 保险管和电源噪声滤波器。

排气口 3～5：样气测量后的排出口。

油温信号插座 6：输入油温探头的信号。

二次过滤器 7：过滤从分水过滤器出水口流出的样气。

转速信号插座 8：输入转速测量钳的信号。

输出信号插座 9：与外部计算机通信的 RS232 接口及外接打印机的接口。

冷却风扇 10：从废气仪内向外排风，以防仪器内部过热。

分水过滤器 11：分离待测样气中的油、水，滤去粉尘。

样气入口 12：通过短导管与前置过滤器出口相连，接入样气。

标准气入口 14：校准时插标准气气瓶的入口。

粉尘过滤器 15：滤纸式过滤器，滤去待测样气中残余的粉尘。

三、烟度计

1. 滤纸式烟度计

烟度计主要是测量柴油机排烟的仪器，滤纸式烟度计是吸气泵-滤纸-光反射式的烟度计。它利用吸气泵在一定时间内吸取一定量的废气，并使这部分废气通过一定面积的白色滤纸，使废气中的炭烟粒子吸附在白色滤纸上，滤纸变黑，然后用一定的光线照射滤纸，并用光电池接受反射光，再根据光电池产生的电流使仪表指针偏转，把烟度用污染度（%）的形式显示出来。该污染度即定义为滤纸烟度，表示为 FSN。规定全白滤纸的 FSN 值为 0，全黑滤纸的 FSN 值为 10，并将 0～10 均匀分度。

滤纸式烟度计滤纸试样直观性好，便于保存，适宜于稳态工况的测定；但缺点是只能测排气中黑色的炭烟，当柴油机在怠速及低负荷运转时，因排温低及其他原因排出的油雾及水蒸气形成的蓝烟和白烟却不能测出。

柴油机烟度计由废气取样装置、污染度测量装置、污染度指示装置和校准装置等组成，如图 4-48 所示。

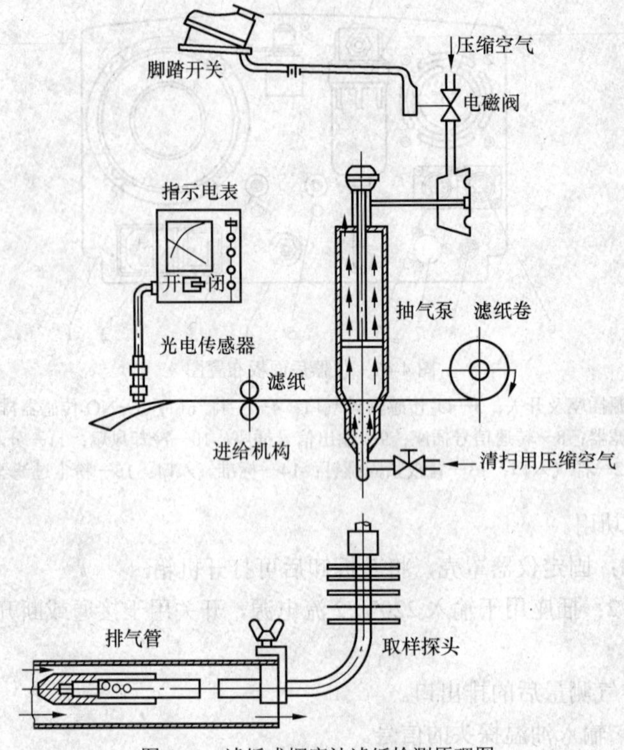

图 4-48 滤纸式烟度计滤纸检测原理图

（1）废气取样装置。它由取样探头、导管、吸气泵等组成，由装在油门踏板上的脚踏开关来控制吸气泵取样开始时刻与发动机加速同步。带有圆片式散热器的取样探头可对废气进行冷却。吸气泵保证每次吸气速度一致，以使烟粒吸附面积相同。

（2）污染度测量装置与指示装置。如图 4-49 所示，它是由白炽灯泡、光电元件（硒光电池）等组成。白炽灯泡为测量用光源，灯泡光轴位于滤纸中心并与滤纸平面垂直。光电元件为一环形硒半导体光电池。把取样后表面带有黑烟的滤纸放到测量装置的规定位置，灯泡发出的光线照射到滤纸上后被反射回来，反射光被环形光电池接收，光电池产生电流使测试仪表指针偏转。

测量装置实际是一只电流表，表盘刻度按污染度（%）进行刻度，它刻有 0～100%的刻度值。滤纸污染严重时，反射光线少，仪表指针向 100%方向偏（100%表示全黑）；滤纸污染轻微时，反射光线多，仪表指针向 0 方向偏（0 表示白色）。

实际使用的烟度计上，表盘刻度以 0～10 数字用波许单位表示，反射线少时指针向 10Rb 方向偏转，其最小分度为满刻度的 2%，即在表盘上可以直接读出波许单位烟度值。

（3）校准装置。烟度计在使用过程中，由于电源电压的变化，引起灯光发光强度改变，影响测量精度，因此要随时校准。烟度计附带有三张供标定用的标准烟样纸，用标准烟样纸校准烟度计，精确度应为 0.5%。

2．透光烟度计

MQY-200 透光烟度计是一种分流式不透光烟度计，适合于环境保护部门、机动车检测站、汽车制造厂、汽车修理厂等单位使用。

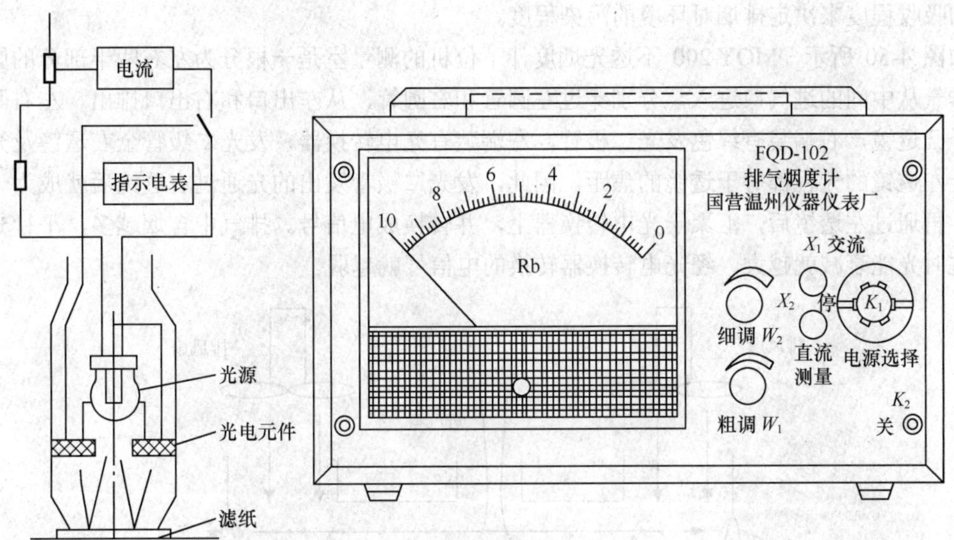

图 4-49 污染度测量装置与指示装置

（1）MQY-200 透光烟度计主要的功能特点如下。

① 取样式（分流式）测量方式。采用“空气气幕”保护技术，使光学系统免遭排烟的污染。测量室恒温控制，防止排气中水分冷凝，影响测量结果。

② 具有实时测试和自由加速测试等功能。

③ 具备油温测试功能。

④ 大屏幕液晶显示，可随意调整显示亮度；采用图形化显示，配备串行 RS232 接口与外部计算机通信。

⑤ 可选配内置式微型打印机；可选配转速仪，测量发动机转速。

其主要技术参数如表 4-5 所示。

表 4-5 MQY-200 透光烟度计的主要技术参数

测量范围	不透光度（N）	光吸收系数（K）	转　速	油　温	烟气温度
	0～99.90%	0～16.08m^{-1}	300～9 999rpm	50℃～200℃	0℃～150℃
分辨力	不透光度（N）	光吸收系数	转速	油温	烟气温度
	0.01%	0.01m^{-1}	1rpm	1℃	1℃
示值误差	不透光度（N）	转速（压电式）	油温	烟气温度	
	±2.0%（绝对误差）	±1.0%（相对误差）	±5℃(绝对误差)	±5℃(绝对误差)	
工作条件	温度	相对湿度	电源电压	电源频率	
	0℃～40℃	0～85%	AC：220+10%	（50±1）Hz	
光通道有效长度：215mm			光通道等效长度：430mm		
通信：RS232 通信，波特率 9600，无奇偶校验，1 位起始，8 位数据，1 位停止					

（2）测量原理。当将一束光穿过密度和温度一致的气体时，由于光被气体吸收和散射，使其

强度衰减。不透光度计就是利用这一原理，使调制光束通过一段给定长度的排烟，通过测量排烟对光的吸收程度来决定排烟对环境的污染程度。

如图 4-50 所示，MQY-200 不透光烟度计下位机的测量室是一根分为左右两半部分的圆管，被测排气从中间的进气口进入，分别穿过左圆管和右圆管，从左出口和右出口排出。左右两侧装有两个凸透镜，右端装有绿色发光二极管，左端装有光电转换器，发光二级管全右透镜及光电转换器全左透镜的光程都等于透镜的焦距。因此，发光二极管发出的光通过右透镜后就成为一束平行光，再通过左透镜后，汇聚于光电转换器上，并转换成电信号。排气中含烟越多，平行光穿过测量室时光能衰减就越大，经光电转换器转换的电信号就越弱。

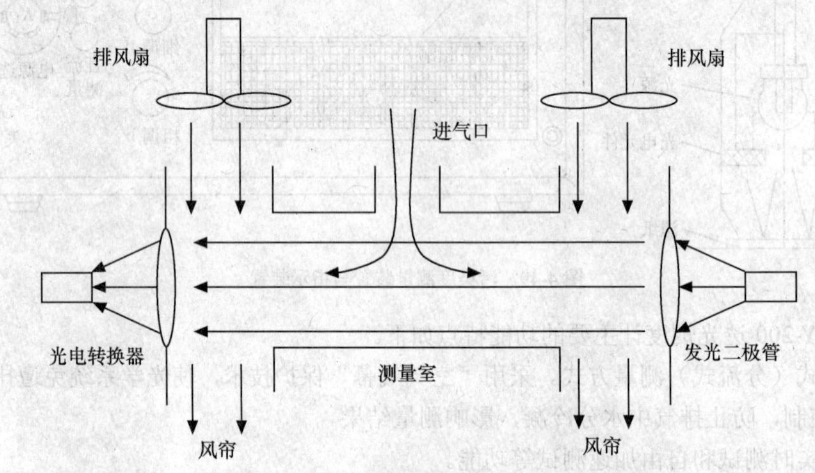

图 4-50 不透光烟度计的测量原理

排气中夹带着许多烟炱微粒，如果让排烟直接接触左右透镜的表面，烟炱微粒将会沉积在上面，吸收光能，从而影响测量结果。为使光学系统免遭烟的污染，仪器采用了空气气幕保护技术。图 4-50 中的排风扇将外界的清洁空气吹入左右透镜与测量室出口之间的通道，使透镜表面形成“风帘”避免其沾染上烟炱微粒。

排气中含有水分。由于排气管的温度较高，刚进入仪器时，排气中的水分仍保持在气态。如果仪器测量室管壁的温度比排气温度低很多，排气中的水蒸气就要冷凝成雾，影响测量结果。为了防止冷凝的影响，测量室管壁的温度应始终保持在 75℃左右，为此测量室装有加热及恒温控制装置。

（3）仪器组成与基本功能。如图 4-51 所示的 MQY-200 型不透光度计主要由上位机、下位机、取样管和通信电缆等组成。如图 4-52 所示的下位机（光学测量部分）主要是对机动车排放的烟气进行连续测量，动态反映排气污染物的变化，并且把测量结果传给上位机（显示部分）进行显示。如图 4-53 所示的上位机正中间为液晶显示面板，中下方为控制按键，烟度计的各种功能都由该部分控制。

（4）使用安全注意事项。

① 本仪器为精密电子仪器，使用前请仔细阅读使用说明，避免造成人身伤害或仪器的损害。

② 不要让水、化学溶剂、苯或者汽油等溅到仪器上，也不要让仪器吸入这类物质，否则会使仪器发生故障或引起其他事故。

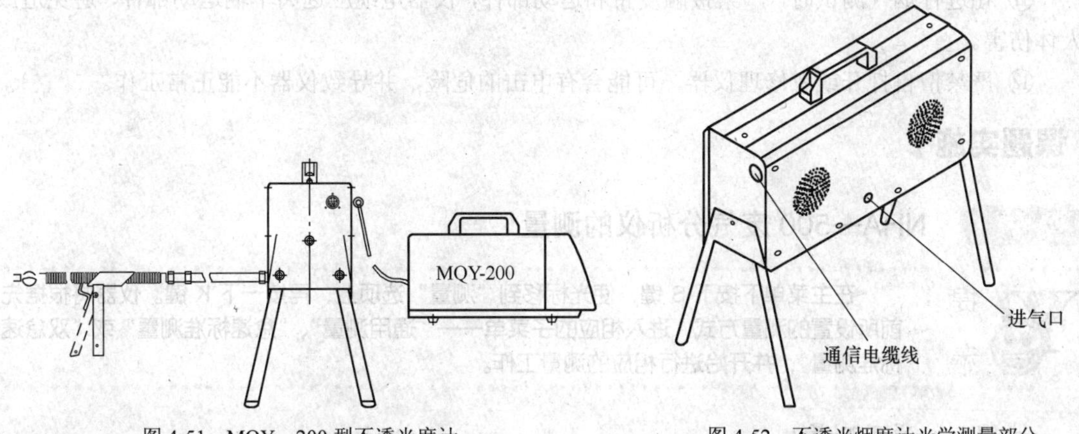

图 4-51　MQY—200 型不透光度计　　　　图 4-52　不透光烟度计光学测量部分

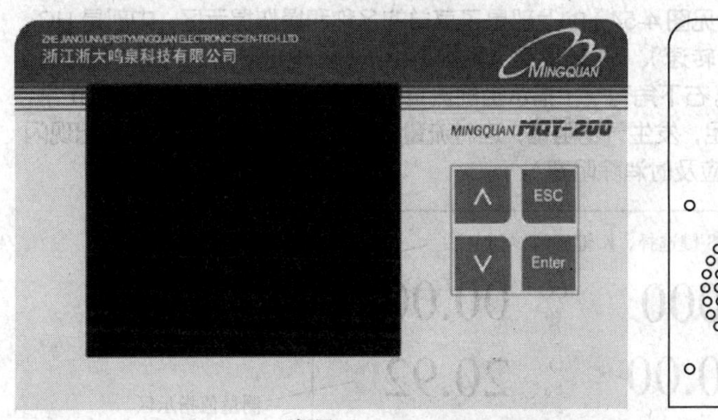

正视图　　　　后面板

图 4-53　上位机示意图

③ 仪器应定时保养维护，切勿摔碰，切不要让仪器吸入水蒸气。通信数据线、打印机等外部设备与仪器的连接需在双方断电的条件下进行，切不可热拔插。

④ 仪器在诊断测试或怠速测试状态时，不得随意关闭电源，以免烟气及油污等颗粒吸附在仪器内，缩短仪器的使用寿命，甚至损坏仪器。

⑤ 仪器校正必须使用标准滤光片，严格按照使用说明操作，保证仪器测量精度。

⑥ 长时间不使用仪器时应切断所有电源，并小心储存，避免日光直射或潮湿的环境。

⑦ 汽车的电气系统和照明系统都有高压，仪器必须连接到接地良好的、避震的电源插座上。

⑧ 汽车排放出的烟气中含有有毒物质，过量吸入可导致窒息，测量时应保证足够的通风和排气。

⑨ 起动发动机前，应拉好手刹，特别应挡好前轮，并将变速杆置于空挡（手动变速器）或 P 挡（自动变速器），以免起动发动机，车辆冲出伤人。

⑩ 在进行烟气测试时，车辆局部（排气管、散热水箱、增压器等）以及仪器取样探头等会有局部高温，测量时应保持仪器电缆远离高温部件，使用者不要随意接触这些部件，避免人体灼伤。

⑪ 在进行烟气测试时，严禁接触皮带和运动部件，仪器电缆应远离车辆运动部件，避免造成人体伤害。

⑫ 严禁擅自打开或者修理仪器，可能会有电击的危险，并导致仪器不能正常工作。

【课题实施】

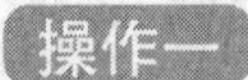

操作一 NHA—500 废气分析仪的测量

在主菜单下按下 S 键，使光标移到“测量”选项上，再按一下 K 键。仪器将根据先前所设置的测量方式，进入相应的子菜单——“通用测量”、“怠速标准测量”或“双怠速标准测量”，并开始进行相应的测量工作。

步骤一 通用测量

“通用测量”子菜单（见图 4-54）的上部是子菜单的名称和操作提示区，中部是 HC、CO、CO_2、O_2、NO、n（转速）、λ（过量空气系数）和 T（润滑油温度）的即时测量值，下部是提示区和两个选项。右下角有一个指示当前流量的标尺，3 格到 5 格表示流量正常，1 格或无格则表示流量不足，发生气路阻塞，这时流量标尺下方“流量”二个字将出现闪烁（如果出现这种现象，应及时消除阻塞）。

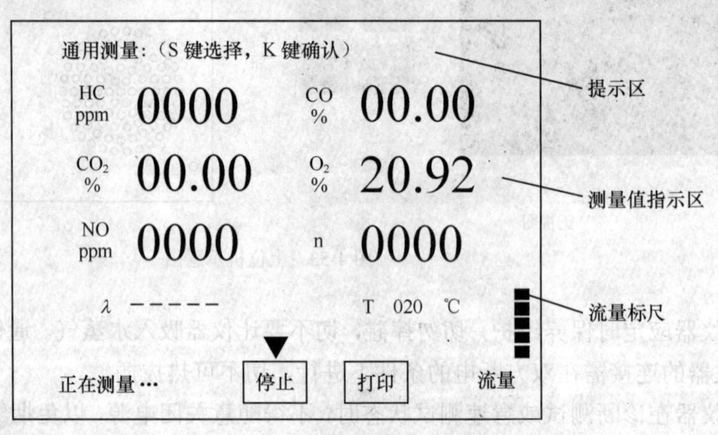

图 4-54 “通用测量”子菜单

（1）进入“通用测量”方式后，仪器的气泵将起动。

（2）把取样探头插入被测车辆的排气管中，插入深度为 400mm。显示屏将实时显示出排气中 HC、CO、CO_2、O_2 和 NO 的即时值以及λ值。

（3）如果需要测量转速和油温，当测量有分缸高压线的发动机时，将转速测量钳夹在发动机第 1 缸的火花塞高压线外，注意测量钳口背面的箭头，使其指向火花塞，如果箭头的方向反了，会得到不正确的转速信号。

（4）如果是测量无分缸高压线即独立点火的发动机，可用通用转速适配器接线插入点烟器插座就可测量出发动机的转速。然后再将油温测量探头插入发动机的润滑油标尺孔中，一直插到探头接触到润滑油为止。显示屏上还将实时显示出发动机转速和润滑油温度的即时值。

（5）如果要打印测量结果，可按下 S 键，使光标移到“打印”项上，再按一下 K 键，打印机将打印按下 K 键时的数据，同时光标将自动回到“停止”项上。

（6）如果要终止通用测量方式，退出该子菜单，可按下 S 键，使光标移到“停止”项上，再按一下 K 键，显示屏将返回到主菜单。

步骤二　单怠速检测

“怠速标准测量”子菜单的上部是子菜单的名称，中部是 HC、CO、CO_2、O_2、NO、n、λ 和 T 的即时测量值，下部是提示区，右下角也有流量标尺和“流量”二字。

（1）准备。如果是测量有分缸高压线的发动机，将转速测量钳夹在发动机第 1 缸的火花塞高压线外，注意测量钳口背面的箭头，使其指向火花塞，如果箭头的方向反了，会得到不正确的转速信号。如果是测量无分缸高压线即独立点火的发动机，可用通用转速适配器接线插入点烟器插座就可测量出发动机的转速。然后再将油温测量探头插入发动机的润滑油标尺孔中，一直插到探头接触到润滑油为止。

（2）HC 残留物检查及发动机预热。

① 进入“怠速标准测量”子菜单后，仪器首先开始 HC 残留物检查。显示屏下部将出现提示“正在进行 HC 残留检查…××秒”，“××秒”表示剩下的残留检查时间（倒计时，最大 30s）。如倒计时结束，HC 残留物检查还不合格，则会进行顺计时（最大 30s）。检查结束后，如合格，则显示“HC 残留检查 OK”；如不合格，则显示“HC 残留检查超范围，请清洗管道……”。见此提示，可按相应的方法及时予以消除。

② HC 残留物检查结束时，显示屏上部子菜单的名称将变换为提示“额定转速：5000　▲▼修改，K 确认”。应按下“▲”键或“▼”键，将该提示中的额定转速值设定为被测车辆的发动机额定转速标称值（精确到 100 r/ min），然后按 K 键确认。

③ 按下 K 键后，进入发动机预热阶段，显示屏上部的提示将变换为“请加速到 3500r/min”。见此提示后应使发动机加速，并注视显示屏上不断变化的转速值，直到 3500r/min 左右为止。

只有额定转速值为默认值 5000 r/min 时，提示才显示为“请加速到 3500 r/min”。如果额定转速值设定为其他值，提示将显示为“请加速到××××r/min”，××××等于 0.7 倍的额定转速值设定值。下面的 2500 r/min 的情况同此。

④ 当转速达到 3500r/min 时，显示屏上部将出现提示“请保持 3500r/min”，下部则以倒计时方式显示：“××秒”（共 60s）。这时，应将 3500r/min 转速保持到倒计时结束。倒计时结束时发动机预热完成，将进入排放测量阶段。

（3）测量怠速下的排放。

① 预热 60s 倒计时结束时，显示屏上部将出现提示“请减速至怠速”这时，应松开油门踏板，使车辆减速。当转速下降到 1100r/min 以下时，显示屏上部的提示会改变为“请保持怠速”，下部则显示“请插入取样探头”。

②“请插入取样探头”的提示出现后，将仪器的取样探头插入车辆的排气管中，插入深度为 400mm，同时使发动机继续保持怠速。

③ 插好取样探头后，仪器开始对排气取样，提示区出现提示“正在取样××秒”。“××秒”表示剩下的取样时间（倒计时，共 45s，前 15s 是预备阶段，后 30s 为实际取样阶段）。取样倒计

时结束时，怠速工况下的排放测量完毕。

（4）读取测量数据及结束本次测量。

① 怠速下的排放测量结束后，显示屏将转换为“测量完成”界面，上部显示 HC、CO、CO_2、O_2、NO、和 n 的最大值、最小值、平均值及 λ 和油温，下部为“退出”和“打印”两个选项。

② 如果要打印测量结果，可按下 S 键，使光标移到“打印”项上，再按一下 K 键。打印机将打印所显示的结果，同时光标将自动回到“退出”项上。

③ 测量完一辆车后，请将取样探头从排气管中拔出，从发动机上取下转速测量钳并拔出油温测量探头。

④ 光标位于“退出”项上时，按 K 键，显示屏将返回到主菜单，而光标将自动回到“测量”选项上。如需继续进行怠速排放测量，可重复进行操作。

如果显示屏右下角的流量标尺低于 2 格，流量标尺下方“流量”二个字将出现闪烁，表示发生气路阻塞。这时仪器的测量功能会被锁定，如果按下 K 键，显示屏将返回到主菜单（双怠速排放测量时同此）。出现这种情况，应按相应的方法及时消除气路阻塞。

进行怠速排放测量时，如果中途要退出“怠速标准测量”子菜单停止测量，可同时按下 S 键和 K 键，显示屏将返回到主菜单。若为多排气管时，取各排气管测量结果的算术平均值。

步骤三 双怠速检测

（1）准备。如果是测量有分缸高压线的发动机，将转速测量钳夹在发动机第 1 缸的火花塞高压线外，注意测量钳口背面的箭头，使其指向火花塞，如果箭头的方向反了，会得到不正确的转速信号。如果是测量无分缸高压线即独立点火的发动机，可用通用转速适配器接线插入点烟器插座就可测量出发动机的转速。然后再将油温测量探头插入发动机的润滑油标尺孔中，一直插到探头接触到润滑油为止。

（2）HC 残留物检查及发动机预热。进入“双怠速标准测量”子菜单后，仪器首先也将进行 HC 残留物检查和发动机预热。

（3）测量高怠速下的排放。

① 发动机预热 60s 倒计时结束时，将进入高怠速下的排放测量阶段，显示屏上部将出现提示：“请减速到 2500r/min”。见此提示，应将发动机减速，同时注视显示屏中部不断变化的转速值，直到转速降到 2500r/min 左右为止。这时，上部的提示将改变为“请保持 500r/min”，下部将显示“请插入取样探头”。见此提示，应将转速保持在（2500±50）r/min 的范围内。与此同时，将取样探头插入排气管中，插入深度为 400m。

② 插入取样探头后显示屏上部将继续显示“请保持 2500r/min”，而下部的提示则改变为“正在取样××秒”（倒计时，共 45s，前 15s 为预备阶段，后 30s 为实际取样阶段）。

如果在后 30s 期间，转速值超过（2500±250）r/min 范围，显示屏上部将出现提示“转速超范围，请保持 2500r/min”。这时仪器将停止取样，直到转速回到（2500±250）r/min 范围内仪器才重新取样。

③ 取样倒计时结束时高怠速下的排放测量完毕，将进入怠速下的排放测量阶段。这时显示屏下部的提示消失，上部将显示“请减速至怠速××”。

（4）测量怠速下的排放。

① 显示屏上部出现“请减速至怠速××”的提示时，应将发动机减速。当转速下降到 1100r/min

以下时，显示屏上部的提示会改变为“请保持怠速”，下部将显示“正在取样××秒”(倒计时，共45s)。

② 取样倒计时结束时，怠速下的排放测量完毕。这时显示屏将转换为“测量完成”界面，下部显示出“高速”、“低速”、“打印”和“退出”四个选项。

（5）读取测量数据。

① 读取高怠速排放的测量数据。按下 S 键，将光标移到“高速”选项上，再按一下 K 键，显示屏将转换为“高怠速数据”界面，显示高怠速工况下的 HC、CO、CO_2、O_2、NO 和 n 的最大值、最小值、平均值以及λ和 T 的数值，下部仍显示四个选项。

② 读取怠速排放测量数据。按下 S 键，将光标移到“低速”选项上，再按 K 键，显示屏将转换为“低怠速数据”界面，显示怠速工况下的 HC、CO、CO_2、O_2、NO 和 n 的最大值、最小值、平均值以及λ和 T 的数值，下部仍显示四个选项。

③ 打印测量数据。按下 S 键，将光标移到“打印”选项上，然后按 K 键。仪器将打印出高怠速工况下和怠速工况下的排放测量结果，同时光标将自动回到“退出”选项上。

（6）结束测量。

① 测量完一辆车后， 请将取样探头从排气管中拔出，从发动机上取下转速测量钳并拔出油温测量探头。

② 光标位于“退出”项时按 K 键，显示屏将返回到主菜单，而光标将自动位于“测量”选项上。如需继续进行双怠速排放测量，可按 K 键，然后重复前面的步骤。

进行双怠速排放测量时，如果中途要退出“双怠速标准测量”子菜单停止测量，可同时按下 S 键和 K 键，显示屏将返回到主菜单。

步骤四　检测结束

检测工作全部结束，关断电源前，应将仪器设置为“通用测量”方式，并进入该子菜单，处于测量状态下（这时气泵处于工作状态下）10min 左右。同时，将取样探头放置在洁净的空气中，让洁净的空气通入仪器，吹净管道内残留的排放气体。若为多排气管时，取各排气管测量结果的算术平均值。

操作二　NHA-500 废气分析仪的保养与维护

步骤一　开启仪器机箱

（1）用力将打印机的前盖板从打印机上取下，然后从机箱罩壳上取下整个打印机，再小心地拔下位于接口插座上与仪器连接的带状电缆插头。

（2）旋下机箱的罩壳与底板间的四个紧固螺钉和仪器背板上标准气入口上方的两个紧固螺钉。将罩壳的两个侧壁略向外扳动，同时向后拉罩壳，即可卸下罩壳，打开仪器机箱。

步骤二　更换过滤器的过滤元件

当仪器的取样系统被汽车排气中的粉尘、油泥等污物阻塞，导致取样系统的流量大大下降时，显示屏右下角的流量标尺将会低于 2 格，同时流量标尺下方“流量”二字也会出现闪烁。此时，应关断仪器电源，检查并清洗取样探头、取样管、短导管，更换前置过滤器、分水过滤器和二次过滤器的滤芯以及更换滤纸式粉尘过滤器的滤纸。阻塞排除后，仪器便可恢复正常工作。粉尘过滤器的滤纸被污染到难以看清楚 NH 商标时，即使右下角的流量标尺尚未低于 3 格，也需更换滤纸。

（1）更换前置过滤器。

① 将取样管和短导管从失效的前置过滤器上取下。

② 将新的前置过滤器，按外壳上标示的气流方向箭头连接取样管和短导管。即取样管与前置过滤器的小端连接，短导管与大端连接。

（2）更换分水过滤器的滤芯。如图4-55所示，逆时针方向拧松分水过滤器的存水杯，卸下存水杯。旋松滤芯紧固螺钉，将失效的滤芯卸下，换上新滤芯。安装新滤芯时，勿让硬物将其多孔表面划伤，影响过滤。

（3）更换滤纸式粉尘过滤器的滤纸。如图4-56所示，逆时针方向用力旋转粉尘过滤器的压盖，将其卸下，取下旧滤纸，换上新滤纸。然后拧紧压盖，务必使其不漏气。如果泄漏，可更换O形密封圈或在密封圈周围涂一些硅酮密封胶。

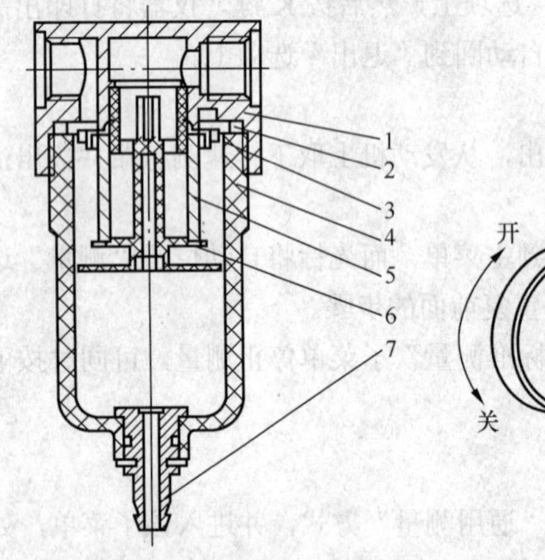

图4-55 分水过滤器滤芯的更换

1—本体；2—O形密封圈；3—旋风叶片；4—分水杯；5—滤芯；6—挡水板；7—排水出口

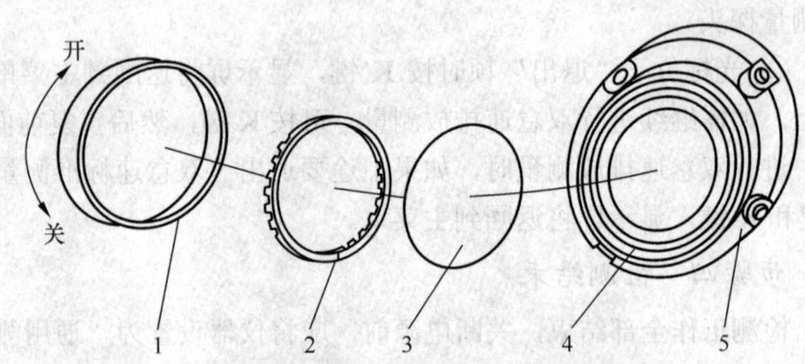

图4-56 滤纸式粉尘过滤器滤纸的更换

1—过滤器压装盖；2—橡胶衬垫；3—滤纸；4—O形密封圈；5—过滤器本体

（4）更换二次过滤器的滤芯。如图4-57所示，将二次过滤器的把手向外拉出，将旧滤芯抽出，换上新滤芯。

步骤三 HC残留物检查不能通过时的处理

（1）如果HC残留物超差是由于被测车辆排气中的HC含量过高、测量时间过长，导致HC在取样系统的管路及元件中沉积、吸附所造成的。可将取样探头放在清洁的空气中，将仪器设置在“通用测量”方式，并处于“正在测量”的状态下工作一段时间（1～3min）。让清洁的空气将管路中残留的HC吹净后再进行“HC残留检查”。如果上述方法效果不明显，可卸下取样探头和取样管，用清洁的压缩空气吹洗。

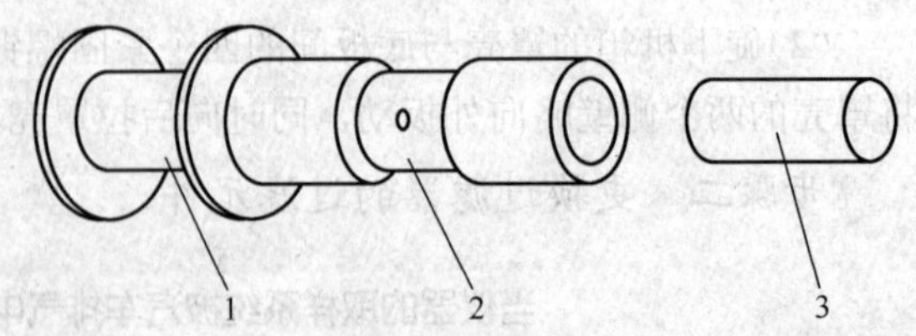

图4-57 二次过滤器滤芯的更换

1—把手；2—护套；3—滤芯

（2）如果用上面的方法无效，应考虑更换前置过滤器、分水过滤器和二次过滤器的滤芯以及滤纸式粉尘过滤器的滤纸。

步骤四　泄漏检查不能通过时的处理

（1）进行泄漏检查时，取样探头入口处没有堵严密，导致漏气，应堵好后重新试验。

（2）取样探头连接处漏气，应重新连接、上紧。

（3）取样管破裂或穿孔，导致漏气，应更换新的取样管。

（4）取样管或短导管两端老化，导致密封不良，应剪去老化段或更换新的取样管。

（5）滤纸式粉尘过滤器的压盖处漏气，应重新连接、上紧压盖，更换 O 形密封圈或在密封圈上涂一些硅酮密封胶。

（6）分水过滤器分水杯与本体连接处漏气，应检查密封圈是否失效、丢失，连接处是否上紧，更换密封圈或重新安装。

（7）二次过滤器护套处漏气，应护套没有插到位，重新安插到底。

（8）气泵的气囊破裂导致漏气，应更换新的气囊。

步骤五　查看仪器状态

仪器设置了“仪器状态位”界面，查阅该界面可以了解仪器的工作状况是否正常。进入“校准”子菜单，然后按下“▲”键或“▼”键，使光标移到“6.查看仪器状态”项目前，再按 K 键，即可进入“仪器状态位”界面。

仪器的状态位共有七项，每一项有 16 位，每一位有“0”和“1”两种状态，“0”表示“正常”，“1”表示“警告”或“故障”。

第 1 项状态位的意义如图 4-58 所示。

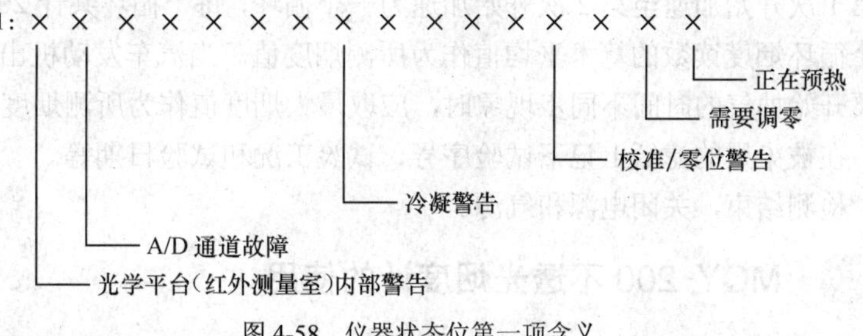

图 4-58　仪器状态位第一项含义

操作三　用滤纸式烟度计检测柴油车的自由加速烟度

步骤一　仪器准备

（1）仪器校准。

① 先检查仪器是否指示在零点上，否则用零点调整螺钉进行调整。

② 接通电源，仪器进行预热，然后打开测量开关，在光电传感器下垫上 10 张洁白滤纸，对仪器进行调节，使表头指示在 “0” 上。

③ 在 10 张洁白滤纸上放上标准烟样，光电传感器对准标准烟样中心垂直放置在其上。

此时，表头应指在标准烟样所代表的染黑度数值上，否则应调节仪器。

（2）检查取样装置和控制装置中各部机件的工作情况，特别要检查脚踏开关与活塞抽气泵动作是否同步。

（3）检查控制用压缩空气和清洗用压缩空气的压力是否符合要求。

（4）检查滤纸进给机构的工作情况是否正常。

（5）检查滤纸是否合格，应洁白无污。

步骤二　车辆准备

（1）进气系统应装有空气滤清器，排气系统应装有消声器并且不得有泄漏。

（2）柴油应符合 GB 10327 的规定，不得使用燃油添加剂。

（3）测量时发动机的冷却水和润滑油温度应达到汽车所规定的热状态。

（4）保证起动加浓装置在非起动工况不再起作用。

步骤三　测量

（1）用压力为 0.3～0.4MPa 的压缩空气清洗取样管路。

（2）把活塞式抽气泵置于待抽气位置，将洁白的滤纸置于待取样位置，并夹紧。

（3）将取样探头固定于排气管内，插入深度等于 300mm，并使其轴线与排气管轴线平行。

（4）将脚踏开关引入汽车驾驶室内，但暂不固定在油门踏板上。

（5）先由怠速工况将加速踏板踩到底，维持 4s 后迅速松开，然后怠速运转 16s，共计 20s。在怠速运转 16s 的时间内，用压缩空气清洗机构对取样软管和取样探头吹洗数秒种，重复三次，以熟悉加速方法并把排气管内的炭渣等积存物吹掉。

（6）把脚踏开关固定在加速踏板上，进行实测。将加速踏板与脚踏开关一并迅速踩到底，至 4s 时立刻松开，维持怠速运转 16s，共计 20s。在 20s 时间内应完成排气取样、滤纸染黑、走纸、抽气泵复位、检测并指示烟度和清洗等工作。

从第 1 次开始加速至第 2 次开始加速为一个循环，每个循环共计 20s 时间。需操作 4 个循环，取后 3 个循环烟度读数的算术平均值作为所测烟度值。当汽车发动机出现黑烟冒出排气管的时间与抽气泵开始抽气的时间不同步现象时，应取最大烟度值作为所测烟度值。

（7）在被染黑的滤纸上记下试验序号、试验工况和试验日期等。

（8）检测结束，关闭电源和气源。

操作四　MQY-200 不透光烟度计的使用

步骤一　仪器连接

（1）用仪器配备的$\phi 4\times 25$的不锈钢螺钉将支架安装在下位机测量单元上。

（2）连接采样枪前端探头与导管，另一端导管套在下位机排烟入口，并且拧紧导管卡箍上的螺钉，防止结合部位漏气。

（3）将上下位机通信电缆线，按照仪器后面的标识连接下位机及上位机的测量信号接口，以保证通信正常。

（4）若需要测转速，则连接转速传感器；需要测油温，则连接油温探头。

（5）把电源线插入上位机的“电源插座”上。并注意检查仪器接地是否良好，供仪器使用的电源插座应有可靠的保护地线，以保证操作人员和仪器的安全。

如果上位机控制单元与下位机测量单元的通信电缆没有接好，上位机控制单元界面出现“通信失败”，应检查测量信号电缆是否连接好。

步骤二 预热

（1）确保仪器连接正常后，确认电源插座的插头连接到 AC220V 电源，接通电源插座开关，仪器开始运行。正常工作时，显示部分应显示如图 4-59 所示的预热界面；若显示通信失败，则检查通信电缆是否接好。

（2）预热时间为 15min。预热倒计时结束后，仪器将进行自动校准，并进入“主菜单”界面（见图 4-60）。

图 4-59 预热界面

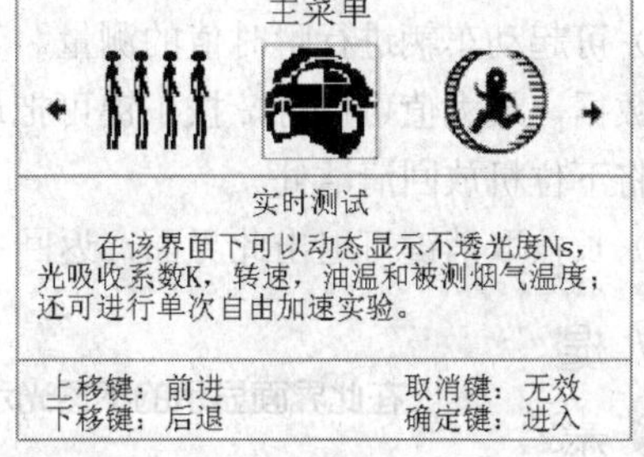

图 4-60 “主菜单”界面

预热期间，请勿将取样探头放在车辆的排气管中，而应放在清洁的空气中，以便预热后仪器能正确自动校准。预热期间若按确定键，仪器将终止预热，提前进入工作状态。但是预热时间不足，将会引起仪器的零位漂移和示值误差超差。

步骤三 实时测试

（1）仪器自动进入主菜单界面后，此时“实时测试”处于菜单显示状态，按确定键确认后，仪器将进入如图 4-61 所示的实时测试界面。

实时测试		
	瞬时值	最大值
K（m^{-1}）	0.00	0.00
Ns（%）	0.00	0.00
转速（rpm）	0	0
油温（℃）	0	
烟气温度（℃）	35	
上移键：清除最大值 下移键：校准		取消键：返回菜单 确定键：打印

图 4-61 实时测试界面

实时测试可动态显示不透光度（*N*）、光吸收系数（*K*）、油温和烟气温度的瞬时值和最大值，在该界面下可进行全负荷稳定转速试验和单次自由加速试验。

（2）被测车辆在进行测试前须预热一段时间，若车辆正在行驶，则不必预热。

（3）若需要测转速，则连接转速传感器；若需要测油温，则连接油温探头。

（4）在测量每一辆汽车前，应先按向下键，使仪器自动校准一次。校准时须将仪器的下位机及取样探头放于清洁空气的环境下以便仪器校准准确。否则，测量结果可能会失准。当执行校准操作时，仪器在内部自动校准零位（0%）及满量程位（99.9%），校准过程约需 1s。校准零位时，即校准仪器在全透光状态下的数值，校准满量程位时，即校准仪器在全遮蔽（即不透光）状态下的数值。

（5）校准完毕，将下位机放于汽车排气管附近。由于下位机在进行测量时，须吸入干净空气作为保护气幕，若吸入废气，则会影响测量结果。因此下位机不得放置在废气扩散的方向上。

（6）在将取样管插入车辆排气管前，应先将车辆油门连续踩下 2～3 次，使发动机内的烟炱全部排出，以便测量准确。将取样探头插入所测车辆的排气管内 30cm。

除非排气管自线长度小于此长度，在此情况下应尽可能使插入接近此长度。应注意任何时候，不得使取样探头的管口被排气管内的弯曲处阻挡，以免影响测量结果。应保证取样探头插入方向与排气方向相一致。

（7）可起动车辆进行瞬时值的测量。若已配置了打印机的设备，在测量过程中可按确定键打印测量数据，最大值可保持，按 1 键可把最大值清除。测量完成，将取样探头从车辆的排气管中取出，将下位机放回清洁处。

（8）长按取消键可退出此界面，返回主菜单。

在此界面显示的不透光示值是按照光通道标准通道长度（0.430m）测定的。

步骤四　自由加速试验（单机）

（1）在主菜单界面按上下键选择“自由加速试验（单机）”，按确定键确认后，仪器将进入如图 4-62 所示的自由加速试验（单机）界面。

自由加速试验（单机）

光吸收系数峰值（m^{-1}）：		瞬时值：	
1　0000	转速	0	rpm
2　0000	N	0.0	%
3　0000	K	0.00	m^{-1}
	油温	00	℃
	气温	00	℃
	测量次数	3	
平均值：0000			
上移键：开始 下移键：无效		取消键：返回 确定键：无效	

图 4-62　自由加速实验（单机）界面

在此界面下可按国家标准 GB　3847—2005 的规定进行多次自由加速试验，屏幕左边显示试验结果，右边显示瞬时值数据和测量次数，可动态观察仪器的测量状态。

（2）被测车辆在进行测试前须热车一段时间，若车辆正在行驶，则不必热车。

（3）可起动汽车，开始进行单机自由加速试验。

（4）按向上键开始测试，屏幕将提示“请将取样管放在清洁环境中”，按确定键确认，仪器将提示“正在校准，请稍等”，表示仪器正在进行校准操作。

校准前须将仪器的下位机及取样探头放于清洁空气的环境下以便仪器自动校准准确。否则，测量结果可能会失准。

当执行校准操作时，仪器在内部自动校准零位（0%）及满量程位（99.9%），校准过程约需 1s。

零位，即仪器在全透光状态下的数值；满量程位，即校准仪器在全遮蔽即不透光状态下的数值。

（5）校准完成后，仪器将提示“校准完成，请插入探头，并保持怠速”此时应先将车辆油门连续踩下 2~3 次，使发动机内的烟炱全部排出，以便测量准确。然后将下位机放于汽车排气管附近。

由于下位机在进行测量时，须吸入干净空气作为保护气幕，若吸入废气，则会影响测量结果。因此下位机不应放置在废气扩散的方向上，应与其保持直角。然后将取样管插入汽车的排气管。插入时须注意，取样管必须插入排气管内约 30cm，除非排气管自线长度小于此长度，在此情况应尽可能使插入接近此长度。应注意任何时候，不得使取样管的管口被排气管内的弯曲处阻挡，以免影响测量结果，应保证取样探头插入方向与排气方向相一致。

（6）然后使汽车发动机转速保持在怠速状态，最后按确定键确认，仪器将提示“正在检测，请稍等”，此时仪器正在检测汽车怠速时的排烟状况，以确定起动和停止试验的域，检测完成后仪器将提示“检测完成”。

（7）怠速状况检测完成后，按确定键仪器将提示“请加速”，见此提示后，可开始进行自由加速试验。其方法为迅速踩下车辆的油门踏板，使发动机急剧加速至最高额定转速，并保持该转速，直至屏幕提示出现“请减速”为止。

操作人员在远离仪器而看不到提示的情况下可保持最高转速约 3s 即可。

（8）然后立即松开油门踏板，使发动机恢复全怠速状态。在踩油门踏板后发动机的排烟将会急剧增加，仪器一旦检测到排烟的光吸收系数超过起动域值，就会开始连续采集数据。当松开油门踏板后，排烟将迅速减少，当光吸收系数下降至停止域值或采样时间超过 5s 时，仪器将自动停止采样，转入数据处理程序，从采样数据中找出最大值，作为本次的测量结果，并将它显示在屏幕的左边区域。

（9）一次测试结束后会自动转入下一次测试，仪器将显示“请加速”，可重新开始另一次自由加速试验，此时可连续做 3~6 次，仪器保存 3~6 次的测量数据，并显示这 3~6 个光吸收系数峰值。

按照 GB 3847—2005 的规定，自由加速试验至少应重复 3 次，如果光吸收系数示值连续 3 次均在 $0.25m^{-1}$ 的带宽内，并且没有连续下降趋势，则将这 3 次示值的算术平均值作为测量结果。仪器在进行 3 次自由加速试验后，会自动根据以上条件计算出平均值显示。

（10）按向下键中止试验过程。试验结束后，可按确定键打印或保存试验结果。

（11）测量完成，将取样探头从车辆的排气管中取出，将下位机放回清洁处。

测量过程中如果要返回主菜单或进行打印操作，在按取消键退回主菜单或按确定键打印结果前，必须先按一下向下键终止测量过程。

在“实时测试”和“自由加速测试”界面上，如显示屏右下方出现“报警”字样，说明仪器内部出现故障。此时，请立即退出测量，回到主菜单，按上下键，进入“报警查询”子菜单，查看故障原因。然后，关机与售后服务部门联系。

步骤五 自由加速试验（联网）

本功能是专为联网检测而设计的。通过此功能，外部计算机可使用 RS-232 通信接口控制仪器进行自由加速试验。

（1）在主菜单界面可使用上下键选择“自由加速试验（联网）”菜单项，按确定键确认后，仪器将进入如图 4-63 所示的自由加速试验（联网）界面。此界面屏幕左边显示试验结果，右边显示瞬时值数据和测量次数，可动态观察仪器的测量状态。

（2）起动汽车，开始进行自由加速试验。

联网自由加速试验与单机自由加速试验一样操作。

（3）一次测试结束后会自动给出测量结果，并且根据联网流程图提示“是否继续试验?”，如果继续则联网程序发指令进行下一次实验，此时可重复上一步操作。仪器只保存最近连续 3 次的测量数据，并以滚动方式显示这 3 个光吸收系数峰值。

（4）是否结束测试由操作人员或外部计算机确定，外部计算机可在每一次测量完成后读取本次测量结果，并判断是否符合结束条件。可在任何时候按向下键中止整个试验过程。中止试验后，显示屏中的“平均值”一栏显示数据，按确定键可打印全部测量数据。

（5）测量完成，将取样探头从车辆的排气管中取出，将下位机放回清洁处。

步骤六 滤光片检查

（1）在主菜单界面时可按上下键选择“滤光片检查”菜单项，按确定键确认后，仪器将进入如图 4-64 所示的“滤光片检查”界面。

自由加速试验（联网）			
光吸收系数峰值（m^{-1}）：	瞬时值：		
1 0000	转速	0	rpm
	N	0.0	%
2 0000	K	0.00	m^{-1}
	油温	00	℃
3 0000	气温	00	℃
	测量次数	0	
平均值： 0000			
上移键：开始 下移键：无效	取消键：返回 确定键：无效		

图 4-63 自由加速试验（联网）界面

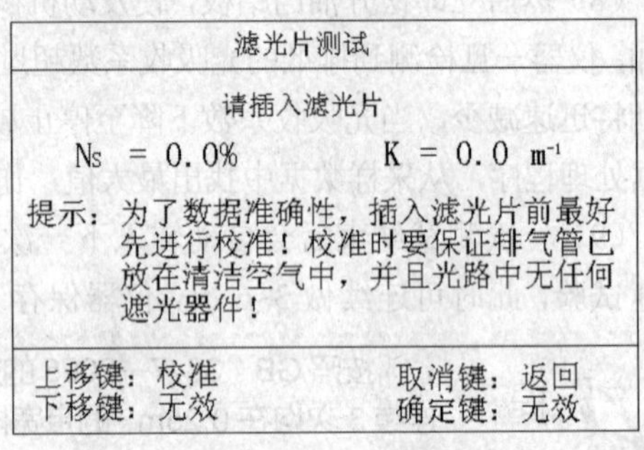

图 4-64 滤光片检查界面

由于仪器在进行校准时，只校准了零位和满量程位。因此在两点之间的线性则靠仪器的电子与光学器件保证。在仪器使用一段时间后，可能由于光学器件被污染或电子元件老化，而引起测量误差，此时必须进行线性检查，以保证仪器的测量速度。

（2）进入“滤光片检查”界面后，将滤光片插入下位机底部的引导槽中，观察屏幕上显示的不透光度值，此值减去滤光片的标准数值即为示值误差。如果测量数据不准确，按向上键进行自动校准。仪器在内部自动校准零位（0%）及满量程位（99.9%），校准过程约需 1s。校准零位时，即校准仪器在全透光状态下的数值校准满量程时，即校准仪器在全遮蔽（即不透光）状态下的数值。然后重复上一步骤。

滤光片须进行定期鉴定检查，以保证其数值准确。每次使用前，若滤光片脏污，可用镜头纸轻轻擦拭，不得用酒精或其他清洁剂清洗。如果发现仪器异常，应及时进行保养和维修。

（3）检查完成可按取消键退出此界面，返回主菜单。

步骤七　环境检测

在主菜单界面时可按上下键选择“环境检测”菜单项，按确定键确认后，仪器将进入如图 4-65 所示的“环境检测”界面。

提示

在此界面下可显示下位机的内部数据，对工作环境进行检测。

步骤八　参数设置

主菜单界面时可按上下键选择“参数设置”菜单，按确定键确认后，仪器将进入如图 4-66 所示的“参数设置”界面。

环境检测			
N（原始值）	:	0.0	%
K（原始值）	:	0.00	m^{-1}
室温	:	75	℃
气温	:	38	℃
清洁度	:	98	%
环境光强度	:	10	
发射光强度	:	00	
风扇转速	:	00	
上移键：无效 下移键：无效		取消键：返回 确定键：无效	

图 4-65　环境检测界面

时间设置	其他设置
日期　2006-5-20 星期　六 时钟　15：05：34	
自由加速设置	转速信息设置

图 4-66　参数设置界面

提示

此界面能对仪器内部四项参数进行修改、保存。在出厂前，仪器所有参数已设置缺省值，一般情况下不需进行修改。但在特殊情况下可根据实际使用情况作适当修改。不要随意更改其中内容，此界面只供专业维修或管理人员使用。

所有参数保存于仪器内部，断电后不会丢失。

思考与练习

一、选择题

1. 当环境噪声大于________时，人会感到有些嘈杂；噪声达到________时，会影响睡眠；当超过________时，就会对身体健康产生明显影响。

　　A．45dB　　B．60～80dB　　C．90dB　　D．100dB

2. 客车车内最大噪声不大于________；机动车扬声器声级应在距离车前 2m，离地高 1．2m 处测量，其值应为________。

　　A．82dB（A）　　B．90dB（A）　　C．100dB（A）　　D．90～115dB（A）

二、填空题

1. 汽车前照灯的检测有________和________两种。
2. 前照灯的________和________被列为机动车运行安全检测的必检项目。
3. 前照灯检测仪按其结构特征与测量方法可分为________、________、________和

________几种类型。

4．汽车的噪声声级计由________、________、________、________、________、指示表头和电源等组成。

5．声级计一般都设有_______三种计权网络，最常用的是_______声级。一般都有_______和_______两挡。

6．汽车车外噪声应采用________或________来测量。

7．汽车排放的废气中主要成分有________、________、________、________、________和PM等。

8．柴油机烟度计由________、________、________和校准装置等组成。

9．MQY-200型不透光度计主要由________、________、________和________等组成。

三、简答题

1．前照灯使用久了会有什么变化？

2．前照灯检测仪由哪些装置组成？

3．简单描述MQD-3B前照灯检测仪的光路图。

4．汽车前照灯的检测有哪些要求？

5．汽车的噪声包括哪些噪声？

6．国家标准对车辆排气试验方法的规定。

7．自由加速滤纸式烟度。

8．自由加速工况。

9．废气分析仪的工作原理

10．NHA-500废气分析仪主要由哪些装置组成？

11．透光烟度计有哪些主要功能？

四、综述题

1．描述MQD-3B前照灯检测仪的结构。

2．使用前照灯检测仪应该注意哪些事项？

3．描述滤纸式烟度计的工作过程。

4．描述MQY-200透光烟度计的测量原理。

5．使用透光烟度计应注意哪些事项？

五、操作题

1．操作MQD-3B前照灯检测仪检测前照灯。

2．检查和校准声级计。

3．检测汽车的外噪声。

4．检测汽车的内噪声。

5．检测扬声器的声级。

6．用NHA-500废气分析仪对车辆进行通用测量、怠速标准测量或双怠速标准测量。

7．用滤纸式烟度计检测柴油车的自由加速烟度。

8．用MQY-200不透光烟度计检测柴油车的自由加速排气，并进行环境检测。

模块五 空调系统检测设备

知识目标

◎ 了解汽车空调性能的评价指标
◎ 理解汽车空调系统的组成、作用和工作原理
◎ 了解汽车空调系统的检测仪器

能力目标

◎ 会使用温度计、干湿计、风速计和皮带张紧表
◎ 会使用空调压力表和制冷剂鉴别仪
◎ 会使用电子式卤素检漏仪和荧光式检漏仪
◎ 会操作汽车空调诊断仪
◎ 会操作制冷剂回收加注机

【基础知识】

一、汽车空调性能的评价指标

汽车空调性能的评价指标有温度、湿度、流速和清洁度。

1．温度

在夏季人感到舒适的温度是22℃～28℃，冬季是1 6℃～1 8℃，温度低于14℃，人会感觉“冷”，温度越低，手脚动作就会越僵硬，驾驶员将不能灵活操作。温度超过28℃，人就会觉得燥热，精神集中不起来，思维迟钝，容易造成交通事故。超过40℃，则称为有害温度，将对人体的健康造成损害。另外，人体面部所需求的温度比足部略低，即要求“头凉足暖”。

2．湿度

人体觉得舒适的相对湿度夏季是50%～60%，冬季是40%～50%。在这种湿度环境中，人会觉得心情舒畅。湿度过低，皮肤会痒，这是由于湿度太低时，皮肤表面和衣服都较干燥，它们之间摩擦产生静电的缘故；湿度过高，人会觉得闷，这是由于人体皮肤的水分蒸发不出来，干扰了人体正常的排汗。

3．流速

人在流动的空气中比在静止的空气中要舒适，这是因为流动的空气能促进人体内外散热。所以，空气流速是汽车空气调节的重要内容之一。空气流速在0.2m/s以下为好，并且以低速流动为佳。

4．清洁度

由于车内空间小，乘员密度大，全封闭空间的空气极易产生缺氧（O_2）和二氧化碳（CO_2）浓度高的现象；汽车发动机废气中的一氧化碳（CO）和道路上的粉尘都易进入车内，造成车内空气污浊，严重影响驾乘人员的身体健康，因此必须对车内空气进行净化处理。

二、汽车空调系统的组成、作用和工作原理

1．汽车制冷系统的组成

图 5-1 所示为轿车空调系统，图 5-2 所示为小客车空调系统，图 5-3 所示为大客车空调系统，图 5-4 所示为货车空调系统。当前小客车、货车和越野车的空调系统都采用冷暖气统一设计、集中控制模式，且具有如下功能：能够控制车内温度，使之达到人体舒适的水平；能够排除车内空气中的湿气；能够吸入新鲜空气，具有通风功能；能够过滤空气中的灰尘和杂质。空调系统基本上由压缩机、冷凝器、蒸发器、孔管或膨胀阀、贮液干燥器、高低压管路、控制电路及空气循环管路等部分组成，它们协同工作，以实现上述功能。

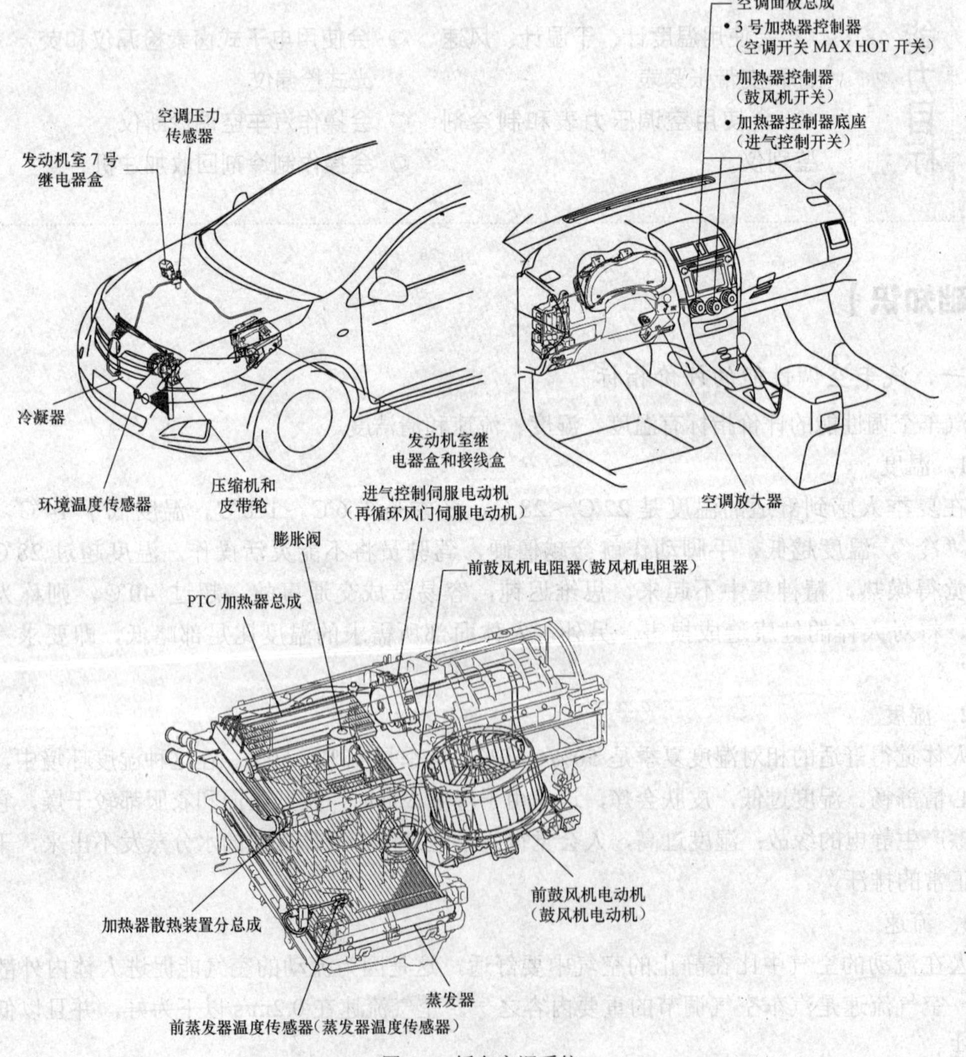

图 5-1 轿车空调系统

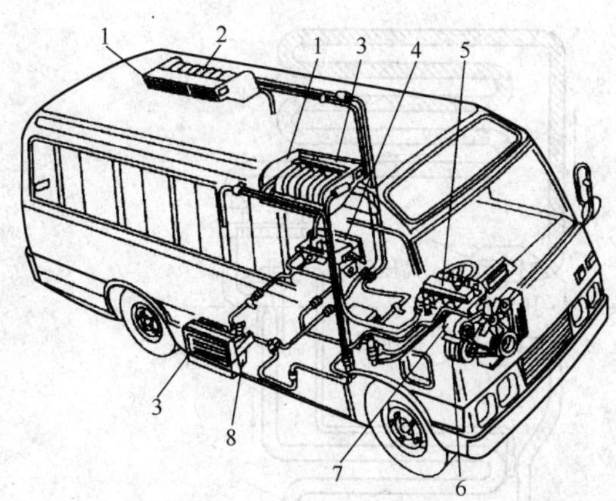

图 5-2 小客车空调系统

1、2—蒸发器；3、4—冷凝器；
5—出风口；6—主发动机；
7—压缩机；8—冷凝器风扇

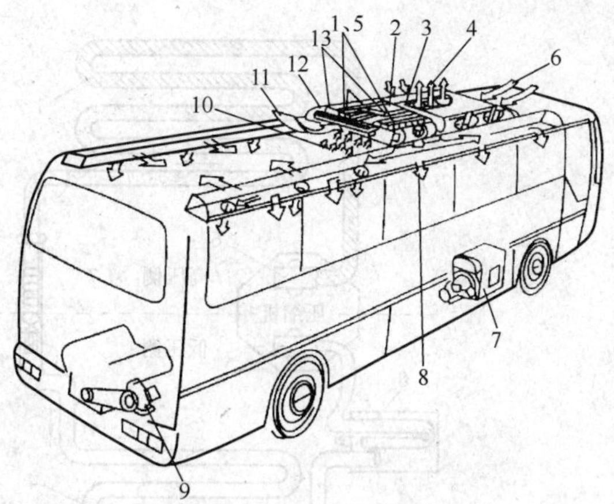

图 5-3 大客车空调系统

1、5—蒸发器；2—中央电器系统；3—冷凝器风扇；
4—冷凝器出气端；6—冷凝器进气端；7—独立驱动式
压缩机装置；8—滤清空气进行通风；9—直联式驱动的
压缩机；10—回风；11—室外空气进口；12—新鲜空气挡板；
13—供暖设备（加热器）

2．汽车制冷系统工作原理

图 5-5 所示为汽车空调系统工作原理图。空调系统工作时，压缩机从蒸发器内吸入气态制冷剂，并将其压缩成高温、高压气体后，泵进冷凝器。

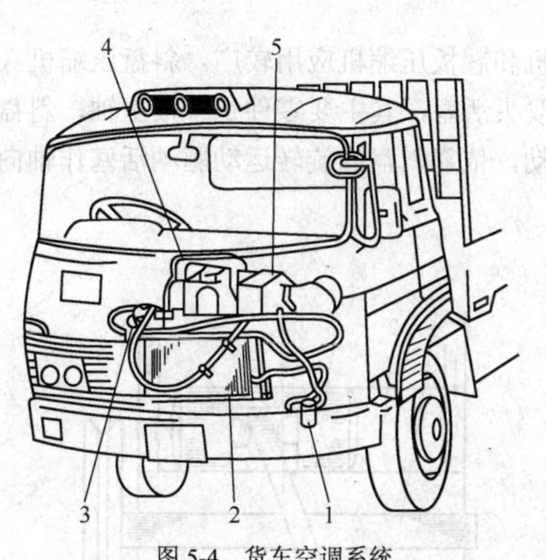

图 5-4 货车空调系统

1—贮液干燥器；2—冷凝器；3—压缩机；
4—极热机组；5—冷却机组

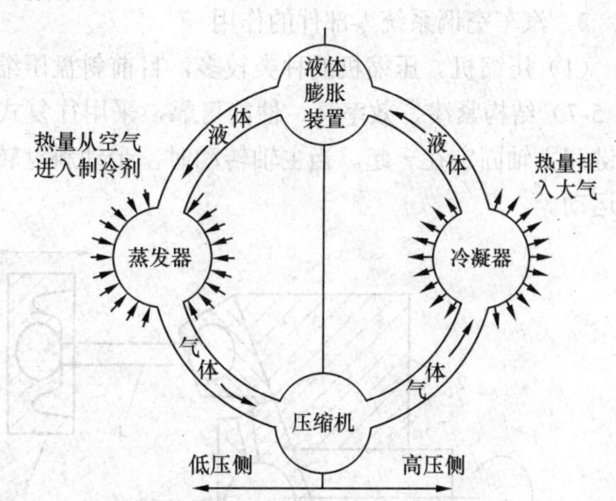

图 5-5 汽车空调系统工作原理图

在冷凝器里制冷剂通过与流动的空气进行热交换，把制冷剂的热量散发出去，使制冷剂从气态变成液态。液态制冷剂经过节流装置（膨胀阀或孔管）的限量、降压作用，进入蒸发器后体积变大、压力下降。在蒸发器内制冷剂吸收周围空气中的大量热量，又由液态变成气态，这些气态制冷剂又被吸进压缩机，开始下一个循环的工作。因此必须重视的四个基本概念：临界温度、临界压力、湿热和潜热。

汽车空调系统有两类，一类是孔管式空调系统，另一类是膨胀阀式空调系统，如图 5-6 所示。

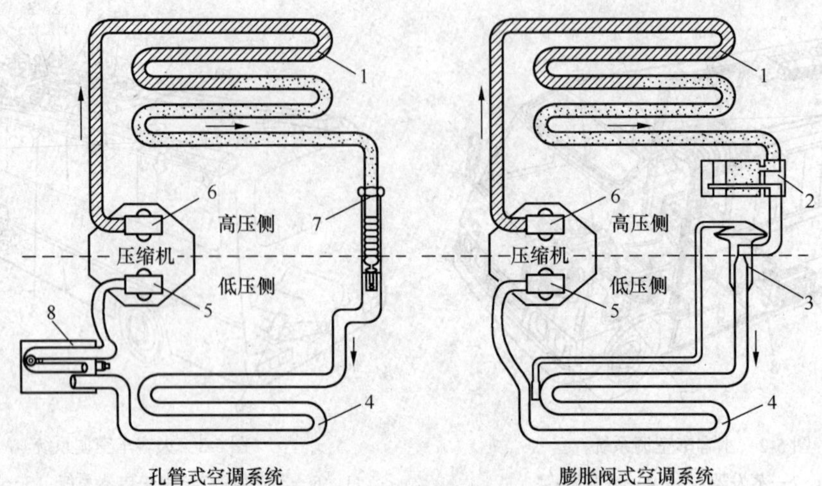

图 5-6　两种不同节流元件的汽车制冷系统

1—冷凝器；2—贮液干燥器；3—膨胀阀；4—蒸发器；5—低压维修接头；6—高压维修接头；7—孔管；8—贮液干燥器

膨胀阀系统和孔管系统有以下两个主要区别，一是贮液干燥器位置不同，膨胀阀系统的贮液干燥器装在冷凝器出口和膨胀阀间的高压侧，而孔管系统的贮液干燥器则装在蒸发器出口和压缩机间的低压侧；二是节流装置不同，膨胀阀系统用膨胀阀作节流装置，而孔管系统采用孔管作节流装置。

3．汽车空调系统零部件的作用

（1）压缩机。压缩机的种类较多，目前斜盘压缩机和翘板压缩机应用较广。斜盘压缩机（见图 5-7）结构紧凑、效率高、性能可靠，采用往复式双头活塞，其主要零件是一根主轴，斜盘用花键和主轴固定在一起。当主轴转动时，带动斜盘转动，依靠斜盘的旋转运动驱动活塞作轴向往复运动。

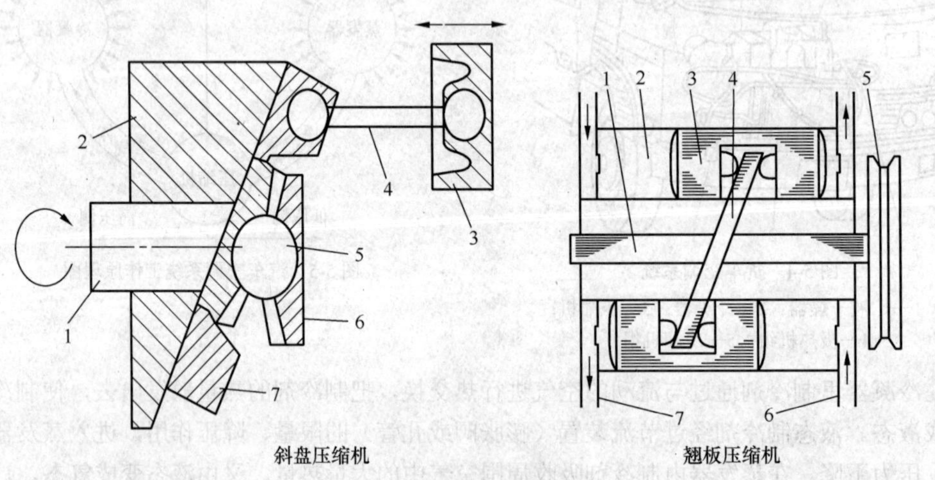

图 5-7　空调压缩机

1—主轴；2—气缸；3—活塞；4—斜盘；5—带轮和离合器；6—进气口；7—排气口

图 5-7 所示为翘板压缩机的结构图。翘板压缩机结构紧凑，工作平稳，重量轻。其活塞以压缩机轴为中心线呈圆周排列。其压缩机轴固定有端面凸轮，活塞通过连杆与翘板相连，当压缩机

工作时，凸轮转动，驱动翘板作圆周翘动，通过连杆迫使活塞做往复运动。

（2）冷凝器和蒸发器。冷凝器是热交换装置，通常设置在散热器前面，一般采用铜或铝材料制造。其任务是将制冷剂在压缩机内压缩过程中吸收的能量通过散热片以热量形式散发到外界空气中去。在此过程中必须消耗能量，使制冷剂在重新注入蒸发器时能够再次从待冷却的空气中吸收热量。冷凝器利用压力作用下热制冷剂与温度较低的外界空气之间的能量差，从而使之前气态形式的制冷剂重新变为液态形式。

冷凝器，如图 5-8 所示，空调系统工作时，从压缩机出来的高温、高压制冷剂气体流过冷凝器，在外部空气冷却下，制冷剂气体变成液体，但仍处于高压。

蒸发器与冷凝器一样，蒸发器也是一个热交换器。如图 5-9 所示，一般采用铝材料制造，其在车内安装位置视车型而定。空调系统工作时，来自节流装置的低压雾状制冷剂通过蒸发器管道时，吸收车内空气的大量热量，即从流过的空气中吸收热量冷却空气。同时低压雾状制冷剂变为低压气态制冷剂，并回到压缩机。此外蒸发器还有另一项任务。它从空气中吸收水分，从而使空气干燥。湿气经过冷凝后排到车外，以这种方式干燥过的空气可防止车窗玻璃起雾。

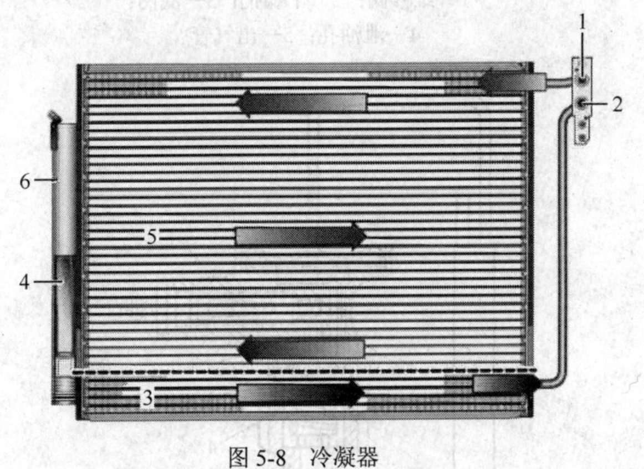

图 5-8 冷凝器

1—来自压缩机的热气；2—冷却后的液态制冷剂；3—冷却部分；4—过滤干燥器；5—冷凝器部分；6—收集容器

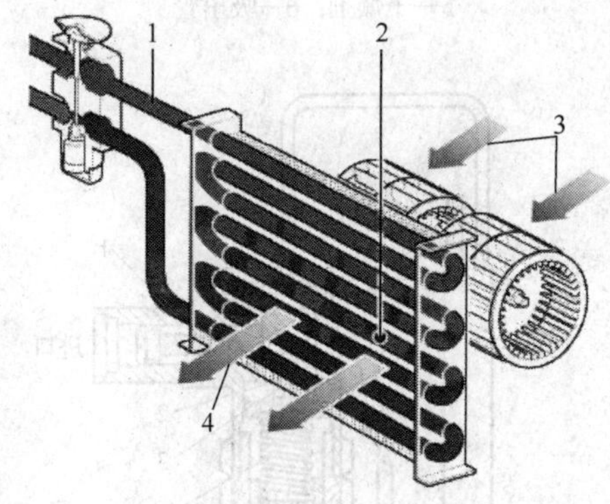

图 5-9 蒸发器

1—低压；2—芯管；3—进气；4—出气；

（3）贮液干燥器。膨胀阀系统贮液干燥器（见图 5-10）是液态制冷剂的一个贮存器，它能以一定的流量向膨胀阀输送液态制冷剂，同时可除去制冷剂中的异物和水汽，并能从它上方的玻璃窗观察制冷剂的数量。

孔管系统贮液干燥器（见图 5-11）主要功能是使回气管路中的制冷剂气液分离，防止液态制冷剂液击压缩机。

（4）膨胀阀和孔管。膨胀阀根据蒸发器出口处制冷剂蒸气所谓的“过热”参数来调节至蒸发器的制冷剂流量。膨胀阀和孔管都是节流装置，用来解除液态制冷剂的压力，在运行条件下能够蒸发的制冷剂通过膨胀阀输送到蒸发器中，这样即可最佳地利用整个热交换面积，使制冷剂能在蒸发器中膨胀变成蒸气。膨胀阀作为制冷剂循环回路中高压和低压部分的一个分隔器件安装在蒸发器前，是制冷系统高低压的分界点。空调系统工作时，制冷剂流经膨胀阀或孔管的孔口后被节流，使制冷剂从高压变为低压，制冷剂雾化，同时温度下降。膨胀阀通过其感温器能自动调节制冷剂的流量，但是孔管不能。图 5-12、图 5-13 所示分别为外、内平衡热力膨胀阀和孔管的结构。

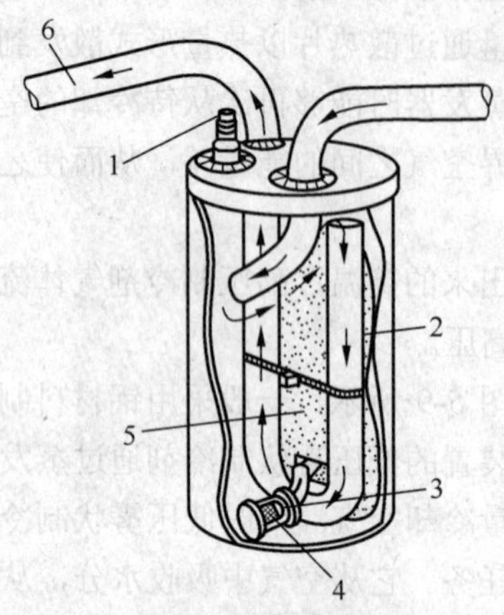

图 5-10 膨胀阀式制冷系统贮液干燥器

1—液窗；2—进口；3—出口；4—滤网；
5—干燥剂；6—吸出管

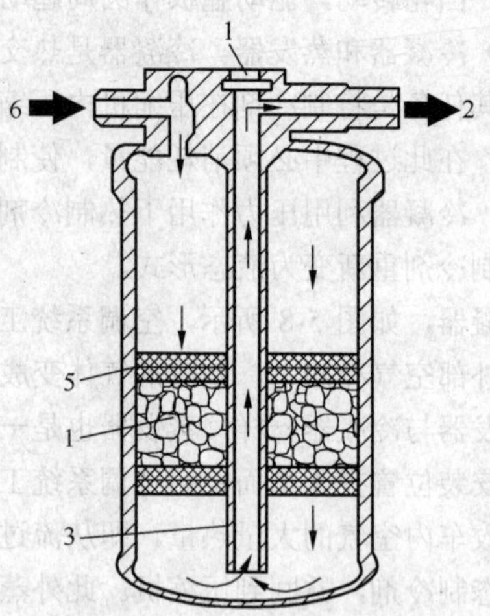

图 5-11 孔管式制冷系统贮液干燥器

1—维修阀；2—干燥剂；3—滤网；
4—泄油孔；5—出气管

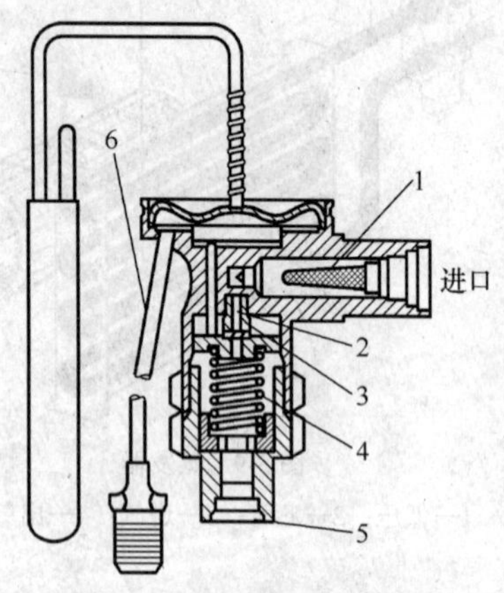

图 5-12 外平衡热力膨胀阀结构图

1—滤网；2—孔口；3—阀座；
4—弹簧；5—出口；6—外平衡管

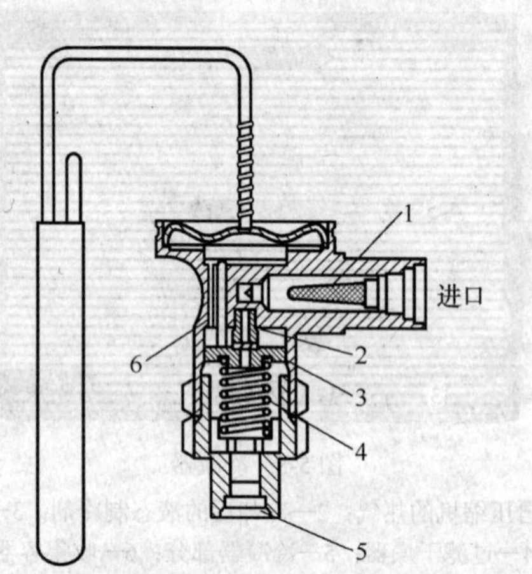

图 5-13 内平衡热力膨胀阀结构图

1—滤网；2—孔口；3—阀座；
4—弹簧；5—出口；6—内平衡管

三、汽车空调系统的检测仪器

汽车空调系统按其功能可分为制冷系统、暖风系统、通风系统、控制操纵系统和空气净化系统5个基本组成部分，每个系统都可能会出现一些故障，有时候还会出现一些由多个系统并发的综合型故障。因此必须针对这些故障，运用各种仪器对各个系统进行检测。

检测维修汽车空调的主要仪器设备有汽车故障电脑诊断仪、万用表、荧光式检漏仪、电子式卤素检漏仪、制冷剂回收、净化、加注机，汽车空调诊断仪，制冷剂鉴别仪，空调压力表，风速计，干湿计，温度计，皮带张紧表等。

对于自动空调，空调电控单元（ECU）根据多个传感器信号，对系统温度进行准确控制，其结构和控制方式复杂，维修中要综合分析多方因素，还要注意结合该系统的故障自我诊断功能，以便快速高效地处理故障。因此在诊断自动空调的故障时要使用汽车故障诊断仪。

关于汽车故障诊断仪前面已讲述过，不再介绍。

1．检漏方法和检漏仪

对于空调系统故障中最常见的空调制冷剂泄漏，也是空调系统维修中最棘手的问题。一般检漏的方法有以下几种。

（1）目测检漏。发现系统某处有油迹时，此处可能为渗漏点。目测检漏简便易行，没有成本，但是有很大缺陷。一般只能发现大的漏点，并且系统泄漏的必须是有色介质，否则目测检漏无法定位。因为通常渗漏的位置非常细微，而且汽车空调本身有很多部位几乎看不到。

（2）肥皂水检漏。向空调系统充入100～200 kPa压力的氮气，然后在系统各部位涂上肥皂水，冒泡处即为渗漏点。这种办法是最常见的检漏方法。但是人的手臂是有限的，人的视力范围也是有限的，很多时候根本看不到漏点。使用时要防止弄湿车上的电气系统，否则可能引起不必要的麻烦。

（3）氮气水检漏。向空调系统充入100～200 kPa压力氮气，把系统浸入水中，冒泡处即为渗漏点。这种方法和前面的肥皂水检漏方法实质一样，虽然成本低，但有明显的缺点，检漏用的水容易进入系统，导致系统内的材料受到腐蚀，同时高压气体也有可能对系统造成较大的损害。检漏时劳动强度也很大，这样就使维护检修的成本上升。

（4）卤素灯检漏。点燃检漏灯，手持卤素灯上的空气管，当管口靠近系统渗漏处时，火焰颜色变为紫蓝色，即表明此处有大量泄漏。这种方式有明火产生，不仅很危险，而且明火和制冷剂结合会产生有害气体，此外也不易准确地定位漏点，所以这种办法现在很少有人使用。

（5）气体差压检漏。利用系统内外的气压差，将压差通过传感器放大，以数字、声音或电子信号的方式显示检漏结果。此方法也只能“定性”地知道系统是否渗漏，而不能准确地找到漏点。加压的气体有时会损坏冷却液系统的软管、散热器和其他部件，甚至可能会引起更多的渗漏，增加维修难度。

（6）电子检漏。用探头对着有可能渗漏的地方移动，当检漏装置发出警报时，即表明此处有大量的泄漏。但电子检漏产品容易损坏，维护复杂，容易受到环境化学品如汽油、废气的影响，不能准确定位漏点。

TIFXP-1A电子式卤素检漏仪如图5-14所示，其操作面板如图5-15所示。

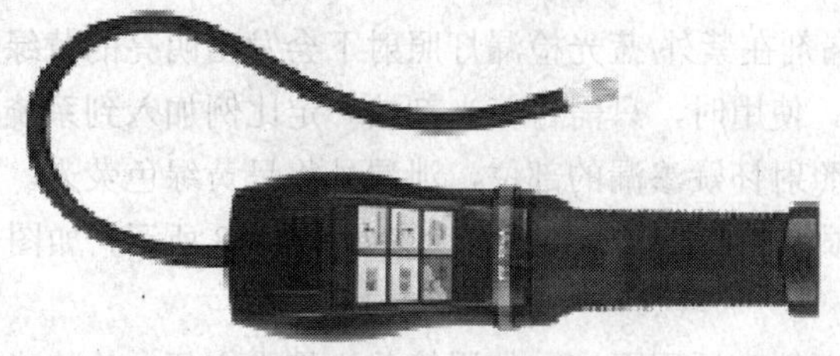

图5-14 TIFXP-1A电子式卤素检漏仪

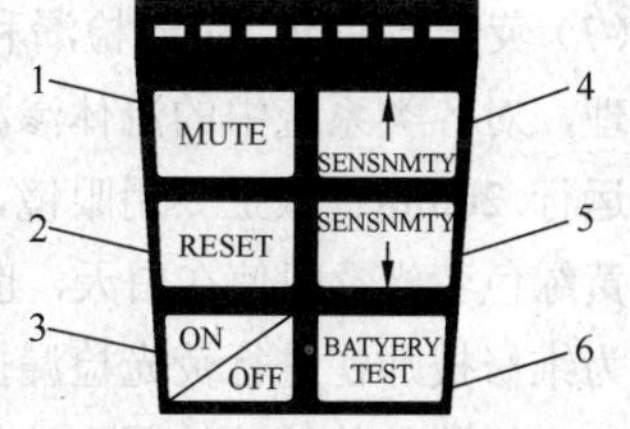

图5-15 TIFXP-1A电子式卤素检漏仪操作面板

操作面板说明如下。

1—静音键。按下静音键不再声音报警，而是LED灯闪烁。声音的大小反映出泄漏的大小和强弱（浓度）。

2—重设键。利用该键可以找到泄漏的源头。当检测到泄漏时按下该键，继续检测，直到检测到比原来浓度更大的地方才会再次报警，这样一步步进行下去即可精确地找到泄漏的源头。

3—电源键。用于打开和关闭仪器。

4—灵敏度选择键。用于调高灵敏度，分为 7 个等级，等级越高 LED 灯亮的数目越多。

5—灵敏度选择键。用于调低灵敏度，分为 7 个等级，等级越低 LED 灯亮的数目越少。

6—电池测试键。按下电池测试键，指示灯点亮的颜色表示着不同的电池电量，具体如图 5-16 所示。

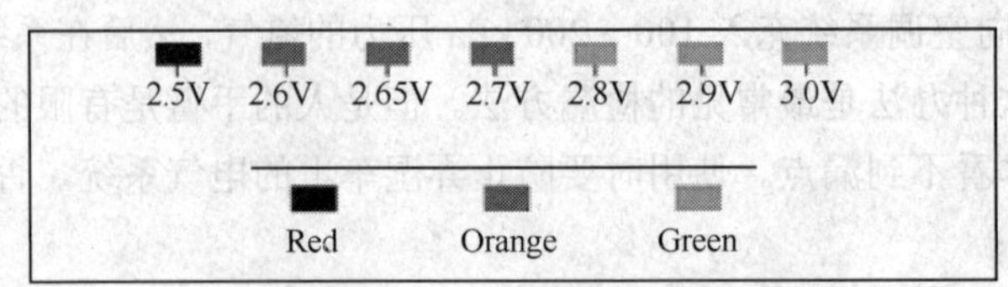

Red：红色　Orange：橙色　Green：绿色

图 5-16　按下电池测试键指示灯颜色变化

另外，LED 灯还有两项重要功能。

显示电池电量，最左边的灯是常亮的，绿色表示电量充足，橙色表示不足，红色表示立即更换。

显示泄漏的大小和强弱，显示绿色表明泄漏较小，橙色表明泄漏一般，红色表示泄漏很大，如图 5-17 所示。

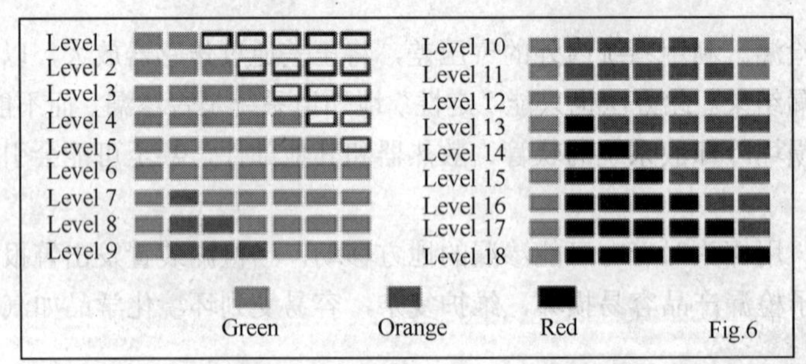

Green：绿色　Orange：橙色　Red：红色

图 5-17　LED 灯显示泄漏的大小和强弱

（7）荧光检漏剂。荧光检漏利用荧光检漏剂在紫外/蓝光检漏灯照射下会发出明亮的黄绿色光的原理，对各类系统中的流体渗漏进行检测。使用时，只需将荧光剂按一定比例加入到系统中，系统运行 20min。戴上专用眼镜，用黑光灯照射怀疑渗漏的部位，泄漏处将呈黄绿色荧光。高强度的黄绿色荧光，即使在白天，也能检测到很小的漏点。荧光检漏套装如图 5-18 所示，如图 5-19 所示为维修技师在进行荧光检漏操作。

荧光检漏与传统的检漏方法相比具有如下特点适用面广、使用简单、携带方便、检修成本较低。使用方便，无论所要检测的系统内是否有压力，均可方便地把荧光剂加入制冷系统。准确，荧光检漏的优点是定位准确，可用黑光灯一次性找出所有的漏点，并且可准确看见漏点，减少劳动强度。长期有效。荧光剂可长期存在于系统内部，具有预防泄漏的作用，对于渗漏可以随时找出，有效地预防了制冷液及冷冻油的浪费。即使 3000h 也不会影响到车内的制冷剂，方便空调系统长期跟踪、检修，无污染。

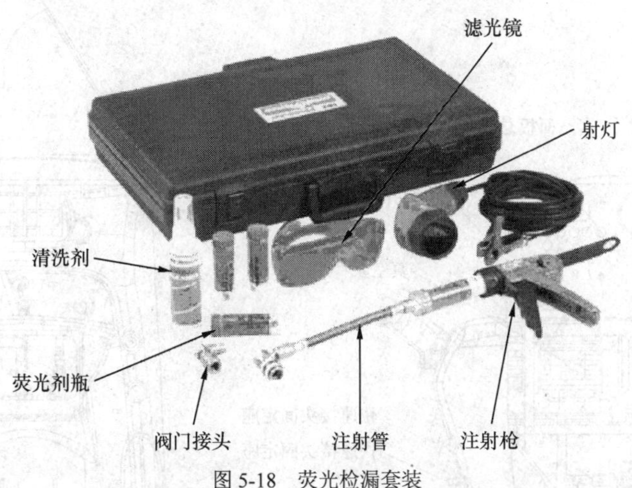

图 5-18 荧光检漏套装

图 5-19 维修技师在进行荧光检漏操作

2．制冷剂回收、净化、加注机

在汽车空调维修量日益增长的情况下，空调制冷剂大量地人为排放和泄漏对自然环境造成了严重伤害，汽车行业为了履行《维也纳公约》、《蒙特利尔议定书》等国际公约，2007 年，环境保护部对外合作中心和原交通部公路司共同制订了 JT/T 774—2010《汽车空调制冷剂回收、净化、加注工艺规范》。主要任务是通过行政的管理和规范的操作，减少汽车空调制冷剂在汽车空调维护过程中的排放，提高制冷剂的循环利用效率，促进汽车空调制冷剂应用技术的进步。

制冷剂回收、净化、加注机在汽车空调维修的检漏工作结束之后投入使用。制冷剂回收、净化、加注机是在夏季为企业获取利润的最重要设备之一。它能够一次性完成车辆空调制冷剂的回收、再生、充注和检漏操作。

AC350C 制冷剂回收、净化、加注机能够一次性完成车辆空调制冷剂的回收、再生、充注和检漏操作。对 R134a 或者 R12 其中一种制冷剂的回收、再生和充注，一旦选用 R134a 或者 R12，系统就只能使用这一种制冷剂。不能将此设备用于另外一种制冷剂。不要通过一个系统或在一个容器内混合不同种类的制冷剂；制冷剂混合将对设备和车辆空调系统带来严重的损害。AC350C 制冷剂回收、净化、加注机构造如图 5-20 所示。其面板如图 5-21 所示。AC350C 主要部件说明如表 5-1 所示。AC350C 制冷剂回收、净化、加注机面板说明如表 5-2 所示，AC350C 制冷剂回收、净化、加注机控制面板按键说明如表 5-3 所示。

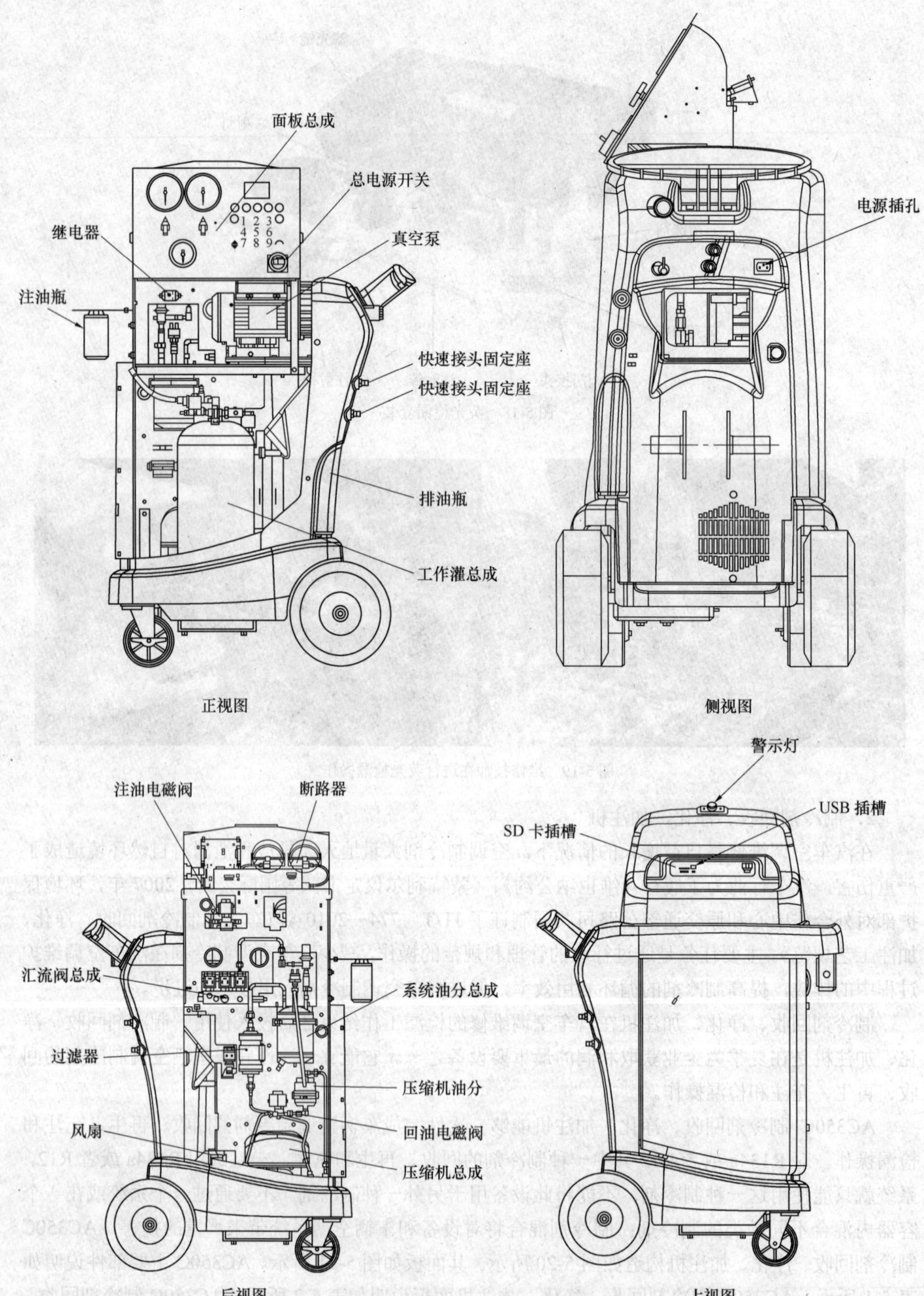

图 5-20 AC350C 制冷剂回收、净化、加注机

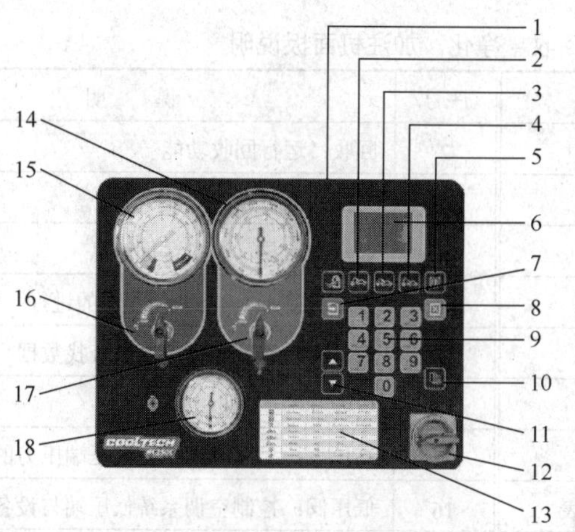

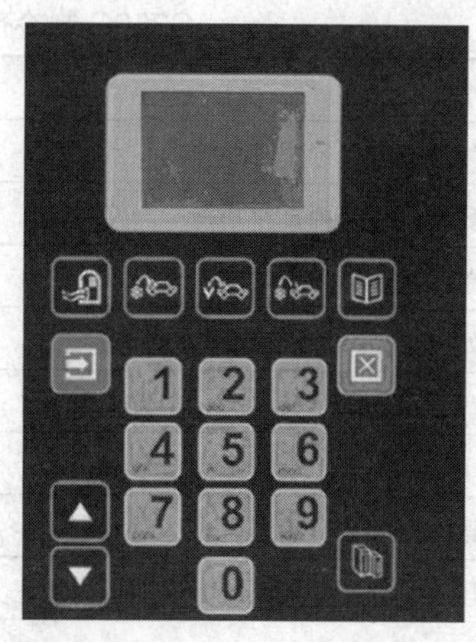

图 5-21　AC350C 制冷剂回收、净化、加注机面板及按键

表 5-1　AC350C 主要部件说明

部　　件	说　　明
基座和脚轮总成	用于降低泵的过度的震动
断路器	用于电路过载保护
单向阀	保证流动方向只能单向运行
压缩机	回收空调系统的制冷剂到工作罐
压缩机油分离器	分离从压缩机出来的制冷剂中的压缩机油，储存的压缩机油返回压缩机
控制板	根据使用者的输入请求控制整个设备的工作
控制面板总成	通过这个操作界面进行回收、再生、充注作业
手动控制阀总成	完成车辆和设备的连接控制
旁通阀	控制流入系统油分离器的制冷剂的压力
风扇	对压缩机的电子部件进行冷却
干燥过滤器	对制冷剂进行除酸、除湿、除尘处理，清除一定量的制冷剂后必须进行更换
高压侧压力表	当对车辆进行维护时，监测高压端的压力
低压测压力表	当对车辆进行维护时，监测低压端的压力
高压切断开关	当压力高于 363psi±10psi 时打开，低于 261psi±20psi 关闭；如果系统高压端的压力高于 363psi±10psi 时，开关打开，设备停止所有的功能
内部工作罐	储存回收和再生期间的制冷剂，在罐的上方有蒸气、空气清除、液态三个接口
汇流板总成	位于设备内部的总成部件，包含电磁阀、单向阀、开关等，制冷剂进入汇流板总成进行正确的分配
电源线缆	给系统提供主电源
压力泄压阀	如果工作罐内的压力高于 2.4MPa 时阀打开，释放过高的压力
计量总成	用于计量回收和添加制冷剂的质量
观察口	用于观察真空泵的润滑油液位
真空保护开关	开关关闭时，不允许真空泵工作
真空泵	用于清除车辆空调系统的杂质和空气，在车辆空调系统内形成真空

表 5-2　　AC350C 制冷剂回收、净化、加注机面板说明

序号	说　明	序号	说　明
1	排气按键：运行排气功能	2	回收：运行回收功能
3	抽真空：运行抽真空功能	4	充注：运行充注功能
5	菜单：进入菜单选项	6	显示屏：显示设备运行信息
7	开始/确定：开始/确定程序的进行	8	停止/取消：停止/取消程序的进行
9	键盘：用作数字、字母、参数输入	10	数据库：进入数据库菜单查找数据
11	上下键：光标上下选择参数	12	电源开关：开机或关机
13	多语言对照表：多语言表达对照表	14	高压表：显示空调系统高压端压力的压力表
15	低压表：显示空调系统低压端压力的压力表	16	低压阀：控制空调系统低压端与设备的通断
17	高压阀：控制空调系统高压端与设备的通断	18	罐压表：显示工作罐压力的压力表

表 5-3　　AC350C 制冷剂回收、净化、加注机控制面板按键说明

按　键	说　明	按　键	说　明
	排气，运行排气程序的快捷键		回收，回收空调系统的制冷剂
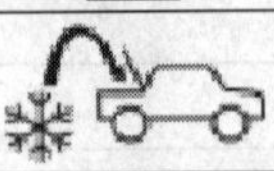	充注，向空调系统充注制冷剂		抽真空，空调系统进行抽真空
	确定，开始/确认程序的进行		取消，停止/取消程序的进行
	上下按键，移动光标上下选择参数		菜单，进入菜单程序的快捷键
	数据库，进入数据库的快捷键		

AC350C 功能特点如下。

① 高精度电子秤安装在设备底部，通过结构设计使其有防止冲击的保护，保证回收以及充注的高精度要求，使制冷剂、冷冻油加注量不出错。

② 大容量的内部工作罐安装在电子秤上，用来回收制冷剂以及充注制冷剂。新增工作罐压力监控表，保护设备和空调系统

③ 集成度更高的汇流板总成，将控制部件（电磁阀）都集中在一起，节省空间并且易于控制。

④ 需要时，系统自动提示用户更换真空泵油（运行 10h 后）以及干燥过滤器（68kg 制冷剂流过后）。

⑤ 大功率真空泵，使抽真空后的系统真空度更高。

⑥ 回收率超过 97%旧制冷剂自动再生功能，降低维修成本，提高客户满意度和忠诚度。

⑦ 新增智能提示灯，方便远距离实时监控；适合远、近、高、低各个方位全面监控，提高维修工作效率。

⑧ 新增空调系统泄露检查功能。新增自检功能，保证设备管路不泄漏，节省制冷剂。新增空调系统管路压力检测功能，提高回收精度。

⑨ 一键式排气功能，保护设备和空调系统。

⑩ 高、低压管同时对空调系统回收，提高回收效率。

AC350C 附加的特点如下。

① 大尺寸的高低压表，刻度更清楚，更容易识别压力。

② 功能键对照表，使操作更便捷。

③ 中英文系统选择，适合不同国家需求。

④ 数据库功能，使操作更方便，充注更精确。

⑤ 自循环净化功能，使制冷剂更干净，更容易充注。

3．汽车空调诊断仪

如图 5-22 所示，罗宾耐尔 RA007 PIUS 汽车空调诊断仪是斯必克公司的产品，是汽车行业唯一的智能式空调诊断仪。它与车辆空调系统连接后，可自动诊断、监控、测量整个制冷循环系统。测量空调系统的高、低压制冷剂温度、环境温度、通风口空气温度和湿度等，并能同步显示图形或详细数据。对空调系统效率、制冷剂容量、压缩机监控、膨胀阀、孔型管和蒸发器监控、线性压力传感器监控、变频压缩机进行监控。也可检测某个零件或系统的指定功能，并可通过 USB 连接到电脑进行储存，自动分析和解释列在《空调系统可能故障原因》表上的测量结果如高低压制冷剂温度、初始状况、出风口效率、过热和低温显示等，所有步骤带有指导，并可打印诊断报告。空调故障诊断仪的可测量的参数如表 5-4 所示。

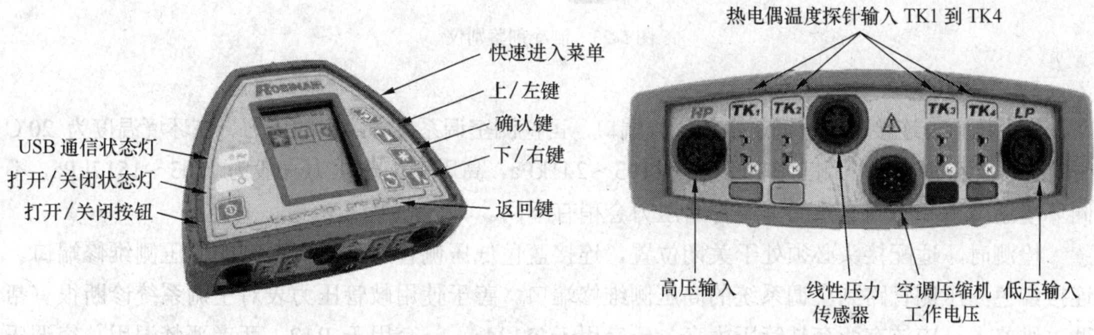

图 5-22　RA007PIUS 汽车空调诊断仪

表 5–4　空调故障诊断仪的测量参数

项　目	测 量 部 位	测 量 元 件	无线/有线
低压测制冷剂压力	低压维修接口	低压快速连接器（蓝色）	有线
高压侧制冷剂压力	高压维修接口	高压快速连接器（红色）	有线
冷凝器入口温度	冷凝器入口金属管路	TK1 探针（红色）	有线
冷凝器出口温度	冷凝器出口金属管路	TK2 探针（黄色）	有线
蒸发器入口温度	蒸发器入口金属管路	TK3 探针（黑色）	有线
蒸发器出口温度	蒸发器出口金属管路	TK4 探针（蓝色）	有线
环境温度和相对湿度	距车辆 2m 部位	THR 传感器	无线
出风温度和相对湿度	中央出风口部位	THR 传感器	无线
制冷剂压力信号	制冷剂压力传感器的信号线	HP1000 电缆（选装）	有线
车辆电源	车辆供电电压	CRCO PSA 电缆（选装）	有线

4．制冷剂鉴别仪

制冷剂鉴别仪主要用于检验制冷剂的类型、纯度、非凝性气体以及其他杂质，可鉴别 5 种成分，即 R134a、R12、R22、HC、空气的含量，并可显示系统中制冷剂类型（R12，R134a，R22）和空气的含量百分比。如检测到空气或不可冷凝气体可直接清除，探测到易燃气体自动报警，并可连接打印机打印测试结果。

在向空调系统充注制冷剂之前用制冷剂鉴别仪确定制冷剂是否可用，以免损坏空调，降低返工风险。避免劣质制冷剂损坏制冷剂回收加注设备。制冷剂鉴别仪如图 5-23 所示。

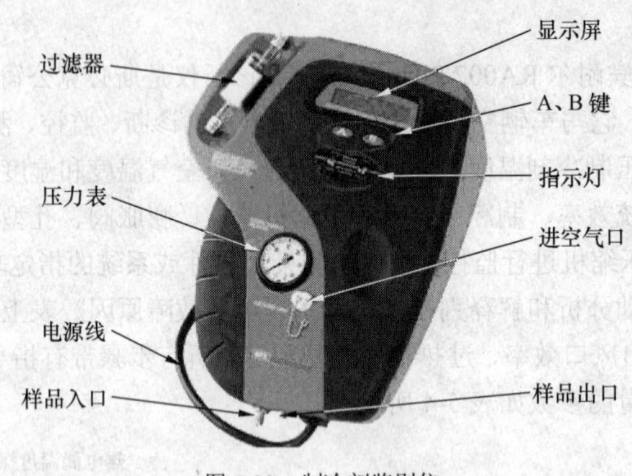

图 5-23　制冷剂鉴别仪

5．空调压力表

空调压力表连接车辆空调系统的维修端口，可检测空调系统管路中的压力。在环境温度为 20℃时，空调管路中的低压侧工作压力一般 103～241kPa，高压侧工作压力一般为 1103～1517kPa，不同环境温度下和不同车系的空调管路压力会稍有不同。

检测时，适配接头必须处于关闭位置，连接蓝色低压侧管路到空调系统的低压侧维修端口。连接红色高压侧管路到空调系统的高压侧维修端口。善于使用歧管压力表对空调系统诊断很有帮助。维修人员应该有两套歧管压力表，一套用于 R134a，一套用于 R12，两者严禁混用。空调压力表如图 5-24 所示。

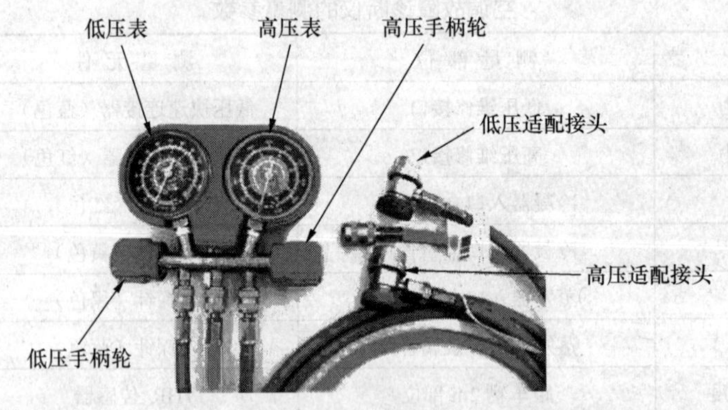

图 5-24　空调压力表

6．风速计

如图 5-25 所示，风速计主要由主机和风扇组成，用于测量空调出风口的风速/风量（用风扇测量）、测量风扇处的温度（在风扇内部的传感器测量）、测量物体表面温度（用红外线测量）。测量时可同时显示风速和温度，可设置测量范围并储存，方便下一次测量，可储存最大 / 最小数据，也可暂停显示需要数据。其键盘如图 5-26 所示，说明如表 5-5 所示。

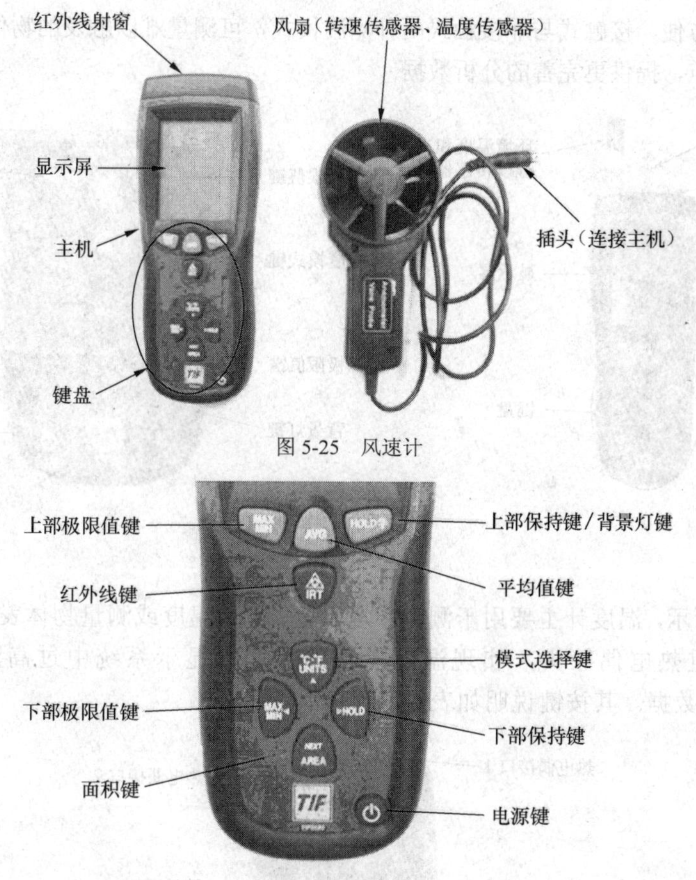

图 5-25 风速计

图 5-26 风速计键盘

表 5-5 风速计键盘说明

按 键	说 明
电源键	开机/关机
红外线键（IRT 键）	启用红外线温度测试功能
上部极限值键（上部 MAX/MIN 键）	记录、储存测量点（风扇）温度最高值、最低值
下部极限值键（下部 MAX/MIN 键）	记录、储存风速或流量值的最高值、最低值、持续移动平均值。在面积（AREA）模式下，该键具有左翻页功能
模式选择键（UNITS 键）	选择操作模式。在流量（FLOW）模式下，仪器显示出风流量，在速度（VEL）模式下，仪器显示风速；在面积（AREA）模式下，该键具有上翻页功能
平均值键（AVG 键）	在流量模式或风速模式下，获得各测量点的平均值
面积键（AREA 键）	按下并保持该键，进入 AREA 模式或 CMM 模式。当记录 MAX/MIN/AVG 值时，按该键清除以前的数值
保持键（HOLD 键）	按下该键，冻结数据；再按一下该键，解冻数据。按住该键，背景灯点亮

7．干湿计

如图 5-27 所示，干湿计主要用于测量环境温度和湿度（用环境温度和湿度传感器测量）、测量部件温度（用热电偶测量）、测量物体表面温度（用红外线测量）。干湿计集温度和干湿度测量为一体，分析更方便，接触式与非接触式两种测温模式，可测量难以触及的物体。可以显示空气温度、湿度、露点，提供更完善的分析数据

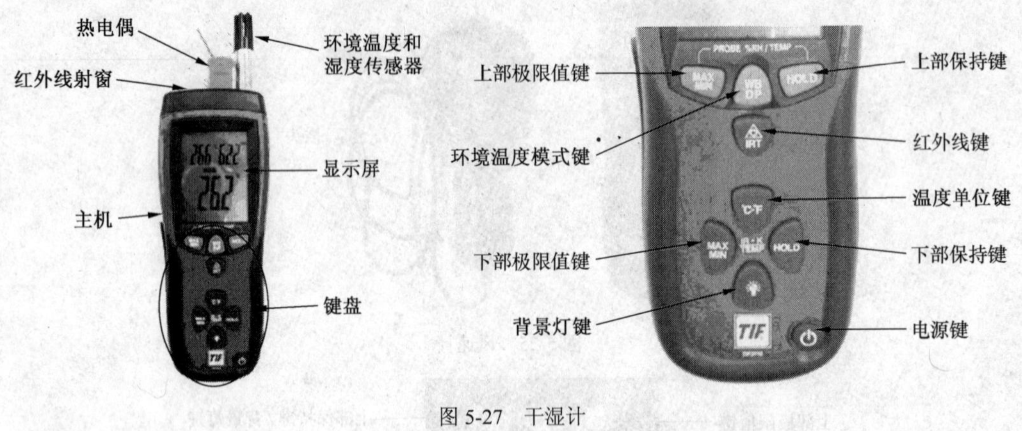

图 5-27 干湿计

8．温度计

如图 5-28 所示，温度计主要用于测量环境温度、部件温度或测量物体表面温度。TIF3310 温度计配有双重热电偶探头，实现温度差测量，即时显示系统中过高温度，并可储存 MIN/MAX/AVG 数据。其按键说明如表 5-6 所示。

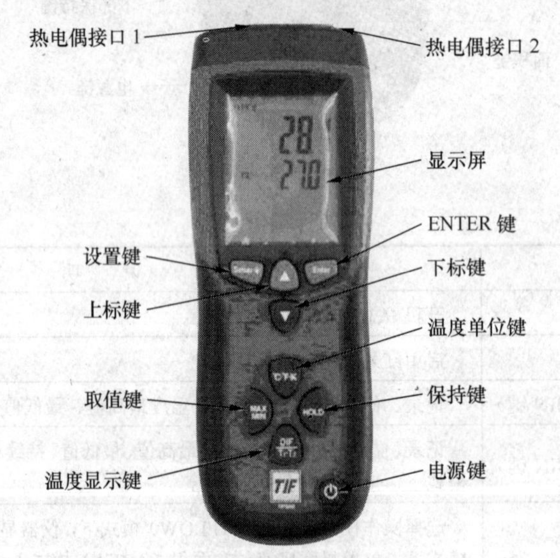

图 5-28 TIF3310 温度计

表 5–6 TIF3310 温度计按键说明

按 键	说 明
电源键	打开或关闭仪器
取值键	依次按下该键，可显示最大值（MAX）、最小值（MIN）和平均值（AVG）。按住该键 3s，可关闭 MAX/MIN/AVG 模式
温度单位键	依次按下该键，可选择℃（摄氏）、℉（华氏）、K（绝对温标）等温度单位
保持键	冻结或解冻显示的数值

续表

按　键	说　明
温度显示键	依次按下该键，可显示“T1、T2”、“T2、T1”、“T1-T2、T1”、“T1-T2、T2”数值
设置键	按一下该键，背景灯点亮；再按一下该键，背景灯熄灭。按住该键 3s，进入设置菜单
上标键	选择设置选项。再次按下该键，可增大显示偏移量
下标键	选择设置选项。再次按下该键，可减小显示偏移量
ENTER 键	按一次该键，确认选项。再按一次该键，储存显示设置

9．皮带张紧表

皮带张力表用来测定驱动皮带的张力以确保皮带和轴承寿命最大化。图 5-29 所示为 OTC6673 皮带张紧表，其刻度读数 30～180 磅。可准确检测皮带松紧、新、旧等状况，准确测量皮带张紧力，免去拆卸检查的麻烦，可检查皮带张紧器性能。

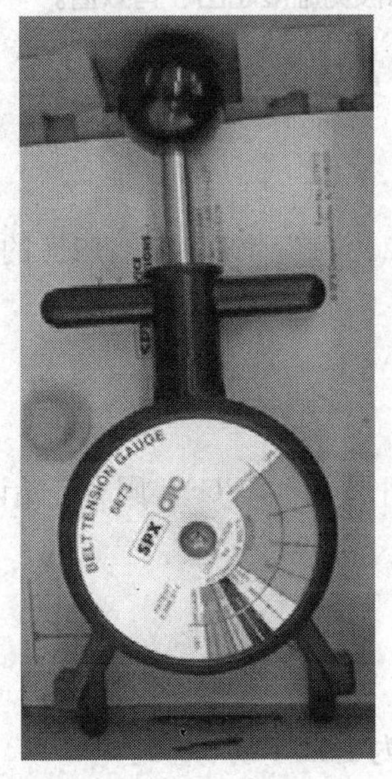

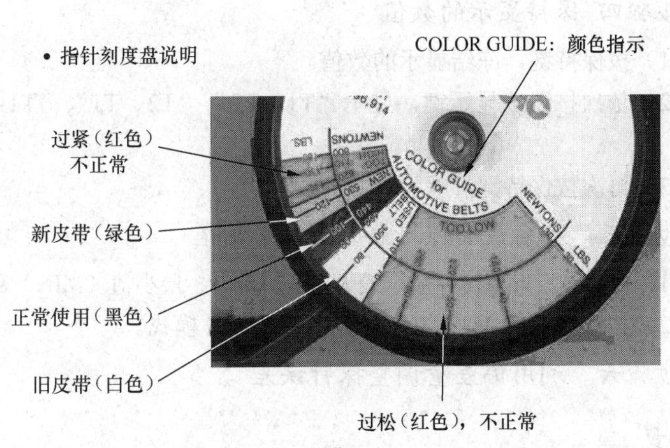

图 5-29　OTC6673 皮带张紧表

【课题实施】

操作一　TIF3310 温度计的操作

步骤一　连接热电偶输入接口

（1）将热电偶（T1 或 T2）插入仪器上端的接口。

（2）按下电源键，开机。1s 后显示温度数值。如果相应的接口没有插入热电偶或者热电偶没有被检测到，相应的温度区显示为“----”。

步骤二　改变设置选项

（1）按设置键 3s，进入设置菜单。

（2）按上标键或下标键，选取需要的选项。选项包括休眠模式（SLP）启用或未启用、调整温度（T1、T2）显示值偏移量。

（3）按 ENTER 键，显示选定项目数据。

（4）按上标键或下标键，得到所需要的调整量。

（5）按 ENTER 键，储存新的设置信息。

（6）按设置键 3s，退出设置菜单。

步骤三　显示温度值

（1）按温度单位键，选择温度单位（℃、℉、K）。

（2）将热电偶放在或贴在需要测量温度的部位处，仪器将显示温度值。

（3）依次按温度显示键，“T1、T2”、“T2、T1”、“T1-T2、T1”、“ T1-T2、T2”将显示在第一或第二显示区。

“----”表示热电偶没有连接。OL（OverlOad）表示被测温度超出了有效值。

步骤四 保持显示的数值

（1）按保持键，冻结显示的数值。

（2）依次按温度显示键，显示“T1、T2”、“T2、T1”、“T1-T2、T1”、“T1-T2、T2”的冻结数值。

（3）再次按保持键，解除冻结的数值。

步骤五　查看最大值、最小值和平均值

（1）依次按下取值键，显示最大值（MAX）、最小值（MIN）和平均值（AVG），同时开始记时。

（2）按住取值键 3s，关闭 MAX/MIN/AVG 模式。

步骤六　利用偏差量调整探针误差

偏差量选项能够补偿温度计读数的误差，调整范围为 ± 9.0℉或 5.0℃。

（1）将热电偶连接在仪器上。

（2）将热电偶置于已知、稳定温度的环境中。

（3）等待读数稳定。

（4）进入设置菜单，调整偏差量，直到读数与标定温度相同。

操作二　TIF3110IR 干湿计的操作

（1）开机。接好热电偶插头，按电源键，屏幕显示如图 5-30 所示。

（2）改变温度单位。按温度单位键，上、下区的温度单位都改变，屏幕显示如图 5-31 所示。

（3）读取热电偶温度的极限值。按下部极限值键，依次显示最大值（MAX）、最小值（MIN），屏幕显示如图 5-32 所示。

（4）冻结热电偶温度值。按下部保持键，冻结数据；再按下部保持键，解除数据冻结，屏幕显示如图 5-33 所示。

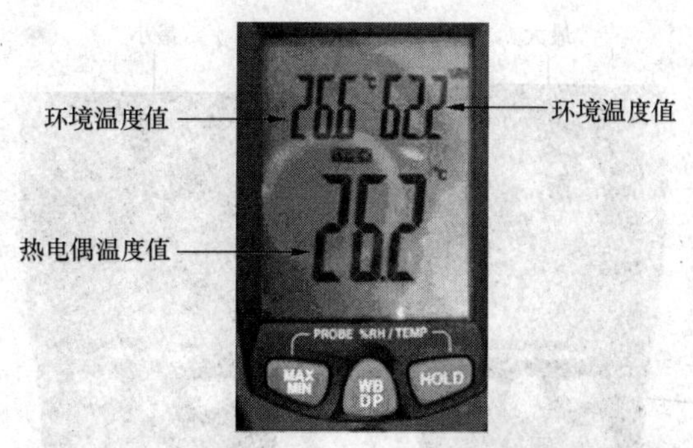

图 5-30 TIF3110IR 干湿计开机时的屏幕显示

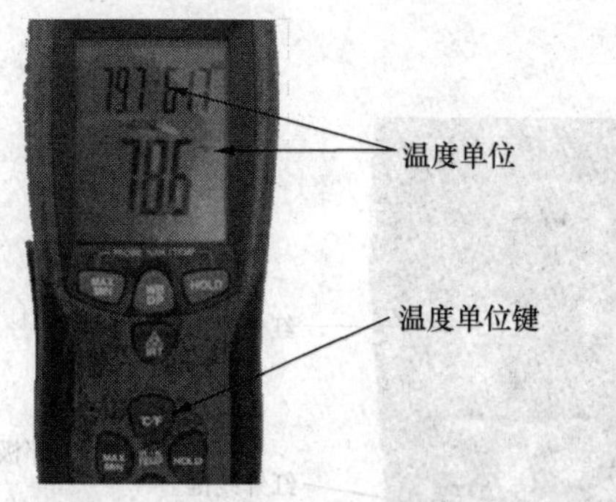

图 5-31 TIF3110IR 干湿计改变温度单位时的屏幕显示

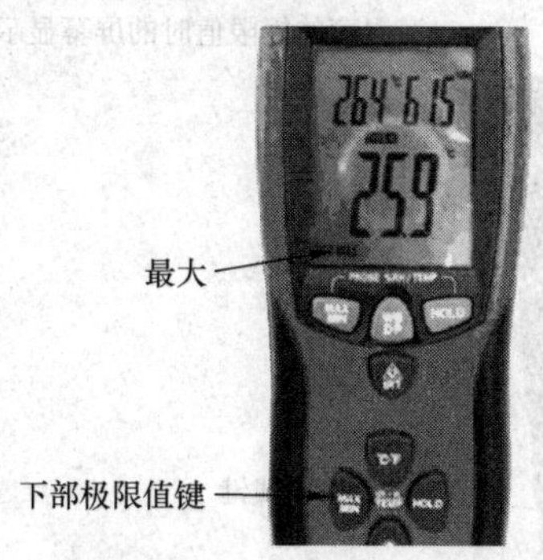

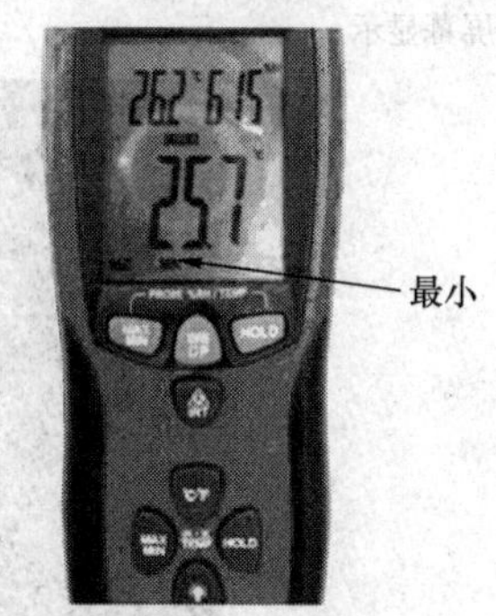

图 5-32 TIF3110IR 干湿计读取热电偶温度的极限值时的屏幕显示

（5）启用/关闭背景灯。按背景灯键，背景灯点亮；再按背景灯键，背景灯熄灭，屏幕显示如图 5-34 所示。

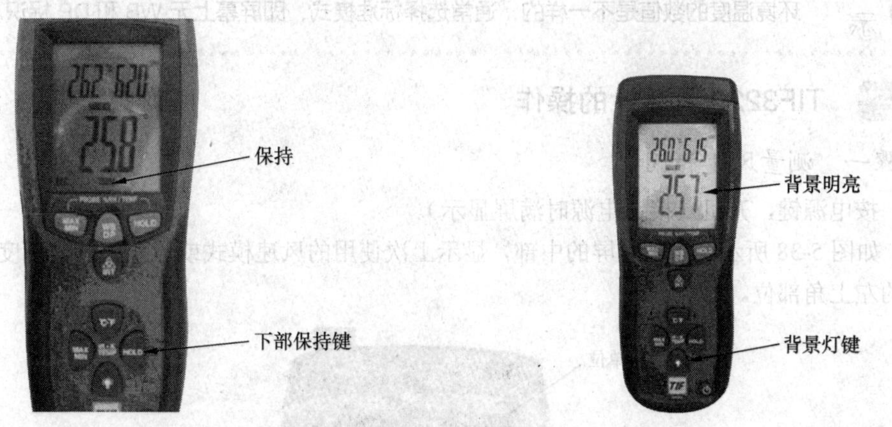

图 5-33 TIF3110IR 干湿计冻结热电偶温度值时的屏幕显示　图 5-34 TIF3110IR 干湿计启用/关闭背景灯时的屏幕显示

（6）红外线温度显示。按红外线键，热电偶温度值变为红外线温度值，10s 后返回热电偶温度值，屏幕显示如图 5-35 所示。

（7）读取环境温度和湿度的极限值。按上部极限值键，依次显示环境温度和湿度的最大值、最小值，屏幕显示如图 5-36 所示。

（8）读取不同模式下的环境温度值。按环境温度模式键，依次显示不同模式的环境温度值，屏幕显示如图 5-37 所示。

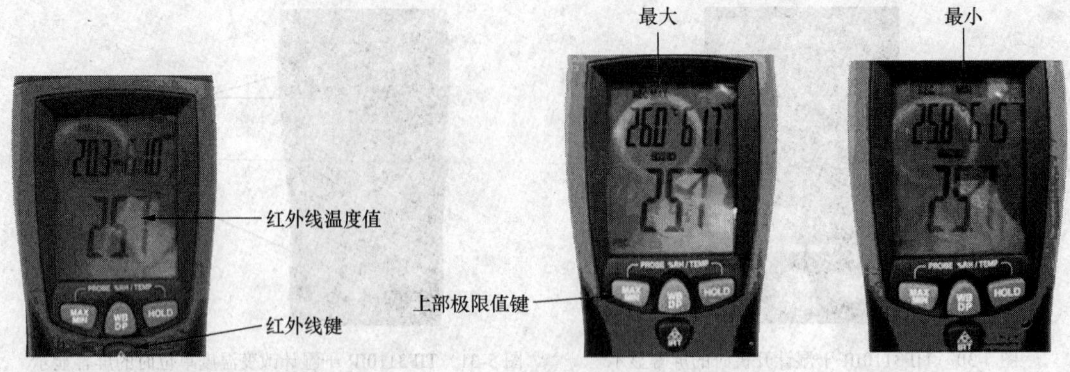

图 5-35 TIF3110IR 干湿计显示红外线温度时的屏幕显示

图 5-36 TIF3110IR 干湿计读取环境温度和湿度的极限值时的屏幕显示

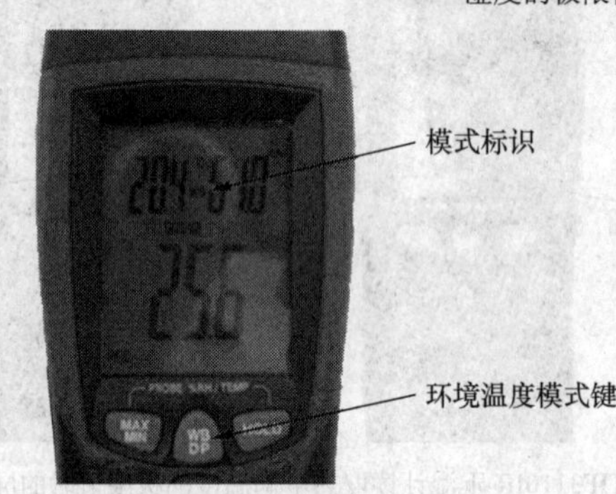

图 5-37 TIF3110IR 干湿计读取不同模式下的环境温度值时的屏幕显示

标准模式：常规显示；湿泡模式：WB 标识；露点模式：DP 标识。在不同模式下，环境温度的数值是不一样的，通常选择标准模式，即屏幕上无 WB 和 DP 标识。

操作三 TIF3220 风速计的操作

步骤一 测量风速和流量

（1）按电源键，开机（接通电源时满屏显示）。

（2）如图 5-38 所示，在显示屏的中部，显示上次使用的风速模式或流量模式。温度值显示在显示屏的左上角部位。

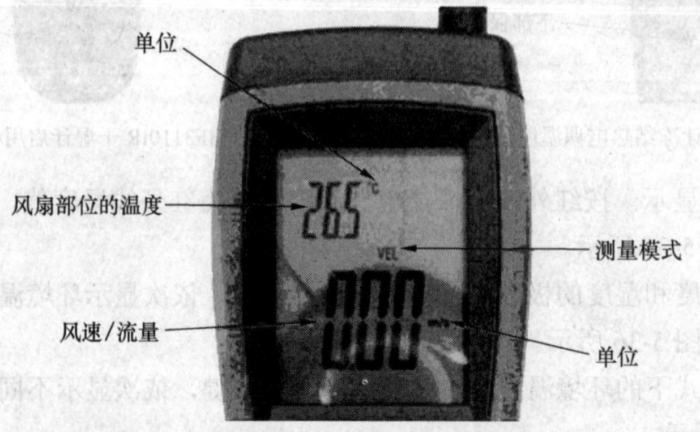

图 5-38 TIF3220 风速计开机后的屏幕显示

（3）按 UNITS 键，选择风速模式（VEL）或流量模式（FLOW），以及单位。

建议选择模式为 VEL，单位为 m/s。

（4）将风扇放在空调出风口处，读取数值。

步骤二　持续移动状态下的平均值

（1）将风扇置于空调出风口处。

（2）点按下部 MAX/MIN 键，直到 AVG 显示在显示屏的下部。仪器显示持续出风的平均值。

步骤三　单个部位的最大值/最小值/平均值

（1）将风扇置于空调出风口处。

（2）点按下部 MAX/MIN 键，直到 AVG 显示在显示屏的下部。仪器显示持续出风的平均值。

（3）在移动风扇之前按 HOLD 键，仪器将记录和储存数值。

（4）清除最大值/最小值/平均值。按住下部 MAX/MIN 键，直到仪器响两声，放开下部 MAX/MIN 键。

步骤四　面积设置

（1）按 UNITS 键，选择 CFM 或 CMM 模式。

（2）按住 AREA 键，直到仪器响两声，显示屏显示“AREA”（面积）的单位。

（3）按下部 MAX/MIN 键，移动基数点。

（4）按 HOLD 键，选择闪烁的数位。

（5）UNITS 键，设置数字。

（6）按住 AREA 键，退出。

步骤五　读取红外线温度

（1）将红外线射窗对准被测物体，按 IRT 键。

（2）显示屏显示红外线测量的温度。

（3）6s 后返回风速或流量的显示界面。

操作四　OTC6673 皮带张紧表的操作

（1）如图 5-39 所示，完全按下手柄（球体），让挂钩咬合到皮带上。

（2）如图 5-40 所示，皮带张紧表必须与皮带呈垂直状态，挂钩压到皮带边上，然后释放手柄。

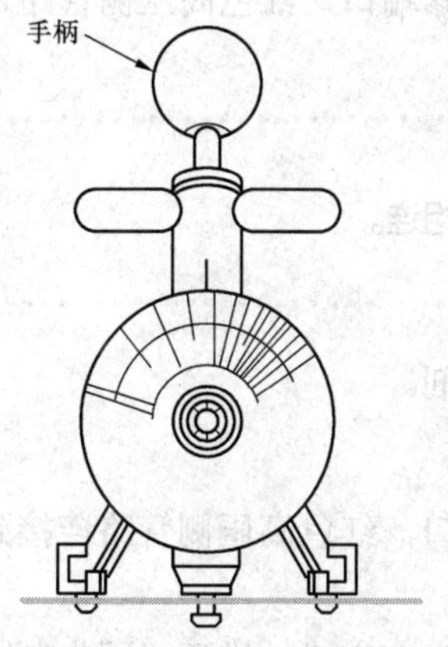

图 5-39　OTC6673 皮带张紧表的挂钩咬合到皮带

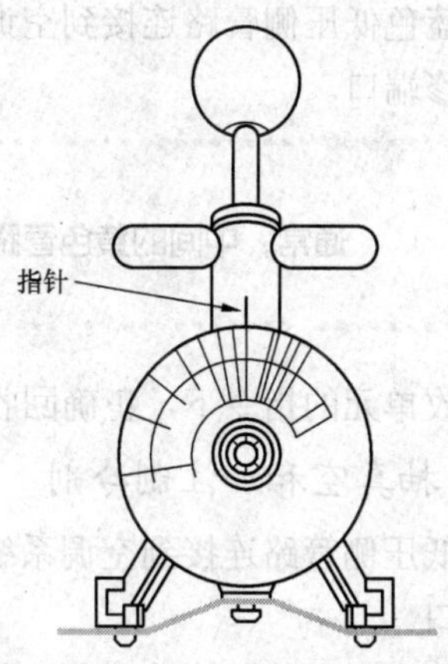

图 5-40　OTC6673 皮带张紧表的挂钩垂直压到皮带边上

（3）读取指针刻度盘上的张力数值，确认张力是否正常。

（4）测试完成后，按下手柄，取下皮带张紧表。

在起动发动机前，切记取下皮带张紧表。

操作五 40134A空调压力表的操作

步骤一 连接40134A的适配接头

空调压力表组的适配接头用于连接车辆的维修端口。在连接到车辆之前，适配接头必须处于关闭位置。

（1）逆时针转动适配接头的旋钮，关闭适配接头。

（2）将适配接头放在车辆的维修端口上。

（3）用手指拉起适配接头的外圈，安装适配接头，然后释放外圈。拉动适配接头，检查适配接头是否正确入座。

（4）为了获得最大流量，顺时针转动适配接头的旋钮到底。

步骤二 诊断系统操作

（1）连接蓝色低压侧管路到空调系统的低压侧维修端口。连接红色高压侧管路到空调系统的高压侧维修端口。

（2）在手柄轮关闭的状态下，读取压力表的数值。

（3）使用温度/压力图表，找到对应的温度值。

（4）根据制造厂规定进行操作，比较这些压力值和温度值。

（5）如果系统在正确工作范围内，取下空调压力表组的管路。如果需要进行维修，按照进行回收、排气（抽真空）和加注步骤进行。

步骤三 回收制冷剂

（1）核实蓝色低压侧管路连接到空调系统的低压侧维修端口，红色高压侧管路连接到空调系统的高压侧维修端口。

通常，中间的黄色管路与回收单元的入口相连。

（2）在回收单元的指令下，正确回收空调系统的制冷剂。

步骤四 抽真空和加注制冷剂

（1）蓝色低压侧管路连接到空调系统的低压侧维修端口，红色高压侧管路连接到空调系统的高压侧维修端口。

（2）查看压力表的读数，确认制冷剂回收完成。如果没有完成，进行“回收制冷剂”步骤。

如果完成，将空调压力表组的黄色管路连接到真空泵上。

（3）打开高压、低压侧的手柄轮，起动真空泵。

（4）根据制造厂规定，对系统进行排空后，关闭高压、低压侧的手柄轮，关闭真空泵。

（5）将空调压力表组的黄色管路从真空泵上拆下来，连接到制冷剂供给装置上。

（6）轻微地打开制冷剂供给装置的阀门，清除黄色管路中的空气，然后关闭制冷剂供给装置的阀门。

（7）根据制造厂规定，对空调系统进行加注。

如果系统规定从高压侧加注制冷剂，则关闭蓝色低压侧的手柄轮，打开制冷剂供给装置的阀门，打开红色高压侧的手柄轮。加入正确剂量的制冷剂之后，关闭红色高压侧的手柄轮，关闭制冷剂供给装置的阀门。

如果系统规定从低压侧加注制冷剂，则关闭红色高压侧的手柄轮，打开制冷剂供给装置的阀门，打开蓝色高压侧的手柄轮。加入正确剂量的制冷剂之后，关闭蓝色高压侧的手柄轮，关闭制冷剂供给装置的阀门。

（8）加注完成，关闭两个手柄轮。启动空调压缩机（空调系统），通过压力表读数，检验系统是否正常。如果不正常，进行必要调整。按以下步骤拆下空调压力表组。

首先关闭高压侧适配接头的阀门，然后打开低压侧适配接头的阀门，再将红色高压侧管路从空调系统中拆下来。

（9）重新起动空调系统。打开两个手柄轮，两条管路中的制冷剂会迅速地通过蓝色管路被吸入空调系统中。

（10）当两个压力表显示最低的压力值时，关闭低压侧阀门，关闭空调系统。

（11）关闭低压侧适配接头的阀门，将蓝色高压侧管路从空调系统中拆下来。

操作六 16910 制冷剂鉴别仪的操作

步骤一 操作前检查

（1）检查仪器外面的圆柱形容器中白色过滤芯上是否有红点。任何红点的出现都说明过滤器需要更换，以避免仪器失效。

（2）根据需要选择一根 R12 或 R134a 采样管。检查采样管是否有裂纹、磨损痕迹、脏堵或污染。绝对不可以使用任何有磨损的管子。把采样管安装到仪器的样品入口处。

（3）检查仪器头部的进气口，再检查仪器中部边缘的样品出口，以确保它们没有堵塞。

（4）检查空调系统或制冷剂罐上的样品出口处，确保出口处样品为气态， 出口不允许有液态样品或油流出来。

（5）将仪器的电源接头连接到车载电源或市电电源上。通过夹子用车载电源供电（10～14V）或市电电源（220V）插座供电。

步骤二 操作步骤

（1）给仪器通电，仪器自动开机。

（2）让仪器预热两分钟。

（3）在预热过程中，需要将当地的海拔高度输入到仪器的内存中。仪器可以在海拔高度变化为 152m（500 英尺）的范围内自动调节，所以初次使用时必须输入当地的海拔度高。正常的气压变化不会影响仪器的运行。一般情况下只需输入一次海拔高度，只有当仪器在另一个海拔高度的地方使用时才需要重新输入海拔高度。

① 如果没有输入海拔高度，仪器在预热过程中会显示“USAGE ELEVATION NOTSET”。按照如下步骤设置海拔高度。

② 在预热过程中，按住 B 按钮直到显示屏出现“USAGE ELEVATION，400FEET”（这是仪器的出厂设置，相当于海拔 122m）。

③ 使用 A 和 B 按钮来调节海拔高度的设置，直到显示的读数高于但最接近当地的海拔值（见图 5-41）。每按一下 A 按钮读数增加 30m（100 英尺），每按一下 B 按钮读数减少 30m（100 英尺）。海拔高度在 0～2730m（0～9000 英尺）之间都是可调的。

④ 当选择好正确的海拔高度后，不要再按 A 和 B 按钮，保持仪器处于待机状态约 20s，设置会自动保存到仪器的内存中。

提示

错误的海拔高度输入将导致仪器检测错误。

（4）系统标定（见图 5-42）。仪器将会通过进空气口吸入环境空气约 1min。环境空气用于校正测试元件并排除残余的制冷剂气体。

图 5-41 116910 制冷剂鉴别仪设置海拔值

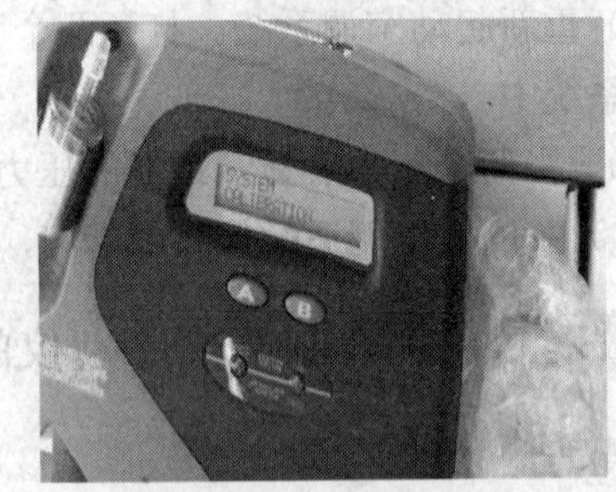

图 5-42 116910 制冷剂鉴别仪进行系统标定

（5）根据仪器的提示把采样管的入口端接到车辆空调系统或制冷剂罐的出口上。按 A 按钮开始进行分析（见图 5-43）。制冷剂样品会立即流向仪器，注意调节压力（见图 5-44）。仪器对样品的分析过程需要大约 1min 的时间。

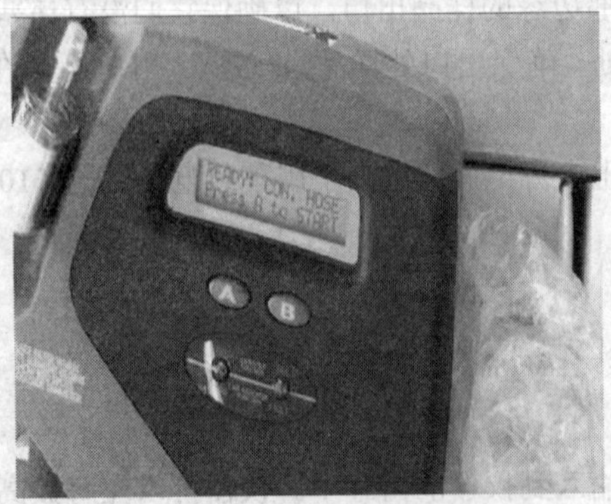

图 5-43 116910 制冷剂鉴别仪对制冷剂进行分析

图 5-44 调节 116910 制冷剂鉴别仪的压力

（6）当分析完成后，拆下采样管。

（7）分析的结果将在仪器的显示屏上显示如图 5-45 所示的符号出来。

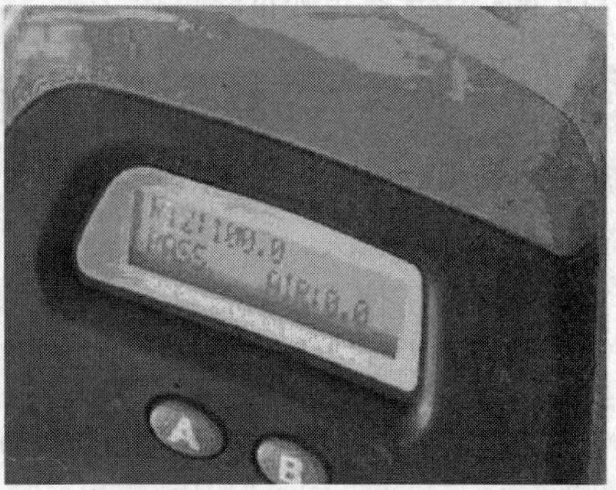

图 5-45　116910 制冷剂鉴别仪分析的结果

提示

PASS：说明样品的纯度达到 98%或更高。制冷剂的种类和空气的污染程度也会同时在显示屏上显示出来。

FAIL：说明样品被测定为 R12 或 R134a 的混合物，无论是 R12 还是 R134a 的纯度都没有达到 98%或者混合物太多。同时还将显示 R12、R134a 和空气的百分比含量。

FAIL CONTAMINATED：说明测定的样品有未知制冷剂，如 R22 或碳氢类在混合物中的含量占 4%或更多。在这种模式下，不能显示制冷剂或空气混合物的含量。

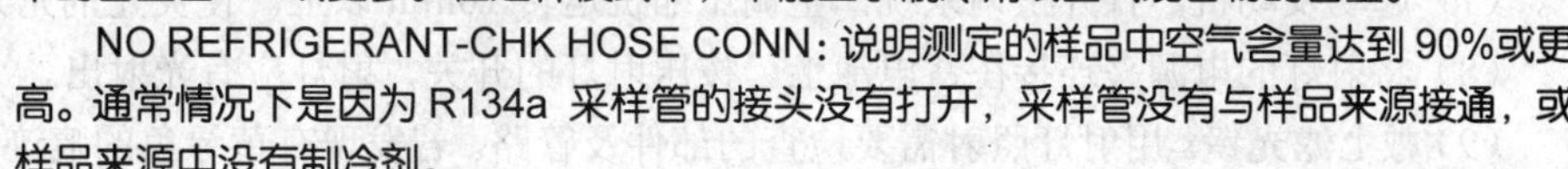

NO REFRIGERANT-CHK HOSE CONN：说明测定的样品中空气含量达到 90%或更高。通常情况下是因为 R134a 采样管的接头没有打开，采样管没有与样品来源接通，或样品来源中没有制冷剂。

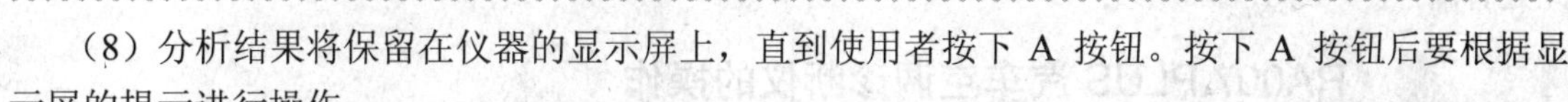

（8）分析结果将保留在仪器的显示屏上，直到使用者按下 A 按钮。按下 A 按钮后要根据显示屏的提示进行操作。

（9）如果需要对另一个样品进行检测，直接从（5）开始操作。如果不需要再进行检测，拆下仪器的电源线，检测完毕。

步骤三　操作结束后的清理步骤

（1）从仪器样品入口处拆下采样管。观察管子是否有磨损、裂纹、油堵或污染，并及时更换。擦净管子的外表面，将管子卷起放入盒子中。

（2）检查样品过滤器是否有红点出现。如果发现有任何红点，根据保养程序中的步骤更换样品过滤器。

（3）从仪器上拆下电源线，擦净，卷起收到存储盒中。

（4）用湿布清理仪器的外表面。不要使用溶剂或水直接清理仪器。将清理干净的仪器放入存储盒中。

操作七　TIFXP-1A 电子式卤素检漏仪的操作

（1）开机。按电源键，开机。

（2）调节灵敏度。按灵敏度选择键，调节灵敏度，使第一个 LED 灯点亮，其他 LED 灯熄灭，仪器发出频度不高的声音。

（3）将仪器的探头指向被检区域（不要接触），若点亮的 LED 灯增多，声音频率增高，则说明有泄漏现象。

（4）利用重设键可以找到泄漏的源头。当检测到泄漏时按下该键，继续检测，直到检测到比原来浓度更大的地方才会再次报警。

操作八 16350荧光式检漏仪的操作

（1）从包装袋中取出荧光剂瓶，撕开荧光剂瓶的封口，将荧光剂瓶装在注射枪和注射管之间。注射管前部已装好阀门接头。

（2）按压注射枪，使注射枪压紧荧光剂瓶的活塞。

若需要释放荧光剂瓶，可扳动注射枪侧部的黑色拨杆。

（3）在向制冷管路加注荧光剂之前，确保管路中无压力（释放掉制冷剂或已抽完真空）。

（4）将注射管的阀门接头装在车辆的低压阀门上。按压注射枪，推进一格，使荧光剂注入管路中。

（5）将注射管的阀门接头从车辆的低压阀门上拆下来。

（6）向空调制冷系统加注制冷剂。使用清洗剂将低压阀门处的荧光剂清洁干净。

（7）起动发动机，打开空调系统，空调压缩机运转10min以上。使荧光剂充分循环。

（8）将射灯的电源夹连接在蓄电池上。按压射灯的开关，射灯应有光射出。

（9）戴上滤光镜。用射灯照射需要检查的部件及管路。若发现有黄绿色的痕迹（荧光剂渗出），此处有漏点。

操作九 RA007 PLUS汽车空调诊断仪的操作

步骤一 开机

（1）按打开/关闭按钮。

（2）使用方向键，选择菜单。

（3）按确认键，进入如图5-46所示的相应菜单。

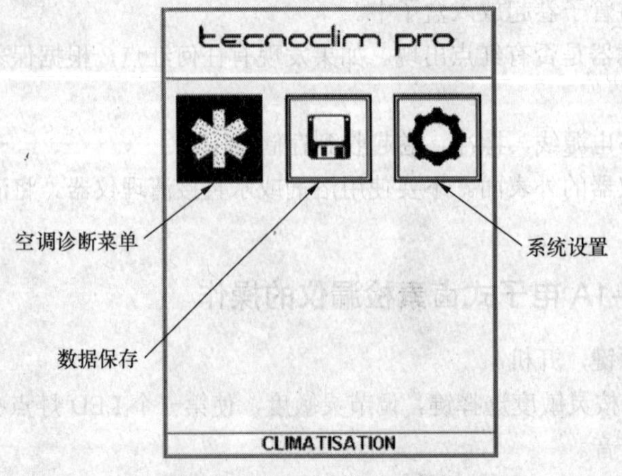

图5-46 空调诊断仪的主菜单

步骤二　数据保存菜单

使用光标键，选择数据保存菜单，进入如图 5-47 所示的下一级界面，进行数据保存。

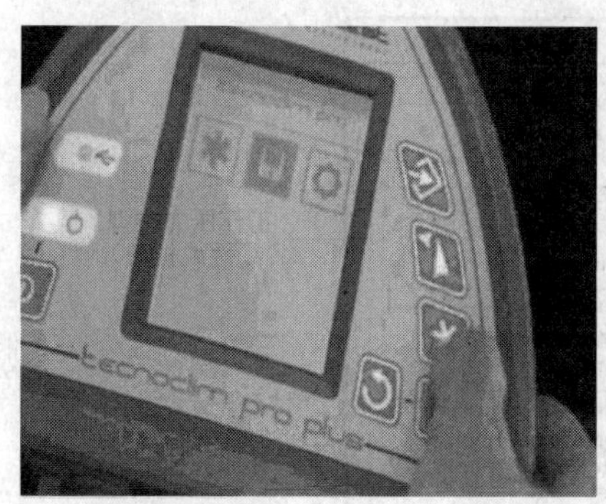

图 5-47　数据保存操作示意图

步骤三　系统设置菜单

（1）使用光标键，选择系统设置菜单，进入下一级界面，内容包括对比度、背景亮度、语言等。

（2）如图 5-48 所示，使用光标键，选择英文，然后选择 Close，返回主菜单。

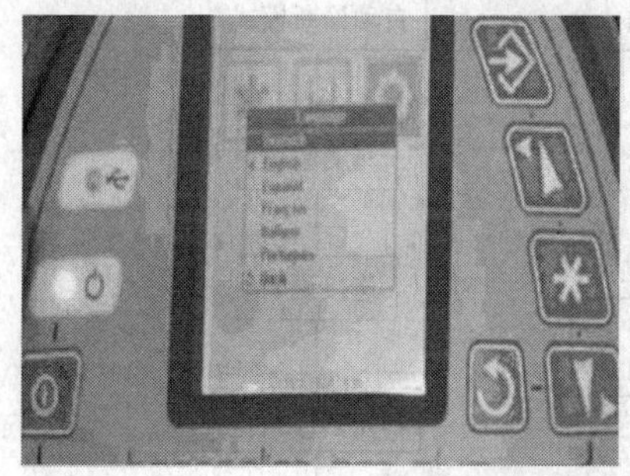

图 5-48　语言选择操作示意图

步骤四　空调诊断菜单

（1）菜单说明。

① 图 5-49 所示为工作模式，包括测量模式、控制模式、自动诊断模式。

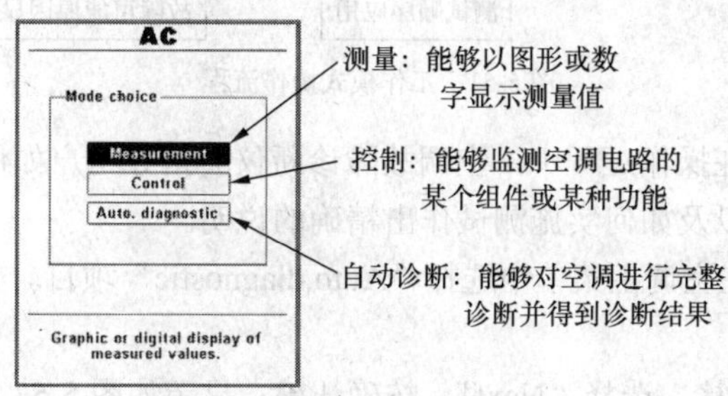

图 5-49　空调诊断菜单的工作模式

② 图 5-50 所示为车辆配置。不论选择的是何种模式，都要对待检空调系统的配置进行

选择。

③ 图 5-51 所示为工作模式操作流程。

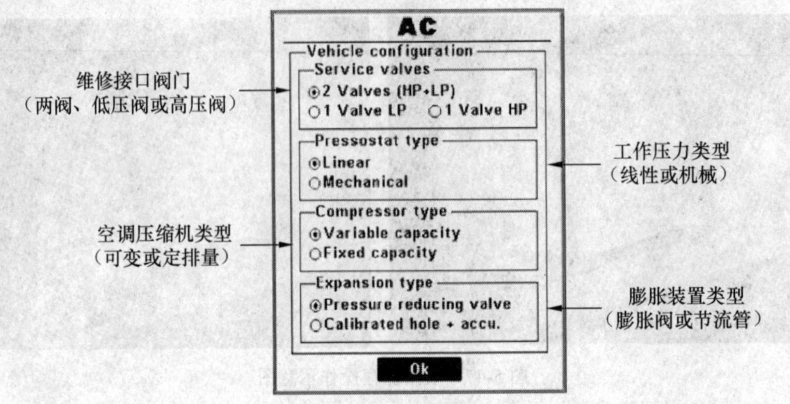

图 5-50　车辆配置菜单说明

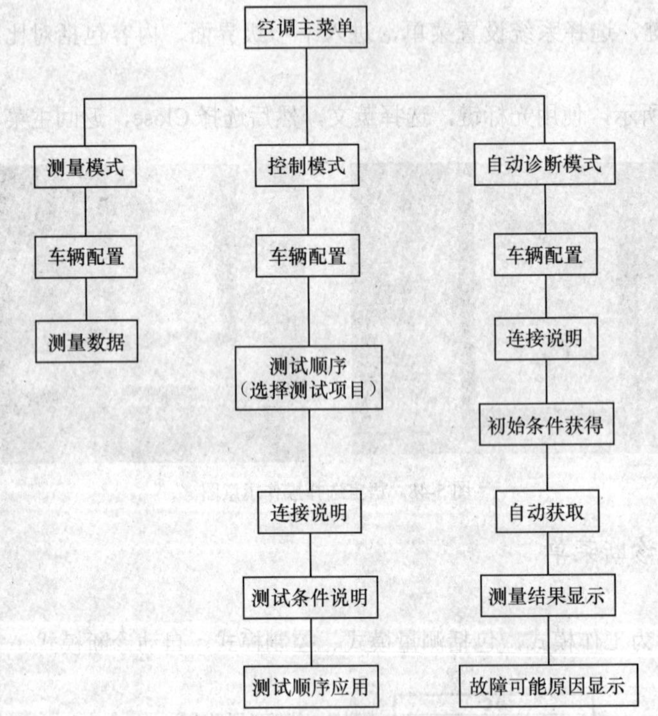

图 5-51　工作模式操作流程

（2）自动诊断模式。在操作过程中，空调故障诊断仪会指导用户如何做，包括对测试每个阶段前要完成的连接说明，以及如何实施测试作出精确的说明。

① 如图 5-52 所示，在空调主菜单中选择“Auto.diagnostic”项目。

② 选择车辆配置。

③ 按提示信息进行连接，选择“Next”，按确认键，显示如图 5-53 所示。

④ 图 5-54 所示为初始条件测量，按提示信息进行连接，选择“Next”，按确认键。

⑤ 读取环境空气温度和相对湿度数据，然后按确认键，显示如图 5-55 所示。

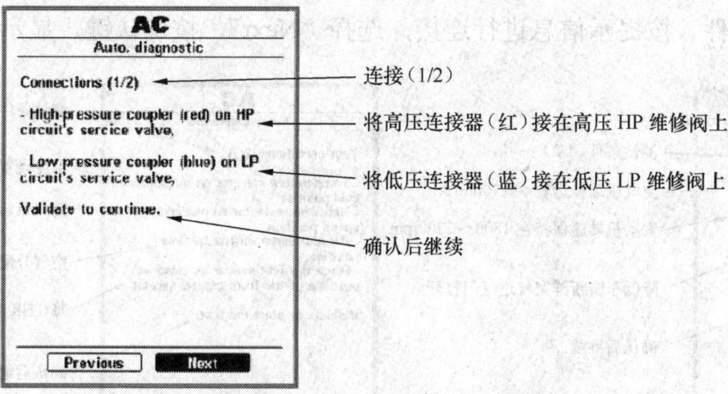

图 5-52 连接说明 1

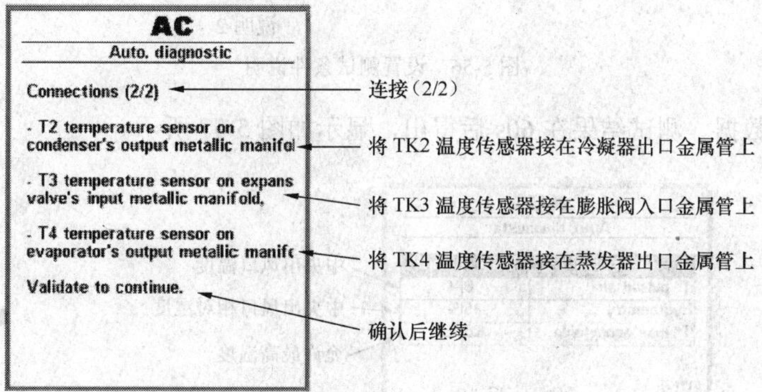

图 5-53 连接说明 2

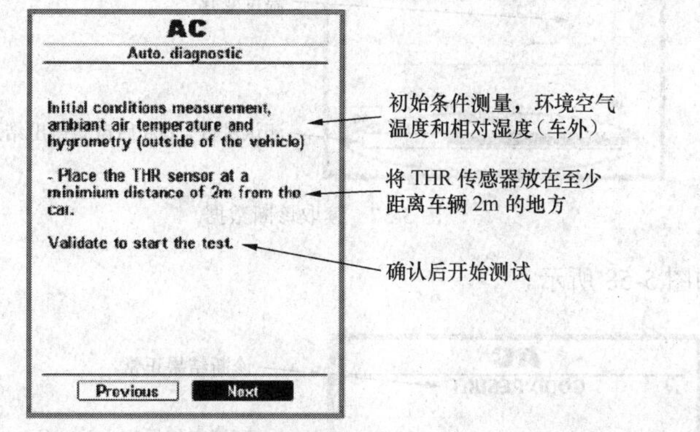

图 5-54 初始条件测量菜单说明

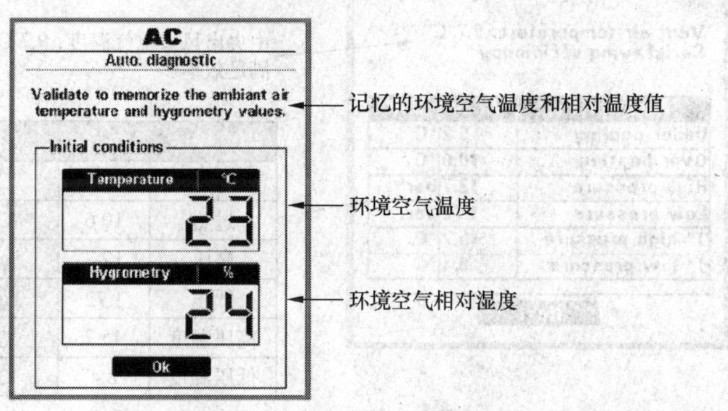

图 5-55 环境空气温度和相对湿度

⑥ 设置测试条件。按提示信息进行连接，选择“Next”，按确认键，显示如图 5-56 所示。

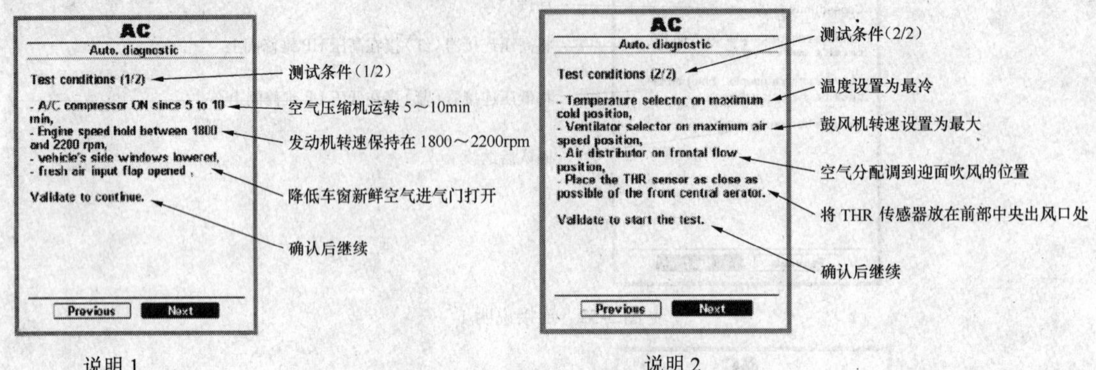

图 5-56 设置测试条件说明

⑦ 读取诊断数据。测试结果在 60s 后得出，显示如图 5-57 所示。

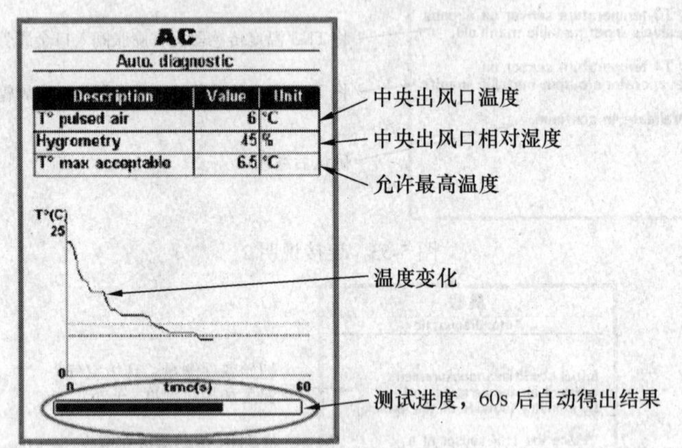

图 5-57 读取诊断数据

⑧ 诊断结果如图 5-58 所示。

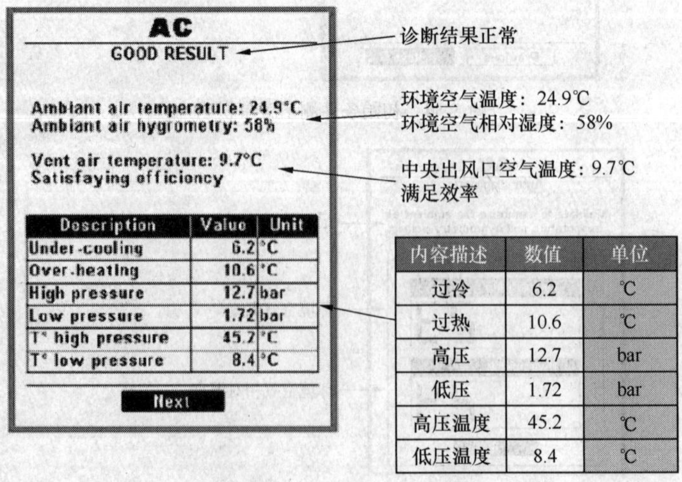

内容描述	数值	单位
过冷	6.2	℃
过热	10.6	℃
高压	12.7	bar
低压	1.72	bar
高压温度	45.2	℃
低压温度	8.4	℃

图 5-58 诊断结果说明

（3）测量模式。

提示

测量模式可启用某些物理值的图形或数字显示功能，例如，车辆空调电路的高压和低压值，周围空气或系统排出空气的温度和湿度值，在管道内流动的，与热电偶夹子 TK1 到 TK4 接触的冷却剂温度。

在测量模式下，有两种显示模式可供选择：显示器模式（默认模式）、细节模式。

① 显示器模式。这种显示模式在大的数字显示框内显示全部可用数据。

在空调诊断菜单中，使用光标选择测量模式项目，按确认键，进入如图 5-59 所示的显示器模式界面。

② 图形模式。如图 5-60 所示的图形模式以表格的形式列出所有可用的信号，并追踪选定的信号。

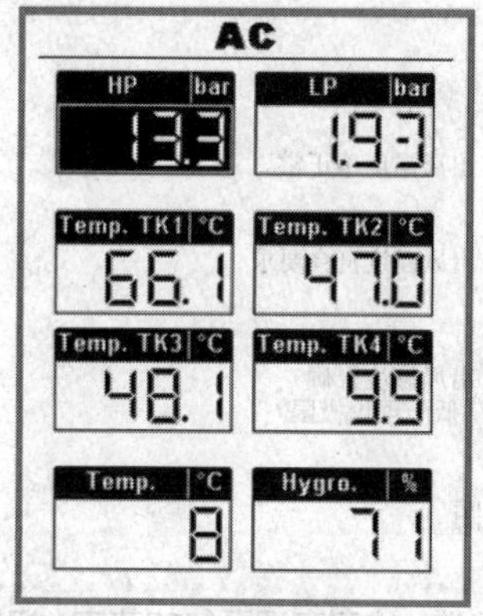

图 5-59 显示器模式示意图

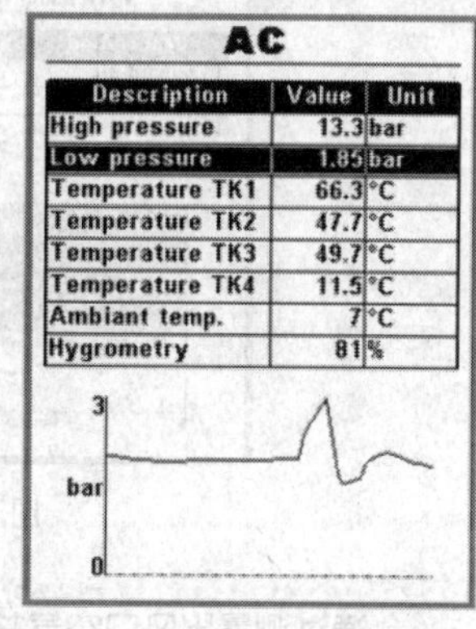

图 5-60 图形模式示意图

③ 细节模式。使用光标键，选择某一项，按确认键，进行如图 5-61 所示的细节模式显示。

提示

这种显示模式可用以下方式显示选定值的详细信息，快速数字值；最大；平均和最小值；可视化的变化值，即追踪功能。

（4）控制模式。

提示

控制模式使用户能够执行测试序列，作为对意义明确的需要的回应。
效率：监测空调回路的效率。
负载：监测空调制冷剂的放热情况。
冷凝器：监测冷凝器的工作情况。
蒸发器：监测蒸发器的工作情况。
机械压缩机：监测可变容量压缩机是否正常运转。
脉宽调制压缩机：监测可变容量压缩机是否正常运转。
0～5V 压力传感器：控制和模拟线性高压传感器。
电源：电压表功能。

① 如图 5-62 所示，进行控制模式。

② 如图 5-63 所示，进行效率测试。

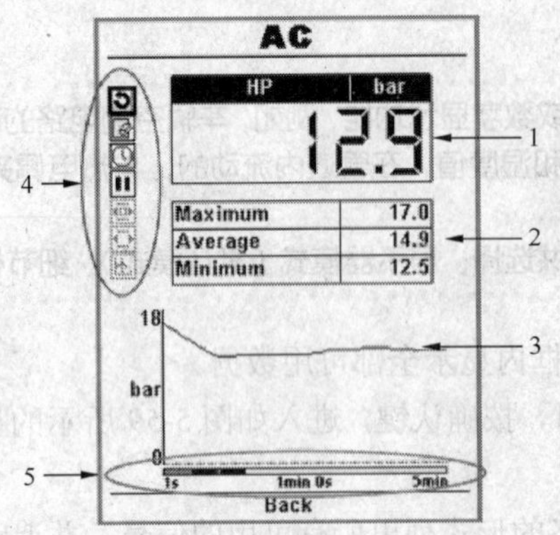

图 5-61　细节模式示意图

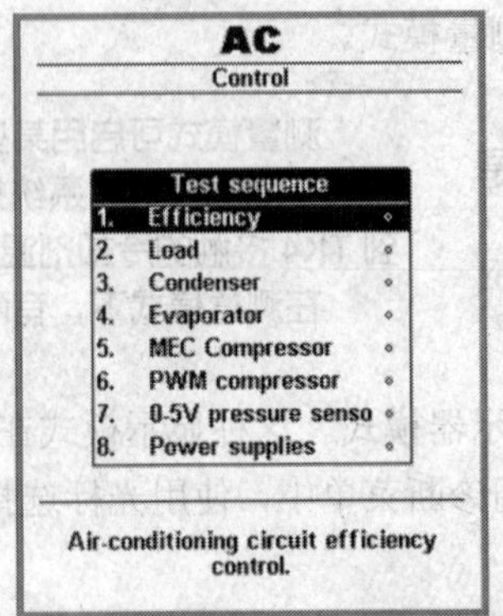

图 5-62　控制模式菜单

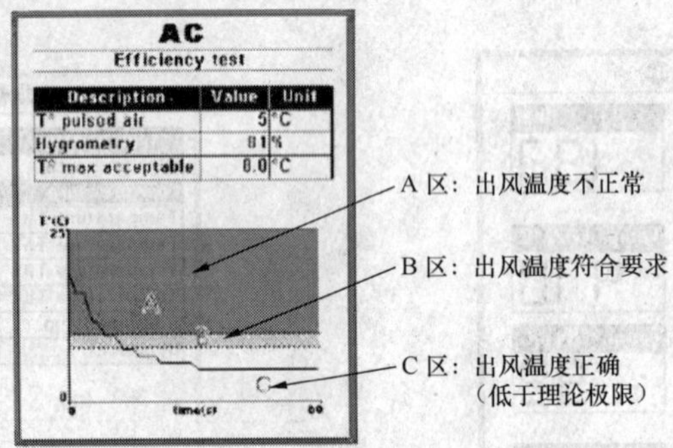

图 5-63　效率测试示意图

提示

通过测量出风口空气并根据测定的初始条件，确定空调系统的效率。初始条件是周围空气的温度和湿度值等。

理论最高温度随初始条件（周围空气的温度和湿度）的变化而变化，将以图形形式显示，分为 3 个区域。

③ 如图 5-64 所示，进行负载测试。

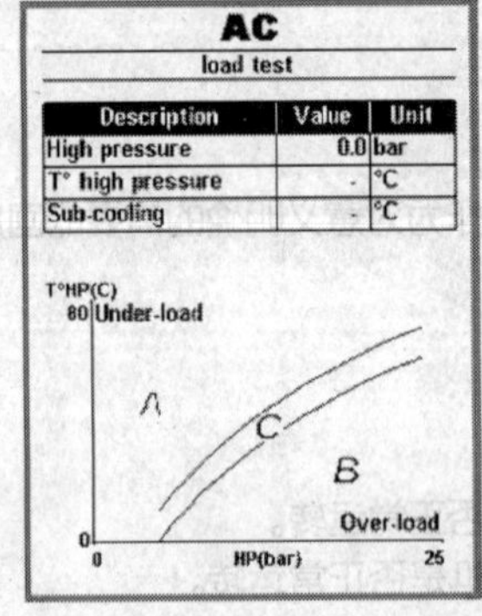

图 5-64　负载测试示意图

提示

从屏幕上得到 3 个物理值，即用“巴”表示的高压值，用“摄氏温度”表示的高压液体的温度值，用“摄氏温度”表示的过冷值。

④ 如图 5-65 所示，进行冷凝器测试。

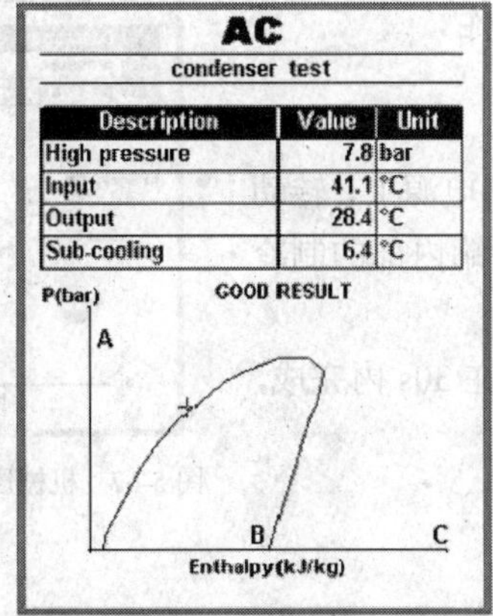

A 区：制冷剂以液态离开冷凝器 — 正确

B 区：制冷剂以饱和状态离开冷凝器 — 不正确

C 区：制冷剂以气态离开冷凝器 — 不正确

图 5-65　冷凝器测试示意图

提示

从屏幕上得到下列数值，高压值，制冷剂流入冷凝器时的温度值，制冷剂流出冷凝器时的温度值，过冷值。

⑤ 如图 5-66 所示，进行蒸发器测试。

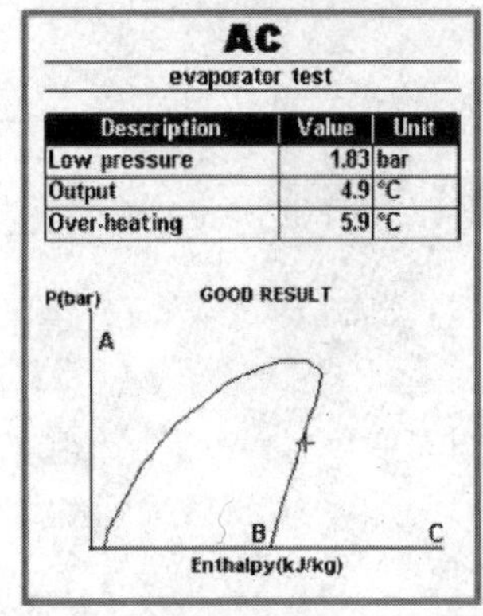

A 区：制冷剂以液态离开蒸发器 — 不正确

B 区：制冷剂以饱和状态离开蒸发器 — 不正确

C 区：制冷剂以气态离开蒸发器 — 正确

图 5-66　蒸发器测试示意图

提示

从屏幕上获得下列数值：低压值，制冷剂离开蒸发器时的温度值，过热值。

⑥ 如图 5-67 所示，进行机械压缩机测试。

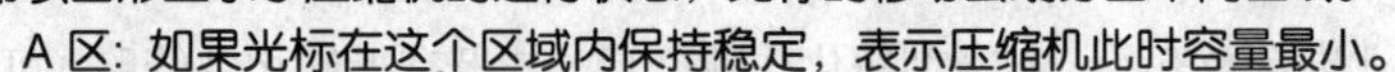

提示

从屏幕上获得 2 个物理值，即用“巴”表示的高压值，用“巴”表示的低压值另外，屏幕以图形显示了压缩机的运行状态，光标的移动会划分出不同区域。

A 区：如果光标在这个区域内保持稳定，表示压缩机此时容量最小。

B 区：如果光标在这个区域内保持稳定，表示压缩机此时容量最大。

C 区：如果光标在这个区域内保持稳定，表示压缩机此时处于调整阶段。

如果光标在这些区域之一内保持稳定，表示压缩机出现了故障。

⑦ 进行脉宽调制压缩机测试。

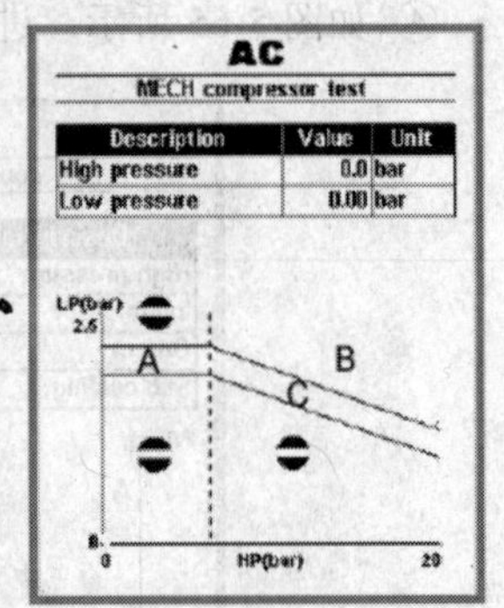

图 5-67 机械压缩机测试示意图

操作十 AC350C 制冷剂回收加注机的操作

步骤一 制冷剂回收操作

（1）开机准备。将 AC350C 的电源插头接在 220V 电源上，转动电源开关，操作界面显示主菜单，包括储罐重量和储罐内部的制冷剂重量（见图 5-68）。

（2）排气。对 AC350C 自身进行排气、清理，应在 30s 内完成，操作方法如下。

① 按下排气键，设备进行排气，2s 后完成。

② 按下确认键。

（3）回收。将车辆空调系统的制冷剂回收到 AC350C 中，操作方法如下。

① 按下回收键，然后按界面提示接好管路及接头。

② 设定制冷剂的回收量，利用数字键输入制冷剂重量，按下确认键。

③ 界面显示“清理管路 1 分钟”。设备开始自动进行清理，然后进行回收。

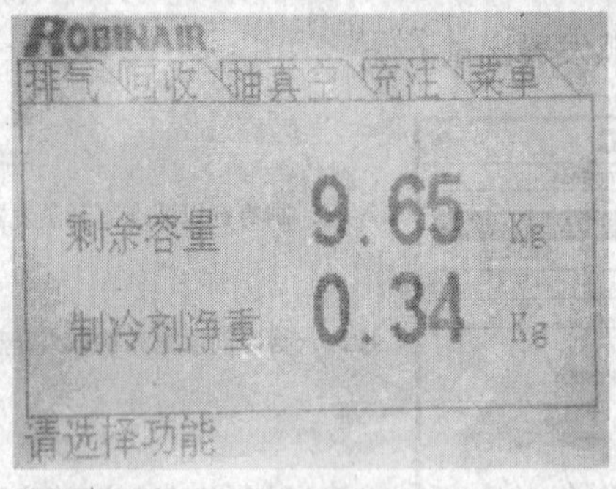

图 5-68 操作界面显示主菜单

步骤二 完成回收作业

当界面显示“回收完成”后，按下确认键。

步骤三 制冷剂净化作业

（1）净化作业准备及开始。在完成制冷剂回收之后，按下 AC350C 的确认键，AC350C 开始进行排油。完成后（约 10s），必要时记录排油量。

（2）纯度指标检测。使用制冷剂鉴别仪（16910）对加收的制冷剂进行检测。根据检测结果得出结论。

（3）净化操作。若制冷剂纯度达不到要求，则继续进行净化。

步骤四 加注作业

（1）加注作业准备及开始。制冷剂净化作业之后，若没有拆卸相关管路，可直接进行下面步骤。

（2）检漏。在抽真空之后，可通过保压来进行检漏。

（3）视情况进行清洗。

（4）抽真空。

① 在 AC350C 完成排油之后，按下确认键，进入抽真空操作菜单。此时利用数字键设定抽空时间。按下确认键，AC350C 开始抽真空，时间到即完成（见图 5-69）。

② 根据界面提示信息，按下确认键，进行保压，保压时间固定为 3min。

图 5-69 正在抽真空

步骤五 补充冷冻油

在补充冷冻油之前，确认冷冻油的贮罐含有冷冻油按下确认键，进行注油（见图 5-70）。通过观察油瓶的油面变化确定已加注的油量。当达到要求的注油时，停止注油。

按下确认键，可暂停注油；按下取消键，可结束注油。

步骤六 加注制冷剂

（1）按下确认键，进入制冷剂充注菜单，按操作信息进行相应的设置，关闭低压阀，进行单管充注；设定充注重量（对照车辆铭牌信息或查看数据库，并通过数字键输入充注重量），按下确认键（见图 5-71）。

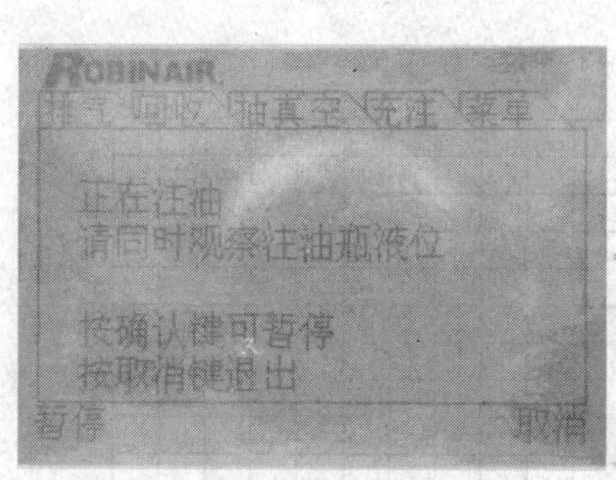

图 5-70 正在注油

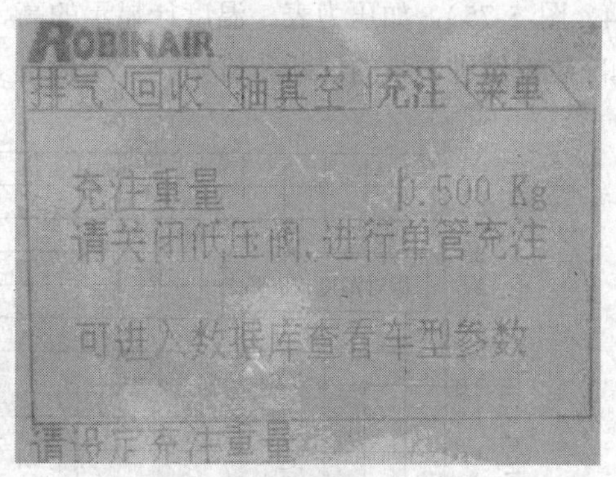

图 5-71 设定制冷剂的充注重量

（2）设备开始进行充注。充注完成后，关闭阀门（见图 5-72）。

（3）按下确认键。设备开始清理管路，2min 后自动完成（见图 5-73）。

（4）按下确认键，返回主菜单。

步骤七 空调系统性能检验

完成制冷剂加注作业后，应进行检验。

（1）在制冷装置工作状态下，用检漏设备检测加注阀处有无泄漏。

（2）制冷装置高、低压侧压力及空调出风口温度检测应根据汽车制造厂商的要求进行。可参照以下方法。

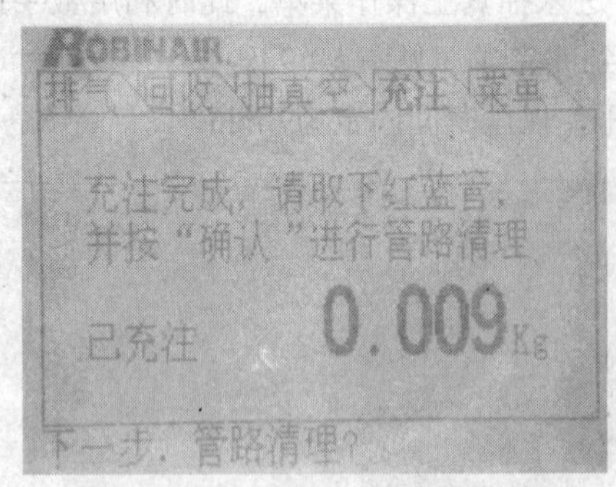

图 5-72 制冷剂充注完成

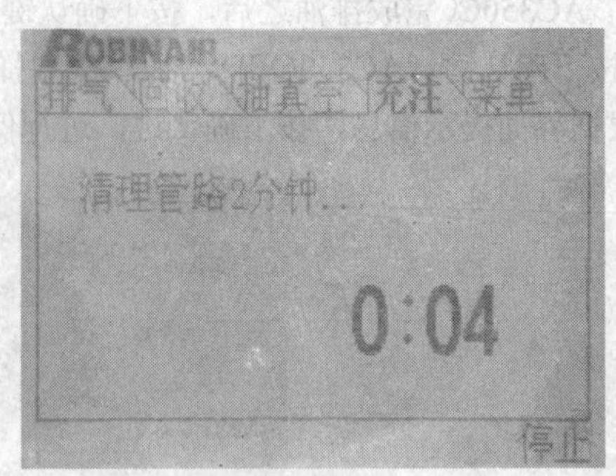

图 5-73 清理管路

① 车辆停放在阴凉处，将干湿球温度计放置在空调进风口位置。

② 打开车窗、车门。

③ 打开发动机盖。

④ 打开所有空调出风口，调节到全开。

⑤ 设置空调控制器。置外循环位置、强冷，开 A/C 开关；将风机转速调整到最高（HI）；若是自动空调应设为手动并将温度设定为最低值。

⑥ 将温度计探头放置在空调出风口内 50mm 处。

⑦ 起动发动机，将发动机转速控制在 1500～2000r/min，使压力表指针稳定。

⑧ 待温度计显示数值趋于稳定后，读取压力表和温度计的显示值，将所测得的高、低侧压力、相对湿度、空调进风温度、出风温度与汽车制造厂商提供的空调性能参数或图表上的参数比较（见图 5-74、图 5-75），如压力表、温度计显示的高、低侧压力和空调出风温度不在规定的范围内，应对制冷装置做进一步的诊断和检修。

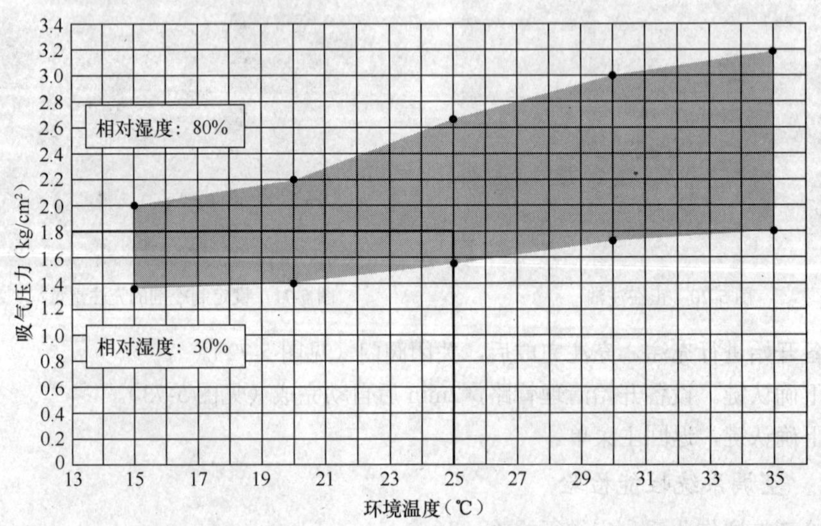

图 5-74 吸气压力与环境温度

步骤八 完成加注作业

确认空调系统工作正常，加注作业完成。

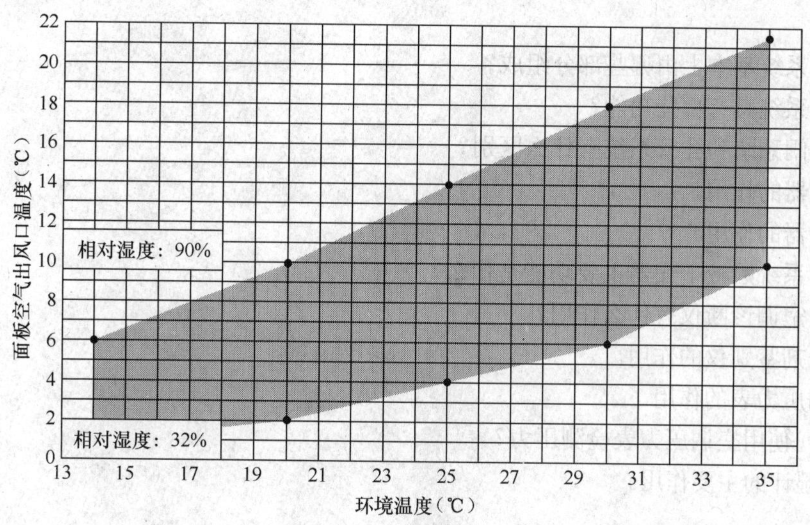

图 5-75 空调出风温度与环境温度

思考与练习

一、填空题

1．汽车空调性能的评价指标有________、________、________和________。

2．在夏季人感到舒适的温度是________℃，冬季是________℃，人觉得舒适的相对湿度夏季是________，冬季是________。人在流动的空气中比在静止的空气中感觉要舒适，空气流速在________m/s 以下为好，并且以低速流动为佳。

3． 汽车空调系统有两类，一类是________系统，另一类是________空调系统。

4．应用较广的压缩机有________和________。

5．膨胀阀系统的贮液干燥器装在________间的高压侧，而孔管系统的贮液干燥器则装在________的低压侧；膨胀阀系统用________作节流装置，而孔管系统采用________作节流装置。

6．贮液干燥器能以一定的流量向膨胀阀输送液态制冷剂，同时可除去制冷剂中的________和________，并能从它上方的玻璃窗观察制冷剂的数量。

7．膨胀阀和孔管是________，用来________液态制冷剂的压力，在运行条件下能够蒸发的制冷剂通过膨胀阀输送到________中，这样即可最佳地利用________，使制冷剂能在蒸发器中膨胀变成蒸气。

8． 汽车空调系统按其功能可分为________、________、________、________和空气净化系统 5 个基本组成部分。

9． 制冷剂鉴别仪主要用于检验制冷剂的________、________、________以及其他________，鉴别 5 种成分：R134a、R12、R22、HC、空气的含量，并可显示系统中制冷剂类型（R12，R134a，R22）或空气的含量百分比。

10．风速计主要由主机和风扇组成，用于________、________和________。测量时可同时显示风速和温度。

11． 皮带张紧表可准确检测皮带________、________、________等状况，准确测量皮带张紧力，免去拆卸检查的麻烦。

二、简答题

1．空调系统基本上由哪些部分组成？

2．空调系统具有哪些功能？

3．膨胀阀系统和孔管系统有什么区别？

4．冷凝器的作用。

5．蒸发器的作用。

6．孔管系统贮液干燥器主要功能是什么？

7．汽车空调诊断仪有什么作用？

8．制冷剂鉴别仪的作用。

9．空调压力表的作用。

10．如何使用空调压力表检测压力？

11．干湿计的主要作用。

三、综述题

1．叙述汽车制冷系统工作原理。

2．检测维修汽车空调的主要仪器设备有哪些？各有什么作用？

3．检漏方法有几种方法？有什么优缺点？

4．荧光检漏与传统的检漏方法相比具有什么特点？

5．制冷剂回收、净化、加注机作用是什么？

6．AC350C 制冷剂回收、净化、加注机功能有什么特点？